Die Unterweltsbücher der Ägypter

Die Unterweltsbücher der Ägypter

Eingeleitet, übersetzt und erläutert von
Erik Hornung

Artemis & Winkler

Dem Andenken an

ALEXANDRE PIANKOFF

1897–1966

Genehmigte Lizenzausgabe für
Bechtermünz Verlag im
Weltbild Verlag GmbH, Augsburg 1997

Unveränderter fotomechanischer Nachdruck
des 1989 in der 3. Auflage in der
«Bibliothek der Alten Welt»
erschienenen Bandes
Umschlaggestaltung: Peter Rüfenacht
Bildmotiv: Skarabäen-Anhänger, Ägyptisches Museum, Kairo
Gesamtherstellung: Wiener Verlag, Himberg bei Wien
Printed in Austria
ISBN 3-86047-236-4

VORWORT

Die religiösen Bücher, die in diesem Band übersetzt sind, gelten in der Wissenschaft immer noch als unerschlossen und schwer verständlich. Obgleich schon Champollion und Maspero ihre Bedeutung erkannt und gewürdigt haben, konnte ihr Inhalt erst durch Alexandre Piankoff auf breiterer Grundlage erschlossen werden; seinem Lebenswerk bleibt jede weitere Arbeit an den Unterweltsbüchern verpflichtet.

Zahlreichen Institutionen habe ich für ihre Hilfe bei der langjährigen Arbeit in den Königsgräbern und bei der Veröffentlichung der Ergebnisse zu danken: der Deutschen Forschungsgemeinschaft, dem Schweizerischen Nationalfonds zur Förderung der wissenschaftlichen Forschung, der ägyptischen Altertümerverwaltung und ihren lokalen Inspektoren, dem Deutschen Archäologischen Institut und dem Schweizerischen Institut für ägyptische Bauforschung und Altertumskunde in Kairo. Das Institut français d'archéologie orientale und die Bollingen Foundation/Princeton University Press haben mir freundlich gestattet, Strichzeichnungen aus den Veröffentlichungen von Alexandre Piankoff zu verwenden; die übrigen Zeichnungen hat Frau E. Walter-Heimgartner angefertigt. Durch eine Zuwendung der Max Geldner-Stiftung (Basel) wurde es möglich, ergänzend zum Text auch diese Illustrationen der Unterweltsbücher in größerem Umfang aufzunehmen. Dem Verlag und insbesondere Herrn Dr. Klaus Bartels sage ich Dank für die so angenehme und fördernde Zusammenarbeit.

ERIK HORNUNG

ZUR ZWEITEN AUFLAGE

Für die zweite Auflage erarbeitete Frau lic. phil. Lotty Spycher einen ausführlichen Index, für den ihr Autor und Benutzer sehr dankbar sind. Der Text wurde bis auf die Korrektur von Druckfehlern unverändert belassen.

EINFÜHRUNG

Ein breiter Strom trennt Diesseits und Jenseits. In Ägypten ist es sichtbar der Nil, der zwischen dem Ostufer der Lebenden und dem Westufer der Toten dahinfließt. Er gibt dem ägyptischen Weltbild die klare Gliederung, die auch das Jenseits miteinbezieht. Schon am Rand der Wüste, in Sichtweite der Siedlungen, beginnt das Unbekannte, in das die Toten gehen. Das Dasein dort ist «geheimnisvoll» und «verborgen» – diese Prädikate werden in den Texten dieses Bandes fortwährend begegnen –, aber es fordert den Ägypter heraus, gedanklich wie technisch dieser unbekannten Räume und Daseinsformen Herr zu werden.

Man hat die ägyptische «Verewigungstechnik» schon oft als den großartigsten und aufwendigsten Versuch bezeichnet, den Tod zu überwinden. Aber es geht dem Ägypter nicht um Überwindung. Der Tod hat eine zutiefst notwendige Funktion im Weltganzen. Er gehört zum Werk des Schöpfergottes am Anbeginn der Welt und ist ein Mittel, das Dasein fortwährend zu regenerieren. Nur er allein kann den Alterungsprozeß, dem alles Sein unterworfen ist, aufhalten und umkehren. In den verschiedensten Bildern und Formulierungen kreist die Gedankenwelt der Unterweltsbücher um das eine große Wunder: daß der Sonnengott sich jede Nacht vom «Greis» in ein «kleines Kind» zurückverwandelt und damit der ganzen Welt die Jugendfrische des Anfangs zurückgibt. Daß dieses Wunder möglich wird, kann nur der Tod bewirken; er läßt auch den Toten in seinem Grab wieder «jung» werden. So ist das ägyptische Grab, mit seinen farbenfrohen Bildern, eine Stätte verjüngten Lebens.

Es geht also nicht um Überwindung oder Aufhebung des Todes, sondern um Bannung der Gefahren, die ihn begleiten. Wie der Eintritt des neugeborenen Lebens in die Welt ist der Schritt über die Schwelle des Todes ein gefährlicher. Wer den «Schönen Westen», die Gefilde des Jenseits, erreicht hat, ist in Sicherheit, hat am Schöpferwort Anteil, das jeden Tag im Diesseits und jede Nacht im Jenseits neu gesprochen wird. Auf dem Wege dorthin bedarf er der Hilfe. Ob die Jenseitsreise zu den Sternen oder in die Tiefen der Unterwelt führt, sie muß in jedem Fall ungeheure Räume und unheimliche Gefahren überwinden, um an das sichere Ziel zu gelangen. Der Ägypter hat keinen Aufwand gescheut, um einer solchen «Raumfahrt» zum Erfolg zu verhelfen. Denn nach seiner Anschauung muß auch die materielle Komponente des Menschen bewahrt bleiben, damit er im Jenseits ein vollwertiges Leben führen kann.

Die zur höchsten Meisterschaft gesteigerte Einbalsamierung des Körpers, die Mumifizierung, entzog den Leib dem natürlichen Verfall und gab ihm eine schützende Hülle für die weite, gefährliche Reise ins Jenseits. Ein ganzes Arsenal von Beigaben, Erzeugnisse bester ägyptischer Handwerkskunst, begleitete diese Fahrt. Nicht um bloße Wegzehrung ging es dabei, sondern um alles, was im Diesseits zum Leben gehört und im Jenseits nicht fehlen darf – von der Schminkbüchse bis zur Statue, die als «Bild» des Toten eine eigene Existenz führt. Der dauerhafte Stein, den man für das Grab und für viele der Beigaben verwendete, schien der Vergänglichkeit enthoben, ein sichtbares Zeichen der Fortdauer.

Dieser in der Geschichte beispiellose materielle Aufwand für das Wohl der Toten prägte über Jahrtausende hinweg die ägyptische Wirtschaft und nahm sie bis an die Grenze ihrer

Leistungsfähigkeit in Anspruch[1]. Und doch ist er nur ein Aspekt der ägyptischen Bemühung um Tod und Jenseits. Die rein materielle Hilfe ist für das Fortleben des Toten wichtig, aber nicht allein entscheidend; in ihrer augenfälligen Sichtbarkeit ist sie schon für den Ägypter etwas Vordergründiges. Bedeutsamer ist das Wissen darüber, wie das Jenseits beschaffen ist, welche konkreten Gefahren den Toten bedrohen, wie sie sich ausschalten lassen. Ohne genauere Kenntnis des Jenseits gibt es keinen gesicherten Weg dorthin. Der selige Verstorbene, der die Jenseitsreise ohne Schaden übersteht, ist für den Ägypter ein «Verklärter (*Ach*), der seinen Spruch kennt». Zu seinem Rüstzeug gehören nicht nur Grab, Mumie, Statue und Beigaben, sondern ein Vorrat an Sprüchen, der es ihm erlaubt, jeglicher Krisensituation zu begegnen: Sprüche, die ihm Belehrung geben über Wesen und Orte, die er antrifft, und andere, die durch die Zauberkraft des Wortes Gefahren bannen.

Dahinter steht mehr als bloße Magie. Um «wirksame» Sprüche für das Jenseits zu formulieren, bedarf es begründeter Kenntnis über die Phänomene des Totenreiches. Hier hat die ägyptische Wissenschaft ihre Hauptaufgabe gesehen und Anstrengungen unternommen, die dem materiellen Aufwand der ägyptischen Wirtschaft im Dienste des Jenseitsglaubens entsprechen. Im Gegensatz zum alten Mesopotamien haben sich die Ägypter nur wenig mit der Welt der Gestirne über uns, mit den Phänomenen des Himmels beschäftigt, desto mehr aber mit den Abgründen der Welt unter uns, in welche die Gestirne hinabsteigen. Dabei sind ihnen Erkenntnisse über die allgemeine Struktur der Welt zugefallen, die, einmal entschlüsselt, eine überraschende Aktualität aufweisen. In Einzelheiten gibt sich diese priesterliche ägyptische Wissenschaft äußerst exakt, zumindest in den systematisch aufgebauten Traktaten des Neuen Reiches. Sie arbeitet mit topographischen Aufnahmen der wichtigeren Jenseitsregionen und zuweilen sogar mit genauen Maßangaben (S. 69 und 135). Dazu bemüht sie sich um eine möglichst vollständige Bestandsaufnahme der göttlichen und nichtgöttlichen Wesen, die das Jenseits bevölkern.

Erkenntnisse, die konkrete Einzelheiten des Totenreiches betreffen, entziehen sich unserer Nachprüfung. Hier liegt auch nicht die Aufgabe, vor der wir stehen, denn zunächst und vorrangig geht es um das Verständnis dessen, was uns mitgeteilt wird. Die Erkenntnisse dieser priesterlichen ägyptischen Wissenschaft sind vielfach in konkreten Bildern – in Bildern der Sprache, aber auch in Illustrationen zu den Texten – niedergelegt, die als Informationsträger für höchst abstrakte Vorstellungen dienen. Die Sprache der Bilder wird heute nicht mehr unmittelbar verstanden – selbst dort, wo sie die einzig angemessene Form der Aussage bildet. So muß zur Übersetzung der Texte die «Lesung» und Entschlüsselung der Bilder hinzutreten. Die Aufgabe, den Informationsgehalt der Bilder in natürliche Sprache umzusetzen, stößt jedoch auf enge Grenzen. Eine komplexe, vielschichtige Wirklichkeit kann in einem einzigen Bild eingefangen sein, während ihre Beschreibung in natürlicher Sprache einen ganzen Band füllen würde. Vieles bleibt unsagbar, weil es nur in der Aussage des Bildes vermittelt werden kann. Die Eindeutigkeit, nach der die Sprache strebt, wird im Bild nur selten verwirklicht.

Um der doppelten Aufgabe gerecht zu werden, bringt dieser Band nicht nur die Texte der Unterweltsbücher, sondern zusätzlich die Mehrzahl der Illustrationen, die zu ihnen gehören. Eine ausführliche Beschreibung der Bilder ist aber in diesem Rahmen nicht möglich; sie würde weit mehr Raum und einen weiter fortgeschrittenen Stand unseres Wissens erfordern. Ersatz dafür geben uns die übersetzten Texte, die zu einem großen Teil Erläuterungen und Beschreibungen der

Darstellungen sind – in der natürlichen (aber wiederum bildkräftigen!) Sprache der Ägypter. Zusätzlich sollen die wichtigsten Vorstellungen der ägyptischen «Jenseitswissenschaft» zusammenfassend betrachtet werden, nachdem wir die Entwicklung der älteren Zeit und die wichtigsten erhaltenen Traktate dieser Wissenschaft kurz skizziert haben.

DER JENSEITSGLAUBE DER ÄLTEREN ZEIT[2]

Die Anfänge liegen, wie so oft, im Dunkel. Bodenfunde, Grabbauten und früheste Schriftzeugnisse zeigen den Glauben an eine Fortdauer der Existenz und an göttliche Mächte, die über diese Fortdauer wachen, geben uns aber nur selten konkrete Einzelheiten über die Beschaffenheit der jenseitigen Welt.

Sobald die Quellen reicher zu fließen beginnen, hebt sich der Vorhang. Das älteste Text-Corpus, das aus Ägypten erhalten ist, zeigt schon eine reich entwickelte Vorstellungswelt über das Totenreich. Es sind die *Pyramidentexte* des 24. und 23. Jahrhunderts v. Chr., seit dem Ende der 5. Dynastie in den Sargkammern und den anstoßenden Räumen der königlichen Pyramiden (am Ende der 6. Dynastie auch in den Pyramiden von Königinnen) aufgezeichnet. Den Kern dieses ältesten Corpus von religiösen Sprüchen bildet das königliche Begräbnisritual mit seinen notwendigen Riten; aber zumindest die Sprüche, die den Aufstieg des verstorbenen Königs zum himmlischen Jenseits schildern, sind erfüllt von Gedanken über die Beschaffenheit der Totenwelt.

Im Vergleich mit jüngeren Vorstellungen fällt die entscheidende Rolle auf, welche der *Himmel* für die Jenseitswünsche des verstorbenen Königs spielt. Er ist das Ziel seiner Jenseitsreise, ihn sucht er in den Gestalten von Vogel, Käfer und Heuschrecke oder auf Wind und Wolke zu erreichen[3]; Götter und

Menschen heben den König zum Himmel empor oder bauen ihm eine Rampe. Jedes brauchbare Mittel wird benutzt, damit der König, mehr oder weniger gewaltsam, im Himmel Attribute und Funktionen des höchsten Gottes ergreift und sich dadurch ein unzerstörbares Weiterleben sichert. «Zum Himmel, zum Himmel» klingt der Refrain der Lieder (§ 1101), und ein anderer Spruch stellt vom verstorbenen König ausdrücklich fest: «Er gehört nicht zur Erde, er gehört in den Himmel» (§ 890). Daher erscheint die «Erde» – als unterweltliches Totenreich, in das der Verstorbene gebettet wird – in negativem Licht, als «Abscheu» des Toten, der keinen Daueraufenthalt dort nehmen möchte. Auch der «Westen», dessen Bedeutung sich früh in der Blickrichtung der Bestatteten zeigt[4], spielt eine zwielichtige Rolle; in ihm vollzieht sich der Tod, der Untergang des Sonnengottes und der Gestirne, im Osten dagegen das Wiederaufleben, die tägliche Wiederkehr aus der Todestiefe (§§ 306 und 1835). Nach nächtlicher Schwangerschaft wird das Sonnenauge jeden Morgen neu geboren (§§ 698 und 705) – diese Vorstellung, die tiefgefühlte Analogie zu den Gestirnen und insbesondere zur Sonne, ist nun für Jahrtausende die große Jenseitshoffnung der Ägypter. Hier wurzelt die Bedeutung, die der Sonnengott Re für das jenseitige Schicksal gewinnt.

Im jüngeren Spruch-Corpus der *Sargtexte* (seit dem 21. Jahrhundert v. Chr.) wird das Jenseits bereits häufig dem «Westen» gleichgesetzt. In seiner personifizierten Gestalt, als Westgöttin, nimmt er den Toten als seinen «Sohn» auf[5], aus dem zwielichtigen Verhältnis der *Pyramidentexte* wird ein eindeutig positives. Aber der Himmel ist immer noch wichtig, und der Verstorbene tritt als «Osiris» auch zur Himmelsgöttin Nut in ein Mutter/Sohn-Verhältnis. Mütterlich umfangen ihn beide Sphären, die himmlische und die unterweltliche, und diese Dualität kehrt in den Königsgräbern des Neuen

Reiches[6] und noch in der Dekoration der spätzeitlichen Särge wieder.

Für unser Anliegen ist die genauere topographische Erfassung des Jenseits in den *Sargtexten* besonders wichtig. Nachdem die *Pyramidentexte* bereits einzelne «Gefilde» oder «Bezirke» des Jenseits erwähnen, scheint die Zeit zwischen dem Alten und dem Mittleren Reich (2140–2040 v. Chr.) die ersten genaueren Beschreibungen des Totenreiches hervorzubringen; das «Gespräch eines Lebensmüden mit seinem *Ba*» und andere Literaturwerke dieser Epoche zeigen, wie der Zusammenbruch des Alten Reiches zu einer Neubesinnung über die Fragen des Fortlebens nach dem Tode führt. In der «Lehre für Merikarê», die einem König des frühen 21. Jahrhunderts in den Mund gelegt ist, wird ein Buch mit dem Titel *sjpw* («Revision») erwähnt (Zeile 51), bei dem es sich nach A. Scharff[7] und G. Posener[8] um ein Buch über das Jenseits handelt. Dieses vielleicht älteste Jenseitsbuch ist verloren, aber Spuren von detaillierten Beschreibungen und sogar von ersten schematisch-bildlichen Darstellungen bestimmter Jenseits-Regionen finden sich im Corpus der *Sargtexte*[9]. Auf einem Sarg aus Gebelên (VI 271) sind in schematischen Umrissen unter anderem ein «Feuerstrom» mit seinen dämonischen Wächtern und ein «Gefilde des Thot» dargestellt, in welchem sich der Sonnengott Re und sein Gefolge von Trauben nähren (VI 273). Daneben erblickt man die «Schreine aus Feuerstein», die König Cheops nach der letzten Erzählung des *Papyrus Westcar* in seinem Grabdenkmal nachbilden möchte und deren Zahl (es sind sieben) selbst der zauberkundige Djedi nicht kennt[10]. Zum Spruch 758 gehört die älteste Darstellung des Sonnengottes in der «Ringelschlange» *Mehen*, eines der häufigsten Bildmotive der Unterweltsbücher.

Vor allem hat man das *Zweiwegebuch*, das bisher ausschließlich auf Sargböden aus der mittelägyptischen Nekropole El

Bersche überliefert ist, immer wieder als Vorläufer der Unterweltsbücher angesprochen[11]. Hier umrahmen Sprüche eine Art «Landkarte» der Jenseits-Regionen; Darstellung und textliche Hervorhebung der «Wege von *Rosetau*» erinnern an die Gestaltung der 4. und 5. Nachtstunde im *Amduat*. Aber die Sprüche dienen nur gelegentlich der Beschreibung; der Akzent liegt auf konkreten Anweisungen für den Toten, auf Ratschlägen, welcher Weg einzuschlagen ist, auf Warnung vor Gefahren und Anweisungen zu ihrer Umgehung. In diesem Falle ist die ältere Bezeichnung «*Jenseitsführer*» zutreffend, so wenig sie zu den eigentlichen Unterweltsbüchern passen will[12]. Was dem *Zweiwegebuch* noch fehlt, ist die sachlich-«wissenschaftliche» Art der Beschreibung, die systematische Einteilung des Totenreiches in «Stätten», Nachtstunden-Bereiche oder «Höhlen» und schließlich die eindeutige Festlegung auf die Unterwelt. Die Wege des Toten führen durch unterweltliche Regionen zu den Himmeln, und es bleibt unklar, wohin er eigentlich gehört. Feuer und Finsternis, im Neuen Reich Kategorien der Unterwelt, finden sich noch dem Himmel zugewiesen.

Wie das *Totenbuch*, das in einem anderen Band dieser Reihe übersetzt werden soll, haben auch die Unterweltsbücher aus dem Gedanken- und Formenreichtum der *Sargtexte* geschöpft, aber das ägyptische Jenseitsbild erstmals in eine relativ systematische Form und auf ein hohes gedankliches Niveau gebracht. Ganz im Bann der *Pyramidentexte* stehend, ist die Forschung noch vor kurzem der Ansicht gewesen, die Blütezeiten des Mittleren und des Neuen Reiches hätten ihre Jenseitsgedanken in der «Hexenküche der Magie und des Aberglaubens» ausgekocht[13] und allenfalls «die spukhafte Ausmalung des Jenseits» gefördert[14]. Man ist beim ersten, flüchtigen Eindruck stehengeblieben. Jedes tiefere Eindringen, das der vorliegende Band fördern möge, jede Beschäftigung mit den einzelnen Motiven und Gedanken dieser Bücher zwingt zum Umdenken und führt zu einer gerechteren Einschätzung der ägyptischen Geistesgeschichte.

DIE UNTERWELTSBÜCHER

Die Aufzeichnung der Unterweltsbücher hängt mit einer Neugestaltung des ägyptischen Königsgrabes zusammen. An die Stelle der bisherigen Pyramidengräber treten nach dem Beginn der 18. Dynastie, gegen 1500 v. Chr., die Felsgräber im Tal der Könige[15]. Die Begründer des Neuen Reiches, die Brüder Kamōse und Ahmose (1551–1526), haben ihre Gräber noch mit kleinen Pyramiden bekrönt. Wahrscheinlich ist Amenophis I. (1526–1505), den spätere Zeiten als großen Stifter und Neuerer göttlich verehren, der erste Pharao gewesen, der von dieser mehr als tausendjährigen Tradition abging; sein Grab ist jedoch noch nicht mit Sicherheit bestimmt und scheint nicht im Tal der Könige zu liegen. Erst sein Nachfolger Thutmosis I. (1505–1493) läßt das älteste, noch sehr bescheidene königliche Felsgrab im Tal der Könige aus den Kalksteinfelsen des thebanischen Westufers aushauen; die Wände seiner Sargkammer werden mit den Texten und Darstellungen des Unterweltsbuches *Amduat* bemalt.

Sicher ist dieses Buch älter als die Regierungszeit Thutmosis' I. Es verarbeitet Vorstellungen und verwendet Bildmotive, die zum Teil schon dem Mittleren Reich angehören; Textlücken und Umstellungen, die schon die ältesten Fassungen aufweisen, zeugen von einer Überlieferungsgeschichte, deren Dauer jedoch fraglich ist[16]. Wie beim «Denkmal Memphitischer Theologie» wird sich die Datierung erst allmählich durch feinere sprachliche und inhaltliche Analyse eingrenzen lassen. In der vollendeten, systematisch durchgearbeiteten

Form, in der uns das *Amduat* vorliegt, kann es nach meiner Ansicht keine Frucht des Mittleren Reiches sein, sondern gehört in die große geistige Umbruchszeit, welche die Grundlagen des Neuen Reiches geschaffen hat.

Der Titel *Amduat* («Das, was in der Dat ist») ist eigentlich die spätere Gattungsbezeichnung *aller* Unterweltsbücher[17]. Der originale Titel dieser ältesten Komposition lautet «Die Schrift des Verborgenen Raumes» und kennzeichnet sie damit als ein Buch über den «Verborgenen Raum» der Unterwelt (S. 30f.). Die Zwölfteilung des Jenseits in «Stätten» oder Nachtstunden-Bereiche, die sich hier erstmals findet, hat lange nachgewirkt. Auch die geniale Einfachheit, die der Aufbau des *Amduat* im Detail zeigt, ist für die jüngeren Unterweltsbücher zum Vorbild geworden. Jeder Nachtstunden-Bereich ist in drei Register eingeteilt – im Mittelregister fährt die Sonnenbarke mit ihrer Begleitung dahin, in den beiden anderen Registern werden die Wesen und Phänomene aufgezählt und beschrieben, denen der Sonnengott auf seiner Nachtfahrt begegnet. Die «Fülle der Gesichte» wird in einem strengen Schema gebändigt. Geschehnisse, die sich fortwährend, in jeder Nachtstunde wiederholen, sind exemplarisch einer bestimmten Nachtstunde zugewiesen: das Anhalten der Sonnenbarke und ihrer Ruderer (9. Stunde), die Zuweisung von Äckern (2. Stunde) oder Kleidern (8. Stunde) an die Verstorbenen, die Bergung der Ertrunkenen aus dem Unterweltsstrom (10. Stunde), die Überwindung des Apophis (7. Stunde) oder die Bestrafung der Verdammten (7. und 11. Stunde). Aber jede Nachtstunde hat auch ihre eigenen Namen und Örtlichkeiten, die in einleitenden Zeilen dem Verstorbenen zur Kenntnis gebracht werden; hier wird immer wieder die Bedeutung betont, welche die Kenntnis der Namen hat, gibt sie dem Toten doch Macht über die Wesen und Gefahren des Jenseits. Aus dieser Haltung erklärt sich die zunächst ermüdend lange Aufzählung von Namen, wie sie gerade das *Amduat* gibt, als das «gelehrteste» aller Unterweltsbücher. Um dem Verstorbenen die Übersicht zu erleichtern und aus der Fülle des Stoffes das Wesentlichste auszuwählen, hat man die gewöhnliche «Langfassung» des *Amduat* noch durch eine «Kurzfassung» in 300 Versen ergänzt, die sich im wesentlichen mit den einleitenden Zeilen zu jeder Nachtstunde deckt und hier nicht gesondert übersetzt ist.

Von Thutmosis I. bis zur Revolution Echnatons (1364–1347 v. Chr.) bildet des *Amduat* den einzigen Schmuck für die Wände der königlichen Grabkammer, während in den Vorräumen und auf den Pfeilern Bilder des Königs vor den Totengöttern angebracht werden. Schon daraus geht die Bedeutung hervor, die man ihm in der 18. Dynastie, in der «Blütezeit des Pharaonenreiches» (G. Steindorff), beigemessen hat. Die bedeutenden Könige diese Dynastie, unter denen Ägypten zur politischen, wirtschaftlichen und kulturellen Weltmacht emporstieg, haben im *Amduat* offenbar den wichtigsten Jenseitstext gesehen, der ihnen zur Verfügung stand, und waren gewiß nicht auf die «Hexenküche der Magie» angewiesen, um ihre Jenseitshoffnung zu artikulieren. Wie die *Pyramidentexte* des Alten Reiches galten auch *Amduat* und die übrigen Unterweltsbücher streng als königliche Totentexte, auf welche die Beamten und selbst die Mitglieder der Königsfamilie keinen Anspruch hatten. Eine einzige Ausnahme hat die regierende Königin Hatschepsut (1490–1468) für ihren Wesir Useramun gemacht, der in seiner engen Grabkammer, tief im Gräberberg von Schêch Abd el-Qurna, ein vollständiges Exemplar des *Amduat* und Teile der *Sonnenlitanei* aufzeichnen durfte[18].

Erst am Ende des Neuen Reiches werden diese Texte und Darstellungen «demokratisiert» und leben auf Särgen und Papyri von Privatleuten bis in die frühe ptolemäische Zeit

(3. Jahrhundert v. Chr.) fort. Für die Textgeschichte besonders wichtig sind dabei die Gräber der Saïtenzeit (26. Dynastie, 664–525 v. Chr.), vor allem das des Petamenophis. Die hohen Beamten dieser Zeit verfügten, nach der Qualität der Abschriften in ihren Gräbern zu urteilen, immer noch über genaue und vollständige Vorlagen für das *Amduat* und die anderen Unterweltsbücher. Diese Vorlagen, die auch für das Neue Reich verloren sind, müssen wir uns als Papyrusrollen vorstellen; in kursiver Schrift, mit schematischen Illustrationen versehen, wurden sie nach Bedarf in die monumentale Hieroglyphenschrift übertragen.

Die Revolution Echnatons setzt den bisher gültigen Jenseitsglauben und damit auch seine maßgebenden Textbücher vorübergehend außer Kraft. Doch schon in der Grabdekoration seines Nachfolgers Tutanchamun (1347–1338) taucht das *Amduat*, zumindest in Auszügen, wieder auf. Als man am Hof von König Haremhab (1333–1306) darangeht, die Gestaltung des Königsgrabes neu und verbindlich festzulegen, wird statt des *Amduat* ein anderes Unterweltsbuch für die Dekoration der Sargkammer gewählt: das *Pfortenbuch*.

Dieses in der Ägyptologie anfänglich als *Livre d'enfer* oder *Book of Hades* bezeichnete Buch trägt keinen originalen Titel. Aber da jede Nachtstunde durch die Darstellung eines von Schlangen bewachten Tores abgeschlossen wird, hat sich seit Maspero die Kennzeichnung als *Pfortenbuch* (*Livre des Portes*) durchgesetzt. Der Aufbau des Buches folgt im Prinzip dem *Amduat*, doch sind in die Abfolge der Nachtstunden zwei besondere Bilder ohne Register-Einteilung eingeschoben – die Gerichtshalle des Osiris (S. 237) und das Schlußbild mit dem Gott Nun, der die Sonnenbarke aus dem Urgewässer emporhebt (S. 307). Anderes ist vereinfacht. Die Besatzung der Sonnenbarke ist von neun auf drei verringert, und die Fülle der übrigen Gottheiten und Jenseitswesen wird zu größeren

Gruppen zusammengefaßt, so daß der Benutzer des Buches sich nicht mehr in der Fülle der Namen verliert. Dem entspricht die weitere Beobachtung, daß auf die Kenntnis der Namen nicht mehr solches Gewicht gelegt ist wie im *Amduat* und daß die einleitenden Zeilen mit den Namen der Örtlichkeiten und der Nachtstunde fehlen. Statt dessen findet sich am Ende der meisten Szenen ein Vermerk über die Versorgung der seligen Toten mit Opfergaben; hier lebt das rituelle Element, das im *Amduat* noch eine bedeutsame Rolle spielt[19], in abgeschwächter Form weiter.

Für die genaue Entstehungszeit dieses zweiten großen Unterweltsbuches fehlen uns sichere Kriterien. Mir scheint, daß es noch vor der Revolution Echnatons entstanden ist, aber nicht allzulange davor – vielleicht in den späten Jahren Amenophis' III. oder in den Anfangsjahren Echnatons, also zwischen 1380 und 1360 v. Chr. Die «kosmopolitischen» Gedanken der 30. Szene mit ihrer Darstellung aller Völkergruppen im Jenseits, die Einbeziehung auch der Tierwelt (1. Szene), die ikonographische Kühnheit in der Gestaltung der Sonne (als «Gesicht» des Sonnengottes in der 73. Szene) und die Verbindung des Sonnenleichnams mit dem *Benben*-Haus (38. Szene) – all das deutet mehr oder weniger deutlich auf den Umkreis der Amarnazeit.

In den Gräbern von Haremhab[20] und Ramses I.[21] ist das *Amduat* ganz vom *Pfortenbuch* verdrängt, aber seit Sethos I. (1304–1290) erscheinen beide in den meisten Königsgräbern nebeneinander und werden bald durch weitere Unterweltsbücher ergänzt.

Die Wände des langen Ganges, der in das Scheingrab (Kenotaph) Sethos' I. in Abydos hinabführt, sind von König Merenptah (1224–1204) mit je einem vollständigen Exemplar des *Pfortenbuches* und des *Höhlenbuches* ausgeschmückt worden. Wiederum ohne ägyptischen Titel, verdankt das *Höhlenbuch* seine moderne Bezeichnung der Einteilung des Totenreiches in einzelne «Höhlen». Die Zwölfteilung von *Amduat* und *Pfortenbuch* ist aufgegeben; statt dessen gliedert sich das *Höhlenbuch* in zwei deutlich getrennte und auch im Text erwähnte «Hälften» der Unterwelt, die jede drei Abschnitte umfassen. Die Einteilung in drei Register wird dagegen in den meisten Abschnitten beibehalten, doch ist die Sonnenbarke aus der Darstellung verschwunden und durch die gehäufte Abbildung der Sonnenscheibe ersetzt (S. 26). In einer noch weiter getriebenen Systematisierung ist das untere Register der einzelnen Abschnitte jetzt durchweg den «Feinden» und ihrer Bestrafung vorbehalten. Im 5. und im 6. Abschnitt wird die Registereinteilung insgesamt dreimal von besonderen Bildern unterbrochen (Nut-Bild, Osiris-Bild und ein ausführliches Schlußbild). Im Text häufen sich Litaneien, in der Darstellung fallen die vielen ovalen Sarkophage auf, in denen Gottheiten und selige Verstorbene liegen.

Gleichzeitig mit dem ältesten Exemplar des *Höhlenbuches* erscheinen in Königsgräbern vom Ende der 19. Dynastie (Merenptah und Tausret) einzelne Bilder aus der nächtlichen Unterweltsfahrt, die zu keinem der drei «großen» Bücher gehören. Ein Teil dieser Szenen ist im Grab Ramses' VI. (1142–1135) in eine größere Komposition eingebaut, die auf zwei Längswände der Sargkammer und die beiden Hälften der Rückwand verteilt ist. In seiner Edition dieser Szenenfolge hat A. Piankoff ihr den Titel *La création du disque solaire* gegeben, den wir hier durch *Buch von der Erde* ersetzen. Denn während die Wiedergeburt der Sonnenscheibe auch in den anderen Büchern eine entscheidende Rolle spielt, ist hier der chthonische Aspekt der Nachtfahrt stärker als sonst betont (S. 50f.). Im Vordergrund stehen die drei «Erdgötter» Geb, Tatenen und Aker, die dargestellten Wesen sind oft zum Teil in der Erde «verborgen», und selbst die dargestellten Sterne sind noch unter Aker, also in der Erdtiefe lokalisiert (Teil A, 2. Szene). Nicht nur zeitlich, auch inhaltlich steht diese Szenenfolge dem *Höhlenbuch* nahe, zeigt aber keine so klare Gliederung.

Da bisher keine Parallele zur ganzen Szenenfolge bekannt ist, muß die Frage offenbleiben, ob diese Komposition überhaupt ein geschlossenes «Buch» darstellt. Mir scheint, daß die geschlossene Art der Anbringung in der Sargkammer und die vielen Entsprechungen zwischen einzelnen Wandteilen diese Annahme als Arbeitshypothese rechtfertigen. Wahrscheinlich wird man dagegen die Annahme eines selbständigen *Akerbuches* streichen müssen, da sich die betreffenden Szenen zwanglos in das *Buch von der Erde* einfügen.

Ein anderes, isoliertes Bild, das in den Sargkammern von Merenptah, Tausret und Ramses III. an hervorragender Stelle angebracht ist (gegenüber einer Szene aus dem *Buch von der Erde*) und durch seine eigenartigen Dreieckskonstruktionen auffällt, stellt eine teils erweiterte, teils vereinfachte Variante zum Schlußbild des *Höhlenbuches* dar. Dagegen hat sich für die beiden Abschnitte eines Unterweltsbuches, die auf einem der vergoldeten Schreine des Tutanchamun-Schatzes angebracht sind[22], bisher keine größere Komposition gefunden, in die sie einzuordnen sind. Das Fehlen der Sonnenbarke und die starke Betonung der Sonnenscheibe weist sie der Gruppe der «jüngeren» Unterweltsbücher (*Höhlenbuch* und *Buch von der Erde*) zu; hier finden wir unter anderem die bisher älteste Darstellung des *Uroboros*, der in sich zurückgekrümmten Schlange, die der Ägypter kurz und treffend «Schwanz im Maul» nennt[23]. Im übrigen geben diese beiden isolierten Abschnitte nur Namen und kurze Überschriften, alle in reiner Kryptographie[24]; im vorliegenden Band mußte auf Beschreibung und Übersetzung der Tutanchamun-Fragmente verzichtet werden.

VERWANDTE TEXTE

Die neue Literaturgattung der «Bücher», welche die nächtliche Sonnenfahrt und damit auch das Jenseits beschreiben, spaltet sich, mit Beginn der Ramessidenzeit greifbar, in zwei Äste: die Unterweltsbücher, die diese Fahrt in den Tiefen der Erde lokalisieren und die chthonischen Götter Tatenen, Geb und Aker hervorheben, und die Himmelsbücher, welche die Sonnenfahrt durch den Leib der Himmelsgöttin Nut beschreiben. Zwischen beiden Gruppen gibt es viele Beziehungen und Überschneidungen, sind doch beide Sphären schon für den Ägypter nur verschiedene Aspekte des gleichen Jenseitsraumes, durch den die nächtliche Sonnenfahrt geht[25]. So hätte strenge Konsequenz verlangt, auch die Himmelsbücher in diesen Band aufzunehmen; da der begrenzte Raum dies nicht erlaubt, müssen wir uns mit wenigen Proben begnügen (S. 485 ff.). Jede intensive Beschäftigung mit den Unterweltsbüchern muß die Aussagen und Darstellungen der Himmelsbücher mit heranziehen.

Die älteste Komposition dieser Art, das berühmte *Nut-Bild* im Kenotaph Sethos' I. in Abydos, ist mit einer Dekan-Tabelle verbunden und hat seine jüngste Bearbeitung in dem monumentalen Corpus der astronomischen Texte Ägyptens gefunden[26]; im demotischen *Papyrus Carlsberg I* (2. Jahrhundert n. Chr.) liegt ein später Kommentar zu diesem Himmelsbild vor[27]. Im gleichen Kenotaph findet sich auch das älteste, unvollständige Exemplar des *Buches von der Nacht*. Es verlegt die nächtliche Sonnenfahrt in den Leib der Himmelsgöttin Nut, beschreibt aber zum großen Teil die gleichen Phänomene und die gleichen, durch Tore voneinander getrennten Jenseitsbereiche wie die Unterweltsbücher. Im Grab Ramses' VI. findet es seine Ergänzung durch das *Buch vom Tage*, das die Reise der falkenköpfigen Tagessonne über den Himmel beschreibt[28]. Beide Kompositionen folgen der vertrauten Stundeneinteilung und schildern besonders eindrucksvoll das morgendliche Wiedererscheinen der Sonne (S. 493), das nun ganz konkret als «Geburt» durch die Himmelsgöttin verstanden ist, während der abendliche Untergang ein «Verschlingen» durch die Göttin bedeutet. Erwähnen wir noch das *Buch von der Himmelskuh*, das seit Tutanchamun zur königlichen Grabdekoration gehört und den Himmel im Bild einer Kuh sieht, an deren Bauch die Barken entlangfahren[29].

Zu den verwandten Texten gehört auch die *Sonnenlitanei*, deren älteste Aufzeichnungen in die Zeit der Hatschepsut und Thutmosis' III. gehören[30]. Es bildet eigentlich eine Zusammenstellung von mehreren Litaneien, im ägyptischen Titel als «Buch der Anbetung des Re im Westen» bezeichnet; dazu ist es mit einer Art «Titelbild» und einer Abbildung von 74 Erscheinungsformen des Sonnengottes illustriert, die in der ersten Litanei angerufen werden. Die Anrufungen dieses liturgischen Buches gelten dem nächtlichen, unterweltlichen Sonnengott. Daher hat es seinen Platz in der königlichen Grabdekoration gefunden und beschäftigt sich zum Teil mit den gleichen jenseitigen Wesen und Phänomenen wie die Unterweltsbücher.

Schließlich sei noch auf einen Vorläufer und einen Ausläufer der Unterweltsbücher hingewiesen, die beide hier nicht übersetzt sind: das *Zweiwegebuch* der Sargtexte (S. 15f.) und das *Buch vom Durchwandeln der Ewigkeit* aus der Spätzeit[31].

DIE WICHTIGSTEN MOTIVKREISE

Bilder der Sonnenfahrt

Mittelpunkt und «Leitmotiv» der Unterweltsbücher bildet die nächtliche Fahrt des Sonnengottes. Uralt ist die Vorstellung einer Barke, in welcher der Sonnengott, wie auch die anderen Götter, dahinfährt. Schon in einer Darstellung der 1. Dynastie zieht der Himmelsfalke in einer Barke über den Himmel[32], und in den *Pyramidentexten* begegnen getrennte Barkennamen für Tages- und Nachtfahrt.

Die Unterweltsbücher der 18. Dynastie stellen in den Mittelpunkt jeder Nachtstunde das Bild der Sonnenbarke mit der widderköpfigen Nachtgestalt des Sonnengottes in seinem Schrein. Dagegen deuten die ramessidischen Unterweltsbücher die Barkenfahrt nur noch in einzelnen Bildern an und stellen die Präsenz der Sonnenscheibe in den Mittelpunkt. Wie in *Amduat* und *Pfortenbuch* zu jeder Nachtstunde das Bild der Sonnenbarke gehört, so ist im *Höhlenbuch* und im *Buch von der Erde* jede einzelne Szene mit dem Bild der Sonnenscheibe versehen, die über den Seligen leuchtet; gelegentlich tritt die Darstellung des widderköpfigen Sonnengottes ergänzend hinzu. Eine Ausnahme machen nur diejenigen Szenen, in denen Verdammte dargestellt sind, denen die göttliche Gegenwart und damit der Anblick der Sonnenscheibe verwehrt ist (S. 43). Man möchte diesen auffälligen Wandel in der Darstellung der Sonnenfahrt gern mit der Amarnazeit und ihrer Hervorhebung der Sonnenscheibe (*Aton*) in Verbindung bringen; dazu passen die zeitliche Überlieferung (wenn man das *Pfortenbuch* noch vor Echnaton ansetzt) und das Zurücktreten der mythologischen Anspielungen in den jüngeren Unterweltsbüchern.

Das *Amduat* zeigt eine zahlreiche Besatzung in der Barke. In den meisten Stunden sind es, zusammen mit dem Sonnengott, neun Gottheiten, fast alles vertraute Gestalten des ägyptischen Pantheons. Wir finden den Upuaut als «Wegeöffner» am Bug der Barke, Horus als Steuermann an ihrem Heck; dazwischen Hathor als «Herrin der Barke» und Thot als «Stier der Maat», der für die Bewahrung und Wiederherstellung der rechten Ordnung (*Maat*) verantwortlich ist. Die als Göttin mit der Straußenfeder personifizierte *Maat* ist nicht in der Barke, sondern in der 1. Stunde vor ihr dargestellt; in doppelter Gestalt begleitet sie den Sonnengott am Himmel wie in der Unterwelt, so daß der Tote darauf hoffen kann, auch im Jenseits in der *Maat* zu bleiben und nicht der chaotischen Unordnung anheimzufallen. Zu diesen Gottheiten treten noch die beiden Schöpferkräfte Hu und Sia, die der Sonnengott zur Wiederholung seines Schöpfungswerkes (vgl. S. 34) im Jenseits braucht; sie werden im Schlußtext der dritten Stunde ausdrücklich auch dem Osiris als Herrn der Unterwelt zugewiesen.

Wichtige Veränderungen der Unterwelts-Landschaft bedingen im *Amduat* auch Veränderungen der Barke. In der 4. und 5. Stunde verwandelt sie sich in eine Schlange, um besser über den Sand des Sokar-Landes zu gleiten und mit ihrem feurigen Gifthauch die undurchdringliche Finsternis zu «durchstechen». In der 7. Stunde tritt die zauberkundige Isis an den Bug, um die gefährliche Apophis-Schlange unschädlich zu machen, und die «Ringelschlange» Mehen umringelt fortan schützend den Schrein des Sonnengottes.

Im *Pfortenbuch* ist diese reiche Besatzung auf die beiden Schöpferkräfte Sia und Heka verkleinert, wie ja die Götterfülle des *Amduat* auch sonst verringert und zu überschaubaren Gruppen gegliedert wird. Nur im Schlußbild des Buches, das den ganzen Sonnenlauf zusammenfaßt, wird eine erweiterte Besatzung dargestellt, darunter auch der «Erdgott» Geb.

Das *Höhlenbuch* bildet die Sonnenbarke nur ein einziges Mal ab – im Schlußbild, wo sie aus der Unterwelt herausgezogen wird und nur Erscheinungsformen des Sonnengottes enthält (S. 422). Etwas häufiger erscheint die Barke im *Buch von der Erde*, vor allem in Verbindung mit dem Erdgott Aker. Die bildhafte Andeutung der Fahrt durch die personifizierte Erde wird nun zum Gegenstück der Himmelsfahrt, wie sie die ramessidischen Himmelsbücher abbilden (S. 24f.).

Zur Sonnenbarke gehört nicht nur die eigentliche «Besatzung», sondern ein zahlreiches Gefolge; daher ist es im Grunde eine ganze Kette von Barken, die auf dem Unterweltsstrom dahinzieht, doch wird diese Vorstellung nur in der 2. und 3. Stunde des *Amduat* bildlich gestaltet. Die Ruderer der Barke werden zweimal im *Amduat* (9. Stunde im Mittelregister und 12. Stunde, 7. Szene) und einmal im *Pfortenbuch* (79. Szene) exemplarisch dargestellt, während die Zugmannschaft, die das Boot treidelt, häufiger erscheint; im *Pfortenbuch* werden in jeder Nachtstunde (außer in der ersten) vier «Unterweltliche» am Zugseil der Sonnenbarke gezeigt. Sie vertreten die Gesamtheit der seligen Toten, die in jeder Unterweltsregion mit Hand anlegen, um die Sonnenbarke voranzubringen. Dazu kommen noch eine bewaffnete Leibwache (*Amduat* 10. Stunde, 8. Szene) und ein Lotse oder eine geleitende Göttin, die den Sonnengott und sein Gefolge in jeder Stunde auf den richtigen Weg leiten.

Diese Jenseitswege der Barke sind zumeist Spiegelungen irdischer Wege. Wie im Diesseits der Nilstrom die Hauptverkehrsader bildet, so ist im Totenreich der normale Weg der Barke ein breiter Unterweltsstrom «mit hohen Ufern», auf denen die seligen Toten in ihren «Höhlen» hausen und den Sonnengott bei seinem Herannahen begrüßen. Dieser Strom ist ein Teil des *Nun*, des Urgewässers, das in die Welt vor der Schöpfung zurückreicht, die Schöpfungswelt allseitig umringt und auch am Himmel die Fahrbahn der Sonne bildet. Eines der vielen Bilder des Sonnenaufgangs ist das morgendliche Emportauchen aus dem *Nun*, wie es vor allem das Schlußbild des *Pfortenbuches* gestaltet. Aber dieses morgendliche Wiedererscheinen in der irdischen Welt wird noch in einer Fülle weiterer Bilder gestaltet und beschrieben. Es bereitet sich im

Amduat und im *Pfortenbuch* schon in der 11. Nachtstunde vor und vollendet sich in der Verwandlung der widderköpfigen Nachtgestalt des Sonnengottes in den morgendlichen Skarabäus.

Durch das Himmelstor, von Herolden angekündigt, betritt der Sonnengott jeden Morgen die irdische Welt. Solche Tore schließen nicht nur die ganze Unterwelt ab, sondern trennen auch ihre einzelnen Bereiche voneinander. Das *Amduat* bildet sie in der 4. und 5. Stunde ab und schildert auch in anderen Nachtstunden, wie sie für den Sonnengott geöffnet und für Unbefugte geschlossen werden. Das *Pfortenbuch* stellt systematisch an das Ende jeder Nachtstunde ein Tor, das von einer Schlange bewacht wird. Für den Sonnengott springen alle Türen der Unterwelt auf, und in jeder Unterweltsregion schallt ihm der Jubel der seligen Toten entgegen, während er anhält und seine «Weisungen erteilt», den Toten ihren Lebensunterhalt zuweist. Am Ende der nächtlichen Sonnenfahrt mischt sich der Jubel, der die ganze Schöpfung beim Anblick des verjüngten Sonnengottes ergreift, mit der Trauer um Osiris, der in der Unterwelt zurückbleiben muß (*Amduat*, 12. Stunde; *Pfortenbuch*, 93. und 98. Szene).

Um die gefährlichen Bereiche der Unterwelt, wie den «Feuersee» (S. 44), die Sandbank des Apophis (S. 135) und die Höhle des Sokar (*Amduat*, 5. Stunde), zu umgehen, muß die Sonnenbarke ihre Fahrtrichtung gelegentlich ändern. In der 4. und 5. Stunde des *Amduat* unterbricht eine riesige Sandregion ihre Wasserfahrt – das Reich des memphitischen Totengottes Sokar, «der auf seinem Sand ist»; hier zeigt sich das Totenreich als Wüstengebiet, wie es auf Erden das fruchtbare Niltal umgibt. Zu den Aspekten des Jenseits als Urozean, als Leib der Himmelsgöttin und als Tiefe der Erde tritt die Wüste als vierter Aspekt, als weitere Ebene der Sonnenfahrt. Es ist bezeichnend für den Grundzug ägyptischen Denkens, daß diese so verschiedenartigen Ebenen auch im Neuen Reich, das sich um strengere Systematik bemüht, nebeneinander gültig bleiben. Dabei geht es nicht um einen «Ausgleich», nicht um den Versuch, zwischen verschiedenen Meinungen zu vermitteln. Da sich eine so komplexe, vielschichtige Wirklichkeit, wie es das Jenseits ist, nicht in eindeutiger Form beschreiben läßt, sind wir auf komplementäre Aussagen angewiesen[33]. Jede der vier Ebenen, auf denen der Ägypter die nächtliche Sonnenfahrt darstellt, enthält wesentliche und «richtige» Informationen über das Jenseits und kann durch die übrigen, komplementär zu verstehenden Aussagen nicht ersetzt werden.

«Die Wahrheit kam nicht nackt in die Welt, sondern sie kam in den Sinnbildern und Abbildern. Sie (die Welt) wird sie nicht auf eine andere Weise erhalten», heißt es im koptischen *Philippusevangelium*[34]. Das bedeutet, auf unseren Fall angewendet: die Wahrheit über das Jenseits (und über den Menschen oder die Götter) ist nicht «nackt», das heißt in der eindeutigen Form zweiwertiger Logik, mitteilbar. In der Häufung ihrer Aussagen und in der Bilderfülle ihrer Darstellungen versuchen die Unterweltsbücher immer wieder neu, zumindest eine Ahnung der *ganzen* Wirklichkeit des Jenseits zu geben.

Räumlichkeit und Zeitlichkeit des Jenseits

Im Titel des *Amduat* erscheint das Jenseits als der «Verborgene Raum», der zum Nutzen des Toten beschrieben werden soll. Die Grenzen dieses Raumes werden mitgeteilt («Horn der Erde» und «Urfinsternis»), und für einige seiner Bezirke, etwa das *Wernes* mit seinen 309 mal 120 Meilen, werden sogar genaue Maße gegeben. Auch eine Darstellung im *Buch von der Erde* (Teil D, 1. Szene) zeigt den «Verborgenen Raum» als wirklichen Raum, der den «Kasten» des Osiris umgibt, während die feindlichen Mächte «außerhalb» dieses Raumes bestraft werden. Dieser Raum, der demnach nicht mit dem ganzen Jenseits identisch ist, gibt den seligen Toten Geborgenheit und Schutz; wie auf Erden in seiner Siedlung, lebt der Tote nun in der «Größten Stadt», wie das Totenreich im *Amduat* mehrfach genannt wird. Auch hier herrscht die *Maat*, die rechte Ordnung der Welt. Grüne, üppige Gefilde (wie das *Wernes*) an den Ufern des Unterweltsstromes spenden den Toten Wasser und Nahrung, der Sonnengott bringt ihnen Licht und belebenden Atem.

Aber alle Analogien zum Diesseits können nicht darüber hinwegtäuschen, daß der Verstorbene in eine andersgeartete Welt gelangt, sogar in eine «Verkehrte Welt». Wie in den fernen Regionen des Himmels (S. 485) sind auch im unterweltlichen Jenseits die vier Himmelsrichtungen aufgehoben, liegen «ermattet» am Boden vor dem Gott Atum (*Pfortenbuch*, 8. Szene). Aufgehoben ist die normale Richtung der Schrift – die Texte der Unterweltsbücher sind gegenläufig zu lesen –, und auch die Wesen des Jenseits sind oft in verkehrter Richtung dargestellt. Sogar die Sonnenbarke scheint gelegentlich verkehrt, mit dem Heck voran, zu fahren (*Buch von der Erde*, Teil A, 2. Szene); die Schlange, in der sich das Wunder der Neugeburt vollzieht, durchfährt sie vom Schwanz zum Maul, in umgekehrter Richtung (*Amduat*, 12. Stunde).

Damit nicht genug! Die Wege und Gewässer des Jenseits verlaufen nicht gerade, sondern gekrümmt oder im Zickzack. Schon die ältesten dargestellten Jenseitswege zeigen bizarre Windungen (*Zweiwegebuch*), im Zickzack ziehen sie sich durch den Sand des Sokar-Reiches (4. und 5. Stunde des *Amduat*). Im Brettspiel und im Grundriß der älteren Königsgräber werden diese gewundenen oder «geknickten» Jenseitswege nachgebildet. Gleiches gilt für die Wasserwege. Ein «Krummes Gewässer» kennen schon die *Pyramidentexte*, und das *Pfortenbuch* (53. Szene) spricht von den «gebogenen Gewässern» der Unterwelt. Dazu paßt, daß auch der «Feuersee» in zahlreichen Darstellungen einen ovalen Abschluß hat oder kreisrund ist. Diesen ovalen Abschluß haben die älteren Unterweltsbücher selbst, als Oval wird die Sokar-Höhle im *Amduat* (5. Stunde) abgebildet, oval ist der Grundriß der Sargkammer in den ältesten Gräbern im Tal der Könige. Wenn auch Rechtecke und Dreiecke in den Jenseitsdarstellungen begegnen, ist eine Scheu vor der Geraden doch unverkennbar.

In verkehrter Richtung blickt der Fährmann des Jenseits, der «Hintersichschauer» der *Pyramidentexte*. Und schließlich läuft der Verstorbene Gefahr, im Jenseits zum Kopffüßler zu werden; in den *Pyramidentexten* (§ 323) erscheint die Vorstellung, auf dem Kopf gehen zu müssen, als sein «Abscheu» und wird dann zur Strafe gegen die «Feinde», die in den Unterweltsbüchern häufig mit den Füßen nach oben dargestellt sind. Auch Aufnahme und Abgabe der Nahrung können sich umkehren.

Aber zugleich liegt in dieser Verkehrtheit die größte Jenseitshoffnung des Toten. Denn auch der zeitliche Ablauf des Lebens, der auf Erden irreversibel von der Geburt zum Tod, vom Blühen zum Verwelken führt, kann sich im Jenseits umkehren und so zu der Verjüngung führen, die der Tote erstrebt. Während der Sonnengott und sein Gefolge in räumlicher Umkehr vom Schwanz zum Maul der Wiedergeburts-Schlange ziehen, verwandeln sie sich in zeitlicher Umkehr vom «Greis» zum «Kind».

Die Gerichtetheit der Zeit ist im Totenreich aufgehoben, aber die Zeit selber ist in den Unterweltsbüchern allgegenwärtig. *Amduat* und *Pfortenbuch* gebrauchen sie als Maßstab für die Einteilung des Jenseits, jeder ihrer zwölf Abschnitte entspricht einer Nachtstunde, die der Sonnengott auf seiner Fahrt durchläuft. Die zwölf Stunden sind als Göttinnen personifiziert und im *Amduat* (1. Stunde, 4. Szene; 7. Stunde, 9. Szene), im *Pfortenbuch* (20. und 80. Szene) und im *Buch von der Erde* (Teil A, 3. Szene) als Gruppe dargestellt; jede von ihnen dient dem Sonnengott als «Geleiterin» in ihrem Bereich. Zwar wird die Zeit im Jenseits mit anderen Maßen gemessen (die Totenrichter «sehen die Lebenszeit als eine Stunde an[35]»), doch auch dort wird allen Wesen, den Seligen wie den Verdammten, ihre Zeit zugemessen. Eine Szene (die 31.) des *Pfortenbuches* zeigt, wie den Verstorbenen ihre «Lebenszeit» aus dem unerschöpflichen Vorrat eines riesigen Schlangenleibes zugemessen wird[36].

Den Ägypter des Neuen Reiches hat dieser geheimnisvolle Vorgang besonders beschäftigt, wie aus dem unabsehbaren und doch endlichen Vorrat an Zeit eine Stunde nach der anderen «geboren» wird und wieder zurücktaucht in das Kontinuum, das er im Bild eines Schlangenleibes sieht. Die Unterweltsbücher haben die Kühnheit, die Zeit selber in einem einprägsamen Bild zu gestalten – als Schlange oder als Gottheit, aus der eine Stunde nach der anderen heraustritt, «geboren» wird; einmal (*Pfortenbuch*, 36. Szene) wird die Folge der Stunden auch als endloses Seil gesehen. Der Vorgang des Zurücktauchens, des Wiedereintretens in das Kontinuum der Zeit-Schlange wird verschieden, immer wieder anders umschrieben: als Fortnehmen, Entfernen, Verbergen, Verschlingen und Vernichten. Die Häufigkeit, mit der dieses Motiv der Stunden-Geburt in immer neuen Abwandlungen gestaltet wurde, zeigt seine Bedeutung; wir finden es zuerst im *Amduat* (11. Stunde, 3. Szene), dann dreimal im *Pfortenbuch* (20., 36. und 49. Szene) und zweimal im *Buch von der Erde* (Teil A, 7. und 10. Szene). Einzig das *Höhlenbuch* kennt dieses Motiv nicht, wie es auch als einziges Unterweltsbuch die Stundengöttinnen nicht abbildet.

Die Verkehrtheit, die wir im räumlichen und zeitlichen Bereich aufgezeigt haben, meint eine grundsätzliche Andersartigkeit der Totenwelt. Sie ist ein Rest der Welt vor der

Schöpfung, oder zumindest ein Grenzbereich des Seins, der zum Nichtsein hin offensteht[37]. Das Urgewässer (*Nun*), die Urfinsternis, die Verborgenheit und die abgründige Tiefe, aus der die Arme unsichtbarer Wesen emporgreifen, sind alles Kategorien der Welt vor der Schöpfung, die nach der Vorstellung des Ägypters unsere geordnete Welt weiterhin umgibt. Nur in diesen Tiefen ist die Regeneration der Schöpfung und ihres Schöpfers möglich, und so wird mehrfach betont, daß die nächtliche Sonnenfahrt eine Wiederholung der Schöpfung bedeutet. Die Worte, die der Sonnengott im Jenseits spricht, sind die Worte des Schöpfers, der die Welt aufs neue und in ihrer ursprünglichen Vollkommenheit entstehen läßt. Daher begleiten ihn die Schöpferkräfte Hu, Sia und Heka, daher treten auch die Urgötter wieder in Funktion (*Amduat*, 12. Stunde), wie am Anbeginn der Welt. So werden die seligen Toten zu Zeugen der Schöpfung, die auch die Ganzheit ihrer Person wiederherstellt.

Leib und Seele der Toten

Der Tod bedeutet zunächst Verfall und damit auch die Auflösung der Einheit der menschlichen und göttlichen Person. Diese Einheit wiederherzustellen, die Person in all ihren Komponenten im Jenseits zu bewahren, ist eine Hauptaufgabe des ägyptischen Totenkultes, die auch die Unterweltsbücher in den Mittelpunkt ihrer Jenseitsbeschreibung stellen. Dabei geht es nicht um eine Zweiheit von Leib und Seele, sondern um ein wesentlich komplizierteres Zusammenspiel verschiedener Komponenten. Es empfiehlt sich daher, keinen der ägyptischen Begriffe wie *Ba*, *Ka* oder *Ach* mit «Seele» zu übersetzen, sondern sie unübersetzt stehenzulassen.

Der Leichnam des Verstorbenen wird einbalsamiert und in die Erde versenkt. Die Herrichtung als Mumie, die den Leib in seinem äußeren Umriß bewahrt, läßt den Toten die gefährliche Jenseitsreise in körperlicher Unversehrtheit überstehen. Der Balsamierungsgott Anubis und die Webegöttin Tait sorgen für die richtige Herrichtung und Bestattung des Leibes; diese Funktion weist beiden Gottheiten in den Unterweltsbüchern eine wichtige Rolle zu. Auch der versehrte Leib kann gerettet werden und am seligen Fortleben teilhaben. Die Verwesung wird aufgehalten (*Buch von der Erde*, Teil B, 1. Szene), selbst das Fehlen des Kopfes wird im Höhlenbuch ausgeglichen (S. 414 f.), getrennte Glieder werden zusammengefügt, wie es beispielhaft mit den Gliedern des zerstückelten Osiris geschieht. Vor allem zeigt die Bergung der Ertrunkenen im *Amduat* (5. Stunde, oberes Register; 10. Stunde, unteres Register) und im *Pfortenbuch* (58. Szene), wie Rettung auch für die verwesenden, aufgelösten Körper möglich ist, die das Wasser der rituellen Bestattung entzieht.

Als Mumie erreicht der Verstorbene das Totenreich und ruht dort in seinem Sarkophag oder in verschlossenen Schreinen, die von Schlangen bewacht werden, damit ihnen keine feindlichen Mächte schaden können. Der Sonnengott «zählt» oder «revidiert» seinen eigenen Leichnam und die Leichname der seligen Toten, um sich immer wieder davon zu überzeugen, daß sie vollständig und unversehrt sind.

Das Daliegen als Mumie ist nicht das Jenseitsziel des Verstorbenen. Die Mumiengestalt ist für ihn eine schützende Hülle, aber er fühlt sich von Mumienbinden und Mumienmaske auch eingeengt und behindert, er möchte von diesen «Fesseln» befreit werden, um ungehindert alle Lebensfunktionen auszuüben. Sein Ziel ist Befreiung von der Mumiengestalt, und damit hängt die zunächst erstaunliche Tatsache zusammen, daß die Unterweltsbücher den Leichnam nur selten als Mumie darstellen. Auch in den Darstellungen ägyptischer Gräber erscheint der Verstorbene nur dort als Mumie, wo Herrichtung und Bestattung des Leichnams gezeigt werden.

Das *Pfortenbuch* zeigt zweimal (in der 19. und 40. Szene) exemplarisch, wie die Mumien der Verstorbenen im Todesschlaf daliegen. In einer dritten Szene (der 9.) sind sie, wie in der 6. Stunde des *Amduat*, bereits aufgerichtet und im Begriff, die Mumiengestalt abzulegen. Dieses bildhafte «Aufstehen» der Toten, welches der Anruf des Sonnengottes bewirkt, ist unbedingte Voraussetzung ihrer «Auferstehung», ihres Wiederauflebens; daher die häufigen Textaussagen, daß sie «stehen» und ihre Gestalt «hoch» sei. In einem ersten Stadium des Aufrichtens haben sich die mumifizierten Körper auf den Bauch gedreht und liegen nun sphinxähnlich, mit erhobenem Kopf, auf ihren Bahren (*Pfortenbuch*, 53. Szene; Tutanchamun-Schrein; *Buch von der Erde*, Teil B, 1. Szene, und Teil C, 5. Szene). Auch gekrümmte Gestalten, wie sie im *Höhlenbuch* (S. 361) und im *Buch von der Erde* dargestellt sind, meinen wohl erste Bewegungen des starren Leichnams. Ein weiter fortgeschrittenes Stadium, in welchem die Körper schon halb aufgerichtet sind, zeigt das *Amduat* im oberen und unteren Register der 6. Stunde. Dort haben die Körper nicht mehr Mumiengestalt, sondern werden als «Fleisch» bezeichnet und wie der irdische Leib dargestellt. Auch der «Leichnam» des unterweltlichen Sonnengottes ist so gebildet und trägt die Bezeichnung «Fleisch». Durch die Befreiung von der Mumiengestalt erlangt der Leib alle Lebensfunktionen zurück, kann sich mit seinem Ba und seinem «Schatten» vereinigen und damit die Ganzheit und Einheit der Person wiederherstellen.

Der *Ba* ist der Hauptakteur in den Unterweltsbüchern. Im Gegensatz zum «Leichnam» ist er an keinen Ort gebunden, sondern frei beweglich. Die ganze Nachtfahrt des Sonnengottes wird gelegentlich so beschrieben, als käme der Sonnengott in seiner *Ba*-Form (als «Großer *Ba*» wird er dreimal im *Amduat* angerufen) vom Himmel herab in die Welttiefe «wegen seines Leichnams» (*Amduat*, 2. Stunde, Schlußtext), um in seinen Körper wie in ein «Bild» einzutreten und ihn neu zu beleben. Dieser Sonnen-Leichnam ist das große «Geheimnis» oder «Mysterium», von dem so oft die Rede ist; auch die Leichname der anderen Verstorbenen werden gern als «Geheimnis» umschrieben, ihre Bestattung gilt als «Verbergen».

Im Gefolge des Sonnen-*Ba* kommen die *Bau* aller seligen Toten in die Unterwelt. Das erneuerte Schöpferwort bewirkt, daß sie sich auf den Körpern im Totenreich niederlassen und für die Dauer der Nachtfahrt auf ihnen verweilen, um dann mit dem Sonnengott zum Himmel zurückzukehren. Sie sind es, mit denen der Sonnengott seine nächtliche Zwiesprache hält, die ihm antworten und ihn bejubeln. So sind sie das aktive Element des fortdauernden Menschen und zugleich das bewegliche. Häufig wird betont, daß der Körper bleibt, der *Ba* aber wandelt; nur die «lebendigen *Bau*» können den Sonnengott in seiner Barke begleiten (etwa *Amduat*, 5. Stunde, 6. Szene), während die Körper seiner Nachtfahrt nur vom Ufer aus zuschauen können. Die freie Beweglichkeit des *Ba* deutet seine Vogelgestalt an, für die uns das *Amduat* den ältesten Beleg gibt[38]. Doch wird er auch in Menschengestalt (*Pfortenbuch*, 28. Szene) und, einer alten Tradition entsprechend, als Stern dargestellt, worin sich seine Zugehörigkeit zur himmlischen Sphäre kundgibt. Das alte Problem, wohin der Tote eigentlich gehört, ist jetzt in der systematischen Zuordnung des *Ba* zum Himmel, des Körpers zur Erde gelöst. Schillers «Nur der Körper eignet jenen Mächten...» gilt auch hier, aber der Körper wandelt «unter Göttern» und erreicht in der Vereinigung mit seinem *Ba* das volle Leben, das der Ägypter sich im Jenseits erhofft.

Zu diesem Leben gehört noch der «Schatten» der Menschen und der Götter. Er ist, wie der *Ba*, frei beweglich. Der Schatten des Sonnengottes durchwandert die Unterwelt

(*Schetit*), während sein Leib im *Benben*-Haus ruht (*Pfortenbuch*, 38. Szene). Aber der Schatten des Toten steigt nie zum Himmel empor, sondern bleibt der Erde verhaftet[39]. Der Schatten von Göttern kann die Gestalt von Gebäuden (Grab oder Tempel) auf der Erde annehmen, er kann sich auf dem Großen Sphinx von Gîza niederlassen – aber er hat immer jemanden über sich, auch der unterweltliche Sonnengott projiziert keinen Schatten an den Himmel. Der Leib des Toten muß sich überschatten, mit dem *Ba* noch den Schatten auf sich ruhen lassen, um seine volle Kraft zurückzugewinnen.

Der *Ka*, der im Diesseits und in den älteren Jenseitstexten als Spender von Nahrung und Lebenskraft so große Bedeutung hat, spielt in den Unterweltsbüchern eine auffällig geringe Rolle. Die alte Formel, die den Tod als «zu seinem *Ka* gehen» umschreibt, wird nur im *Pfortenbuch* einmal bildlich gestaltet (15. Szene), und in der 42. Szene des gleichen Buches wird auch die enge Verbindung zur Nahrung deutlich.

Der selige Tote, der von der temporären Mumiengestalt befreit ist und seinen neuen, «verklärten» Leib erlangt hat, ist zu einem *Ach* geworden. Während die «Toten» der Verdammung und Bestrafung anheimfallen, können die *Achu* in der Gottesnähe der geordneten Schöpfungswelt bleiben, die ihnen eine ständige Neubelebung und Versorgung durch den Sonnengott und seine Helfer garantiert.

Die Versorgung der Seligen

Was in der *Odyssee* (12, 383) als Drohung des Helios erscheint – daß er in den Hades hinabsteigen und den Toten leuchten wolle –, bildet die große Hoffnung und den Inhalt der Unterweltsbücher. Ohne das Licht der Sonne erscheint dem Ägypter ein Fortleben undenkbar. Das Licht «löst» die Toten aus der fesselnden Finsternis, es «tritt ein» in ihre Körper, die durch das Sonnenlicht wieder zu atmen beginnen.

Vermittler des Lichtes sind die beiden «Augen» des Sonnengottes. Nur selten erscheinen beide Sonnenaugen im Bild (*Amduat*, 10. Stunde, oberes Register), meist ist es nur das *eine* Sonnenauge in Gestalt der Sonnenscheibe, welche die Unterwelt mit offenbar gedämpftem Licht erhellt. Es ist nicht das strahlende Licht des Tages, das im Totenreich herrscht. Oft ist die Finsternis so undurchdringlich, daß der Sonnengott die Wesen, zu denen er spricht, nicht sehen kann. «Feuerspeiende» Schlangen beleuchten als lebendige Fackeln Wege und Höhlen in der Tiefe. Aber das mondhafte Licht der Nachtsonne genügt, um die Toten aus ihrem Schlaf zu wecken. Sie hören nicht nur die Stimme des Schöpfergottes, sie schauen auch sein leuchtendes Antlitz. Nach dem *Buch von der Erde* ist die Sonnenscheibe «Das, was an seinem Haupt ist», und das *Pfortenbuch* zeigt sogar (73. Szene), wie das «Gesicht» des Sonnengottes in einer Barke durch die Unterwelt gezogen wird. «Gesicht» bedeutet dabei ganz allgemein «Aussehen, äußere Erscheinung» – von ihr geht die Mächtigkeit aus, welche das Wiederaufleben der Schöpfung bewirkt; daher werden, entgegen ägyptischer Darstellungsweise, auch andere jenseitige Wesen in Frontalansicht abgebildet, um ihre wirkende Mächtigkeit zu betonen.

Das Licht und die Stimme des Sonnengottes erwecken die Toten aus ihrem Schlaf in der Mumienhülle. Schon wenn er das Tor der Unterwelt betritt, beginnen die *Achu*, die seligen Toten, aufs neue zu atmen (*Amduat*, 1. Stunde). Von nun an unterbricht er immer wieder seine Fahrt, um die Wesen des Jenseits bei ihren Namen zu rufen. Denn ohne die Kenntnis und das Aussprechen des Namens ist keine Schöpfung möglich; daher die langen Aufreihungen von Namen im *Amduat*, daher die Betonung des Wissens im Titel des *Amduat* oder am Beginn des *Höhlenbuches*. Die Macht des ausgesprochenen Wortes zeigt sich sogleich in einer Art Dornröschen-Motiv, das vor allem im *Amduat* immer wieder hervortritt (etwa 7. Stunde, 7. Szene, oder 11. Stunde, 2. Szene). Sobald die Stimme des Gottes ertönt, kommen verborgene «Bilder» zum Vorschein, beginnen zu leben und zu sprechen, um nach dem Weiterzug der Sonne wieder «verschlungen» zu werden, erneut im Todesschlaf zu versinken.

Was der Sonnengott durch seine «Weisungen» und seine «Sorge» für die Unterweltlichen bewirkt, ist zunächst und vor allem die Wiederherstellung ihrer Person in körperlicher und seelischer Ganzheit, wie sie im voranstehenden Abschnitt beschrieben wurde. Die Vereinigung mit ihrem *Ba* und ihrem Schatten befähigt die Toten, ihrem Schöpfer Antwort zu geben. Im *Höhlenbuch* und im *Buch von der Erde* werden nebeneinander Körper, *Ba* und sich verneigender Schatten in Anbetung vor dem Sonnengott gezeigt. Auch diese preisende Antwort der Toten unterliegt der Verkehrtheit jenseitiger Welt. Am eindrucksvollsten beschreibt die 8. Stunde des *Amduat* diese Welt fremdartiger Geräusche, denen nichts Menschliches mehr anhaftet; die summenden und brausenden, dumpfen und schrillen Laute, die man von den *Bau* der Toten vernimmt, formen sich nur im Ohr des Sonnengottes und des wissenden Toten zu vernehmbarer Sprache.

Nicht nur der Körper, auch der *Ba* ist auf materielle Substanz angewiesen, um fortzubestehen. Die Versorgungs-Formel, die im *Pfortenbuch* am Schluss der meisten Szenen steht, faßt diesen materiellen Lebensbedarf in der Dreiheit von Brot, Bier und «erfrischendem» Wasser zusammen, doch ist er in Wahrheit weit differenzierter und wird schon im *Pfortenbuch* gelegentlich um Wein und «grüne Pflanzen» ergänzt. Die wüstenartige Öde des Totenreiches, das in den Darstellungen von einem breiten Sandstreifen umgeben ist und im *Höhlenbuch* als «Großer Sand» bezeichnet wird, kennt der Ägypter aus der lebensfeindlichen Umwelt, die das fruchtbare Niltal umgibt. Daß dort Korn, Gemüse und Bäume wachsen, ist nur durch die Schöpfermacht des Sonnengottes und durch das Wirken des Korngottes Nepri möglich, der den Sonnengott auf seiner Nachtfahrt begleitet (*Amduat*, 2. Stunde). Wenn die Sonne leuchtet, wachsen Brotgetreide und grüne Pflanzen auch in der Unterwelt (*Pfortenbuch*, 46. Szene), entsteht üppiges, grünendes Fruchtland, wie es das *Amduat* vor allem im *Wernes*-Bezirk der 2. und 3. Nachtstunde schildert. Für die seligen Toten, die als «Bauern» in diesen Gefilden wirken und im Schatten der Bäume ruhen, werden mit dem großen Meßstrick der Unterwelt (*Pfortenbuch*, 24. Szene) eigene Äcker abgemessen und vom Sonnengott zugeteilt. Zusätzlich sorgen die immer wieder erwähnten «Herren des Bedarfs» für ihren Unterhalt, und auch direkt von der Sonnenbarke werden ihnen «Opfer» zugewiesen (*Amduat*, 11. Stunde, 4. Szene).

Der Unterweltsstrom und die anderen Gewässer des Jenseits sorgen dafür, daß es den *Achu* nicht an Wasser fehlt; sie trinken sogar vom Wasser des «Feuersees» (S. 44), das für die Verdammten feurige Strafe, für die Seligen aber kühle Erquikkung ist. Auch die Versorgung mit Kleidern, welche die Toten benötigen, wird mehrfach erwähnt (etwa *Pfortenbuch*, 12. Szene) und dargestellt (*Amduat*, 8. und 9. Stunde). Dagegen ist auffällig, wie «vegetarisch» die Versorgung der Toten in den Unterweltsbüchern ist; Fleisch und Geflügel, die in den aufgehäuften Opfergaben der Privatgräber so beliebt sind, fehlen unter den Gaben, die der Sonnengott und seine Helfer den seligen Toten zuweisen. Die Erklärung dafür ist am Beginn des *Pfortenbuches* angedeutet. «Alles Vieh und alles Gewürm, das dieser große Gott geschaffen hat» geht mit Göttern und Menschen in das Totenreich ein; dort hat es nicht mehr die Aufgabe, den Menschen als Nahrung zu dienen, wie es ja schon im Diesseits nur in der Rolle des «Feindes» geschlachtet werden darf[40].

Aller Lebensbedarf wird den Verstorbenen auch auf Erden geopfert, von Totenpriestern und Familienangehörigen. Aber sie sind auf diese unsichere, allzufrüh endende Spende der Lebenden nicht angewiesen, wenn sie die jenseitigen Gefilde so reichlich versorgen, wie es die Unterweltsbücher schildern. Im *Wernes*-Bezirk, im «Binsengefilde» oder in der «Flammeninsel» finden sie alles, was sie zum Fortleben brauchen, und dazu wird ihnen geschenkt, was auf Erden unerreichbar bleibt: die leibhafte, nahe Gegenwart des Schöpfers und aller Götter. Die seligen Toten können sich mit dem Schicksal und dem Wesen des Sonnengottes und des Osiris identifizieren; sie haben Anteil an ihrem Sterben und verjüngten Wiederaufleben, und sie «leben von dem, wovon Osiris (oder Re) lebt».

Die Bestrafung der Verdammten[41]

Nicht allen Verstorbenen wird das erhoffte selige Schicksal zuteil. Die 2. Stunde des *Pfortenbuches* zeigt im oberen Register die mit allem wohlversehenen seligen Toten, im unteren Register aber die gefesselten «Feinde» und ihre Verdammung durch den Gott Atum. Die einen haben Re angebetet und seinen Feind Apophis bekämpft, die anderen aber haben «Böses gerufen» gegen Re. Das Totengericht, das seit alter Zeit Selige und Verdammte scheidet, ist durch Gerichtshöfe im *Amduat* (2. und 9. Stunde, oberes Register) und im *Pfortenbuch* (28./29. und 54. Szene) vertreten. Dazu kommt die besonders herausgehobene «Gerichtshalle des Osiris» im *Pfortenbuch* (33. Szene). Osiris und seine Beisitzer, unter die sich der selige Verstorbene einreihen möchte, fällen eine klare Entscheidung – es gibt keinen Läuterungsprozeß und keine Zwischenstufen, sondern einzig Rechtfertigung oder Verdammung. Das Urteil stützt sich auf das Verhalten im Diesseits. Wer sich auf Erden gegen die Ordnung und die bewahrenden Mächte stellt, gilt als «Feind» und behält diesen Stand auch im Jenseits; daher werden die Verdammten in der Regel als «Feinde» bezeichnet.

Wenn in den Unterweltsbüchern von «Toten» die Rede ist, sind niemals selige Verstorbene, sondern stets Verdammte gemeint. Nur sie sind endgültig tot, das erhoffte Wiederaufleben im Jenseits bleibt ihnen verwehrt. Daher müssen sie auch alles, was den Seligen zum Weiterleben gespendet wird, entbehren. Im *Pfortenbuch* tragen die Szenen, in denen Verdammte erscheinen, keinen Versorgungs-Vermerk, und das *Höhlenbuch* läßt in den entsprechenden Szenen die Sonnenscheibe fort. So wird schon äußerlich die Gottesferne der Verdammten deutlich. Ihnen leuchtet der Sonnengott nicht, ihnen spendet er keinen Atem und keine materielle Versorgung. Die Verkehrtheit des Jenseits wendet sich gegen sie, gern werden sie mit dem Kopf nach unten dargestellt. Wenn das *Höhlenbuch* sie konsequent im unteren Register der einzelnen Abschnitte darstellt, wird auch darin ihre Verbannung in die äußerste Tiefe der Unterwelt sichtbar. Aus einer abgründigen, unsichtbaren Tiefe greifen im *Buch von der Erde* die Arme der personifizierten *Vernichtungsstätte* empor (Teil A, 10. Szene).

Diese oft erwähnte *Vernichtungsstätte* ist die eigentliche «Hölle» des ägyptischen Jenseits. Dort leiden die Verdammten nicht nur Gottesferne, Finsternis und Entbehrung, sondern werden von peinigenden Dämonen, die oft schreckenerregende Namen tragen, auch «aktiv» gestraft. Die Arme auf dem Rücken gefesselt oder sogar an Marterpfähle gebunden (*Pfortenbuch*, 45. Szene), sind sie hilflos den «Schlächtern» der Vernichtungsstätte ausgeliefert, die ein «Gemetzel» unter ihnen veranstalten. Ihre Leiber werden geköpft und verbrannt, aber auch die anderen Komponenten ihrer Person fallen der Vernichtung anheim und werden daran gehindert, sich mit dem Körper zu neuer Ganzheit zu vereinigen.

Ziel ist, anders als in den mittelalterlichen Höllenvorstellungen, nicht die fortgesetzte Pein, sondern die endgültige Vernichtung und Auslöschung aller «Feinde» der Schöpfung. Daher die Beliebtheit der Feuerstrafe, die am sichtbarsten die erstrebte Austilgung bewirkt. Unzählige Schlangen schleudern ihr «Feuer» gegen die Verdammten – besonders eindrucksvoll in der 59. Szene des *Pfortenbuches*, wo die Riesenschlange Wamemti die gefesselten Sünder «in Flammen setzt». In der 11. Stunde des *Amduat* und in der 22. Szene des *Pfortenbuches* findet die Bestrafung in feuergefüllten Gruben oder «Fallen» statt, und vor allem der «Feuersee» ist ein bevorzugter Strafort im *Amduat* (5. Stunde, unteres Register) wie im *Pfortenbuch* (10. und 41. Szene). Sein Wasser spendet den seligen Toten Kühle und frische Nahrung, während es die Verdammten als feurige Glut versengt. Darstellungen des *Höhlenbuches* (im 5. Abschnitt) und des *Buches von der Erde* (Teil D, 1. und 14. Szene) ersetzen den Feuersee und die Feuergruben durch Kessel, in denen die Verdammten mit ihren *Bau* und ihren Schatten «gekocht» werden. Wie so viele andere ägyptische «Höllen»-Motive, lebt dieses Kesselmotiv über die ptolemäisch-römische Zeit bis in das Mittelalter weiter.

Durch Feuer und Schwert werden die Sünder und potentiellen «Feinde» der Ordnung «vernichtet» – dies ist die häufigste Umschreibung ihrer Strafe. Der Höllenrachen «verschlingt» sie – personifiziert in dem «Totenfresser», jenem Untier, das in der berühmten Gerichtsszene des Totenbuches auf den verurteilten Sünder wartet und zum ersten Mal im *Amduat* (Nr. 132) genannt ist. Aus dem geordneten Sein ausgestoßen, werden die Verdammten kurzweg «Nichtseiende» genannt und damit einer Sphäre zugewiesen, die für den Ägypter kein Nichts, sondern ein Seinsmodus außerhalb der Schöpfung ist. Dieser ewigen, chaotischen Nichtwelt gehört der Götterfeind Apophis an, der in den Unterweltsbüchern als der große Gegenspieler des Sonnengottes auftritt.

Apophis und seine Überwindung

Das Motiv der Bekämpfung des Apophis ist, in immer neuen Abwandlungen, allen Unterweltsbüchern gemeinsam. Dieser schlangengestaltige Feind aller Ordnungsmächte wird in den *Pyramidentexten* noch nicht erwähnt, während die *Sargtexte* bereits in mehreren Sprüchen seine Bekämpfung und Überwindung schildern. Im Neuen Reich sind neben den Unterweltsbüchern auch die Sonnenhymnen eine reichhaltige Quelle unserer Kenntnis über den Apophis und seine Begegnung mit Re.

Diese Begegnung ist kein einzelner Kampf, der sich zu bestimmter Zeit an einem bestimmten Ort abspielt, sondern eine fortwährende Bedrohung, welche der Sonnengott und seine Begleitung immer wieder neu überwinden müssen; der Kampf spielt sich während der Tagesfahrt am Himmel ab, während der Nachtfahrt in der Unterwelt und zusätzlich beim Aufgang und Untergang der Sonne. Aus der finsteren Welttiefe, in welcher Apophis eigentlich haust, erscheint er an vielen Grenzpunkten der geordneten Welt und unter vielerlei Namen. In den Unterweltsbüchern wird er häufig als «Der mit schrecklichem Gesicht[42] oder als «Übelgesicht» («Der mit bösem Gesicht») bezeichnet.

Die in aller Knappheit doch detailreichste und dramatisch gestaltete Beschreibung der Begegnung zwischen Re und Apophis gibt die 7. Stunde des *Amduat* (S. 133 ff.) Hier finden sich alle wesentlichen Motive dieses ägyptischen Mythos: die «Sandbank», die Apophis in der Unterwelt und im Himmel mit seinem riesigen Schlangenleib ausfüllt, nachdem er das Fahrwasser der Sonnenbarke eingeschlürft hat; der erzwungene Stillstand der Barke, die nur durch Zauberkraft weiterfahren und die gefährliche Sandbank umgehen kann; das schreckliche Gebrüll, das in der Finsternis den Ort des Apophis anzeigt; der besondere Schutz des leuchtenden Sonnenauges, damit es der Feind nicht verschlingt; und endlich die lähmende «Bezauberung», die Fesselung, Zerstückelung und völlige «Vernichtung» des Apophis durch die Helfer des Sonnengottes.

Ein zweites Mal beschreibt das *Amduat* den Triumph über Apophis in der 12. Stunde (1. und 7. Szene), unmittelbar vor Sonnenaufgang; zu diesem Kampf am Osthorizont wird jedoch kein erläuterndes Bild gegeben. Im *Pfortenbuch* wird die dramatische Begegnung nicht weniger als fünfmal dargestellt und beschrieben (13./14., 34./35., 66./67., 69. und 89. Szene). Die Schilderung ist zwar summarisch, verglichen mit der großen Szene des *Amduat*, doch erfahren wir eine Reihe weiterer Motive, etwa die Mitwirkung der «Horuskinder», die Konkretisierung der «Zauber»-Kraft in Wurfnetzen und die betonte Aussage, daß Apophis keine Sinnesorgane besitzt. Die aus anderen Texten bekannte Vorstellung, daß Apophis, vom Speer des Seth bezwungen, das verschlungene Wasser wieder ausspeien muß, wird hier in der 34. und 35. Szene abgewandelt; in Gestalt von Köpfen kommt das «Verschlungene» wieder zum Vorschein, und der Schlangenleib wird nun selber von den Köpfen «verschlungen».

Im *Höhlenbuch* wird die Abwehr des Apophis (als «Große Schlange» oder «Übelgesicht») nur einmal im 6. Abschnitt geschildert (S. 411). Dort «umschließt» er den Sonnengott, aber diese Umschließung wird nicht immer als Drohung verstanden; im 3. Abschnitt des *Höhlenbuches* (S. 352 f.) hält die umschließende Apophis-Schlange den Leichnam des Osiris zusammen und schützt ihn gegen feindliche «Tote», die daneben gestraft werden. Auch die letzte Szene des 6. Abschnitts zeigt die Ambivalenz der «Großen Schlange», die Osiris umringt (S. 418 f.), und die beiden Darstellungen im *Buch von der Erde* (Teil C, 1. Szene und Teil D, letzte Szene) fügen sich in diese neue Deutung des Apophis ein; dort kommt sogar der Sonnengott als *Skarabäus* aus dem Schlangenleib hervor, ohne daß von Kampf und Überwindung die Rede ist.

Es scheint, daß Apophis in dieser jüngeren Deutung dem weltumringenden *Uroboros* gleichgesetzt und damit zum Bild des Nichtseins wird, welches das Sein zwar bedroht, aber auch erneuert und verjüngt. Schon das *Amduat* verlegt ja die nächtliche Regeneration der Schöpfung in den Leib einer riesigen Schlange (12. Stunde) und zeigt den Sonnenleichnam von einer vielköpfigen Schlange umringt (6. Stunde), unterscheidet aber streng den gänzlich negativen Apophis von diesen «positiven» Schlangen. Dort bedroht Apophis noch alle Verstorbenen, indem er ihnen das lebensnotwendige Wasser entzieht, während er am Anfang des *Höhlenbuches* als strafende Macht begegnet, der die *Bau* der Verdammten in der «Vernichtungsstätte» überwiesen werden (S. 312). Ikonographisch zeigt sich die gewandelte, positivere Auffassung im Verzicht auf die Fesseln und zerstückelnden Messer, die sonst zur Darstellung des Apophis gehören; sie werden im *Höhlenbuch* und im *Buch von der Erde* (außer in der letzten Szene) fortgelassen.

Die Gottheiten der Unterweltsbücher

In der gleichen Weltdeutung, in der Apophis zu einer ambivalenten Verkörperung des Nichtseins wird, wurzelt die zunächst so befremdliche Sterblichkeit ägyptischer Götter[43]. Wenn auch Osiris durch seinen gewaltsamen Tod stets eine besondere Stellung einnimmt, so bildet die Sterblichkeit doch einen Wesenszug *aller* Gottheiten, auch und gerade des Schöpfergottes, der das Todesgeschick für alle Wesen bestimmt hat. Als Mächten des Seins, das in Raum und Zeit begrenzt ist, kann der Ägypter seinen Göttern keine Unsterblichkeit unterstellen. Der Tod zwingt sie hinab in die Unterwelt, aber er gibt auch ihnen die Fähigkeit, sich immer wieder neu zu verjüngen. Daher begegnet uns im Jenseits der Unterweltsbücher eine Fülle von bekannten und unbekannten Gottheiten; oft meint die Bezeichnung «Götter» aber auch die seligen Toten, die ja in eine Götter-Rolle eintreten.

Im Mittelpunkt steht der Sonnengott, der in verschiedenen Erscheinungsformen und unter vielen Namen auftritt. Zu Beginn seiner Nachtfahrt verwandelt er sich (*Amduat*, 1. Stunde, mittleres Register) in die widderköpfige Menschengestalt, in der er in allen vier Unterweltsbüchern erscheint; der «Widder» (ägyptisch *Ba*) kennzeichnet ihn als Sonnen-*Ba*, der die Unterwelt durchzieht und sich mit seinem Leib vereinigt. Dieser abendlichen Verwandlung entspricht in der 12. Stunde die Verwandlung in den *Skarabäus*-Käfer, der als morgendliche Erscheinungsform des Sonnengottes zum Himmel emporsteigt. Im Übergang zwischen Unterwelt und Himmel erscheint er als «Horizontischer» (*Achti*). Die tägliche Verjüngung zum «Kind», im *Amduat* und im *Pfortenbuch* im Text erwähnt, wird im Schlußbild des *Höhlenbuches* in die Darstellung übernommen. Der auf einen Stab gelehnte Atum verkörpert dagegen die abendliche, nach langer Tagesfahrt zum «Greis» gewordene Sonne.

Während andere ägyptische Totentexte den Verstorbenen gern mit dem Sonnengott identifizieren, um in dieser Götter-Rolle sein Fortbestehen im Jenseits zu sichern, genügt den Unterweltsbüchern die Verheißung der nächtlichen Sonnenfahrt. In der 18. Dynastie läßt sich nur der Wesir Useramun (S. 19) in der Sonnenbarke des *Amduat* abbilden. Erst die Ramessidenzeit läßt den verstorbenen König häufiger in der Barke mitfahren, aber stets vom Sonnengott getrennt, anbetend ihm zugewandt. Dem entsprechen die vielen Vermerke in den jüngeren Unterweltsbüchern, die das abgebildete und beschriebene Geschehen in eine aktuelle Beziehung zum König setzen; diese Vermerke sind hier nicht übersetzt, da sie nicht zum Text der Bücher gehören.

Über das Gefolge, das den Sonnengott in seiner Barke begleitet, wurde bereits gesprochen (S. 26f.). Es sind vor allem die Schöpferkräfte Hu, Sia und Heka, die dem Sonnengott als dem eigentlichen Schöpfer helfen, sein anfängliches Schöpfungswerk in der Unterwelt zu wiederholen und das Totenreich aus seinem täglichen Schlaf zu erwecken.

Durch die Forschung der letzten Jahre ist immer deutlicher geworden, daß der Totenherrscher Osiris für die «Theologen» des Neuen Reiches eine Form des Sonnengottes darstellt[44]. Der in die Unterwelt hinabsteigende Sonnengott verbindet sich so innig mit Osiris, daß beide nicht mehr zu trennen sind – der Sonnenleichnam ist zugleich der Leichnam des Osiris (*Amduat*, 6. Stunde), die Sonnenscheibe ist die «Scheibe des Osiris» (*Höhlenbuch*, S. 316). So wird das Wesen des Osiris, das nach Ramses IV. «geheimnisvoller als das aller anderen Götter» ist, um einen weiteren Zug erweitert; er leuchtet als Nachtsonne den Toten, während sein Leichnam im «Kasten» ruht. Der «Unterweltliche» (*Dati*) und vermutlich auch der «Unterweltliche Horus» scheinen in den Unterweltsbüchern Umschreibungenfür den vereinigten Re/Osiris zu sein. Horus ist ja als Gestalt des Sonnengottes und zugleich als Sohn des Osiris ein verbindendes Glied zwischen den beiden Göttern. Das Wiederaufleben des Osiris zeigt sich im *Buch von der Erde* auch darin, daß Horus wieder aus seinem Vater hervorgehen kann (Teil D, 5. und 6. Szene). Zugleich vermittelt Horus in vielen Szenen die Segnungen des Sonnengottes an die Verstorbenen, und im Sandreich des *Amduat* (4. und 5. Stunde) wird der Totengott Sokar als Horus gesehen.

Als «Sohn» des Osiris erscheint einmal, parallel zu Horus, auch Anubis (*Höhlenbuch*, S. 362). Er sorgt, wie immer wieder betont wird, für den Leichnam des Osiris, wie er als Balsamierungsgott seit jeher für die Herrichtung der Mumie sorgt und sie «verbirgt», das heißt bestattet. Sein alter Beiname «Der über dem Geheimnis» (oft wenig treffend als «Geheimrat» übersetzt!) konnte zumindest im Neuen Reich als «Der über dem Leichnam» verstanden werden; mit «Geheimnis» ist in den Unterweltsbüchern fast immer der im Grab oder im Sarg verborgene Leichnam gemeint. Mit dieser Sorge des Anubis um das körperliche Fortleben hängt es zusammen, wenn im *Höhlenbuch* (S. 316) das Verweste und Verfaulte der Toten von schakalköpfigen Göttern «verschlungen» wird.

Weitere Gottheiten, die sich besonders um das Wohl der Verstorbenen kümmern, sind die Webegöttin Tait, die vor allem im *Höhlenbuch* häufig erscheint, und der Korngott Nepri (S. 256); Tait ist für die Mumienbinden und für die Versorgung mit Kleidern zuständig, Nepri für das Getreide und damit für Brot und Bier.

Obgleich dem Toten in Gestalt seines *Ba* auch die himmlische Sphäre offensteht, ist die Himmelsgöttin Nut zwar gelegentlich erwähnt, aber nur einmal im *Höhlenbuch* dargestellt (Nut-Bild im 5. Abschnitt). Hier heben sich die Unterweltsbücher wieder deutlich von den Himmelsbüchern der Ramessidenzeit ab, die das Bild der über die Erde gebeugten Nut in den Mittelpunkt stellen, während in der Entwicklung der Unterweltsbücher ein immer stärkeres Hervortreten der «Erdgötter» Geb, Tatenen und Aker auffällt.

Bereits im *Amduat* wird der nächtliche Sonnengott als «Der in der Erde» vom Sonnengott «im Himmel» unterschieden, und es fällt auf, welche bedeutsame Rolle Tatenen spielt. Die Ruderer Tatenens rudern den Sonnengott (3. Stunde, Schlußtext), in der 6. Stunde steht er an der Spitze einer «Neunheit», und im Mittelregister der 8. Stunde begegnen die vier Widder des Tatenen als Gegenstück zu den vier Sonnenwiddern. Ursprünglich wohl Verkörperung des «Urhügels», auf dem die Schöpfungswelt entsteht, vertritt Tatenen im Neuen Reich den ganzen unterweltlichen Erdbereich; seine Bedeutung zeigt sich auch in einer erstaunlichen Vielzahl von Statuen. Im *Pfortenbuch* zieht der Sonnengott durch Tatenen (17. Szene), der somit deutlich als Personifizierung der gesamten Unterwelt erscheint (auch in der 51. und 55. Szene). Das alte himmlische «Binsengefilde» als Ort der Seligen erscheint nun in der unterweltlichen Landschaft (24./25. und 40. Szene). Aker, der in der 5. Stunde des *Amduat* als Doppelsphinx das ovale Reich des Sokar hütet, fehlt im *Pfortenbuch*, aber dafür tritt Geb in der 45. und 69. Szene (dort als Helfer gegen Apophis) hervor. Im *Höhlenbuch*, das auch Tatenen immer wieder betont hervorhebt, erscheinen Aker und Geb an einer ganz zentralen Stelle, über dem Leichnam des Osiris (3. Abschnitt), und im *Buch von der Erde* wird die Sonnenfahrt an mehreren Stellen als Fahrt durch Aker dargestellt, der seit dem Alten Reich die Erde verkörpert und ihre Zugänge bewacht. Die letzte Szene dieses Buches zeigt Osiris zwischen den «Leichnamen» des Geb und des Tatenen, das morgendliche Emporsteigen zum Himmel ist ganz in den Hintergrund getreten, die Bindung der Jenseitshoffnung an die Unterwelt hat ihren Höhepunkt erreicht[45]. Es wäre eine lohnende Aufgabe, dieser bisher unbeachteten Entwicklung und dem bedeutsamen Hervortreten der «Erdgötter» im Neuen Reich genauer nachzugehen; hier können nur wenige und notwendig vereinfachende Hinweise gegeben werden.

Auch für die zahlreichen übrigen Gottheiten müssen wenige Hinweise genügen. Thot ist in den *Sargtexten* noch eine der wichtigsten Jenseits-Gottheiten, als Mondgott herrscht er über die Nachtseite der Welt. Schon im *Amduat* hat er diesen Aspekt fast ganz verloren und tritt nur noch in Verbindung zur *Maat* und zum gefährdet-geheilten Gottesauge auf. Isis und Nephthys erfüllen wichtige Funktionen auf der Sonnenfahrt (Abwehr des Apophis, Hochheben der Sonne am Morgen); häufig erscheint auch die bedrohliche Sachmet, und neben Isis und Nephthys erscheinen die beiden anderen Schutzgöttinnen des Toten, Neith und Selket. Dagegen spielt Hathor kaum eine Rolle, obgleich sie in den Götterszenen der thebanischen Königsgräber zu den wichtigsten Totengottheiten gehört.

Daneben steht ein Heer von niederen Gottheiten, deren Namen oft auf ihre spezielle Funktion hinweisen. Sie tragen kein Lebenszeichen und *Uas*-Zepter in den Händen, da «Leben» und «Heil» nur von den eigentlichen Göttern gespendet werden; hier hat auch die Göttlichkeit der seligen Verstorbenen ihre Grenze. Aber während sie auf Erden nur durch Mittler mit den Göttern verkehren können, sind sie nun im Reich der Götter[46], übernehmen selber Rolle und Funktion von Göttern und dürfen dem Schöpfer der Welt ins Angesicht schauen.

ZU AUSWAHL UND ÜBERSETZUNG DER TEXTE

Die Reihenfolge der übersetzten Bücher ist chronologisch. Das *Amduat* mußte, als erste Prägung und Vorbild dieser ganzen Gattung von Unterweltsbüchern, an den Anfang gestellt werden. Dabei wird in Kauf genommen, daß der Leser als erstes einem Text konfrontiert wird, der durch die langen Aufzählungen von Götterwesen und ihren Namen leicht ermüdend wirkt. Da aber auch diese Namen oft wichtige Informationen über ägyptische Jenseitsvorstellungen enthalten, wollten wir sie in der Übersetzung nicht übergehen. Vom didaktischen Gesichtspunkt wäre dem Leser zu raten, mit dem *Pfortenbuch* zu beginnen und vor allem die voranstehenden Bemerkungen über die Unterweltsbücher und ihre wichtigsten Motivkreise zum Verständnis der einzelnen Szenen mit heranzuziehen.

Eine ganze Reihe von wichtigen ägyptischen Begriffen ist nicht übersetzt worden, weil bei ihnen jede Übersetzung leicht falsche Vorstellungen auslösen kann. Das gilt insbesondere von Bezeichnungen der Unterwelt wie *Dat* oder *Schetit*, von Komponenten der menschlichen und göttlichen Person wie *Ba*, *Ka* und *Ach* und vom zentralen Ordnungsbegriff der *Maat*. Die kurzen Definitionen dieser Begriffe auf S. 521 f. werden dem Leser ein klareres Bild geben als eine notwendig inadäquate Übersetzung. Durch kursive Schrift sind diese ägyptischen Wörter von der eigentlichen Übersetzung abgehoben. Auch die Namen der bedeutenderen ägyptischen Gottheiten sind unübersetzt geblieben und durch Kapitälchen hervorgehoben.

Bei vielen ägyptischen Begriffen bieten sich mehrere Wörter unserer Sprache zur Übersetzung an, und oft trifft keines von ihnen den Sinn ganz exakt. *Djoser* (*ḏsr*) kann «unnahbar, abgeschirmt, heilig» bedeuten, statt «Leichnam» kann man oft besser und allgemeiner «Körper» sagen, für «Bedarf» auch «Besitz, Eigentum» oder sogar «Wesen» (wörtlich «was bei einem ist»). Wir haben uns in solchen Fällen nicht auf eine Standard-Übersetzung festgelegt, sondern auf die Bedeutungsbreite dieser Begriffe Rücksicht genommen; das gleiche ägyptische Wort ist also gelegentlich verschieden übersetzt worden.

Die metrische Gliederung der Übersetzung in «Verse» und «Strophen» soll dem Benutzer vor Augen führen, daß er es mit Werken der Dichtkunst zu tun hat, die im Alten Orient niemals reine Prosa, sondern metrisch durchgeformt ist. Wir haben uns dabei dankbar an den Regeln orientiert, die Gerhard Fecht für die ägyptische Metrik aufgefunden hat[47], aber wir sind auch öfter davon abgewichen, um eine bessere Lesbarkeit der deutschen Übersetzung zu erzielen. Davon abgesehen, ist in vielen Fällen eine eindeutige und sichere Abgrenzung von Versen und Strophen noch nicht möglich. So mußte auch darauf verzichtet werden, eine vom praktischen Gesichtspunkt her sehr erwünschte Verszählung einzuführen, da sie allzu provisorisch bliebe.

Von den Varianten zum Text und zu den Bildern sind nur die wichtigsten berücksichtigt worden. Ergänzungen und Erläuterungen stehen in runden Klammern. Die kryptographisch, in einer Art «verfremdeter» Hieroglyphenschrift geschriebenen Textstücke sind nicht besonders gekennzeichnet; sie finden sich in der 4. und 5. Stunde des *Amduat*, in der 33. Szene des *Pfortenbuches* und im 5. Abschnitt des *Höhlenbuches*.

Für das *Amduat* ist die Edition von E. Hornung zugrundegelegt: Das Amduat. Die Schrift des Verborgenen Raumes, 3 Bände, Wiesbaden 1963–1967 (Teil I: Text, Teil II: Übersetzung und Kommentar, Teil III: Die Kurzfassung. Nachträge), erschienen als Band 7 und 13 der «Ägyptologischen Abhandlungen». Die Zahlen in Klammern beziehen sich auf die Seiten des Textbandes (Teil I), die kursiven Zahlen dagegen auf die fortlaufende Zählung der dargestellten Gottheiten, die in dieser Edition verwendet wird und die Orientierung erleichtern soll. Die Übersetzung folgt im wesentlichen der dort in Teil II gegebenen, berücksichtigt aber eine Reihe von Änderungen und Verbesserungen; auch die metrische Gliederung ist neu.

Das *Pfortenbuch* liegt in einer Textausgabe von Ch. Maystre und A. Piankoff vor: Le Livre des Portes, 3 Bände, Kairo 1939–1962 (der 2. und 3. Band von A. Piankoff allein herausgegeben), erschienen als Band 74, 75 und 90 der Mémoires publiés par les membres de l'Institut français d'archéologie orientale du Caire. Da diese Ausgabe (in Typendruck) jedoch zahlreiche Fehler und Auslassungen enthält, wurde ein am Original der einzelnen Versionen verbesserter Text benutzt. Dieser verbesserte Text wird mit einer ausführlich kommentierten Übersetzung in meiner Neubearbeitung des Buches vorgelegt werden. Daher wird hier nicht die Einteilung und Paginierung der älteren Edition verwendet, sondern eine neue Einteilung in 100 Szenen, die in der Regel durch den Opfer-Vermerk klar voneinander abgegrenzt sind. Auch die Stunden-Einteilung weicht von der Piankoffs ab, da die Pforten am Ende der Stunden-Abschnitte stehen und das Schlußbild keinen eigenen Abschnitt bildet. Zwei vollständige englische Übersetzungen des *Pfortenbuches* haben A. Piankoff (The Tomb of Ramesses VI, Bollingen Series XL(1), New York 1954, S. 137–224) und J. Zandee (in: Liber Amicorum, Studies in honour of C. J. Bleeker, Leiden 1969, S. 282–324) vorgelegt.

Für das *Höhlenbuch* ist die Edition von A. Piankoff benutzt: Le Livre des Quererts, Kairo 1946 (vorher in einzelnen Artikeln in BIFAO 41–45). Zur Kontrolle wurden die Versionen im Osireion von Abydos und in den Gräbern von Ramses IV., Ramses VI. und Ramses VII. mit herangezogen; insbesondere das Osireion gibt oft einen besseren Text und eine richtigere Einteilung als die jüngeren Versionen. Die zahlreichen eingeschobenen Vermerke, die sich auf den König beziehen, sind nicht berücksichtigt. In Klammern gesetzte Zahlen beziehen sich auf die Tafeln der Edition von Piankoff. Neben der französischen Übersetzung in dieser Edition hat A. Piankoff noch eine englische gegeben (The Tomb of Ramesses VI, S. 45–135).

Das *Buch von der Erde*, wie es hier genannt wird, ist ebenfalls von A. Piankoff veröffentlicht worden: La création du disque solaire, Kairo 1953. Die dort gegebene Reihenfolge des Textes hat Piankoff bereits in seiner englischen Übersetzung (The Tomb of Ramesses VI, S. 327–376) in mehreren Fällen geändert, weshalb hier auf die Angabe einer Paginierung verzichtet wird. Die vier Wandteile, auf denen das Buch im Grab Ramses' VI. angebracht ist, haben wir als Teil A bis D unterschieden. Da das Grab Ramses' VI. die bisher einzige bekannte Fassung dieses Buches gibt (in anderen Gräbern finden sich nur einzelne Szenen), ist eine Kontrolle der Gliederung und des Textes nicht möglich. In der Übersetzung, die hier in besonderem Maße provisorischen Charakter trägt, sind einige unverständliche Verse und ein Teil der Namen ausgelassen. Einem Teil der Szenenfolge hat B. H. Stricker eine Art «embryologische» Deutung gegeben (De Geboorte van Horus, 2 Bände, Leiden 1963 und 1968).

DAS AMDUAT

TITELEI

(1) Die Schrift des Verborgenen Raumes.
Die Standorte der *Bau* und der Götter,
der Schatten und *Achu*, und was getan wird.

Der Anfang ist das Horn des Westens,
das Tor des Westhorizontes;
das Ende ist die Urfinsternis,
das Tor des Westhorizontes[1].

Zu kennen die Unterweltlichen *Bau*,
zu kennen die Geheimen *Bau*,
(2) zu kennen die Tore
und die Wege, auf denen der Größte Gott wandelt.

Zu kennen, was getan wird,
zu kennen, was in den Stunden ist, und ihre Götter,
zu kennen den Lauf der Stunden, und ihre Götter.

Zu kennen ihre Verklärungen für RE,
zu kennen, was er ihnen zuruft,
zu kennen die Gedeihenden und die Vernichteten[2].

Stundentitel der Ersten Stunde

Dieser Gott tritt ein in den westlichen Torweg des Horizontes.
SETH steht am Ufer.

Es sind 120 Meilen Fahrt durch diesen Torweg,
ehe die Barke die Unterweltlichen erreicht.
Er zieht danach zum *Wernes*.

ERSTE STUNDE

OBERES REGISTER

Erste Szene. Neun hockende Paviane mit der Beischrift: «Namen der Götter, welche dem Großen *Ba* öffnen».

Diese Namen lauten: *1* Pavian – *2* Der zujubelt (?) – *3* Der (die Arme) hängen läßt[3] (?) – *4* Herz der Erde – *5* Liebling der Erde – *6* Preisender – *7* Der die Erde öffnet – *8* Der die Erde auftut – *9* Den RE gesehen hat.

Zweite Szene. Zwölf stehende Göttinnen ohne Attribute, mit der Beischrift: «Namen der Göttinnen, die Den in der Erde verehren».

Ihre Namen lauten: *10* Kehle – *11* Mädchen – *12* Herrin des Lebens – *13* Die preist durch ihren *Ba* – *14* Die hoch ist durch ihren *Ach* – *15* Die sich ihrer Feinde bemächtigt – *16* Große Verborgene – *17* Verehrliche – *18* RENTJETJ – *19* Die mit hohem Arm – *20* Schutzherrin – *21* Die Taube.

Dritte Szene. Neun hockende Götter mit anbetend erhobenen Armen, dazu die Beischrift: «Namen der Götter, welche RE anbeten».

Die ersten drei sind krokodilköpfig und heißen: *22* Der die *Dat* durchfährt – *23* Schreier – *24* Mit machtvollem Gesicht. Schakalköpfig sind: *25* Herr des Abgeschirmten Landes – *26* Der die Beiden Länder trennt – *27* Der die Beiden Mächte trennt.

Menschenköpfig sind: *28* Dessen Arm leuchtet – *29* Dessen Arm gesehen wird – *30* Dessen Arm lobt.

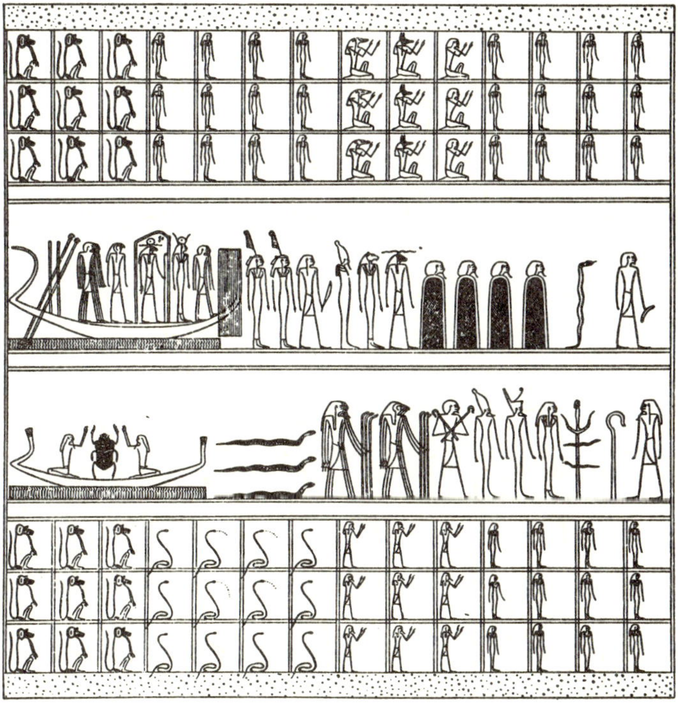

Abbildung 1 1. Stunde

Vierte Szene. Die personifizierten zwölf Nachtstunden als Göttinnen ohne Attribut; dazu die Beischrift: «Namen der Göttinnen, welche den Größten Gott geleiten».

Ihre Namen lauten: *31* Die die Stirnen ihrer Feinde zerschmettert – *32* Kluge, die ihren Herrn schützt – *33* Die *Bau* zerschneidet – *34* Große, die in der *Dat* ist – *35* Die inmitten ihrer Barke ist – *36* Ankunft – *37* Welche die Bande des SETH abwehrt – *38* Mitternächtliche – *39* Die ihren Herrn schützt – *40* Wütende – *41* Sternige – *42* Die die Vollkommenheit ihres Herrn schaut.

MITTLERES REGISTER

Fünfte Szene. Dargestellt ist, wie stets im Mittelregister, die Nachtbarke des Sonnengottes, mit der er allnächtlich durch die Unterwelt fährt. Er steht als widderköpfiger Gott, einen Schlangenstab und das Lebenszeichen haltend, in einer Kapelle, umgeben von einer zahlreichen Götterbesatzung. Vom Bug zum Heck sind die folgenden Götter in der Barke dargestellt: *43* UPUAUT – *44* SIA – *45* Herrin der Barke[4] – *46* Fleisch (des Sonnengottes) – *47* HORUS, welcher preist – *48* Stier der *Maat*[5] – *49* NEHES – *50* HU – *51* Leiter der Barke (der sich, als Steuermann, oft am Rudergestänge zu schaffen macht).

Die beiden Göttinnen unmittelbar vor der Barke (*52* und *53*) heißen jeweils MAAT und tragen die Straußenfeder, mit der ihr Name geschrieben wird, auf dem Haupt. Es folgen: *54* Verletzender (ein Messer in der vorderen Hand tragend) – *55* Vorsteher des Westens (in der Gestalt des OSIRIS) – *56* SACHMET (als Göttin mit Löwenkopf) – *57* Großer Erleuchter (widderköpfig) –, danach vier Stelen, die durch einen bekrönenden Menschenkopf mit Götterbart als Personifikationen göttlicher «Weisungen» gekennzeichnet sind: *58* Weisung des RE – *59* Weisung des ATUM – *60* Weisung des CHEPRI – *61* Weisung des OSIRIS. Die vorletzte Gottheit (*62*), eine steil auf dem Schwanz aufgerichtete Schlange, bleibt anonym; der letzte Gott (*63*) ist «Der die Stunden durchfährt», seine vordere Hand hält einen kurzen, leicht gekrümmten «Zauberstab».

Damit endet die Reihe der Gottheiten in der oberen Hälfte des Mittelregisters. In der unteren Hälfte folgen von links nach rechts: Die «Barke des CHEPRI» (*64*), wie sie im Schlußtext dieser Stunde genannt wird; der Sonnengott (*65*) als *Skarabäus* (CHEPRI) nimmt die Mitte dieser Barke ein und wird auf beiden Seiten von einer knieenden, «OSIRIS» genannten Göttergestalt (*66*) angebetet. Es folgen, übereinander gestaffelt, drei Schlangen: *67* Der den Mund ausfegt – *68* Schneidender – *69* Spitzer; danach drei menschen- und drei falkenköpfige Götter, die in den Händen Schlangenstab und Lebenszeichen tragen: *70* Der vom Gefilde – *71* Der vom Kraut – *72* Der vom Spitzbrot – *73* HEBENU – *74* Der vom Schlangenstab – *75* Der vom Kleid (?).

Die restlichen Gottheiten des Registers haben verschiedene Gestalt. Nr. *76*, «Der von der Parzelle», hält zwei gekreuzte Szepter. Nr. *77* ist die Göttin NEITH, die hier die weiße, oberägyptische Krone trägt, während ihr meist die rote, unterägyptische Krone zugeordnet wird. Diese letztere Krone erscheint auf dem Haupt der folgenden Göttin *78* «Ziege», die wohl als eine weitere Erscheinungsform der NEITH zu verstehen ist. Nr. *79* ist die Göttin NEPHTHYS, die sonst im *Amduat* ihre Schwester ISIS begleitet. Es folgt ein Grenzpfahl (*80*), der von einem Gehörn bekrönt und von zwei Schlangen überschnitten wird; er heißt «Der die Wasserfläche scheidet». Der oben gebogene Stab (*81*) heißt schlicht «Stab». Der letzte Gott des Registers (*82*) wird schon dadurch hervorgehoben, daß er den übrigen Gottheiten entgegenschreitet; er heißt «Der die Erde versiegelt» und hat offenbar die Aufgabe, das

Tor der Unterwelt zu versperren, sobald der Sonnengott mit seinem Gefolge eingetreten ist, um so alle feindlichen Wesen auszusperren.

Wie die dargestellten Gottheiten, so ist auch der begleitende Text dieses Registers auf zwei Hälften verteilt. Wir übersetzen ihn fortlaufend:

(9) Die beiden MAAT-Göttinnen ziehen diesen Gott in der Nachtbarke,
welche im Torweg dieser Stätte fährt.
120 Meilen sind es, danach zieht er (weiter) zum *Wernes*,
welches 300 Meilen lang ist.
Er verteilt bei ihm Äcker an die Götter seines Gefolges.

«Wasserfläche des RE» ist der Name dieses Gefildes,
«Der zu den beiden Flammen gehört» ist der Name seines Hüters.
Dieser Gott beginnt, Weisungen zu erteilen
und für die zu sorgen, die in der *Dat* sind, bei diesem Gefilde (11) und diesem Torweg, an denen dieser Gott vorüberzieht.
Er verwandelt sich in einen Widder, wenn er diesen Torweg passiert[6],
ohne daß die Toten hinter ihm folgen –
(12) sie halten an wegen dieses Torweges.
Er erteilt Weisungen an diese Götter, die in diesem Torweg sind.

Dies ist ausgeführt im Verborgenen der *Dat*
dergestalt, und ist abgeschirmt und verborgen
wegen der Erlesenheit derer, die es kennen.

UNTERES REGISTER

Sechste Szene. Neun hockende Paviane, wie in der 1. Szene. Als «Namen der Götter, die für RE musizieren, wenn er in die Dat eintritt» werden aufgezählt:

83 Pavian – *84* Kreischer (?) – *85* Flammender – *86* Der mit seiner Flamme preist – *87* Tänzer – *88* Anbetender – *89* Der im Schrein ist – *90* Der seinem Land vorsteht – *91* Der (mit dem) Phallus.

Siebente Szene. Zwölf aufgebäumte *Uräus*-Schlangen, die in den älteren Versionen Feuer aus dem Maul speien. Ihre Aufgabe ist es, die finstere Unterwelt für den Sonnengott zu erleuchten, und die «Namen der Göttinnen, welche die Finsternis in der *Dat* erleuchten» lauten:

92 Flammende – *93* Verbrennende – *94* Kobra – *95* Die mit schmerzhafter Flamme – *96* Zerschneidende – *97* Strahlende – *98* Welche die Länder schützt – *99* Die ihre Feinde köpft – *100* Die mit vollkommener Erscheinung – *101* Flammende – *102* Gnädige. Nr. *103* bleibt anonym.

Achte Szene. Neun stehende Götter mit anbetend erhobenen Armen. Wie ihre Darstellung, so ist auch ihre Beischrift, «Namen der Götter, welche den Herrn der Neunheit anbeten», eine Variante zur 3. Szene des oberen Registers, denn der «Herr der Neunheit» ist wieder der Sonnengott. Die Götter heißen:

104 Der von der *Dat* – *105* Der RE preist – *106* Preisender – *107* Der mit richtigem Ufer – *108* Der brüllt – *109* Stier der Gestalten – *110* Stier der *Dat* – *111* Der mit Herz versehen ist – *112* Hüter (?).

Neunte Szene. Zwölf Göttinnen ohne Attribute. Als «Namen der Göttinnen, welche dem RE Ovationen darbringen beim Passieren des *Wernes*» werden gegeben:

113 Die von der Stätte – *114* IMENET (Die Westgöttin) – *115* ISIS – *116* NEPHTHYS – *117* Ihre beiden Gesichter – *118* bleibt in den Versionen des Neuen Reiches anonym, im Grab des Petamenophis wird sie TEFNUT genannt – *119* Die von der Wasserfläche – *120* Die mit (wohl)versehenem Mund – *121* Wünschende (? oder «Ostgöttin») – *122* Die ihren Gott schaut – *123* Die zu ihrem Gott gehört – *124* Preisende.

Der *Schlußtext* der ersten Stunde bringt eine ausführliche Wechselrede zwischen dem Sonnengott und den Gottheiten, die in den vorangegangenen Szenen dargestellt und meist auch benannt waren. Er lautet:

(18) Die Majestät[7] dieses Gottes hält an,
nachdem sie zu diesem Torweg gelangt ist.
Anweisungen an diese Götter, die in ihm sind:

Öffnet mir eure Tore,
macht mir auf eure Portale!
Leuchtet auf für mich, die ich gemacht habe!
Geleitet mich, die ihr aus meinem Leib entstanden seid!
Ich habe euch ja zugewiesen meinem Leichnam,
ich habe euch ja gemacht für meinen *Ba*,
ich habe euch geschaffen für meine Zauberkraft!
Ich bin gekommen, daß ich mich beschenke mit mir,
daß ich meine Glieder atmen lasse, wenn sie erhoben sind.
Ich vernichte den, der sich dagegen vergangen hat,
ich lasse atmen als (19) SEFEGIRU den OSIRIS-CHONTAMENTI.

Öffnet mir eure Arme, Paviane!
  Macht mir auf eure Portale, Paviane!
Meine Göttinnen, die ihr aus meinem *Ba* entstanden seid,
  und meine Götter, die ihr (aus meinem Leichnam) entstanden seid –
Ihr seid für CHEPRI entstanden, welcher der *Dat* vorsteht!
Ihr steht beim *Wernes*,
  ihr landet am Geheimen Ufer.
Ihr handelt zugunsten der Unterweltlichen
  bei dem Torweg, dem ihr zugehört als eurem Platz.
Äcker gehören euch von euren Gefilden.

(Anbetung des Sonnengottes durch die Gottheiten der Unterwelt:)

Die Götter dieses Torweges (sagen) zu RE, wenn sie den Größten Gott preisen:
Geöffnet ist dir das Verborgene, mit geheimen Gestalten,
  aufgetan sind dir die Türflügel der (20) Größten Stadt!
Erleuchtet ist dir das Verfinsterte, daß du atmen lassest die Vernichtungsstätte,
  daß du dich näherst in deinem Namen «RE»
  dem Ort, an dem OSIRIS-CHONTAMENTI ist.

Jauchzen sei RE an den Türflügeln der Erde,
  Jubel sei dir, der du die *Achu* atmen läßt,
  wenn du das Tor des Totenreiches betrittst!
Wir öffnen dir die Türflügel als BENTIU-Paviane[8],
  wir machen dir auf als HETJTIU-Paviane.

Es preisen dich deine Preisenden,
  es erleuchten dir deine *Uräus*-Schlangen die Finsternis.
Es beten dich deine Götter an, RE!

Es geleitet dich die Stunde(ngöttin), in der du bist,
es ziehen dich deine beiden Töchter in deiner (Barke ?).
Du weilst in den Stelen, die auf den Gefilden der Erde sind.
Du nimmst die Nacht fort (21) und bringst den Tag!

Du bist jener Gott, der die Stunden durchfährt,
du läßt dich nieder in der Barke CHEPRIS,
nachdem du die (Szepter) ergriffen hast, die auf «Dem von der Parzelle» sind ...[9]
Gnädig ist dir NEITH, damit du die Wasserfläche scheidest (von?) den Fischen,
und der «Der die Erde versiegelt» entblößt dir seinen Arm (zum Gruß).
Die Göttinnen des *Wernes* beten dich an, der Jubel der Akklamierenden gehört dir.
Du triumphierst über deine Feinde,
du fügst den Bestraften Unheil zu!

(Die Antwort des Sonnengottes:)

Anweisungen durch die Majestät dieses großen Gottes,
nachdem er zu diesem Torweg gelangt ist:

Wehrhaft sei euer Portal, fest seien eure Türflügel und verschlossen eure Riegel,
die ihr zu mir kommt bei meinem Vorüberziehen,
die ihr zu mir kommt bei meinem Dahineilen!
Möget ihr bleiben an euren Plätzen,
die ihr bei euren Ufern steht!

(Abschließende Vermerke:)
(22) Wenn dieser Gott an ihnen vorüberzieht, klagen sie,
nachdem er an ihnen vorbeigegangen ist zum *Wernes*.

Gemacht sind diese (Bilder) wie diese Vorlage
im Verborgenen der *Dat.*
Wer diese Bilder ausführt,
ist wie der Größte Gott selber.
Nützlich ist es für ihn auf Erden, als wahr erprobt,
sehr nützlich ist es für ihn in der *Dat*,
wie das Geheimnis, das geschrieben ist.

120 Meilen sind bis zu diesem Torweg zu gehen.
Die Stunde, die (in) diesem Torweg leitet –
ihr Name ist «Welche die Stirnen der Feinde des RE zerschmettert».
Es ist die erste Nachtstunde.

ZWEITE STUNDE

EINLEITUNG

(23) Verweilen im *Wernes*
durch die Majestät dieses Gottes,
Rudern des JARU im Gewässer des RE,
309 Meilen ist die Länge dieses Gefildes,
120 (Meilen seine) Breite.
Dieser große Gott macht Landzuweisungen
an die Götter bei dieser Stätte.
Der Name der Nachtstunde,
welche diesen großen Gott geleitet, ist «Kluge, die ihren Herrn schützt».
Der Name des Tores
von dieser Stätte ist «Allesverschlinger».

Dieser große Gott weist den *Dat*-Göttern Äcker zu,
er sorgt für (24) sie bei diesem Gefilde.

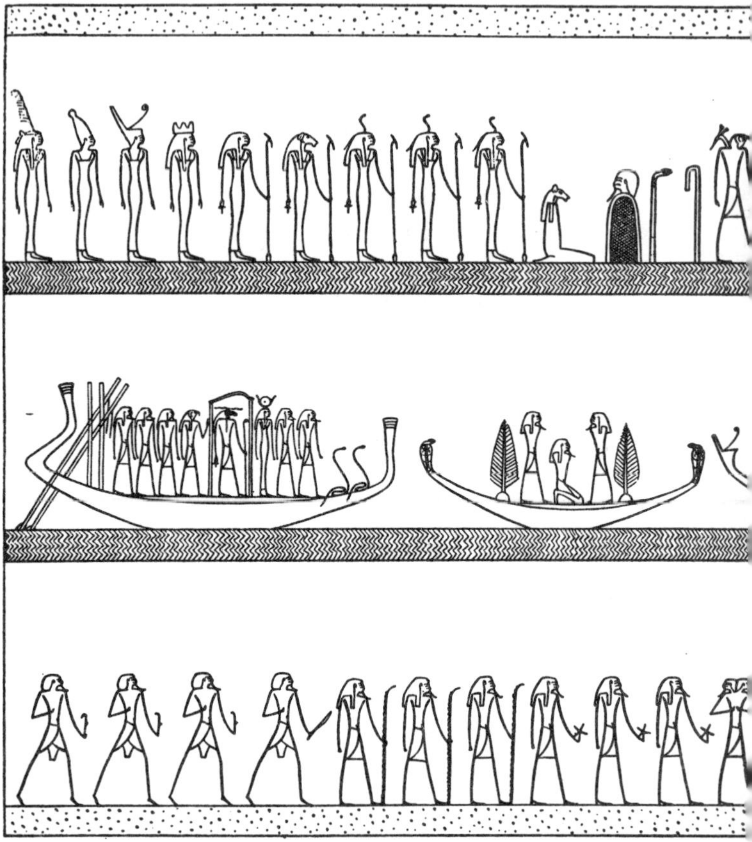

Abbildung 2 2. Stunde

Kenne die Unterweltlichen! Wer ihre Namen kennt, wird bei ihnen sein,

Äcker wird ihm dieser große Gott zuweisen

bei ihrem Ort vom Gefilde *Wernes*.

Stehen wird er bei den Haltepunkten des *Ba*[10],

dahinziehen wird er hinter diesem großen Gott.

Er wird die Erde betreten und die *Dat* öffnen,

er wird die Locke abtrennen von den «Gelockten»[11],

er wird vorbeiziehen am «Eselverschlinger», hinter der MAAT des Ackeranteils.

Er wird Brot essen an der Erdbarke,

gegeben wird ihm das Vordertau der Sonnenbarke.

Diese Bilder der unterweltlichen *Bau* sind ausgeführt

in Malerei, in dieser Weise,

im Verborgenen der *Dat*,

(indem) der Anfang der Schrift nach Westen (gehört).

Geopfert wird ihnen auf Erden, in ihren Namen.

(25) Nützlich ist es für einen Mann auf Erden,

ein wahres Heilmittel, Millionen Mal (erprobt).

OBERES REGISTER

Die dargestellten Wesen haben eine gemeinsame Beischrift und bilden somit wohl eine einzige Szene. Das Register beginnt mit neun Göttinnen, die verschiedene Attribute tragen: *125* «MAAT, die über dem Wâdi ist[12]» (mit einer Straußenfeder auf dem Haupt) – *126* «Weiße Krone, die über dem Wâdi ist» (mit der weißen, oberägyptischen Krone auf dem Haupt) – *127* «Unterägyptische Krone, die über dem Wâdi ist» (mit der roten, unterägyptischen Krone auf dem Haupt) – *128* «Schöner Westen» (mit dem Zeichen für «Westen» auf dem Haupt) –

129 «Allesverschlingerin» (ohne Attribute) – *130* «SACHMET mit dem *Uas*-Szepter» (löwenköpfig, mit dem *Uas*-Szepter in der Hand) – *131* «Oberhaupt der Unterweltlichen» (wie die beiden folgenden mit einer *Uräus*-Schlange auf dem Haupt und einem *Uas*-Szepter in der Hand) – *132* «Welche die Toten verschlingt» – *133* «Die sich selbst gebiert».

Es folgen Wesen mit verschiedener Gestalt, zunächst eine knieende, mumiengestaltige Gottheit mit dem Kopf einer Löwin (134), «Welche die *Achu* Respekt haben läßt»; dahinter drei personifizierte Machtattribute des OSIRIS: eine Stele (*135*, «Weisung des OSIRIS»), ein Stab mit Schlangenkopf (*136*, «Schlangenstab des OSIRIS») und ein «Hirtenstab des OSIRIS» (*137*). Der folgende, janusgestaltige Gott (*138*, «Seine beiden Gesichter») trägt zwei Tierköpfe, die der Götter HORUS und SETH. Danach folgen zwei thronende, mumiengestaltige Affen (*139* und *140*), die beide Pavian-Bezeichnungen als Name tragen. Der nächste Gott (*141*), der in der vorgestreckten Hand ein Messer trägt und die andere Hand zum Schlag erhebt, heißt «Zu Fall Bringender, welcher die Schatten köpft». Auf ihn folgen der falkenköpfige «Unterweltliche HORUS» (*142*) und «Der mit machtvollem Arm, der seine Feinde schlägt» (*143*), mit einem Macht-Szepter in der Hand.

Die letzten sechs Gottheiten des Registers sind alle thronend und mumiengestaltig dargestellt und bilden zusammen einen Gerichtshof, der über die Verstorbenen Gericht hält; ihre strafende Funktion deutet ein Messer im Schoß jedes einzelnen Richters an. Sie heißen: «Die von der Feuerstelle, welche die *Bau* zerschneidet» (*144*, mit Löwenkopf als Gestalt der SACHMET); «Fleisch, das auf seinem Thron ist» (*145*, mit Paviankopf, vgl. Nr. *709*); «THOT, der auf seinem Thron ist» (*146*, mit Ibiskopf); «CHNUM vom Gerichtshof» (*147*, mit Widderkopf); «GEB vom Gerichtshof» (*148*, menschenköpfig) und «ISIS vom Verhör» (*149*, als Göttin).

Die gemeinsame Beischrift lautet:

So sind sie beschaffen.
Sie beten diesen großen Gott an, nachdem er zu ihnen gelangt ist.
Ihre Stimme ist es, die ihn zu ihnen leitet.
Ihr Klagen ist es, das ihn begleitet,
nachdem er ihnen Weisungen erteilt hat.
Diese Götter sind es, die aufsteigen lassen die Worte derer, die auf Erden sind.
Sie sind es, welche die *Bau* zu (26) ihrem Schlaf gelangen lassen.
Was sie zu tun haben, ist, für das Bringen der tiefen Nacht zu sorgen
und Schlachtopfer zu vollziehen zu ihren Stunden.
Sie sind es, die den Tag hüten und die Nacht bringen,
bis dieser große Gott hervorgegangen ist aus der Urfinsternis,
um im Torweg des Osthorizontes des Himmels zu verweilen.
Sie klagen um diesen großen Gott,
sie trauern um ihn, nachdem er an ihnen vorbeigezogen ist.
Wer sie kennt, der geht heraus am Tage,
des Nachts aber wird er fortgenommen zu den Bäumen der «Größten Stadt»[13].

MITTLERES REGISTER

Die Besatzung der Sonnenbarke ist gegenüber der ersten Stunde um die beiden Göttinnen ISIS und NEPHTHYS vermehrt, die als Schlangen am Bug der Barke dargestellt sind. In einigen Versionen sind die Namen der Figuren ausgelassen.

Im Gefolge der Sonnenbarke ziehen vier weitere Barken über den Unterweltsstrom. Bug und Heck der ersten enden in *Uräus*-Schlangen, ihre Besatzung besteht aus einer anonymen knieenden Gottheit (in den älteren Exemplaren weiblich) zwischen zwei stehenden «Korngöttern» und zwei stilisierten Getreideähren, die als «Gerstenstange» bezeichnet sind; die Barke selber heißt «Barke, die das Gewässer befährt». Der Bug der nächsten «Barke, welche die Götter rudern» endet in einer oberägyptischen, ihr Heck in einer unterägyptischen Krone. Das Krokodil in der Mitte dieser Barke, zwischen zwei Szepter eingefügt, bleibt anonym. Es folgt die «(Barke), die das *Wernes* trägt», mit einem Skarabäus am Bug und einem HATHOR-Symbol zwischen zwei Göttinnen (ISIS und NEPHTHYS?); ihr Heck hat die Gestalt eines Götterkopfes mit hoher Federkrone, die dargestellten Gottheiten bleiben alle anonym. Die letzte Barke heißt «Schiff der Unterweltlichen» und trägt ein Mondsymbol (Sichel und Scheibe); hinter ihm kniet ein Gott (169, «Der die MAAT stützt»), in dem man wohl eine Erscheinungsform des Mondgottes THOT erblicken darf. Seinem Namen entsprechend, stützt er eine Straußenfeder, das Schriftzeichen für MAAT. Das Heck dieser Mondbarke endet in einen bärtigen Götterkopf.

Den begleitenden Text über diesen fünf Barken überliefern alle Versionen in unvollständiger Form, so daß eine Übersetzung hier besonders problematisch ist:

(30) (Es fährt? dieser) große (Gott in die)ser Weise,
er wird in den Barken gerudert, die in der Erde sind.
Die im (*Wernes?*) sind, sie kommen,
wenn er die Fahrt zu diesem Gefilde richtet.
(Er) erteilt ihnen Weisungen (aus?) seiner Barke,
und (er) ruft (ihnen) zu, wenn er anlegt ...

Es fahren diese Barken den sehr Großen (OSIRIS?) umher im *Wernes*,
welches OSIRIS trägt und ... ihre Barken.
Dieser große Gott weist die Korngötter ihrer Barken an,
sich ihrer Felder zu bemächtigen.
(31) Wer (das) kennt, der steigt hinab
in das Totenreich (zu seiner?) Barke.

UNTERES REGISTER

Es beginnt mit vier laufenden Göttern, von denen die ersten drei in der vorgestreckten Hand das Zeichen für «Jahr» tragen, um es dem Sonnengott als Geschenk darzubringen (so die Beischrift); der vierte Läufer trägt in den älteren Versionen ein Messer in der Hand. Die vier Götter heißen *170* «Der die Jahreszeiten trennt» – *171* «Der zu den Jahreszeiten gehört» – *172* «Träger» und *173* «Der Arm, welcher trägt». Es folgen drei Götter, die eine lange Jahresrispe in der Hand tragen, und drei Götter mit einem Stern in der Hand; sie heißen: *174* «Der vom Jahr» – *175* «Der von der Korngarbe (?)» – *176* «Bittender» – *177* «Der vom Licht» – *178* «Großer Jüngling» – *179* «Großer Leuchtender».

Der nächste Gott ist janusköpfig, mit zwei Menschenköpfen, und trägt im Grab des User die vollständige Namensform «Seine beiden Gesichter und seine beiden Arme sind in ihm» (*180*). Danach folgt ein Gott «Strahlender» (*181*), der in jeder Hand ein Papyrusszepter mit einem Stern hält, und ein aufrechtstehender «OSIRIS - ONNOPHRIS» (*182*), mumiengestaltig mit der oberägyptischen Krone. Auch die folgenden drei Gottheiten sind mumiengestaltig, aber thronend dargestellt: *183* «Herr des abgeschirmten Landes» – (schakalköpfig mit einem Stern im Schoß) – *184* ACHEBIT mit einem Stern im

Schoß) und *185* «Eselverschlinger» (stierköpfig mit einem Messer im Schoß, das seinen bedrohlichen Aspekt andeutet).

Den Beschluß machen zwei Göttergruppen. Nr. *186*, «Der zum Gottessitz gehört», trägt ein Messer in der Hand, die folgenden drei Götter statt dessen eine Kornähre: «Getreide» (*187*), «Szepter» (*188*) und «Mit leuchtendem Arm» (*189*). Es folgen drei Götter, die jeder zwei Kornähren auf dem Kopftuch tragen: «Der vom Kopf» (*190*), «Korngott» (*191*) und «Schutz» (*192*). Ihnen zugewandt, steht am Ende des Registers der «Wächter» dieser Unterwelts-Region, «Der von der Doppelflamme» genannt (*193*).

Die gemeinsame Beischrift zu allen Gottheiten lautet:

(32) So sind sie beschaffen.
Sie machen diesem großen Gott ein Geschenk mit den Jahreszeiten,
  (33) sie beschenken ihn mit den Jahresrispen, die in ihren Händen sind.
Dieser große Gott erteilt ihnen Weisungen.
  Sie rufen ihm zu, und sie leben von der Stimme dieses großen Gottes.
Ihre Kehlen atmen, wenn er ihnen zuruft.
Er weist ihnen ihre Pflichten zu,
  und er spendet ihnen ihre Kräuter, die in ihren Gefilden sind.

Sie sind es, welche die Pflanzen, die im *Wernes* sind, als Speise den Göttern reichen, die im Gefolge RES sind.
Sie sind es, die den *Achu* Wasser reichen, (wie es) dieser große Gott befohlen hat.
(34) Sie sind es, welche die Glut erhitzen, um die Feinde des RE zu verbrennen.
  Sie sind es, welche die Herzen auf die Flamme werfen.

Dann jammern sie und klagen,
nachdem dieser große Gott an ihnen vorbeigezogen ist.
«Der in der Doppelflamme» ist der Wächter dieses Gefildes.
Wer sie kennt, ist ein wohlversehener *Ach*, den sie schützen.

Schlußtext

(Hymnus der Götter der *Dat:*)

(37) Es sagen die Unterweltlichen Götter,
wenn dieser große Gott in das (Tor) «Allesverschlinger» eintritt,
wenn er das «Gewässer des RE» befahren hat bis zum *Wernes:*
O erscheine, Großer *Ba!*
Die *Dat* hat sich das Fleisch empfangen, das zum Himmel gehört[14],
(und nun) lebst du, «Fleisch», in der Erde, die für dich abgeschirmt ist!
Komm doch, RE, (damit) du lebst
in deinem Namen «Lebender», CHEPRI, der *Dat*-Vorsteher!
Du durchfährst die Gefilde, du Schützer (?),
du fesselst die HIU-Schlange und schlägst (38) den «Mit schrecklichem Gesicht»[15]!
Jubel und Jauchzen ist in der Erde für den, der seinen Leichnam geöffnet hat.
Leuchte, Großer Leuchtender ... (Lücke?)!
Strahle du, die am Haupte RES ist[16]!
Vertreibe die Finsternis im Verborgenen Raum
in deinem Namen «Der den mit verborgenem Arm vertreibt»!
Erhellt ist die Urfinsternis, (damit) das «Fleisch» lebt und sich erneuert in ihr!

Willkommen, willkommen, RE, im Westen! Deine Barke gehört dir!
Wie recht ist es, wenn dich deine Ruderer geleiten, (39) die in der Erde sind!
Ihr Arm ist geheim, damit sie dir den APOPHIS vernichten
zur Stunde «Die ihren Herrn schützt».
Gepriesen, gepriesen, Der zu seinem *Ba* geht,
der wohlversehen dahineilt, der wegen seines Leichnams kommt[17]!
Getrennt sind die ... (unklar), geöffnet sind die Türen der Erde,
geheim ist dein Wandeln (als) OSIRIS!
Du bist geschützt, und OSIRIS ist geschützt,
du triumphierst gegen deine Feinde!
als Untergehender, als Untergehender für den Westen,
als Entstehender, als Entstehender für den Osten!

(Weisungen des Sonnengottes:)

(40) Weisungen erteilen durch die Majestät dieses großen Gottes
an die Unterweltlichen Götter, die im *Wernes* sind:
Öffnet eure Tore, die geheim sind,
schaut das «Fleisch», das eure Finsternis enthüllt!
Wasser gehört euch vom *Wernes*,
Brot kommt zu euch von den Pflanzen darin,
Luft gehört euch, daß ihr nicht vernichtet seid (?)!
Austrocknung sei euren Leibern, euer Verwesungsgeruch sei nicht schlimm!
Lockerung sei euren Mumienbinden!
Mögen eure Füße sich ausstrecken, (41) daß ihr auf ihnen gehen könnt,
möget ihr weit ausschreiten!

Eure *Bau* gehören euch, sie sind nicht fern von euch!
  Eure Gestalten leben, damit sie eure Verklärungen sprechen!
Schärfe sei euren Messern,
  damit ihr die Feinde des OSIRIS bezwingt!
Beständigkeit sei euren Jahreszeiten,
  Dauer sei euren Jahren,
  damit die Erscheinungsformen eurer Stunden entstehen!
Ihr wohnt in euren ... (unklar),
  Spelt gehört euch als Brot,
  Gerste gehört euch als Rechtfertigung!
Ihr fahrt dahin (42) für meine Barken,
  ihr kehrt um zu den Bildern, die die Gefilde neu beleben (?).
Ihr seid die Bauern vom *Wernes*, deren *Ba* durch mich lebt!
  Ihr seid die, die für meinen Leib kämpfen
  und mich gegen APOPHIS schützen!
Ihr lebt für meinen *Ba*,
  ihr atmet für meinen Leichnam.
Ihr bleibt an eurem abgesonderten Platz;
  befohlen ist euch, daß ihr an ihm seid.

Wenn ich hier bin, ist der Tag hinter mir in der *Dat*[18];
  ich durchwandle die Nacht, damit ich die (43) Finsternis vertreibe.
O seht, ich gehe hinter meinem Glanzauge,
  ich wandle hinter meinem Linken Auge!
Hei, Unterweltliche, ich schütze euch!
  Hei, ich sorge für euch!

(Abschließende Vermerke:)

Dieser Gott ruft ihnen zu,
  während seine Barke, die in der Erde ist, gerudert wird.

Sie klagen, wenn er sie passiert hat,
um im Gefilde der Uferbewohner zu verweilen, die im Gefolge des OSIRIS sind.
Dies ist gemacht wie diese Vorlage
im Verborgenen des Raumes der *Dat*.
Wer diesen Text kennt, der nähert sich den Unterweltlichen.
Es ist nützlich für einen Mann auf Erden, ein wahres Heilmittel.
Die Stunde (ist) «Die Kluge, die ihren Herrn schützt».

DRITTE STUNDE

EINLEITUNG

(44) Verweilen im Gefilde der Uferbewohner
durch die Majestät dieses großen Gottes.
Fahren im Gewässer des OSIRIS – -
309 Meilen ist die Länge dieses Gefildes.
Dann erteilt dieser große Gott Weisungen
an die *Achu*, die im Gefolge des OSIRIS sind bei dieser Stätte.
Der Name der Nachtstunde,
die diesen großen Gott geleitet, ist «Die *Bau* zerschneidet».
Der Name des Tores dieser Stätte (ist) «Räuber».

(45) Dieser große Gott sorgt für die Götter, die im Gefolge des OSIRIS sind.
Er weist ihnen Ackeranteile zu bei diesem Gefilde.
Kenne die Geheimen *Bau!* Wer ihre Namen kennt (Var.: kennt auf Erden),
der wird zu dem Ort gelangen, wo OSIRIS ist.
Wasser wird ihm gegeben bei jenem seinem Gefilde.

Abbildung 3 3. Stunde

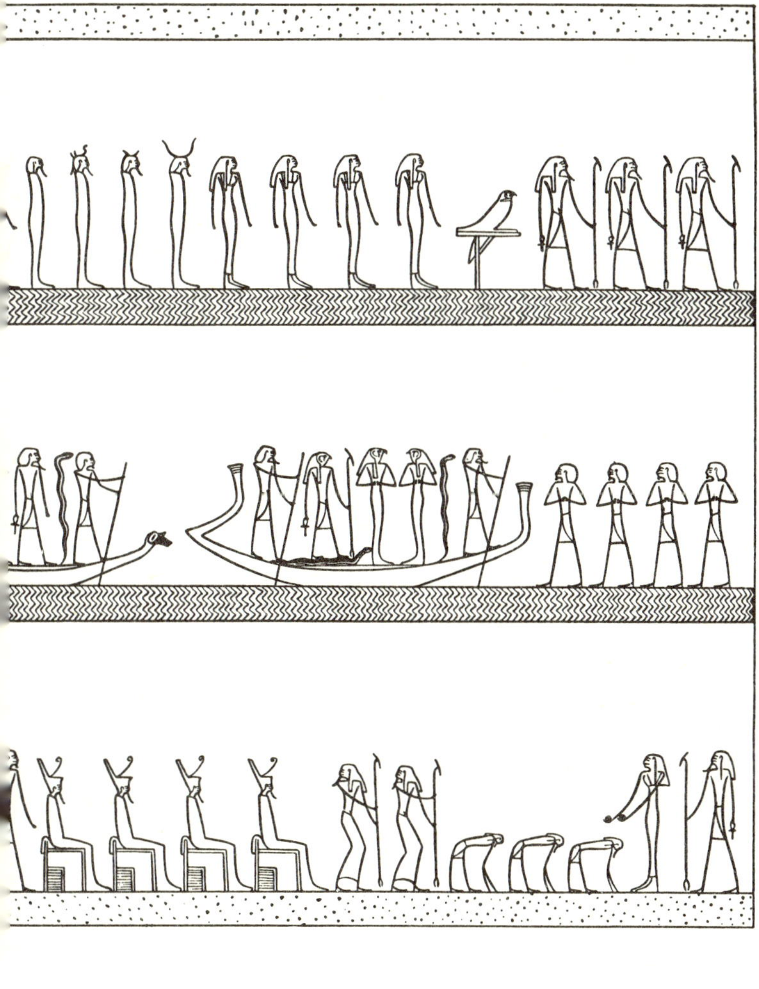

«Gewässer des Alleinherrn, welches Opferspeisen hervorbringt»
ist der Name dieses Gefildes.

Diese Bilder der Geheimen *Bau* sind ausgeführt
in dieser Weise, wie es gemalt ist
im Verborgenen der *Dat*.
Der Anfang der Schrift (gehört) nach Westen.
Es ist nützlich für einen Mann auf Erden
und in der Nekropole, ein wahres Heilmittel.

OBERES REGISTER

Dargestellt sind die folgenden Gottheiten (von links nach rechts):

Ein Pavian mit anbetend erhobenen Armen, der auf einem sandgefüllten Oval hockt und «Der auf seinem Sand» heißt (*194*). – Eine hockende Affenmumie in einem Schrein, mit unklarem Namen (*195*). – Ein stehender «ANUBIS» mit Lebenszeichen und *Uas*-Szepter in den Händen (*196*). – Ein krokodilköpfiger Gott mit Lebenszeichen und *Uas*-Szepter, «Der mit schrecklicher (?) Stimme» (*197*). – Ein Götterpaar, «Der Bringende» (*198*) und «Die Bringende» (*199*), das in den vorgestreckten Händen zwei Scheiben (die Pupillen des göttlichen Auges) hält. – Ein Widder, mit einem Messer bewaffnet, «Der seine Feinde schlachtet» (*200*). – Ein mumiengestaltiger Gott, der dem PTAH gleicht, aber «Stehender Bogen» (?) genannt wird (*201*). – «ANUBIS vom *Uas*-Szepter» auf einem Schrein (*202*). – Ein hockender Gott mit einer vorgestreckten Scheibe (Pupille), «Der das Auge bringt und (damit) die Götter zufriedenstellt» (*203*). – Eine Papyrus-Säule mit einem gebogenen «Zauberstab» und dem Namen «Zauberreicher» (*204*). –

Vier Götter ohne Attribute: «Der mit edlem Herz» (*205*), «Der Kräftige» (*206*), «Der die Mumien verjüngt» (*207*) und «Der in der Nacht ergreift» (*208*). – Vier mumiengestaltige Götter: «Der Bekleidete» (*209*), «Der Räuber» (*210*), (mit einer Schlange auf dem Haupt), «Stier der Gestalten» (*211*, mit Stiergehörn) und «Jener *Ba*» (*212*, mit Stiergehörn). – Vier Göttinnen, die durch ihre Namen als Klagefrauen gekennzeichnet sind: «Die Weinende» (*213*), «Die Preisende» (*214*)[19], «Die Trauernde» (*215*) und «Die sich entblößt» (*216*). – Ein Falkenidol auf einem Tragholz (HENU, *217*). – Drei Götter mit Lebenszeichen und *Uas*-Szepter in Händen: «HORUS der Terrasse» (*218*), «Vollkommenster der Götter» (*219*) und «Der die *Maat* füllt» (*220*).

Alle Gottheiten des Registers haben eine gemeinsame Beischrift:

(46) So sind sie beschaffen in der *Dat*
in ihrem Fleisch ihres eigenen Körpers.
Ihre *Bau* reden auf ihnen, ihre Schatten verweilen auf ihnen,
nachdem dieser große Gott ihnen zugerufen hat.
Sie reden zu ihm, sie beten ihn an,
und sie trauern um ihn, nachdem er an ihnen vorbeigezogen ist.

Was sie im Westen zu tun haben, ist,
den Widersacher zu zermalmen und den NUN entstehen zu lassen,
(47) das Dahinströmen der Überschwemmung und das Hervorbrechen des Sturmes zu machen, in der Erde unter ihnen.
Sie lassen die Stimme erschallen, wenn sie den Widersacher zermalmen.
Wer sie kennt, der geht an ihnen vorbei,
nicht kann er wegen ihres Gebrülls zugrundegehen,
nicht kann er in ihre Gruben stürzen.

MITTLERES REGISTER

Die Sonnenbarke hat die gleiche Besatzung wie in der ersten Stunde; einige Versionen lassen den Sonnengott und weitere Götter fort. Der Sonnenbarke folgen (von links nach rechts) drei weitere Barken. Der Bug der ersten endet im Kopf einer Löwin; es ist die Barke der löwengestaltigen Göttin PACHET. Die Besatzung dieser Barke besteht aus sechs Gottheiten. Hinten am Steuerruder steht «Der Ruderer» (*230*), ihm folgt (nach rechts) «Der in der Erde ist» (*231*, mumiengestaltig), dann «Der Widdergehörnte» (*232*, mit dem Umhang des Wesirs?), der «Herr des *Uas*-Szepters» (*233*, mit dem Szepter in der Hand), die Schlange «Der mit seinem Auge Feuer schießt» (*234*) und ein anonymer Ruderer am Bug (*235*).

Die folgende Barke hat Paviansköpfe an Bug und Heck und heißt «Pavianbarke». Die sechsköpfige Besatzung besteht aus dem Ruderer am Heck, «Der mit seinem Gesicht schneidet» (*236*), dem (in den älteren Versionen kopflosen) Gott «Der Strahlende» (*237*), einer anonymen Mumie (*238*), einem ebenfalls anonymen Gott mit dem Lebenszeichen (*239*), der feuerspeienden Schlange «Der mit seinem Gesicht in Flammen setzt» (*240*) und dem Ruderer «Der rudert, ohne zu ermüden» (*241*).

Bug und Heck der letzten Barke enden in Papyrusdolden. Auch diese «Vollbemannte Barke» hat eine sechsköpfige Besatzung: ein Ruderer am Heck («Flammengesicht», *242*), ein falkenköpfiger Gott mit einer Schlange zu seinen Füßen (unklarer, aber mit «HORUS» gebildeter Name, *243*), zwei falkenköpfige, einander zugewandte Mumien (beide als «Weiblicher Falke» bezeichnet, *244* und *245*), die feuerspeiende Schlange «Fackelgesicht» (*246*) und ein anonymer Ruderer (*247*).

Den vier Barken schreiten vier Götter mit angewinkelten Armen entgegen. Es sind «Der Herr des Gewässers» *(248)*, «Der die Erde lenkt» *(249)*, «Der die Grenzen festgesetzt hat» *(250)* und «Der die Grenzen gesehen hat» *(251)*. Diese Namen zeigen, daß alle vier Götter Herrschafts- und Ordnungsfunktionen in der Unterwelt ausüben.

Die gemeinsame Beischrift zu den Gottheiten dieses Registers lautet:

(50) Dieser große Gott durchfährt das «Gewässer des Alleinherrn, welches Opferspeisen hervorbringt», (in) dieser Art.
Er wird in den Barken gerudert, die in der Erde sind,
er läßt den OSIRIS rudern zu dieser Stätte.
Dieser große Gott verweilt eine Zeitlang in dieser Stätte,
er erteilt Weisungen an OSIRIS und die, die in seinem Gefolge sind[20].
Es sind diese geheimen Barken, die ihn in diesem Gefilde leiten.
Dieser große Gott fährt in diesem Gefilde
zur Stunde «Welche die *Bau* zerschneidet».
Diese Barken kehren zum Ufer «Der Räuber» um, nach dem Durchfahren dieser Stätte.

Wer sie kennt, der gehört zu den Plätzen (der Seligen),
der führt seinen Kuchen zum Mund, zusammen mit RE.

UNTERES REGISTER

Es beginnt mit dem widderköpfigen Gott CHNUM *(252)*, gefolgt vom anbetenden «Hüter der Erde» *(253)*. Die vier thronenden OSIRIS-Gestalten mit der oberägyptischen Krone heißen «OSIRIS, Herr des Westens» *(254)*, «OSIRIS-CHONT-

AMENTI» (*255*), «OSIRIS vom Platz» (*256*) und «OSIRIS, der Millionen gepackt hat» (*257*). Fünf vogelköpfige, mit Messern bewehrte Götter repräsentieren vielleicht die «Fünfheit» von Hermopolis, als deren Oberhaupt OSIRIS gilt[21]; sie tragen bedrohliche Namen, die auf ihre Funktion hinweisen: «Der mit schrecklichem (?) Gesicht» (*258*), «Ihre (der Feinde?) Wasserflut» (*259*), ohne Namen (*260*), «Zunichtemacher» (*261*) und «Brüllender» (*262*).

Zwei Götterpaare setzen die Reihe fort: die Geburtsgöttin MESCHENET (*263*) mit dem Gott «Der das Gemetzel hütet» (*264*, mit einem Messer in der Hand) und «Die über ihrer Flamme ist» (*265*) mit dem Gott «Der zum Verborgenen gehört» (*266*). Die folgenden vier OSIRIS-Gestalten mit unterägyptischer Krone bilden das Gegenstück zu Nr. *254–257*; es sind «OSIRIS, Stier des Westens» (*267*), «OSIRIS, der auf seinem Thron ist» (*268*), «OSIRIS mit der unterägyptischen Krone» (*269*) und «OSIRIS, Mächtigster der Götter» (*270*). Auch der folgende Gestirnsgott «Orion» (*271*), der das Gesicht umwendet und ein *Uas*-Szepter trägt, ist eine Erscheinungsform des OSIRIS; er hat hier einen Doppelgänger «Der Stehende» (?, *272*).

Es folgen drei Götter, die sich bis zum Boden verneigen; sie heißen «Der Gebeugte» (*273*), «Der Huldigende» (*274*) und «Der mit geheimem Gehen» (*275*). Ein Götterpaar beschließt das Register. Die Göttin «Die vom Ostberg» (*276*), ägyptische Entsprechung der Aurora, hält die Pupillen der beiden Sonnenaugen in ihren vorgestreckten Händen. Der Gott hinter ihr, mit Lebenszeichen und *Uas*-Szepter in den Händen, trägt den Namen «Ichneumon» (*277*) und ist der «Hüter» dieses Gefildes[22].

Auch zu diesem Register gehört eine gemeinsame Beischrift:

(53) So sind sie beschaffen. Sie beten diesen großen Gott an.
Dieser große Gott erteilt ihnen Weisungen,
und sie leben, wenn er ihnen zuruft.
Er teilt ihnen ihr Wasser zu,
und sie empfangen ihre Köpfe durch den Hauch seines Ausspruchs.

Was sie im Westen zu tun haben,
ist, das Braten und Schlachten der *Bau* vorzunehmen,
die Schatten einzusperren und die Nichtseienden zunichte zu machen,
die an ihrem Platz der Vernichtungsstätte sind.
Sie entfachen die Flammen und lassen die Feinde verbrennen
(54) durch das, was auf der Spitze ihrer Messer ist (das Feuer).
Sie jammern und sie klagen,
nachdem dieser große Gott an ihnen vorbeigezogen ist.

«Ichneumon» heißt der Hüter dieses Gefildes.
Wer sie kennt, der ist ein *Ach*, der seiner Füße mächtig ist.

Schlußtext

(Hymnus der «Geheimnisvollen Götter»:)

(56) Es sagen die «Geheimnisvollen Götter»,
wenn dieser große Gott eintritt in das (Tor) «Räuber»,
wenn er das «Gewässer des Alleinherrn, welches Opferspeisen hervorbringt» befährt:

Komm doch zu uns, dessen «Fleisch» gerudert wird,
der zu seinem eigenen Leib geleitet wird,
(du) Dolmetscher der *Dat* und Herr des Atems,
dessen Leib redet, der seinen Lebensunterhalt schafft!

Dein *Ba* tritt in Erscheinung, und deine Mächtigkeit ist stark!
  Deine beiden MAAT-Göttinnen leiten dich auf dem Weg der Finsternis.
(57) Der Himmel gehört deinem *Ba*, die Erde deinem Leichnam!
Für dich erhebt sich die «Einzige» (*Uräus*-Schlange),
  die allein ist beim Zugseil, welches die Schakale anpflokken[23].
Die Arme der Westbewohner empfangen dich
  in deiner heiligen Gestalt des «Greisen».

Wie schön ist es doch, daß die Westbewohner schauen,
  und wie befriedigend, daß die Unterweltlichen RE hören,
wenn er im Westen untergegangen ist,
  wenn sein Licht in «Die mit finsteren Bildern» gesetzt ist[24]!
Komm doch zu uns, horizontischer RE,
  Goldkäfer, Samen der Götter!
Du durchfährst die Ufer der *Dat*, du durchziehst deine verborgenen Gefilde,
  du durchläufst Verwandlungen in jenem deinem Reich (der Unterwelt)!
Dir jubelt die «Größte Stadt» (das Totenreich) zu,
  indem sie für dich befriedet ist deswegen (?),
und dir gehört der Lobpreis des OSIRIS,
  wenn er dich preist aus seinem Leib, der in der *Dat* ist!

(58) Heil, RE hat triumphiert!
  Heil, RE hat seine Feinde geschlagen!
Du triumphierst, RE, über deine Feinde,
  (du) Herr der Sonnenscheibe, mit leuchtendem *Ba*, der die Erde erleuchtet!

(Weisungen des Sonnengottes:)

Weisungen erteilen durch die Majestät dieses großen Gottes
an die «Geheimnisvollen *Bau*», die im Gefolge des OSIRIS
sind:
O ihr, die ich geheim gemacht, deren *Bau* ich verborgen habe –
Kommt herbei zu mir, in dessen Gefolge OSIRIS ist,
um ihm zu huldigen und sich für seine Bilder einzusetzen,
um die zu vernichten, die ihn eingeschnürt haben!
HU gehört dir, OSIRIS,
SIA gehört dir, CHONTAMENTI[25]!

O *Achu* des OSIRIS, die im Gefolge des CHONTAMENTI sind –
Bleiben gehört euren Gestalten,
(59) und Verklärtheit euren Erscheinungsformen!
Luft mögen eure Nasen atmen,
schauen mögen eure Gesichter,
und hören eure Ohren!
Entblößung für eure Umhüllungen,
Lösung für eure Mumienbinden!
Opferbrote gehören euch auf Erden,
Wasser gehört euch vom Gottesufer,
Äcker gehören euch von euren Gefilden!
Eure *Bau* sollen nicht stürzen, eure Leichname sollen nicht kopfüber gehen!
Öffnung sei euren Toren, Licht euren Höhlen,
stehen sollt ihr auf euren Plätzen!

Ich bin hierher gekommen, um meinen Leichnam zu schauen,
damit ich mein Bild überprüfe, das in der *Dat* ist.
Die Ruderer TATENENS rudern mich,
«Die mit ausgestrecktem Arm» fahren mich.

(60) Dein *Ba* gehört zum Himmel, OSIRIS,
dein Leichnam gehört zur Erde, Vorsteher des Totenreiches!
Deine Götter sind hinter dir und deine *Achu* vor dir,
verwandelt haben sich deine Abbilder, in denen du bist[26]!
Wahrlich, Verklärtheit sei deinem *Ach*, OSIRIS,
und Verklärtheit euren *Achu*, ihr im Gefolge des OSIRIS!
Ich nähere mich der Erde am Tag,
nachdem ich die Nacht durchwandelt habe, damit mein *Ba* verweile (auf dem Leib).
Eure Gestalten gehören dem Tag,
eure *Achu* (aber) habe ich für die Nacht gemacht.
Ich habe eure *Bau* für mich geschaffen,
nach mir, als ihr (schon) gemacht wart[27].
Ihr seid nicht der Vernichtungsstätte anheimgefallen!

(Abschließende Vermerke:)

Dieser große Gott landet bei ihnen.
Dann rufen sie zu den Armen (?) seiner Barke,
nachdem er ihnen Weisungen erteilt hat.
Es ist ebenso gemacht im Verborgenen der *Dat*.
(61) Wer diese kennt, ist ein verklärter *Ba*,
der seiner Füße mächtig ist,
ohne daß er in die Vernichtungsstätte eintritt.
Er geht hervor als Gestalt am Tage,
er atmet Luft zu seiner Stunde.
Die Stunde, die dieses Gefilde leitet, (heißt) «Die *Bau* zerschneidet».

VIERTE STUNDE

EINLEITUNG

(62) Verweilen im Ziehen durch die Majestät dieses Gottes
in der geheimen Höhle des Westens, mit abgeschirmten Gestalten.
Sorgen für die, die in ihr sind, mit seiner Stimme, ohne daß er sie sieht[28].
«Mit lebenden Erscheinungsformen» ist der Name dieser Höhle.
Der Name des Tores dieser Höhle ist «Welches das Ziehen verbirgt».
Der Name der Nachtstunde, welche diesen großen Gott geleitet,
ist «Die groß ist in ihrer Macht».
(63) Wer dieses Bild kennt, ist einer, der Brot ißt
zur Seite der Lebenden im Tempel des ATUM.
Die geheimnisvollen Wege von *Rosetau*,
die abgeschirmten Straßen der *Imhet*,
und die verborgenen Tore im Lande SOKARS, der auf seinem Sand ist.
Gemacht ist dieses Bild, das gemalt ist,
Im Verborgenen der *Dat*, auf der Westseite des Verborgenen Raumes.
Wer es kennt, ist ein Gerechtfertigter (?),
der die Straßen von *Rosetau* begeht
und das Bild in der *Imhet* schaut.

Durch das ganze Gebiet dieser Nachtstunde führt, ungefähr diagonal, ein vierfach geknickter Sandweg, in dessen einzelnen Abschnitten mehrere kurze Beischriften stehen:

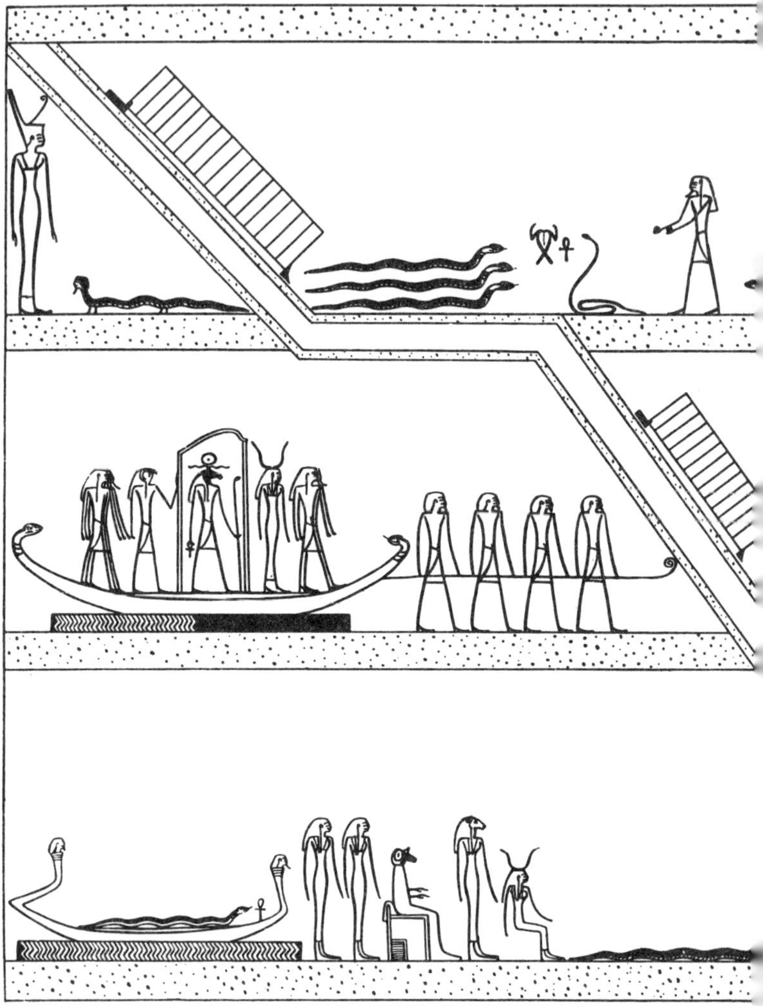

Abbildung 4 4. Stunde

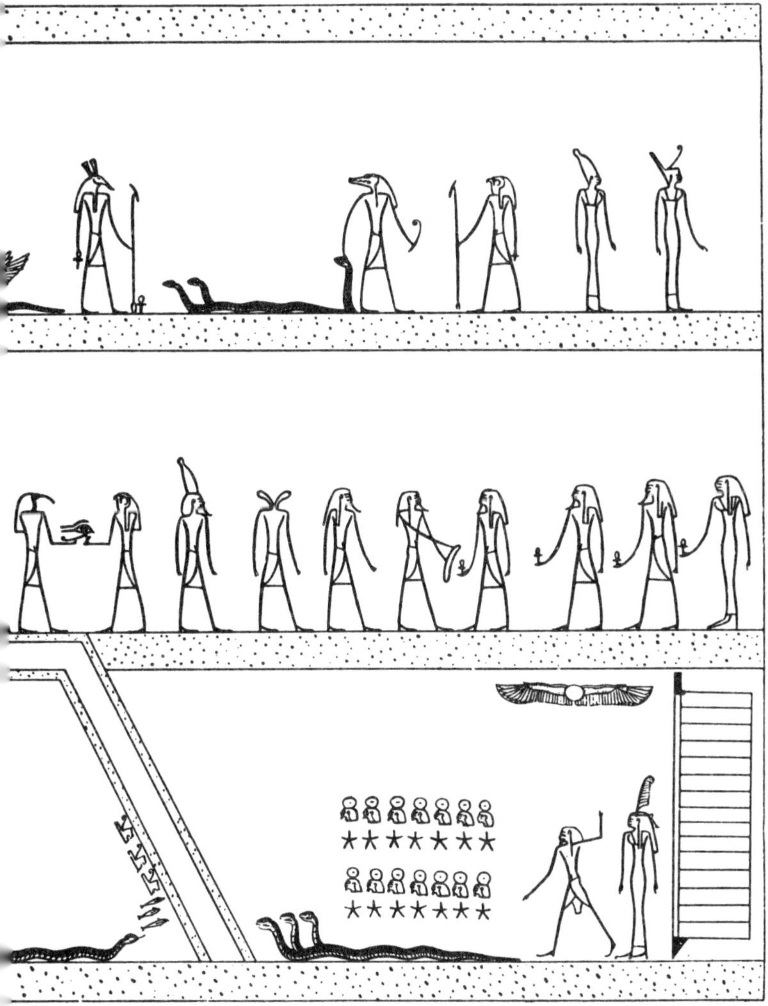

I. (64) Der zu Rosetau gehört.
II. Die geheimnisvollen Wege von *Rosetau*. Das Gottestor. Nicht kann er sie passieren, (aber) seine Stimme ist es, die sie hören.
III. Weg, den der Leichnam des SOKAR betritt, der auf seinem Sand ist – ein geheimnisvolles Bild, unsichtbar und nicht wahrzunehmen.
IV. (65) Der geheimnisvolle Weg, zu welchem (nur) ANUBIS Zutritt hat, um den Leichnam des OSIRIS zu verbergen[29].
V. Geheimnisvoller Weg des *Imbet*-Randes.

OBERES REGISTER

Die Pforte, die den Sandweg in diesem Register verschließt, heißt «Messer des Landeplatzes». Bei dem Weg steht noch die kurze Beischrift «Weg, der zu *Rosetau* gehört. Dieses Tor».

Im Gegensatz zu den drei ersten Stunden haben die dargestellten Wesen jetzt eigene, kurze Beischriften. Die erste Göttin *(278)*, mit unterägyptischer Krone, bleibt anonym, ihr ist nur der Vermerk «Sie ist beim Aufgang» beigeschrieben. Es folgt eine menschenköpfige Schlange auf vier Beinen, «Der mit dem Kopf, der die Straße hütet» *(279)*, mit der Beischrift: «Er ist der Hüter dieses Weges, ohne daß er zu irgendeinem (anderen) Platz fortgeht, allezeit».

Die drei Schlangen jenseits des Weges *(280–282)* heißen kollektiv «Die auf ihren Bäuchen sind» und haben die Beischrift: «So sind sie beschaffen, ohne daß sie zu irgendeinem (anderen) Platz fortgehen, allezeit». Ihnen folgt die Göttin SELKET als *Uräus*-Schlange *(283)* mit der Beischrift: «So ist sie beschaffen. Ihr Standort ist *Rosetau*, (und zwar) der Anfang dieses Weges». Dahinter der Gott «Der die beiden Götter (HORUS und SETH) trennt» *(284)*, mit zwei kleinen Scheiben (Pupillen der Gottesaugen) in den vorgestreckten Händen. Es ist offenbar THOT, der den Streit von HORUS und SETH schlichtet. Die Beischrift lautet: «So ist er beschaffen als ein Bild des HORUS selbst. Er trennt das Bild im unnahbaren Weg».

Es folgt eine dreiköpfige, geflügelte Schlange, «Der Größte Gott» (285), mit der Beischrift: «So ist er beschaffen in der *Dat* am Rand dieser unnahbaren Straße von *Rosetau*. Er lebt vom Hauch seiner beiden Schwingen, (nämlich?) sein Leichnam und die Köpfe». Dank ihrer Flügel scheint diese Schlange frei beweglich und ist nicht, wie die anderen Schlangen dieser Unterweltsregion, an einen Ort gebunden.

Der Gott mit dem Kopf des SETH (286) heißt «Trenner der *Dat*» und hat wiederum die Funktion, HORUS und SETH zu «trennen» und damit ihren Streit zu beenden: «So ist er beschaffen als Bild, welches HORUS gemacht hat. Er trennt die beiden Götter auf diesem Weg».

Die doppelköpfige Schlange (287), die ihm folgt, ist der NEHEBKAU, mit der Beischrift: «So ist er beschaffen bei seinem Platz der unnahbaren Straße, des Weges von *Rosetau*, ohne daß er fortgehen kann zu irgendeinem (anderen) Platz, Tag für Tag. Er lebt vom (Feuer-)Hauch seines Maules».

«Der mit preisendem Kopf» (288) hat einen Krokodilkopf und hält in der vorderen Hand eine Spirale, mit der hinteren Hand eine Schlange, die aus der Erde aufragt. Ihm zugewandt hält der falkenköpfige Gott «Der die *Dat* rühmt» (289) Lebenszeichen und *Uas*-Szepter in Händen, gefolgt von den beiden Göttinnen «Südliche» (290) und «Nördliche» (291) mit der ober- bzw. unterägyptischen Krone. Die vier Gottheiten haben eine gemeinsame Beischrift:

(68) So sind sie beschaffen als Bilder, welche Horus gemacht hat. Sie sind es, die den «Beschützer» hüten, der die Erde beschützt,

die den Weg weisen zum Geheimnis in diesem unnahbaren Weg.

MITTLERES REGISTER

Die Sonnenbarke hat im Schlangenreich von *Rosetau* selber die Gestalt einer Schlange angenommen, um besser über den Sand gleiten zu können. Sie erhält den Namen «Sonnenbarke, die den Weg bahnt». Steuermann und Steuerruder sind hier im Sandreich überflüssig und daher fortgelassen, während die Besatzung sonst unverändert bleibt. Die wichtigste Funktion kommt jetzt den feuersprühenden Schlangenköpfen der Barke zu, die mit ihrem leuchtenden Feuer eine Bahn in die undurchdringliche Finsternis «stechen», durch welche die Sonnenbarke nun gezogen wird. Der Text über der Barke lautet:

Dieser große Gott fährt an ihnen vorbei in dieser Weise.
(69) Die Flammen im Maul seiner Barke sind es,
die ihn auf diesen geheimnisvollen Wegen leiten,
ohne daß er ihre Bilder sieht.
Er ruft ihnen zu in ihrer Nähe,
und seine Stimme ist es, die sie hören [30].

Die vier Götter am Zugseil der Sonnenbarke heißen: «Der vom ‹Geheimen› (Seil)» *(300)*, «Der zum Zugseil gehört» *(301)*, «Der über dem Seil ist» *(302)* und «Der das Seil ausstreckt» *(303)*. Nach dem Sandweg und seiner zweiten Pforte («Messer, das die Erde (Unterwelt) erneuert») folgt eine Reihe verschiedengestaltiger Gottheiten mit der gemeinsamen Beischrift:

(70) So sind sie beschaffen als Bild ihres Leibes,
welches Horus verborgen hat auf diesem unnahbaren Weg

des Verbergens der «Geheimnisse» (Leichname).
Sie sind die, die zum unnahbaren Weg gehören,
auf dem das Verborgene der *Dat* betreten wird.
(71) Sie sind es, die ANUBIS hüten in seinem Bild des «Ziehenden»,
wenn er an ihnen vorbeigezogen ist im Abgeschirmten Land.

Dargestellt sind: eine OSIRISfigur «Der mit der Troddel» *(304)*, mit der oberägyptischen Krone und in einigen Versionen mit der «Troddel» (Gegengewicht) auf dem Rücken; ein Krummstab als «Stab des OSIRIS» *(305)*; der ibisköpfige «Erhebende» *(307)* und der falkenköpfige «Der mit ausgestrecktem Arm» *(308)*, die gemeinsam das heilige Auge hochzuheben scheinen. Das Auge wird als das des SOKAR bezeichnet, in dessen Reich wir uns hier in der vierten und fünften Nachtstunde befinden, und der Vorgang ist wohl so zu deuten, daß THOT das wiederhergestellte Auge dem SOKAR überreicht[31].

Es folgt, mit der oberägyptischen Krone, der Gott «Dessen Stirn gekrönt ist» *(309)*. Das nächste Wesen trägt statt des Kopfes zwei aus dem Hals ragende Stricke und heißt «Der über seinem Geflecht (?) ist» *(310)*, gefolgt von den Göttern «Der mit frischem Gesicht» *(311)* und «Der Zufriedene» *(312)*; der letztere hält einen gebogenen «Zauberstab» in der Hand.

In der Gegenrichtung schreiten vier Gottheiten mit dem Lebenszeichen in der vorgestreckten Hand: «Der Leiter des Lebenszeichens» *(313)*, ONURIS *(314)*, «Der Befehlende» *(315)* und «Die Herrin des Lebenszeichens» *(316)*.

UNTERES REGISTER

In einem Papyrusnachen, dessen Bug und Heck von Menschenköpfen bekrönt sind, liegt die Schlange «Glatter, der leuchtet» (317), mit der Beischrift: «So ist er beschaffen in seiner Barke, die *Imhet* (Totenreich) bewachend. Er steht bei diesem geheimnisvollen Weg der *Imhet*, er lebt von dem Geräusch, wenn die Köpfe seiner Barke reden».

Es folgt eine Gruppe von fünf Gottheiten: die beiden Göttinnen «Die zur Straße gehört» (318) und «Die Bekrallte» (319), die thronende Affen-Mumie «Pavian» (320), die mausköpfige (?) Göttin «Die Bezahnte» (321) und eine halb aufgerichtete Göttin «Die das Gehörn erhebt» (322), mit einem Kuhgehörn auf dem Haupt. Die Beischrift zu dieser Gruppe lautet: «So sind sie beschaffen als Bild, welches HORUS gemacht hat. Sie stehen in der Erde bei diesem geheimnisvollen Weg der *Imhet*, (73) den sie betreten, der zur Schöpfung in der Erde (Unterwelt) gehört».

Die folgende Schlange (323) heißt «Verborgener» und wird beschrieben: «So ist er beschaffen als Hüter dieses geheimnisvollen Weges der *Imhet*, ohne daß er fortgeht zu irgendeinem (anderen) Platz, Tag für Tag. Er lebt von der Stimme der Götter, die zu diesem Weg gehören».

Eine weitere Schlange, aus der ein Menschenkopf mit Götterbart herausragt (324), heißt «Die Preisende» und hat die Beischrift: «So ist sie beschaffen als Hüterin dieses Weges. (74) Sie preist mit ihren beiden Gesichtern das große Bild, welches in ihm (dem Weg) ist». Zwischen der Schlange und dem Sandweg steht der Vermerk «Gewässer der Leichname».

Jenseits des Sandweges folgt eine dreiköpfige Schlange «Der sich bewegt» (325). Über diesem Schlangengott sind zwei Reihen von je sieben Menschenköpfen zwischen Sternen und Sonnenscheiben dargestellt. Die Bedeutung dieser offenbar astronomischen Szene ist unklar. Die Beischrift lautet: «Es ist das geheimnisvolle Bild der *Imhet*. Licht ist täglich in ihr bis zur Geburt CHEPRIS, der aus den Gesichtern des (Schlangengottes) «Der sich bewegt» hervorkommt. Dann entfernt sich

CHEPRI». CHEPRI selber ist als geflügelte Sonnenscheibe über den letzten Gottheiten des Registers dargestellt (326), mit der kurzen Beischrift: «Er verweilt in seiner Gestalt des buntgefiederten Gottes (HORUS von Edfu)»[32]. Hinter ihm schreitet der Gott «Der im Himmel ist» (327) mit erhobenem Arm weit aus, gefolgt von der Göttin MAAT (328). Eine dritte Tür («Messer des Jenseits») schließt das Register ab.

FÜNFTE STUNDE

EINLEITUNG

(75) Gezogen wird dieser große Gott auf den gebahnten Wegen der *Dat*
in der oberen Hälfte der geheimen Höhle des SOKAR, der auf seinem Sand ist.
Unsichtbar und nicht wahrnehmbar ist dieses geheime Bild
des Landes, das unter dem Fleisch dieses Gottes ist[33].
Die, unter denen dieser Gott ist, hören die Stimme RES,
wenn er der Umgebung dieses Gottes zuruft.
Der Name des Tores dieser Stätte ist «Haltepunkt der Götter».
Der Name der Höhle dieses Gottes ist «Westen».
(76) Der Name der Nachtstunde, die diesen großen Gott geleitet,
ist «Geleitende, die inmitten ihrer Barke ist».

Die geheimnisvollen Wege des Westens,
die Tore, durch die das Verborgene betreten wird,
der unnahbare Ort des SOKAR-Landes,
das Fleisch und der Leib in der ersten Erscheinungsform.
Kenntnis der *Bau*, die in der *Dat* sind
und ihrer Funktionen, gemäß dem (Buch?) «Was in den Stunden ist», mit ihren geheimen Namen.

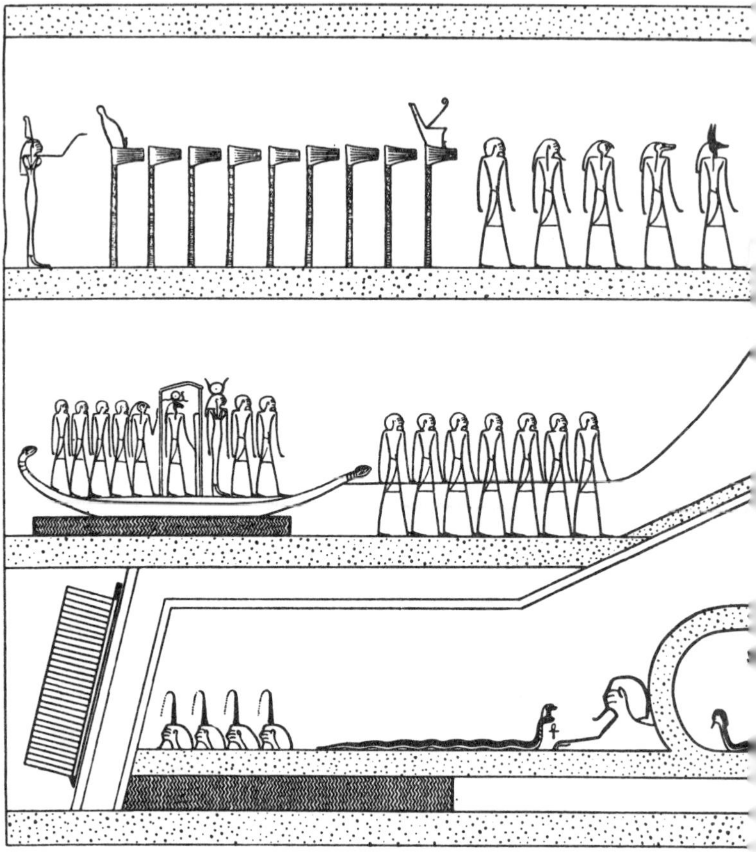

Abbildung 5 5. Stunde

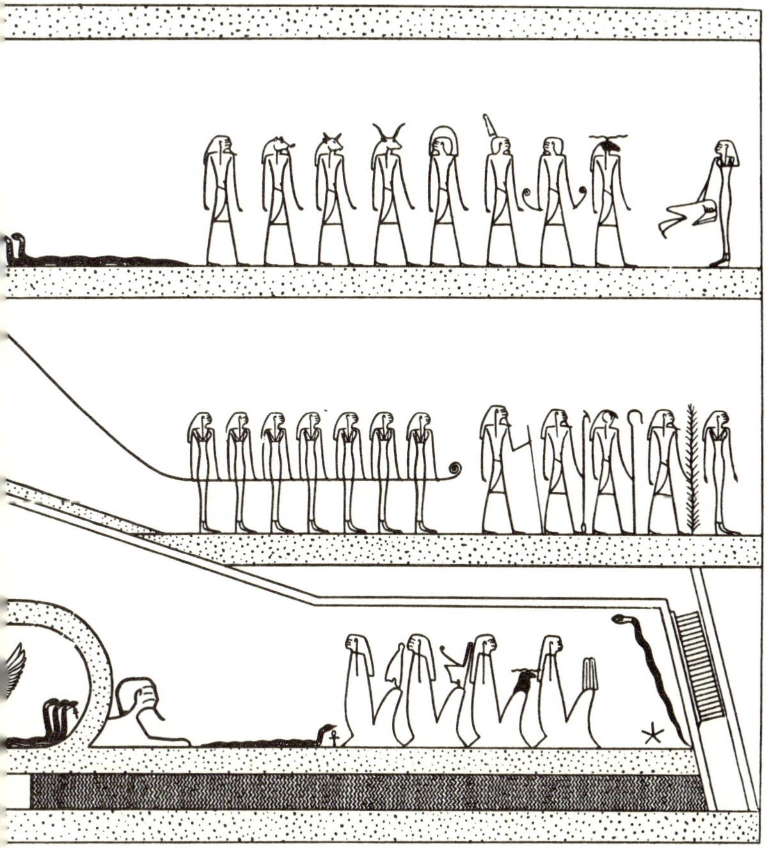

Unbekannt und unsichtbar,
nicht wahrnehmbar ist dieses Bild von HORUS selbst (SOKAR).

Dies ist gemacht wie diese Vorlage, die gemalt ist
im Verborgenen der *Dat*, auf der Südseite des Verborgenen Raumes.
Wer es kennt, dessen *Ba* ist zufrieden,
zufrieden ist er mit den Opfern SOKARS.
(77) Nicht kann die «Umstürzende» seinen Leichnam zerschneiden[34],
(sondern) geopfert wird ihnen auf Erden.

OBERES REGISTER

Erste Szene. Eine Göttin mit emporgestreckten Händen und einer Straußenfeder auf dem Haupt (329); nach der Beischrift scheint es sich um die Westgöttin zu handeln. Ihr folgen neun Götterzeichen, von denen das erste die oberägyptische, das letzte die unterägyptische Krone trägt. Nach den beigeschriebenen Namen sind es die «Gotteszeichen» der Götter CHEPRI (330), SCHU (331), TEFNUT (332), GEB (333), NUT (334), OSIRIS (335), ISIS (336), NEPHTHYS (337) und des Unterweltlichen HORUS (338) – also im wesentlichen Gotteszeichen der «großen» Neunheit von Heliopolis, von deren Angehörigen jedoch ATUM durch CHEPRI, SETH durch den Unterweltlichen HORUS ersetzt sind. Das erste und letzte Zeichen werden, entsprechend ihren Kronen, als «südliches» bzw. «nördliches» bezeichnet. Über den Gotteszeichen steht eine einzelne Zeile: «Die Aufgabe (?) dieser Götter in der *Dat*[35]. So sind sie beschaffen». Der Text über der Szene lautet:

Es sagt dieser große Gott:
West(göttin), reiche deine Hand!
Schön ist die große Straße, die in der Erde ist,
der Weg der Gräber und Ruheplatz meiner Götter!
Ihr atmet, jene Neunheit von Göttern,
die aus meinem Fleisch entstanden sind,
die nicht entstanden sind wegen eurer Funktionen (?)!
Möge Bestand haben eure Aufgabe!
Ich schütze euch, wenn ihr mir huldigt!
Ihr seid es, die ich unnahbar sein ließ,
wenn (sie) mir huldigen im Reich des Westens!

Zweite Szene. Vier Götter: «Der zum Wasser der Ertrunkenen gehört» (*339*), «Der die Ufer hütet» (*340*), «Der mit lebendigem Herz» (*341*, falkenköpfig) und «Der Urzeitliche vom Gegenhimmel» (*342*, mit Krokodilkopf). Die Beischrift spielt auf die «Vergöttlichung durch Ertrinken» an, die ausführlicher in der zehnten Stunde dargestellt und erläutert ist (u. S. 169 f.):

(79) Es sagt dieser große Gott:
Möget ihr stehen bei eurem Wasser, möget ihr eure Ufer hüten
und die Flut den Ertrunkenen geben, die im NUN sind,
damit ihr sie an Land bringt an den Ufern der Wasserflut[36]!
Euer Wasser soll nicht austrocknen,
eure Ufer sollen hoch und nicht kahl sein!
Möget ihr euren Arm beugen dem «Wasserdurchfahrer» (RE),
um an euch vorbeizuziehen in Frieden!

Sie gehören zum Gewässer der Ertrunkenen in der *Dat*.
Was sie zu tun haben: das Kommen der Barke (zu veranlassen).

Dritte Szene. Der schakalköpfige «ANUBIS vom Kasten» (343). Dieser «Kasten» ist als offener Behälter, aus dem der Sonnen-*Skarabäus* hervorkommt (344), dahinter dargestellt und als «Finsternis» (oder «Nacht») bezeichnet. Hier greifen wir die Vorstellung, daß der Sonnengott (als OSIRIS) nachts in einem Behälter oder «Kasten» steckt, um morgens als CHEPRI-Käfer aus ihm hervorzugehen. Damit mischt sich eine andere Vorstellung, auf welche die beiden Klagevögel «ISIS» und NEPHTHYS» am Behälter verweisen: der von ANUBIS gehütete «Kasten» (vgl. auch S. 458 ff.) ist zugleich der Grabhügel oder Sarg des OSIRIS, der von ISIS und NEPHTHYS betrauert wird[37]. Die beiden Göttinnen in Vogelgestalt werden in der Beischrift dieser Szene vom Sonnengott angerufen:

(80) Es sagt dieser große Gott:
Möget ihr euren Kasten hüten,
möge eure Stimme laut sein, eure Kehle wahrhaftig!
Möge dieses Bild verborgen sein, das ihr hütet!
Möget ihr eure Flügel ausbreiten und eure Funktionen erfüllen,
damit ich an euch vorbeiziehe in Frieden!

Vierte Szene. Eine doppelköpfige Schlange (347) ohne Namen, mit der Beischrift:

Es sagt die Majestät dieses großen Gottes:
O Abgeschirmte (Schlange), schirme mir deinen Arm ab
und öffne (81) mir deine Windungen[38]!
Möge dein Arm abgeschirmt, mögen deine Windungen geöffnet sein
und deine beiden Gesichter in der Erde!
Schieße nicht auf mich (mit Feuer), sende keine Pfeile gegen
Die in meinem Gefolge,
damit ich an dir vorbeiziehe in Frieden!

Er lebt von der Stimme RES, Tag für Tag,
ohne daß er fortgeht zu irgendeinem (anderen) Platz der *Dat*.
Er befindet sich beim Kasten des CHEPRI.

Fünfte Szene. Acht Götter von verschiedener Gestalt: «Der die Götter befriedet» (*348*, ohne Attribute), «Den die Westlichen fürchten» (*349*, spitzmausköpfig), «Der Stab» (*350*, stierköpfig), «Der Verschlingende» (*351*, kuhköpfig), «Der Gehörnte» (*352*, mit einem «Schatten»-Zeichen um den Kopf), «Der die MAAT bringt» (*353*, mit Straußenfeder auf dem Kopf), «Der mit umgewendetem Gesicht, der mit dem Lasso fängt» (*354*, mit zwei Schlingen in den Händen), und «Jener *Ba*, der zu den Toten gehört» (*355*, widderköpfig).

Dieser Gruppe von Göttern, die in der Beischrift als «Schlächter» (der verurteilten Toten) bezeichnet sind, steht eine einzelne Göttin gegenüber, die einen «Feind» gepackt hält. Auch sie hat strafende Funktion, wie ihr Name «Umstürzende, die beim Zerschneiden der Toten ist» (*356*) zeigt. Der Text über der Darstellung lautet:

Es sagt die Majestät dieses großen Gottes:
O Schlächter, die zur Schlachtbank gehören,
die beim Bestrafen der Toten stehen!
Mögen eure Worte entstehen und eure Zauber leuchten!
Tüchtig seien eure *Bau*, stark sei eure Mächtigkeit!
(82) Zermalmt sind die Feinde, wenn ihr die Toten vernichtet,
wenn ihr die Schatten der Vernichteten niedergemetzelt habt.
Bestraft sind alle eure Toten!

Ihr seid es, die OSIRIS huldigen,
die ein Verhör abhalten wegen ONNOPHRIS.

Scharf seien eure Messer,
schlimm seien eure Schlachtbänke,
geknotet seien eure Stricke!
(Haltet) eure Arme auf die Bilder, unter denen ihr seid,
damit ich an euch vorbeiziehe in Frieden!

(Über den acht «Schlächtern»:)

Sie sind es, die beim Bestrafen der Toten stehen in der *Dat*.
Was sie zu tun haben: die Leichname der Toten zu verzehren
durch den Gluthauch ihres Mundes, als tägliche Aufgabe.

(Über der Göttin:)

(83) Sie lebt vom Blut der Toten
und von dem, womit diese Götter sie versehen.
Wer sie kennt, der geht an ihr vorbei in Frieden.

MITTLERES REGISTER

Sechste Szene. Die Sonnenbarke, die jetzt «Mit lebendigen *Bau*» genannt wird, hat die gleiche Schlangengestalt wie in der vierten Stunde. Zur Besatzung gehört wieder der Steuermann, um das Schiff über das «Gewässer der Ertrunkenen» (im oberen Register) zu steuern. Vor der Barke sind am Zugseil sieben «Götter, die RE ziehen» *(366–372)* dargestellt, ohne eigene Namen. Der beschreibende Text enthält eine Litanei und lautet:

(84) Dieser große Gott fährt dahin, indem er gezogen wird über diese Höhle
in seiner Barke, die in der Erde ist, «Mit lebendigen *Bau*».

Die Unterweltlichen Götter sagen zu diesem großen Gott:
In Frieden, in Frieden – Herr des Lebens!
In Frieden – Der den Westen befriedet!
In Frieden – Der die Erde öffnet!
In Frieden – Der die Erde auftut!
In Frieden – Der im Himmel ist!
In Frieden – Der den Gegenhimmel befriedet!
In Frieden – Es triumphiert der Herr der Neunheit!
In Frieden – Es breitet dir die Erde (Unterwelt) die Arme aus,
es bahnt dir die Nekropole ihre Wege!

(85) Du sprichst, RE, zu OSIRIS!
Du rufst, RE, zum SOKAR-Land,
und es lebt HORUS, der auf seinem Sand ist (SOKAR)!
Komm zu CHEPRI, RE!
Komm, RE, zu CHEPRI[39]!
Das Seil, das ihr gebracht habt, das Seil wird hinaufgereicht zu CHEPRI,
damit er RE die Hand reiche,
damit er RE-HARACHTE die geheimen Wege bahne.
Der Himmel ist in Frieden, in Frieden,
und RE gehört der Schöne Westen!
(Über den Ziehenden:)
(86) Die Unterweltlichen Götter. Was sie zu tun haben:
diesen Gott über die Höhle des SOKAR zu ziehen.

Siebente Szene. Von oben packt der *Skarabäus* im «Kasten» das Zugseil der Sonnenbarke, von unten ragt der Kopf der ISIS, der die «Höhle des SOKAR» bekrönt, in das mittlere Register. Neben dem Kopf steht «Fleisch der ISIS, die über dem Sand des SOKARlandes ist». Zwei weitere kurze Beischriften erläutern die Szene:

Dieser große Gott sagt über dieser Höhle:
Du kennst (?) dieses dein Bild, SOKAR, das verborgen und geheim ist.
Ich rufe dir zu, damit du verklärt bist,
meine Worte gehören dir, damit du über sie jubelst.
ISIS gehört zu deinem Bild,
und der Größte Gott zu deinem Leichnam, damit er ihn hüte.

(87) Dieser Gott (RE) hält an über dieser Göttin (ISIS),
er erteilt Weisungen im SOKAR-Land, Tag für Tag.
Es ist CHEPRI, der in seinem «Haus» ist, der das Seil richtet
zum Ziehen über diese Höhle,
damit er sich niederlasse (auf) den Wegen der *Dat*.

Achte Szene. Sieben Göttinnen am Vorderende des Zugseiles (*375–381*). Sie tragen weder Attribute noch Namen. Der Text zu dieser Darstellung lautet:

Fahren, indem er gezogen wird,
durch die Majestät dieses großen Gottes,
Empfangen durch diese Göttinnen.
Diese Göttinnen sagen zu diesem großen Gott:

Es kommt RE in Frieden zur *Dat!*
Gebahnt ist der Weg des RE in seiner Barke,
(88) der in der Erde ist in seinem Leib.
Vernichtet sind dir die Feinde, der du im Westen bist,
RE, damit du in ihm (dem Leib) verweilst!
Du steigst empor zum Himmel
als Größter *Ba* und Oberhaupt der Mächte des Horizontes!
Du wirst gezogen, dein Ziehen glückt[40]!
Du triumphierst, und deine Feinde sind vertrieben!

(Zeile über den Göttinnen:)

Die Göttinnen, die RE in der *Dat* über diese Höhle ziehen.
Was sie zu tun haben: diesen großen Gott zu ziehen,
daß er in seiner Barke ruhe, die im NUN ist in der *Dat*.

Neunte Szene. Vier Götter mit verschiedenen Stäben, die «Herren des Bedarfs» oder besser «Herren des Besitzes», die für den Unterhalt der seligen Toten zu sorgen haben. Sie heißen: «Der über den Gestalten ist» (*382*, mit geradem Stab), «Der Opfer bringt» (*383*, mit *Djam*-Szepter), «HORUS vom Krummstab» (*384*, falkenköpfig mit dem Krummstab) und «Der Befehlende» (*385*, mit einer Kornähre). Am Ende des Registers steht, ohne Attribute, «ISIS-Westgöttin» (*386*) als Verkörperung des westlichen Totenreiches[41]. Der Text über den fünf Gottheiten lautet:

Es sagt dieser große Gott:
Empfangt euch eure Stäbe,
lehnt euch (auf) eure (89) Szepter, stützt euch (auf) eure Keulen!
Ihr erhebt euch wegen eurer *Bau*,
ihr setzt euch wegen eurer Opfer.
Ihr seid es, die zu den Opferspeisen und Opferbroten gehören,
die Herren des Besitzes im Westen!
ISIS verleiht euch den Westen, sie ist zufrieden mit euch.
Erhebt euch für mich! Bei euch sind eure Toten,
bis ich an euch vorbeigezogen bin in Frieden!

So sind sie beschaffen.
Es ist das Kollegium, welches Opferspeisen verteilt in dieser Höhle.

UNTERES REGISTER

Bis in das mittlere Register emporragend, ist hier in einer Art Querschnitt das SOKAR-Land dargestellt, als «Höhle», über die das Sonnenschiff hinweggezogen wird[42]. Um diesen Hohlraum führt ein Weg, der die «geheimen Wege» der vierten Stunde fortsetzt und durch zwei Türen gesichert ist. Zu diesem Weg gehören drei kurze Texte:

(90) Der geheime Weg der *Imhet* (Totenreich), auf dem dieser Gott gezogen wird.
Er ist der Abscheu des NEHES (SETH).
Der geheime Weg des SOKAR-Landes,
auf welchem ISIS wandelt, um hinter ihrem Bruder (OSIRIS) zu sein.
(91) Er ist gefüllt mit Feuerflammen
aus dem Mund der ISIS (als Schlange!).
Nicht können Götter, *Achu* und Tote auf ihm wandeln.
Der geheime Weg des SOKAR-Landes (und) der Westbewohner, die diesen Gott ziehen.
Nicht wandeln Götter, *Achu* und Tote auf ihm.
Er ist gefüllt mit Feuerflammen
aus dem Maul des WAMEMTI.

Im SOKAR-Land sind zunächst vier aus dem Boden ragende Köpfe (*387–390*) mit dem «Feuer»-Zeichen auf der Perücke dargestellt. Sie heißen «Die Fackelköpfe» und haben eine kurze Beischrift, die ihre Funktion erläutert: «(92) Sie sind hinter diesem Gott. Was sie zu tun haben: seine Feinde (durch Feuer) zu verzehren und zurückzutreiben».

Es folgt eine Schlange, aus deren Kopf ein Affenkopf herausragt. Es ist «Der mit unnahbarem Haupt» (*391*), mit der Beischrift (die seine freie Beweglichkeit als Mittlerwesen betont): «Er lebt von der Stimme der Götter, die auf Erden sind. Er tritt ein und geht heraus, er bringt die Angelegenheiten der Lebenden diesem großen Gott täglich nahe, ohne gesehen zu werden»[43].

Im Zentrum des Registers steht der Gott SOKAR in einem Hohlraum, der wie die ganze Unterwelt (vgl. S. 32), ovale Form hat. Das Oval, dessen Bezeichnung auch die Mistkugel des *Skarabäus* meinen könnte, ist zwischen die beiden Köpfe des Doppel-Sphinx AKER gebettet; es ist «AKER, der das geheime Fleisch hütet» als Wächter des Gebildes. Nach der Deutung von S. Schott[44] ist in das Oval ein Rest des urzeitlichen, bedrohlichen Chaos verbannt. Es hat die Gestalt einer dreiköpfigen, geflügelten Schlange, deren Schwanz in einem Menschenkopf endet (394). Dieses Wesen wird als «Größter Gott, der seine Flügel ausbreitet, der Buntgefiederte» bezeichnet und vom falkenköpfigen SOKAR (393) an den Flügeln festgehalten. Das «Bild» des SOKAR, wie es in den Beischriften genannt wird, heißt hier «Fleisch des SOKAR, der auf seinem Sand ist». Bei dem Schlangenwesen steht der zusätzliche Vermerk: «Er lebt vom Hauch, der auf seinem Maul ist, Tag für Tag. Was er zu tun hat: sein Bild (des SOKAR) zu hüten».

Über dem Oval steht eine ausführlichere Beschreibung:

(93) So ist dieses Bild beschaffen in der Urfinsternis.
Erleuchtet wird das Oval, das zu diesem Gott (SOKAR) gehört,
durch die beiden Augen der Köpfe des Größten Gottes (der Schlange).
Es leuchten die beiden Füße (des SOKAR) in der Windung des Größten Gottes,
während er sein Bild hütet.

Ein Geräusch wird aus diesem Oval gehört,
nachdem dieser große Gott an ihnen vorbeigezogen ist,
wie die Donnerstimme des Himmels bei einem Unwetter.

(Bei den AKER-Köpfen jeweils:)

Er atmet durch die Stimme des Größten Gottes.
Was er zu tun hat: sein Bild zu hüten.

Jenseits des Ovals folgt die Schlange WAMEMTI *(395)*, mit der Beischrift: «Er lebt vom Gluthauch, der in seinem Maul ist. Was er zu tun hat: das Oval zu hüten, ohne daß er fortgeht (95) zu irgendeinem (anderen) Platz der *Dat.*»

In der nächsten Szene halten vier hockende «Götter, die unter dem geheimen Bild SOKARS auf seinem Sand sind» *(396–399)* verschiedenen göttlichen Kopfschmuck auf dem Schoß: eine ober- und eine unterägyptische Krone, einen Widderkopf und das hohe Federpaar. Über ihnen ein kurzer Text: «Ihr Bild kommt heraus aus ihnen, aus ihrem eigenen Leib. Sie sind hinter diesem großen Gott, unsichtbar und nicht wahrzunehmen».

Den Schluß macht eine aufgerichtete Schlange *(400)* als Türwächter. Sie heißt «Der lebendige Gott», mit dem Zusatz: «Er geht und kommt, er wandelt und öffnet das ‹Messer› (die Tür)».

Der unterste Teil der SOKAR-Höhle wird von einem Gewässer eingenommen. Seine roten Wellenlinien deuten an, daß es der «Feuersee» ist, in dem die verurteilten Toten gestraft werden, während die Seligen sich an seinem «kühlen» Flammenwasser erquicken (vgl. S. 44). Eine kurze Erläuterung betont, daß die Sonnenbarke dieses Gewässer nicht berührt:

Gewässer, welche die Götter in der *Imhet* (Totenreich) betrauern.

Nicht kann die Barke an ihnen vorbeiziehen,
nicht können die Unterweltlichen sich ihres Wassers bemächtigen,
das in dieser Nekropole ist,
da ihr Wasser für die, die in (dieser Nekropole) sind, Feuer ist.

SECHSTE STUNDE

EINLEITUNG

Verweilen durch die Majestät dieses großen Gottes
in der Wassertiefe «Wasserloch der Unterweltlichen»[45].
Dieser Gott befiehlt, daß diese Gottheiten Besitz ergreifen
von ihren Gottesopfern bei dieser Stätte.
Er befährt die Straße, ausgestattet mit seiner Barke,
er weist ihnen ihre Äcker zu als ihre Opfer,
er gibt ihnen Wasser von ihrem Gewässer
beim Durchziehen der *Dat*, Tag für Tag.
Der Name des Tores dieser Stätte ist «Mit scharfen Messern».
(98) Der Name der Nachtstunde, die diesen großen Gott geleitet,
ist «Ankunft, die den rechten (Weg) gibt».

Der geheimnisvolle Weg des Westens,
dessen Wasser dieser große Gott befährt
in seiner Barke, um für die Unterweltlichen zu sorgen.
Genannt bei ihrem Namen,
bekannt in ihrem Wesen,
graviert in ihren Gestalten
sind ihre Stunden, geheimen Wesens,
ohne daß dies geheime Bild der *Dat* von irgendeinem Menschen gekannt wird.

Abbildung 6 6. Stunde

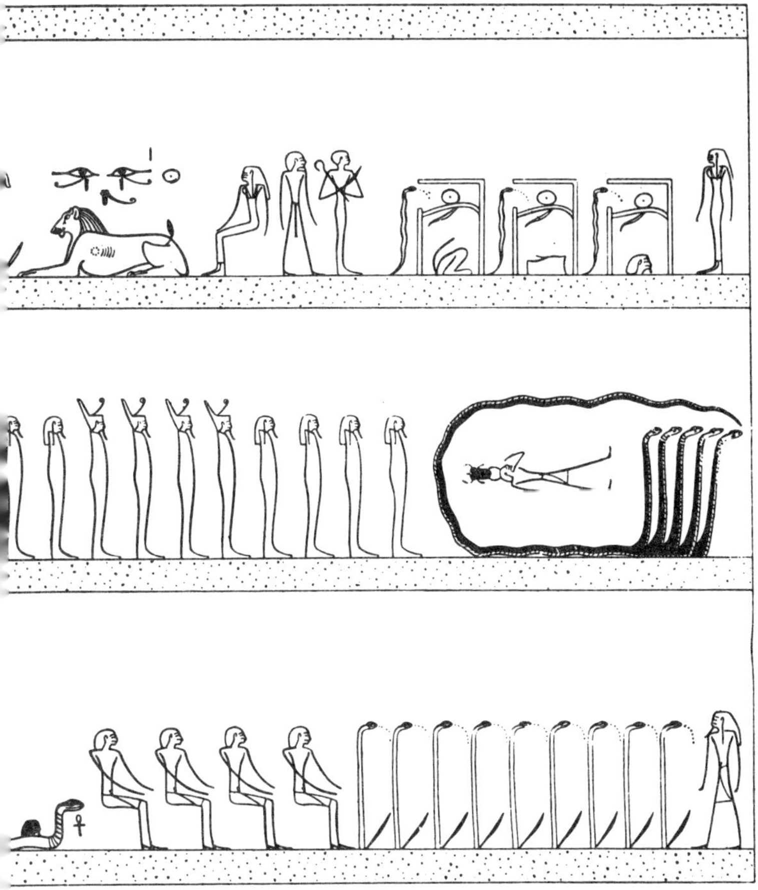

(99) Gemalt ist dieses Bild dergestalt
im Verborgenen der *Dat*, im Süden des Verborgenen Raumes.
Wer es kennt, gehört zu den Opferspeisen in der *Dat*,
zufrieden ist er mit den Opfern der Götter, die im Gefolge des OSIRIS sind,
gespendet wird ihm alles, was er wünscht, in der Erde.

OBERES REGISTER

Erste Szene. Neun Gottheiten auf unsichtbaren Sitzen; diese scheinbar «sitzende» Haltung deutet an, daß sie sich schon halb aus dem Todesschlaf aufgerichtet haben. Die ersten drei Gottheiten haben verschiedene Gestalt: «Opfernder vor der *Dat* (*401*, mumiengestaltig, mit Opferbrot und Bierkrug auf dem Haupt), «ISIS der *Imhet*» (*402*, mit der unterägyptischen Krone) und «OSIRIS, Liebling der Götter» (*403*, ohne Attribute). Es folgen drei mumiengestaltige Götter: «HORUS, der vor seinem Acker ist» (*404*, falkenköpfig), «Pavian, der zu seinem Acker gehört» (*405*, mit Affenkopf) und «Der mit erneuertem Herz, der vor seinem Acker ist» (*406*, mit der oberägyptischen Krone); der letztere Gott ist von der Gestalt und vom Namen her wohl als eine Form des OSIRIS anzusprechen, der sonst als Totengott gern «Der mit müdem Herz» genannt wird. Es folgen noch drei Göttinnen: «Die vom Ackeranteil» (*407*), eine mit unklarem Namen (*408*) und «Die, welche die Götter zufriedenstellt» (*409*). Die Beischrift zu diesem Bild lautet:

Die Majestät dieses großen Gottes sagt zu den Göttern, die auf diesem Gefilde sind:
O «Sitzende», die in der *Dat* sind,
die Opfer-Götter, die zu ihren (Opfer-)Körben gehören.

Opfer gehören euch, so daß ihr zufrieden seid,
Äcker gehören euch von euren Opfern,
so daß ihr mit ihnen zufrieden seid, allezeit!
(100) Ihr seid die, die mit (ihrem) Besitz zufrieden sind,
Die Herren des Armes, mit rechten Füßen!
Eure Gestalten mögen hoch, eure Erscheinungsformen groß sein,
daß ihr reich seid und mächtig seid, und umgekehrt!
Ihr seid reich durch eure Nacken,
ihr seid mächtig durch eure Macht-Szepter,
damit ihr OSIRIS schützt vor denen, die jene Bedrängnis verursacht, die ihn beraubt haben!
Was sie zu tun haben in der *Dat:*
den Unterweltlichen Göttern Opfer zu geben.
Ihre Opfer entstehen sofort,
als Opferspeisen (durch) den Ausspruch dieses großen Gottes.

Zweite Szene. Neun Szepter (Hirtenstäbe), alle mit einem Messer am unteren Ende. Die drei ersten tragen die oberägyptische Krone und heißen «Hirtenstab» *(410)*, «Duft der Erde» *(411)* und «Szepter der *Dat*» *(412)*. Die drei folgenden Szepter tragen die unterägyptische Krone: «Welche die Götter ordnet» *(413)*, «Amme der Unterweltlichen» *(414)* und «Gewässer des TATENEN» *(415)*. Die drei letzten Szepter tragen eine *Uräus*-Schlange: «Welche die Götter schützt» *(416)*, «Die zu den Köpfen der Götter gehört» *(417)* und «Die zu den Gefilden der Unterweltlichen gehört» *(418)*. Die Beischrift lautet:

(101) Weisungen erteilen durch die Majestät dieses großen Gottes
an die Kommandostäbe der Könige von Ober- und Unterägypten, die in der *Dat* sind:

O erneuert euch, erhebt die Weiße Krone
und tragt die Rote Krone unter den «Kiebitzen» (Delta-Bewohner)!
Eure Felder gehören euch von der *Dat*,
(102) in der eure Opfer entstehen.
In Ordnung seien eure Kommandostäbe,
Leben gehört euren *Bau*, Atem euren Kehlen!
Ihr seid es, die auf Erden entstanden sind,
die jubeln, wenn meine Feinde vertrieben sind!
Ihre *Bau* stehen in der *Dat* auf ihren Szeptern[46],
ihre (der Szepter) unteren Enden sind Messer.
Der «Räuber» (SETH) kennt sie nicht.

Dritte Szene. Über einem liegenden Löwen, dem «Stier mit der Donnerstimme» (*420*) ist ein Augenpaar («Abbild des RE», *419*) dargestellt, dahinter wieder eine «sitzende» Göttin, ISIS-TAIT (*421*). Der Text gibt eine kurze Beschreibung:

(103) Dies ist das Göttliche Auge des RE.
Es befindet sich über dem «Stier mit der Donnerstimme» in der *Dat*.
Der «Stier mit der Donnerstimme» freut sich, wenn RE auf seinem Göttlichen Auge verweilt.
Das Bild der ISIS-TAIT befindet sich in der Nähe dieses Göttlichen Auges.

Vierte Szene. Ein Götterpaar, das als «Wächter» bereits zum folgenden Bild gehört, aber eine eigene Beischrift hat. Der erste, offenbar nackte Gott heißt «Leuchtender» (*422*), die Göttin, mit Szepter und Messer in den gekreuzten Händen, «Welche den Göttern Respekt gebietet» (*423*).

(104) Dieser große Gott sagt:
(O) «Leuchtender», hüte dein Bild!
(Du,) «Welche den Göttern Respekt gebietet», gebiete Respekt durch deine Kommandostäbe!
Verborgenheit sei euren Bildern,
  Erleuchtung sei eurer Finsternis!
Möge sein (des OSIRIS) Leib atmen – das Fleisch, das ihr hütet!
  Ich ziehe an euch vorbei, in Frieden!

Fünfte Szene. Drei schematisch gezeichnete Gräber, in denen Hinterteil, Flügel und Kopf des Sonnen-*Skarabäus* bestattet sind, also der Sonnen-Leichnam, der darunter, im Mittelregister, noch einmal erscheint (S. 124). Vor jedem der drei Gräber steht eine feuerspeiende Schlange als Wächter: «Der (Feuer) sprüht mit seinem Auge» *(424)*, «Der (Feuer) sprüht mit seiner Zunge» *(426)* und «Der mit hoher Flamme» *(428)*. Hinter den Gräbern steht eine Göttin ohne Attribute: «Anbetende, die zum Anfang der Gräber gehört» *(430)*. Der beschreibende Text lautet:

Worte, die dieser Gott spricht in der Nähe dieses geheimnisvollen Bildes der *Dat:*
(105) Erleuchtet ist die Finsternis in der Erde!
Es jubelt und freut sich das «Fleisch»,
  es spricht der Kopf, nachdem er seinen Leib vereinigt hat.
Dies sind die geheimnisvollen Bilder der *Dat.*
  Die (Schlangen), die auf ihren Bäuchen sind, hüten sie.
Wenn RE ihre Finsternis erleuchtet,
  redet der Kopf, nachdem die «Gottesanbeterin»[47] ihm zugerufen hat.

MITTLERES REGISTER

Sechste Szene. Die Sonnenbarke hat wieder die normale Gestalt (wie in der dritten Stunde) und die übliche Besatzung. Über ihr steht die Beischrift:

(106) Dieser große Gott fährt in dieser Stätte auf Wasser,
er rudert dahin in diesem Gefilde, in die Nähe des OSIRIS-Leichnams.
Dieser große Gott erteilt den Göttern Weisungen, die in diesem Gefilde sind,
wenn er bei diesen geheimnisvollen Gräbern landet,
welche die Bilder des OSIRIS enthalten.
Dieser Gott ruft über diesen geheimnisvollen Gräbern,
und (seine) Stimme (Echo?) ist es, die dieser Gott hört.
Dann zieht er weiter, nachdem er gerufen hat.

Siebente Szene. Ein thronender paviaköpfiger Gott («THOT im ‹Wasserloch der Unterweltlichen›», *440*), der auf der ausgestreckten Hand einen Ibis hält. Vor ihm steht die Göttin «Die ihre Bilder verbirgt» (*441*), beide Arme nach hinten gestreckt, um die beiden Scheiben (Pupillen des Gottesauges) in ihren Händen zu «verbergen». Dazu gehört die Beischrift:

(107) Es ist die Majestät dieses Gottes (THOT),
welche die Ufer für die Götter dieser Stätte in der *Dat* befestigt.
RE sagt zu diesem Gott:
Bleibender Bestand gehört deinem Tun,
bleibender Bestand gehört deinen Zaubersprüchen!
Es leitet dich die «Verbergende» zu deinen Gefilden,
durch das «Geheimnis» (Auge), das sie verborgen hat.

(O) «Verbergende», verborgen seien deine Arme, welche nackt sind!

Achte Szene. Insgesamt sechzehn stehende Mumien, die vier verschiedene Gruppen von seligen Verstorbenen repräsentieren. Die Mumien der ersten Gruppe (*442–445*) tragen als «König von Oberägypten» die oberägyptische Krone, die der zweiten Gruppe (*446–449*) heißen «Die mit Opfern Versorgten», die der dritten Gruppe (*450–453*) sind jeweils «König von Unterägypten», zur vierten Gruppe (*454–457*) gehören vier *Ach*, also selige Verstorbene.

(Textzeile über der Darstellung:)

(108) Dieser Gott befiehlt, den Unterweltlichen Göttern Gottesopfer zu geben.
Wenn er zu ihnen tritt, sehen sie ihn,
verfügen sie über ihre Felder.
Ihre Opferspeisen entstehen dann
durch das, was ihnen dieser große Gott befiehlt.
«Tiefe, Wasserloch der Unterweltlichen»
ist der Name dieses Gefildes.
Dies ist der Weg der Sonnenbarke.

(Beischrift zu den Mumien:)

Es sagt die Majestät dieses großen Gottes
zu den Königen von Oberägypten, (zu) den mit Opfern Versorgten,
(zu) den Königen von Unterägypten und zu den *Achu*, die in dieser (109) Stätte sind:
Euer Königtum gehört euch, Könige von Oberägypten –
möget ihr eure Weißen Kronen empfangen auf euch!

Ihr seid zufrieden, mit Opfern Versorgte!
Eure Rote Krone gehört euch, Könige von Unterägypten!
Eure *Achu* gehören euch, ihr *Achu*,
eure Gottesopfer gehören euch, damit ihr zufrieden seid,
und ihr verfügt über eure *Bau*, so daß ihr stark seid!

Ihr seid König über eure Stätte, ihr verweilt in euren Äckern.
Ihr vereinigt euch mit dem Geheimnis in eurer Roten Krone,
ihr seid verklärt durch eure Zaubersprüche.
Ihr seid es, die zufrieden sind mit den Opfern,
welche der Ausspruch der Götter euch gegeben hat.
Ihr seid es, die mir huldigen auf Erden und den APOPHIS bestrafen.

(110) Die Könige von Oberägypten, die mit Opfern Versorgten,
die Könige von Unterägypten und die *Achu*, die in der Erde sind –
so sind sie beschaffen.
Sie stehen bei ihren Höhlen,
sie hören die Stimme dieses Gottes, Tag für Tag.

Neunte Szene. Von der fünfköpfigen Schlange «Vielgesicht» ganz umringelt, liegt das «Fleisch» des CHEPRI, mit dem *Skarabäus* auf dem Haupt (*459*). Es ist wieder, wie in den drei Gräbern darüber, der Sonnen-Leichnam, aber nicht in mumifizierter Gestalt. Die Beischrift lautet:

Dies ist der Leichnam des CHEPRI als sein eigenes Fleisch.
«Vielgesicht» hütet ihn.
So ist er («Vielgesicht») beschaffen:
sein Schwanz ist in seinem Maul[48].

Das hat er zu tun: er ist ausgestreckt unter diesem Bild.
(111) Zu ihm kommt der ganze Westen,
ohne daß er fortgehen kann zu irgendeinem (anderen) Platz der *Dat*.
Die Stimme RES ist es, die (zu) dem Bild kommt, das in ihm ist.

UNTERES REGISTER

Zehnte Szene. Zwölf teils stehende, teils halb erhobene Gottheiten: zunächst ein nur «Krokodil» genannter krokodilköpfiger Gott *(460)*, gefolgt von der krokodilköpfigen Göttin «Die der große NUN ist[49]» *(461)*. Es folgen sechs stehende Götter *(462–467)* ohne Attribute, deren zum Teil unklare Namen wir übergehen, und zuletzt vier halb aufgerichtete Göttinnen *(468–471)*, deren Namen auf die Behinderung im mumifizierten Zustand anspielen: «Gefesselte», «Zurückgehaltene», «Umgewendete» und «Beladene» (?). Dazu gehört der folgende Text:

Es sagt die Majestät dieses großen Gottes zu diesen Gottheiten:
O Götter, die in der *Dat* sind, Gefolge des «Wasserloches der Unterweltlichen»,
Stehende und Sitzende des NUN, der in ihrem Gefilde ist!
(112) Ihr seid die Götter, deren Köpfe leuchten, deren Leichname stehen.
Ihr seid jene Göttinnen, die vor CHEPRI zurückweichen
zu dem Ort, an dem sein Leichnam in der *Dat* ist.
Eure Gesichter mögen leben und eure Herzen atmen,
Erleuchtung sei eurer Finsternis!
Möget ihr euch des Wassers bemächtigen,
möget ihr zufrieden sein mit euren Opfern,
die hervorgehen für eure *Bau*, wenn sie hinter mir wandeln!

Mein *Ba* ist mit mir, damit ich auf meinem Leichnam verweile.
Ich gehe an euch vorbei, in Frieden!

Sie hören die Stimme RES, Tag für Tag,
und sie atmen durch seine Stimme.
(113) Was sie in der *Dat* zu tun haben:
Die *Bau* zu geleiten und die Schatten herabschweben zu lassen[50],
für den Wasser-Bedarf der *Achu* zu sorgen.

Elfte Szene. Die Schlange «Der die Gestalten verschlingt» (*472*), aus deren Windungen vier Menschenköpfe herausragen; die beigeschriebenen Namen ordnen diese Köpfe den vier Horussöhnen zu, die auch sonst bei der Bekämpfung der «Feinde» mitwirken (vgl. S. 282 ff.). Die kurze Beischrift lautet:

Der, welchen dieser große Gott nicht sieht.
Es atmen diese Bilder, die in seinen Windungen sind,
wenn sie die Stimme dieses großen Gottes hören, Tag für Tag.
(114) Was er zu tun hat in der *Dat*:
die Schatten einzuschlürfen und die Gestalten der Feinde auszulöschen,
die niedergeworfen sind in der *Dat*.

Zwölfte Szene. Nochmals vier halb aus dem Todesschlaf aufgerichtete Götter (*473–476*); ihre Namen beschreiben die Todesmattigkeit, aus der sie der Anruf des Sonnengottes aufrichtet: «Beengter», «Fußkranker», «Ohnefuß» und «Müder».

Es sagt die Majestät dieses großen Gottes zu diesen Göttern:
Steht doch auf und weicht nicht zurück,
streckt euch doch aus und seid nicht müde!

Mögen eure *Bau* entstehen und eure Schatten verweilen,
mögen eure Füße sich ausstrecken und (115) eure Kniee gerade sein!
Ihr verweilt ja in eurem Fleisch,
eure Mumienbinden sind nicht (mehr) gewickelt!
Sie leben von der Stimme dieses großen Gottes, Tag für Tag.
Was sie zu tun haben: für das Kommen des ACHTI zu sorgen.

Dreizehnte Szene. Vor dem Gott NUN am Ende des Registers *(486)* stehen neun feuerspeiende Schlangenstäbe, jeder mit einem Messer am unteren Ende. Nach den beigeschriebenen Namen vertreten diese Stäbe *(477–485)* die folgenden Götter: TATENEN, ATUM, CHEPRI, SCHU, GEB, OSIRIS, HORUS, «Der Richter» (THOT?) und «Der vom Opfer». Sie haben die folgende Beischrift:

Es sagt die Majestät dieses großen Gottes
zu den Stäben der männlichen Götter, die in dieser Stätte sind:
O Stäbe der Großen Neunheit, Bilder dessen, der seine Götter gemacht hat!
Mögen eure Gesichter brennen und eure Messer scharf sein[51],
damit ihr die Feinde CHEPRIS verzehrt und ihre Schatten zerschneidet!
Ihr seid es, die zum geheimen Leib gehören, deren Plätze NUN geschaffen hat!
ihr seid die, die im Wasser (116) TATENENS sind[52],
die Entstandenen, die CHEPRI schützen!

Sie atmen durch die Stimme RES, Tag für Tag.
Was sie in der *Dat* zu tun haben:
die Toten zu braten
und die *Bau* der Vernichtungsstätte zu übergeben.

SIEBENTE STUNDE

EINLEITUNG

(117) Verweilen durch die Majestät dieses großen Gottes in der Höhle des OSIRIS.

Weisungen erteilen durch die Majestät dieses Gottes
bei dieser Höhle an die Gottheiten, die in ihr sind.

Dieser Gott nimmt eine andere Gestalt an bei dieser Höhle[53],
er lenkt den Weg ab von APOPHIS
durch die Zaubersprüche der ISIS und des Ältesten Zauberers.

Der Name des Tores dieser Stätte,
an welchem dieser Gott vorbeizieht, ist «Tor des OSIRIS».

Der Name dieser Stätte ist «Geheimnisvolle Höhle».

(118) Der Name der Nachtstunde, die diesen großen Gott geleitet,
ist «Die den HIU abwehrt und ‹Den mit schrecklichem Gesicht› köpft».

Der geheimnisvolle Weg des Westens,
auf welchem der Größte Gott dahinzieht in seiner abgeschirmten Barke.

Er zieht vorbei an diesem Weg,
der ohne Wasser und ohne Möglichkeit des Ziehens ist[54];

er fährt dahin durch die Zauber der ISIS und des Ältesten Zauberers
und durch die Zauberformeln, die im Munde dieses Gottes selbst sind.

Das Zerschneiden des APOPHIS geschieht in der *Dat* bei dieser Höhle,
sein Ort (aber) ist im Himmel.

Gemacht ist dieses dergestalt
auf der Nordseite des Verborgenen Raumes ist der *Dat*.
Es ist nützlich im Himmel,
in der Erde und auf Erden.
Wer es kennt, ist ein *Ba* von den *Bau* bei RE.

OBERES REGISTER

Erste Szene. Ein thronender, mumiengestaltiger Gott (*487*, «Herrlicher»), der vielleicht eine Erscheinungsform des THOT ist; seine Hände umfassen einen Falkenkopf (im Text «HORUS» genannt), der aus einem stabähnlichen Gegenstand hervorkommt. Es folgen die löwenköpfige Göttin «Die Preisende» (*488*), mit Lebenszeichen und *Uas*-Szepter in Händen, und die menschenköpfige *Uräus*-Schlange «Die Lebendige» (*489*). Der Sonnengott spricht alle drei Gottheiten einzeln an:

(119) Es sagt dieser große Gott:
«Herrlicher», reiche (mir) deine Hand,
wenn HORUS aus deinem Ruder (?)[55] hervorgekommen ist!
«Preisende», mögest du deine Stimme erschallen lassen,
möge deine Kehle in Ordnung sein!
«Lebendige», öffne deine Windung (des Schlangenleibes)!
Ich bin gekommen, damit ich den erleuchte, der der Finsternis vorsteht (OSIRIS),
damit ich dem einen Ruheplatz gebe, der im MEHEN ist.

Zweite Szene. Wie es der letze Vers der voranstehenden Beischrift schon andeutet, wird der thronende OSIRIS, als «Fleisch des OSIRIS» bezeichnet (*490*, mit hoher Federkrone, Lebenszeichen und *Uas*-Szepter), von der MEHEN-Schlange umringelt; sie heißt hier «Die mit lebendiger Gestalt» (*491*).

Abbildung 7 7. Stunde

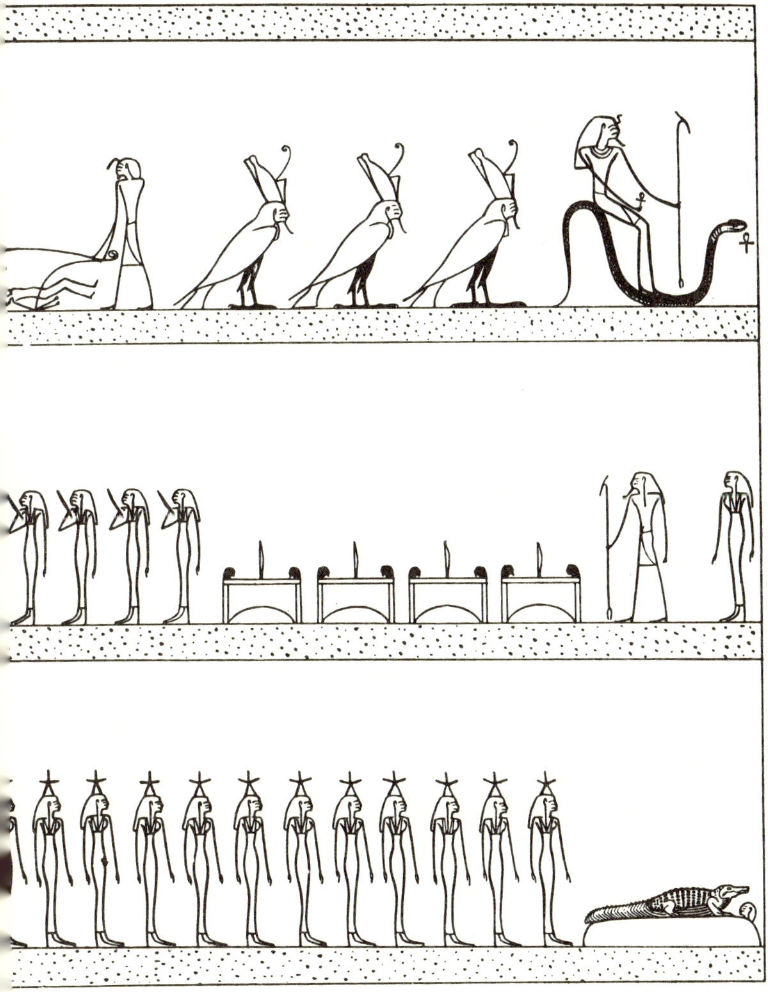

Vor dem als Richter thronenden OSIRIS findet die Bestrafung der verurteilten Toten statt. Die knieenden «Feinde des OSIRIS» (*492–494*) sind bereits gefesselt und enthauptet – dies ist das Werk des strafenden Dämons «Der mit gewalttätigem Gesicht» (*495*), der mit Schlinge und Messer hinter ihnen steht; er hat in den älteren Versionen Katzenohren, in den jüngeren einen Katzenkopf. In der Beischrift wendet sich RE an OSIRIS:

Dieser Gott sagt zu OSIRIS, der im MEHEN ist:
O du, OSIRIS, *Dat*-Vorsteher,
Herr des Lebens und Herrscher des Westens!
Leben gehört dir, du lebst und bist am Leben!
Ba-Sein gehört dir, du bist *Ba* und bist beseelt in der Erde!
Mögest du erhöht sein über (120) dein Gefolge!
Deine Feinde fallen dir unter deine Füße,
und du bemächtigst dich derer, die gegen dich frevelten!
Die Flammen des (*Uräus*) «Mit lebendiger Gestalt» sind gegen sie, damit er sie verzehrt,
«Der mit gewalttätigem Gesicht» ist gegen sie, damit er sie niedermetzelt,
er brät sie als Braten für sich.
Wenn OSIRIS «gezählt» ist ,Tag für Tag[56],
ziehe ich an dir vorbei in Frieden.

Dritte Szene. Es folgt ein weiterer Strafdämon (*499*, «Der Strafende»), der das Ende eines Strickes hält, an den drei wehrlos daliegende Verdammte (*496–498*, «Gebundene» bzw. «Die OSIRIS eingeschnürt haben») gefesselt sind. Ihnen gilt die Rede des Sonnengottes:

(121) Es sagt die Majestät dieses Gottes:
Ihr, die OSIRIS eingeschnürt haben
und sich empörten gegen den *Dat*-Vorsteher –

Mögen eure Arme gefesselt, eure Schlingen geknüpft sein,
mögen eure *Bau* vernichtet, eure Schatten zurückgehalten sein!
Es bestraft euch der «Bestrafer» mit seinem Messer,
und ewig entkommt ihr nicht seiner Bewachung!

Vierte Szene. Drei *Ba*-Vögel, mit der Doppelkrone gekrönt, und am Ende des Registers, mit Lebenszeichen und *Uas*-Szepter in Händen, der Gott ATUM (503, «Fleisch des ATUM»), auf einer Schlange (504, «Der Zusammenfügende») thronend. Die Namen der drei *Ba*-Vögel (500–502) sind zum Teil unklar, der letzte ist der «*Ba* des TATENEN».

Es sagt dieser große Gott:
O lebendige *Bau*, auf denen die «Geheimnisse» (Kronen) leben,
die zu den Köpfen der Bilder gehören (122) als etwas, das aus mir entstanden ist!
Die (ihr) hinter dem «Fleisch des ATUM» seid
und seinen Leib in der *Dat* beschützt!
Leben gehört deinem *Ba*, ATUM!
Dich befestigt «Der Zusammenfügende», der in der Erde ist,
er wirft sein Feuer in die, die sich gegen dich empört haben!

MITTLERES REGISTER

Fünfte Szene. Nach dem Text der Einleitung nimmt der Sonnengott in dieser Stunde «eine andere Gestalt an». Das kommt darin zum Ausdruck, daß ihn von nun an, statt des Schreines, die «Ringelschlange» MEHEN umgibt und zunächst gegen den APOPHIS schützt. Zur Bekämpfung des gefährlichen Feindes sind in dieser Stunde ISIS (505) und der

«Älteste Zauberer» (*507*, wohl eine Form des SETH) unter die Besatzung der Sonnenbarke aufgenommen; sie ersetzen die «Herrin der Barke» und den UPUAUT. ISIS, am Bug stehend, wendet sich mit einer beschwörenden Geste gegen die APOPHIS-Schlange im folgenden Bild. Der Text über der Sonnenbarke lautet:

Dieser große Gott fährt dahin in dieser Stätte
in der Fahrbahn der OSIRIS-Höhle,
indem (er) gezogen wird (123) durch die Zauber der ISIS und des «Ältesten Zauberers»,
um den Weg von «Dem mit schrecklichem Gesicht» abzulenken.

Diese Zauber der ISIS und des «Ältesten Zauberers» werden gemacht,
um den APOPHIS abzuwehren von RE im Westen,
im Verborgenen der *Dat*.
Man vollzieht (sie) auf Erden ebenso[57].
Wer sie vollzieht, ist einer, der in der Sonnenbarke ist,
im Himmel und in der Erde.
Wenig ist es, dies Bild zu kennen!
Wer (es) nicht kennt, kann «Den mit schrecklichem Gesicht» nicht abwehren.

Sechste Szene. APOPHIS, der schlangengestaltige Feind der göttlichen Ordnungswelt (vgl. S. 45 ff.), wird von einem Götterpaar gefesselt; sein Leib ist bereits von Messern zerstückelt. An seinem Kopf steht die Göttin SELKET (*516*, «Die die Kehle atmen läßt»), an seinem Schwanz «Der über seinen Messern ist» (*517*). Dahinter folgen noch vier mit Messern bewaffnete Göttinnen, deren Namen auf ihre strafende Funktion hinweisen: «Die Zusammenbindende» (*518*), «Die Schneidende»

(519), «Die Strafende» (520) und «Die Vernichtende» (521). APOPHIS selber ist als «Der mit schrecklichem Gesicht» bezeichnet (515), und diesen Namen verwenden auch die Beischriften des Bildes. Über diesem und dem folgenden Bild beschreibt eine einzelne Zeile die «Sandbank», auf der APOPHIS in der Fahrbahn der Sonnenbarke liegt, und gibt sogar ihre genauen Maße:

(124) Die Sandbank dessen «Mit schrecklichem Gesicht» in der *Dat*,
440 Ellen ist sie in ihrer Länge.
Er füllt sie mit seinen Windungen aus.
Man vollzieht sein Gemetzel gegen ihn, ohne daß dieser große Gott an ihm vorbeizieht,
(wenn) er den Weg von ihm ablenkt zur OSIRISHÖHLE[58].
Dieser Gott fährt dahin in dieser Stätte
im Bild der «Ringelschlange».

(Über APOPHIS:)

So ist er beschaffen bei seiner Sandbank, die in der *Dat* ist.
«Wasserbringende» (?) ist der Name dieser Sandbank,
440 Ellen (ist sie) in ihrer Länge, 440 Ellen in ihrer Breite.
(125) Seine (des APOPHIS) Stimme ist es, welche die Götter zu ihm leitet.
Er bewegt sich, nachdem dieser große Gott diese Stätte betreten hat.
Dann verschlingt das «Fleisch» (des RE) sein Auge in der Erde,
damit er (RE) an ihm (APOPHIS) vorbeiziehen kann[59].
Dann wirft «Die die Kehle atmen läßt» das Lasso um den Kopf,
(während) «Der über seinen Messern ist» das «Strafende» (Seil) um seine Füße wirft,

nachdem ISIS und der «Älteste Zauberer» seine Stärke durch ihre Zauber geraubt haben.
Wer es kennt auf Erden
ist einer, dessen Wasser «Der mit schrecklichem Gesicht» nicht austrinken kann[60].

(Über den vier strafenden Göttinnen:)

(126) Es sind die Göttinnen, die APOPHIS in der *Dat* bestrafen und die Anschläge der Feinde des RE abwehren.
So sind sie beschaffen, ihre «Strafenden» (Messer) tragend, damit sie APOPHIS in der *Dat* bestrafen, Tag für Tag.

Siebente Szene. Vier kastenförmige Göttergräber, jedes mit einem Sandhügel im Inneren, welcher den Leichnam «verbirgt». Aus den Ecken dieser «Kästen» kommen Menschenköpfe hervor, welche die Personifizierung dieser Grabstätten andeuten; die Messer zwischen ihnen weisen dagegen auf die gefährliche Nähe des APOPHIS[61]. Die Grabstätten umschließen die «Bilder» von vier Aspekten des Sonnengottes; sie heißen: «Der das Bild des ATUM enthält» (522), «Der das Bild des CHEPRI enthält» (523), «Der das Bild des RE enthält» (524) und «Der das Bild des OSIRIS enthält» (525). Hinter ihnen folgt ein bewachendes Götterpaar, der «Herr des *Uas*-Szepters» (526) mit der Göttin «Die mit dem Herz versehen ist» (527). Dazu gehört die Beischrift:

Die geheimnisvollen Gestalten der *Dat* sind es,
die «Kästen» der Erde, die Köpfe der Geheimnisse.
(127) Sie sind am Ende dieser Sandbank (des APOPHIS).
Die Köpfe und die Messer, die in ihnen sind, kommen hervor, wenn sie das Bezaubern dessen «Mit schrecklichem Gesicht» hören.

Dann verschlingen sie ihre Bilder (wieder), nachdem dieser große Gott diese Stätte passiert hat.
Der «Herr des *Uas*-Szepters» und «Die mit dem Herz versehen ist»
sind die Hüter dieser geheimnisvollen Bilder.
Nicht kann der *Ba* dessen, der sie kennt, dahinschwinden
durch die Gewalttätigkeit ihrer Messer.

UNTERES REGISTER

Achte Szene. Der falkenköpfige, mit der Sonnenscheibe bekrönte «HORUS, der auf seinem Thron ist» (*528*) hält Lebenszeichen und *Uas*-Szepter in Händen und thront vor zwölf Göttern, die jeder einen Stern auf dem Haupt tragen. Sie heißen: «Der mit großem Bedarf» (*529*), «Der Herr des Bedarfs» (*530*), «Der Herr des Bedarfs der Erde» (*531*), «Der Unterweltliche» (*532*), «Der Treiber der Sterne» (*533*), «Der Treiber der *Achu*» (*534*), «Der mit erhobenem Arm» (*535*), «Der mit abschirmendem Arm» (*536*), «Der mit kräftigem Arm» (*537*), «Der mit seiner Zunge schneidet» (*538*), «Der mit seinem Auge schneidet» (*539*) und «Der die Köpfe abschlägt» (*540*). Die Beischrift zum Unterweltlichen HORUS und zu den Sterngöttern lautet:

(128) Dieses Bild ist «HORUS auf seinem Thron».
So ist dieses Bild beschaffen.
Was er in der *Dat* zu tun hat:
die «Sternigen» in Bewegung zu setzen und die Standorte der Stunden in der *Dat* zu regeln.
Es sagt die Majestät des Unterweltlichen HORUS zu den Sterngöttern:

Euer «Fleisch» sei in Ordnung, eure *Bau* mögen entstehen,
so daß ihr zufrieden seid mit euren Sternen!
(129) Ihr erhebt euch ja vor diesem RE,
dem ACHTI, der in der *Dat* ist, Tag für Tag.
Ihr seid hinter ihm, eure Sterne (aber) vor ihm,
bis ich den Vollkommenen Westen in Frieden durchzogen habe.
Ihr seid die «Stehenden», die in der Erde sind.
Ihr gehört ja zu mir (HORUS), eure Sterne (aber) dem, der im Himmel ist –
er ist der Zufriedene, der Herr des Horizontes!

Neunte Szene. Zwölf Göttinnen, jede mit einem Stern auf dem Haupt. Ihre Namen sind von den üblichen Namen der Stundengöttinnen verschieden: «Die Preisende» (*541*), «Die Herrin der Erde» (*542*), «Die Herrin der Herrinnen» (*543*), «Die Unterweltliche» (*544*), «Die Verzehrende» (*545*), «Das Oberhaupt der *Kau*» (*546*), «Die Bringende» (*547*), «Die Farbige» (*548*), TAIT (*549*), «Die Glanz schafft» (*550*), «Die Gestalten schafft» (*551*) und «Die das Unheil löst» (*552*).

(130) Es sagt die Majestät des Unterweltlichen HORUS zu den Stundengöttinnen, die in dieser Stätte sind:
O ihr Stunden, die ihr entstanden seid,
o Stern-Stunden,
o Stunden, (131) die RE beistehen und für «Den im Horizont» kämpfen!
Ihr habt eure Funktionen empfangen,
ihr habt eure Bilder getragen und eure Köpfe erhoben,
ihr leitet (nun) diesen RE, der im Horizont ist,
zum Vollkommenen Westen, in Frieden!
Es sind diese Götter und Göttinnen, die diesen großen Gott leiten
zum geheimen Weg dieser Stätte.

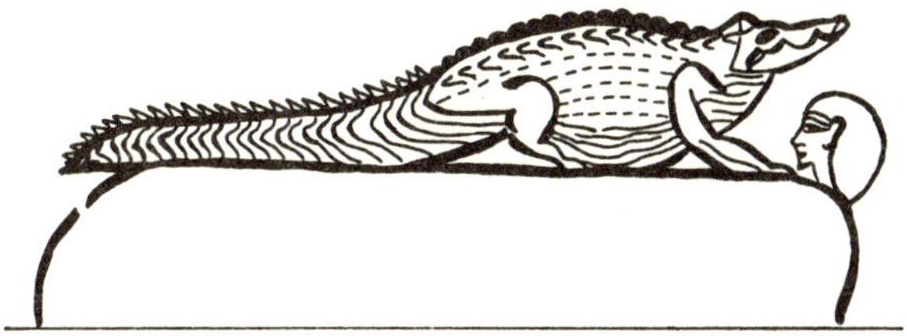

Abbildung 8 7. Stunde, 10. Szene

Zehnte Szene. Auf einem hügelartigen «Sandufer», aus dem ein menschlicher Kopf herausragt, liegt ein riesiges «Krokodil, das in der *Dat* ist» (553). Der Menschenkopf wird als «Kopf des OSIRIS» (555) bezeichnet, und über dem Krokodil war ursprünglich noch das «Auge des OSIRIS» (554) dargestellt. So könnte es sich um das Krokodil handeln, das die Glieder des OSIRIS aus dem Wasser rettet[62]; die Beischrift betont jedoch seine Wächter-Funktion:

(132) So ist er beschaffen auf dem Sandufer.
Er ist es, der das Bild dieser Stätte hütet.
Wenn er die Stimme der Mannschaft der Sonnenbarke hört,
kommt das Auge (des OSIRIS) aus seinem Rückgrat hervor;
(133) dann kommt auch der Kopf hervor, der in seinem Ufer ist.
Dann verschlingt er seine Bilder wieder, nachdem dieser große Gott an ihm vorbeigezogen ist.
Wer es kennt, ist einer, dessen *Ba* das Krokodil nicht verschlingt.

ACHTE STUNDE

EINLEITUNG

(134) Verweilen durch die Majestät dieses großen Gottes
bei den Höhlen der Geheimnisvollen Götter, die auf ihrem Sand sind.
Er erteilt ihnen Weisungen von seiner Barke aus,
seinen Göttern, die ihn ziehen in dieser Stätte,
in der unnahbaren Gestalt der «Ringelschlange».
Der Name des Tores dieser Stätte
ist «Das steht, ohne müde zu werden».
Der Name dieser Stätte ist «Sarkophag ihrer Götter».
Der Name der Nachtstunde,
die diesen großen Gott geleitet, ist «Herrin der (135) tiefen Nacht».

Die geheimnisvollen Höhlen des Westens,
an denen der Größte Gott vorüberzieht in seiner Barke
als der, den seine Götter ziehen, die in der *Dat* sind.
Gemacht sind diese wie diese Vorlage
auf der Nordseite des Verborgenen Raumes in der *Dat*.
Wer sie kennt bei ihren Namen
ist einer, dem Kleider gehören in der Erde,
ohne daß er abgewehrt wird von den geheimnisvollen Toren.
Gespeist wird er am Großen Grab. Als wahr erprobt!

OBERES REGISTER

Das obere und das untere Register dieser Stunde sind in je fünf «Höhlen» aufgeteilt, die durch eine Tür verschlossen sind; die Türen werden in ihren Namen als «Messer» bezeichnet. Die Gottheiten in den Höhlen (meistens drei) thronen auf «Stoff»-Zeichen, die ihre Versorgung mit Kleidern anzeigen. Wenn das Schöpferwort des Sonnengottes die Türen aufspringen läßt, und die Grabstätten erleuchtet werden, antworten die *Bau* der Toten dem Sonnengott in nichtmenschlichen Tönen, die genau gekennzeichnet sind – dies sind die «Geräusche», die aus jeder «Höhle» dringen. Die «Bilder» der Wesen werden im Licht der Sonnenscheibe sichtbar, während die Leichname unsichtbar im Sand begraben liegen.

Erste Höhle. Die erste Tür heißt «Messer, Herr der Unnahbarkeit». Dargestellt sind in dieser Höhle das «Bild des ATUM» (556, mit oberägyptischer Krone), das «Bild des CHEPRI» (557) und das «Bild des SCHU» (558, beide ohne Attribute). Den drei «Bildern» auf ihren Stoff-Hieroglyphen ist der folgende Text beigeschrieben:

(136) So sind sie beschaffen auf ihren Kleidern
als Geheimnis des HORUS, des Erben des OSIRIS.
Dieser Gott (RE) ruft ihren *Bau* zu,
nachdem er eingetreten ist in diese Stätte der Götter, die auf ihrem Sand sind.
Ein Geräusch wird aus dieser Höhle gehört
wie viel Summen von Bienen,
wenn ihre *Bau* dem RE zurufen.
Schetit ist der Name dieser Höhle.

Abbildung 9 8. Stunde

Zweite Höhle. Nach der Tür «Messer, Stehender (des) TATENEN» folgen, ohne Attribute, die «Bilder» der Gottheiten TEFNUT (*559*), GEB (*560*) und NUT (*561*). Der Text lautet:

(137) So sind sie beschaffen auf ihren Kleidern,
indem sie auf ihrem Sand bleiben als Geheimnis, das HORUS gemacht hat.
Dieser Gott ruft ihren *Bau* zu in ihrer Nähe.
Ein Geräusch wird aus dieser Höhle gehört
wie das Geräusch des Verschlingens von ... (unklar),
wenn ihre *Bau* dem RE zurufen.
Dat ist der Name dieser Höhle.

Dritte Höhle. Nach der Tür «Messer, mit schwebenden (?) *Bau*» folgen die «Bilder» der Gottheiten OSIRIS (*562*), ISIS (*563*) und HORUS (*564*, falkenköpfig). Der Text lautet:

(138) So sind sie beschaffen auf ihren Kleidern,
indem sie auf ihrem Sand bleiben als Geheimnis, das HORUS gemacht hat.
Dieser Gott ruft ihren *Bau* zu in ihrer Nähe.
Ein Geräusch wird aus dieser Höhle gehört
wie die Stimme von Menschen, welche trauern,
wenn ihre *Bau* dem RE zurufen.
«Göttergrab» ist der Name dieser Höhle.

Vierte Höhle. Nach der Tür «Messer, das die Götter umgürtet» folgen die «Bilder» der Götter «Stier des Westens» (*565*, stierköpfig), «Edelster der Götter» (*566*, ziegenköpfig) und «Der die Götter beweint» (*567*, unbestimmter Tierkopf). Der Text lautet:

(139) So sind sie beschaffen auf ihren Kleidern,
indem sie auf ihrem Sand bleiben als Geheimnis, das HORUS gemacht hat.
Dieser Gott ruft ihren *Bau* zu in ihrer Nähe.
Ein Geräusch wird aus dieser Höhle gehört
wie der Freudenlaut von männlichen Stieren,
wenn ihre *Bau* dem RE zurufen.
«Trauernde» ist der Name dieser Höhle.

Fünfte Höhle. Zwischen den beiden Türen «Messer, das die Finsternis vereinigt» und «Messer, Schatten der Unterweltlichen» thronen die «Bilder» der drei Götter «Ichneumon» (*568*, trotz seines Namens mit dem Kopf einer Spitzmaus[63]), «Wels» (*569*, mit Welskopf) und «Der zu seinen beiden Stengeln gehört» (*570*, mit Nilpferdkopf). Dazu der Text:

(140) So sind sie beschaffen auf ihren Kleidern
indem sie auf ihrem Sand bleiben als Geheimnis, das HORUS gemacht hat.
Dieser Gott ruft ihren *Bau* zu in ihrer Nähe.
Ein Geräusch wird aus dieser Höhle gehört
wie der Klang des Flehens, dessen Gewalt groß ist,
wenn ihre *Bau* dem RE zurufen.
«Herrin des Windes» ist der Name dieser Höhle.

MITTLERES REGISTER

Erste Szene. Zwischen den Reihen der «Höhlen» auf beiden Ufern wird die Sonnenbarke dahingezogen. Sie zeigt wieder die Besatzung der sechsten Stunde, doch ist die schützende «Ringelschlange» um den Sonnengott geblieben; ISIS und der «Älteste Zauberer», die in der siebenten Stunde den APO-

PHIS «bezaubert» haben, gehören nicht mehr zur Mannschaft. Der Text über der Barke beschreibt die ganze Stunde mit ihren «Höhlen»:

(141) Dieser Gott fährt dahin in dieser Stätte,
als der, den die Unterweltlichen Götter ziehen,
in seinem geheimnisvollen Bild der Ringelschlange.
Dieser Gott ruft
in der Nähe jeder Höhle dieser Stätte zu den Göttern, die in ihr sind.
Ihr Geräusch ist es, das dieser Gott hört, nachdem er ihnen zugerufen hat.
(142) Ihre leiblichen Bilder bleiben über ihren Leichnamen, die unter ihrem Sand sind[64],
und ihre Türen öffnen sich auf die Stimme dieses Gottes hin, Tag für Tag.
Dann werden sie (wieder) verhüllt, nachdem er an ihnen vorbeigezogen ist.

Zweite Szene. Acht Götter am Zugseil der Sonnenbarke, die kollektiv «Unterweltliche Götter, die RE im ‹Sarkophag ihrer Götter› ziehen» genannt werden (*581–588*). In der Liste bei Thutmosis III. heißen sie kürzer «Götter, die RE ziehen», die ausführlichere Fassung nennt noch den Bereich dieser Nachtstunde («Sarkophag ihrer Götter»). Über den Ziehenden steht als begleitender Text:

(143) Was sie in der *Dat* zu tun haben:
RE zu den Wegen dieser Stätte zu ziehen.
Sie halten an, nachdem sie (ihn) gezogen haben, bei diesem Torweg.

Sie (sagen) zu diesem Gott, wenn sie ihn ziehen:

Komm doch zu deinen Bildern, unser Gott,
zu deinen (*šms*-Zeichen,) «Die zum Grab gehören», die im Westen sind,
daß du (in) deinen Gestalten verweilst in der «Größten Stadt» (dem Totenreich)!
Er (RE) ist es ja, dem die «Höhlenbewohner» Ehre erweisen,
während du die Finsternis derer, «Die auf ihrem Sand sind», erleuchtest!
Komm doch zu dir[65], damit du verweilst,
RE, der gezogen wird, Herr des Ziehens!

Dritte Szene. Neun *šms*-Zeichen, die als personifizierte[66] Zeichen für die Gerichtshoheit des Sonnengottes und für seine «Gefolgschaft» die Barke begleiten. Ihre kollektive Bezeichnung lautet: «‹Die zum Grab Gehörigen› des RE, die in dieser Stätte sind. Geheime Bilder des TATENEN, bei denen HORUS die Götter verborgen hat». Dazu trägt auch jedes einzelne der Zeichen einen Namen: «Der in der Erde verweilt» (*589*), «Verbergender» (*590*), «Der die *Bau* geheim macht» (*591*), «Der die Schatten zur Ruhe bringt» (*592*), «Allherr» (*593*), «Opferkrug» (*594*), «Wegführer» (*595*), «Zuverlässiger» (*596*) und «Erhörender» (*597*).

Der beschreibende Text lautet:

So sind sie beschaffen auf dem Weg, auf welchem dieser Gott gezogen wird.
Indem ihre Kleider vor ihnen sind, als Bilder des Gottes selbst.
Wenn dieser große Gott ihnen zuruft, lebt das, was in ihnen ist,
kommen die Köpfe hervor aus ihren Bildern.
Dieser Gott ruft sie bei ihren Namen.
Was sie zu tun haben: das Zerschneiden der Feinde RES zu veranlassen
in der Nähe dieser Stätte, zu der sie gehören.

Dann verschlingen sie ihre Köpfe und ihre Messer (wieder),
nachdem dieser Gott an ihnen vorbeigezogen ist.

Vierte Szene. Vier Widder mit verschiedenartigem Kopfschmuck und der kollektiven Bezeichnung «Die geheimnisvollen Bilder des TATENEN, die erste Erscheinungsform, die Widder, die in der Erde sind, bei denen HORUS die Götter verborgen hat». Im einzelnen sind sie (von links nach rechts) als «erste» bis «vierte Erscheinungsform, Bild des TATENEN» gekennzeichnet; der erste trägt die Sonnenscheibe, der zweite die oberägyptische, der dritte die unterägyptische Krone, der vierte das hohe Federpaar des TATENEN. Es handelt sich also um vier unterweltliche («in der Erde») und daher dem TATENEN zugewiesene Widder, als Entsprechung zu den vier Sonnenwiddern der oberirdischen Welt[67]. Die Beischrift schildert ihre Zwiesprache mit dem vorbeiziehenden Sonnengott:

(146) So sind sie beschaffen in der *Dat*,
indem ihre Kleider vor ihnen sind, als Bilder des Gottes selbst.
Dieser Gott ruft ihnen zu, nachdem er sie erreicht hat,
und sie rufen diesem Gott zu
mit ihrer Stimme von geheimnisvollen Widdern.
Dieser Gott jubelt über ihre Stimme.
Nachdem er aber an ihnen vorbeigezogen ist, verhüllt sie Finsternis.
Sie empfangen die Kronen des RE,
während der *Ba* des TATENEN in der Erde verweilt.

UNTERES REGISTER

Auch dieses Register ist, wie das obere, in fünf «Höhlen» eingeteilt, aus denen die seltsamsten Geräusche dem Sonnengott entgegentönen, sobald ihre Türen aufgesprungen sind.

Sechste Höhle. In dieser Höhle folgen auf die Tür «Messer, Hälfte der Erde» die folgenden göttlichen Wesen: die Göttin «Das Mädchen» (*602*), die Schlange «Weltumringler» (*603*), die in der elften Stunde wieder begegnet (S. 177), drei Pfeile als «Pfeile des RE» (*604*) und ein widderköpfiger Gott, der als «Herr» der ‹Kiebitze› (Delta-Bewohner) auf einem Stoff-Zeichen thront (*605*). Der Text lautet:

(147) So sind sie beschaffen auf ihren Kleidern,
als Geheimnis des HORUS, des Erben des OSIRIS.
Dieser große Gott ruft ihren *Bau* zu,
nachdem er eingetreten ist in diese Stätte der Götter, (148)
die auf ihrem Sand sind.
Dieser Gott ruft ihnen zu auf beiden Seiten der Erde (Unterwelt).
Ein Geräusch wird aus dieser Höhle gehört
wie das Schreien eines männlichen Katers,
wenn ihre *Bau* dem RE zurufen.
«Die ihren Herrn befriedigt» ist der Name dieser Höhle.

Siebente Höhle. Ihre Tür heißt «Messer, das die Feinde vertreibt». Ein thronendes Götterpaar, «Stätte» (*606*) und «Erde» (*607*), personifiziert den Unterwelts-Abschnitt und die ganze Unterwelt; hinter ihnen folgt der krokodilköpfige Gott «Der mit verständigem Gesicht» (*608*). Über den Gottheiten steht die Beischrift:

(149) So sind sie beschaffen auf ihren Kleidern,
indem sie auf ihrem Sand bleiben als Geheimnis, das HORUS gemacht hat.
Dieser Gott ruft ihren *Bau* zu
in ihrer Nähe, auf ihren beiden Seiten.
Ein Geräusch wird aus dieser Höhle gehört
wie das Gemurmel von Lebenden (Menschen),
wenn ihre *Bau* dem RE zurufen.
«Welche die Unwissenden vernichtet» ist der Name dieser Höhle.

Achte Höhle. Nach der Tür «Messer, mit machtvollen Gestalten» folgen vier stehende weibliche Mumien: «Die Kleidende» *(609)*, «Die Dunkle» *(610)*, «Die Schmückende» *(611)* und «Die Zusammenfügende» *(612)*. Der Text ist gegenüber den anderen Höhlen etwas abgewandelt:

So sind sie beschaffen, indem ihre Kleider vor ihnen sind
und sie auf ihrem Sand bleiben als (150) Geheimnis, das HORUS gemacht hat.
Dieser Gott ruft ihren *Bau* zu
in ihrer Nähe, auf ihren beiden Seiten.
Ein Geräusch wird aus dieser Höhle gehört
wie der Klang, wenn die Ufer in den NUN fallen,
wenn ihre *Bau* dem RE zurufen.
«Die ihre Bilder verhüllt» ist der Name dieser Höhle.

Neunte Höhle. Als Gegenstück zu der vorangehenden Höhle enthält sie, hinter der Tür «Messer, mit scharfen Flammen», vier stehende männliche Mumien: «Finsternis» *(613)*, «Der Schlächter» *(614)*, «Der die *Achu* fernhält» *(615)* und «Der die Erde aufhackt» *(616)*. Dazu als Text:

(151) So sind sie beschaffen, indem ihre Kleider vor ihnen sind
und sie auf ihrem Sand bleiben als Geheimnis, das HORUS
gemacht hat.
Dieser Gott ruft ihren *Bau* zu
in ihrer Nähe, auf ihren beiden Seiten.
Ein Geräusch wird aus dieser Höhle gehört
wie das Schreien eines göttlichen Falken,
wenn ihre *Bau* dem RE zurufen.
«Die ihre *Bau* fern sein läßt» ist der Name dieser Höhle.

Zehnte Höhle. Zwischen den Türen «Messer, mit verklärten *Achu*» und «Messer, das die Toten verzehrt durch die (*Uräen*), die in ihm sind» richten sich vier *Uräus*-Schlangen auf «Stoff»-Zeichen auf. Sie heißen: «*Uräus*» (*617*), «Die Gewundene» (*618*), «Die Flammende» (*619*) und «Die scharf ist im Angriff» (*620*). Der Text lautet:

(152) So sind sie beschaffen auf ihren Kleidern,
indem sie auf ihrem Sand bleiben.
Dieser Gott ruft ihnen zu in ihrer Nähe.
Dann wird ihre Dunkelheit erleuchtet durch das (Feuer), das
in ihrem Maul ist,
ohne daß sie herauskommen aus ihrer Höhle.
Ein Geräusch wird aus dieser Höhle gehört
wie das Schreien eines ganzen Vogelnestes,
wenn sie dem RE zurufen.
«Die mit großen Fackeln» ist der Name dieser Höhle.

NEUNTE STUNDE

EINLEITUNG

(153) Verweilen durch die Majestät dieses großen Gottes in dieser Höhle.
Er erteilt aus seiner Barke Weisungen an die Götter, die in ihr sind.
Es verweilt (auch) die Schiffsmannschaft dieses Gottes bei dieser Stätte.
Der Name des Tores dieser Stätte, zu welchem dieser große Gott Zutritt hat,
damit er auf dem Gewässer in dieser Stätte verweile, ist «Das die Flut hütet».
Der Name dieser Stätte ist «Mit hervorquellenden Gestalten und lebendigen Erscheinungsformen».
Der Name der Nachtstunde, die diesen großen Gott geleitet, ist «Anbetende, die ihren Herrn schützt».

(154) Die geheimnisvolle Höhle des Westens,
bei welcher der Größte Gott und seine Mannschaft in der *Dat* verweilen[68].
Gemacht sind diese mit ihren Namen
wie diese Vorlage, die gemalt ist
auf der Ostseite des Verborgenen Raumes der *Dat*.
Wer ihre Namen kennt auf Erden
und ihre Thronsitze kennt im Westen,
der nimmt seinen Thronsitz ein in der *Dat*
und steht da unter den Herren des Bedarfs
als einer, der gerechtfertigt ist im Gerichtshof am Tage des Gerichtes.
Es ist nützlich für ihn (auch) auf Erden.

OBERES REGISTER

Erste Szene. Auf «Stoff»-Zeichen, wie sie das «Leitmotiv» der achten Stunde bildeten, thronen zwölf Mumien, die nach der Beischrift zu einem «Göttergerichtshof» gehören. Ihre Namen weisen teils auf diese Funktion als Richter, teils auf die Versorgung mit Kleidern hin: «Schrecklichster (?) der Erde» *(621)*, «Geschmückter» *(622)*, «Leinener» *(623)*, «Der vom Kleid» *(624)*, «Der Gekleidete *(625)*, «Der vom Korb» *(626)*, «Stellvertreter des Gottes» *(627)*, «Stellvertreter der Neunheit» *(628)*, «Der die *Achu* vernichtet (?)» *(629)*, «Herr der Menschheit» *(630)*, «Der Vereinigende» *(631)* und «Der mit verborgenem Arm» *(632)*. Auch der Inhalt des beigeschriebenen Textes weist in beide Richtungen:

(155) So sind sie beschaffen in der *Dat*,
indem sie auf ihren Kleidern bleiben
als «Leinene» und als Bilder, die HORUS gemacht hat.

RE sagt zu ihnen:
Ihr seid geschmückt mit euren Kleidern,
ihr seid abgeschirmt durch eure Gewänder!
HORUS hat euch damit in der *Dat* geschmückt,
als er seinen Vater verbarg in der *Dat*, welche die Götter verbirgt.
Entblößung gehört euren Köpfen, ihr Götter,
und Öffnung gehört euren Gesichtern,
damit ihr eure Pflicht tut für OSIRIS,
damit ihr dem Herrn des Westens Ehre erweist
und ihn triumphieren laßt über seine Feinde, Tag für Tag.

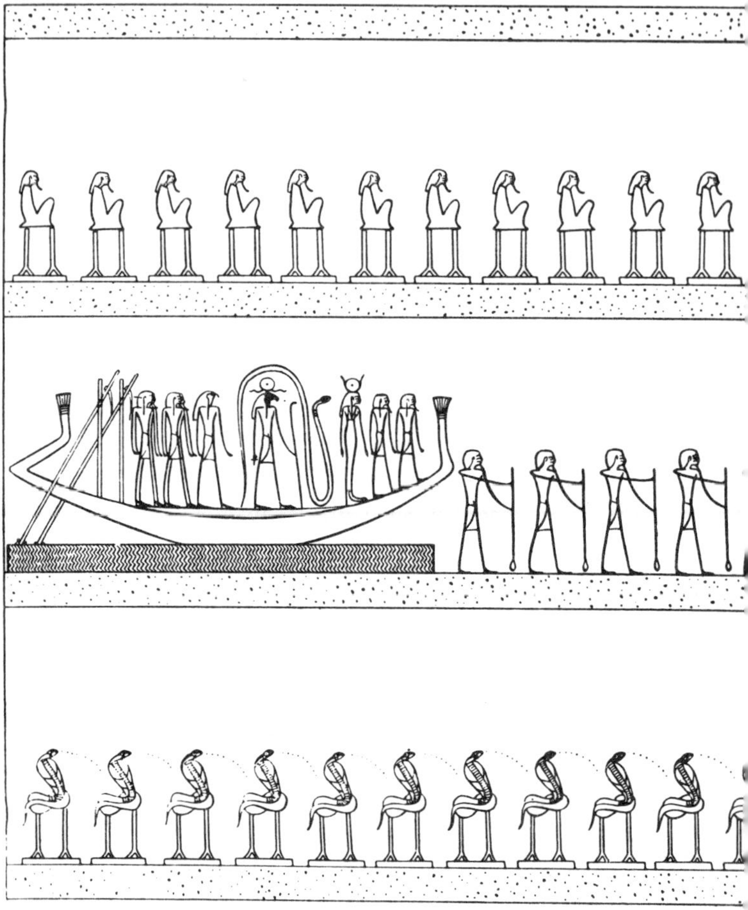

Abbildung 10 9. Stunde

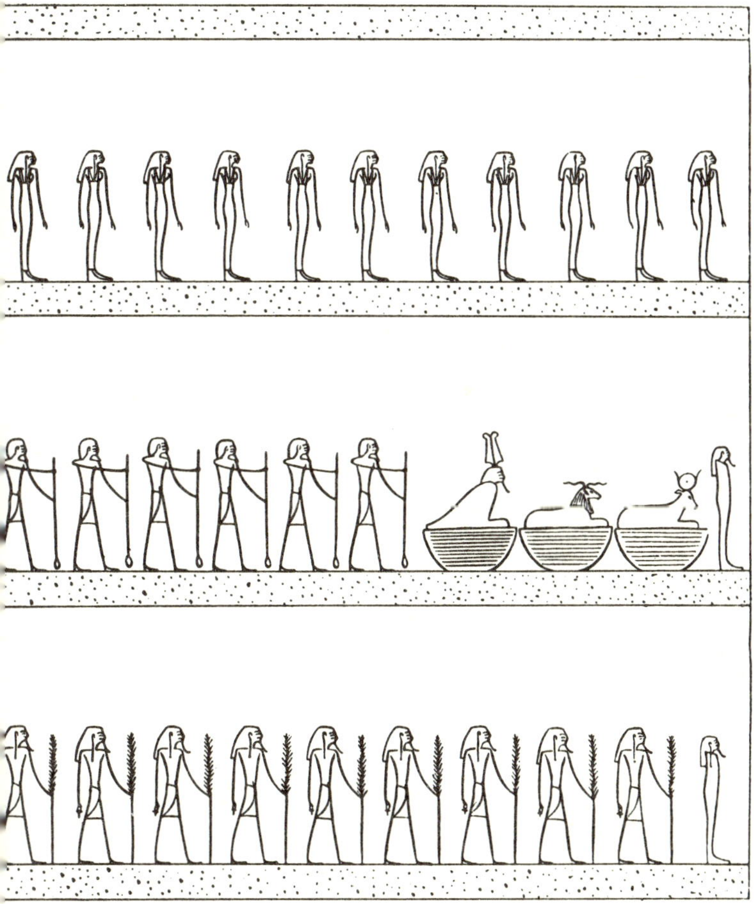

Es ist der Göttergerichtshof,
 der wegen OSIRIS verhört, Tag für Tag.
Was sie in der *Dat* zu tun haben:
 (156) die Feinde des OSIRIS zu fällen.

Zweite Szene. Zwölf Göttinnen ohne Attribute, mit den folgenden Namen: «Die Herausgehende» (*633*), «Die Wandernde der *Achu*» (*634*), «Die Herrin des Gemetzels» (*635*), «Die Herrin der Autorität» (*636*), «Die mit großer Seuche» (*637*), «Die Herrin des Zitterns» (*638*), «Die ihre Stätte ordnet» (*639*), «Die Herrin der Plätze» (*640*), «Die das Wüstental abschirmt» (*641*), «Die mit großem Glanz» (*642*), «Die Wortgewaltige» (*643*), und «Die Musikantin des RE» (*644*). Die Beischrift stellt die Göttinnen als Gefolge des OSIRIS vor, welches die Vereinigung von *Ba* und Körper bewirkt:

(157) So sind sie beschaffen in ihrem unterweltlichen Leib
 als Bild, welches HORUS gemacht hat.
Dieser Gott (RE) ruft ihnen zu, nachdem er zu ihnen gelangt ist,
 und sie atmen, wenn sie seine Stimme hören.

Was sie in der *Dat* zu tun haben:
 für die Erhebung des OSIRIS zu sorgen und den «Geheimen *Ba*» herabschweben zu lassen durch ihre Worte.
Sie sind es, die Leben und Heil aufsteigen lassen
 beim Erscheinen des Unterweltlichen, wenn er die *Dat* täglich beschützt.
Es sind die Göttinnen, die hinter OSIRIS wandeln,
 wenn er in die *Dat* eingetreten ist.

MITTLERES REGISTER

Dritte Szene. Die Sonnenbarke hat die gleiche Gestalt und Besatzung wie in der achten Stunde, dazu einen kurzen begleitenden Text:

(159) Dieser große Gott verweilt mit seinen Ruderern bei dieser Stätte,
und seine Mannschaft verweilt mit seiner Barke
und seinem geheimnisvollen Bild der «Ringelschlange».
Dieser große Gott erteilt den Göttern Weisungen, die in dieser Stätte sind.

Vierte Szene. Die zwölf Ruderer des Sonnengottes bilden das Kernstück dieser Stunde. Sie tragen ihre Ruder in der Hand, halten also vorübergehend im Rudern ein, solange der Sonnengott seine «Weisungen» erteilt und von den göttlichen Wesen dieser Nachtstunde akklamiert wird. Damit ist ein Vorgang hier im Bilde festgehalten, der sich in jeder Nachtstunde aufs neue wiederholt.

Die Namen der Ruderer lauten: «Der Ruderer» *(655)*, «Der Unvergängliche» *(656)*, «Der Unermüdliche» *(657)*, «Der keine Umkehr kennt» *(658)*, «Der keine Behinderung kennt» *(659)*, «Der keine ... (unklar) kennt» *(660)*, «Der (in) seiner Stunde rudert» *(661)*, «Der sein Land durcheilt» *(662)*, «Der in der Barke ruht» *(663)*, «Der Göttlichste» *(664)*, «Der die *Dat* durchfährt *(665)* und «Der vom Schiff» *(666)*. Der folgende Text beschreibt die Darstellung:

(160) Die Götter sind es, die Mannschaft der Sonnenbarke,
welche «Den im Horizont» rudern, bis er sich niederläßt
im östlichen Torweg des Himmels.

Was sie in der *Dat* zu tun haben:
RE zu dieser Stätte zu rudern, Tag für Tag.
Sie stehen beim Fahrwasser der Barke, das in dieser Stätte ist.
Sie sind es, die mit ihren Rudern Wasser spenden
den *Achu*, die in dieser Stätte sind und den Herrn der Sonnenscheibe preisen.
Sie sind es, welche den *Ba* erscheinen lassen in seiner Gestalt
durch ihre geheimnisvollen Worte, Tag für Tag.

Fünfte Szene. Drei ruhende Götterbilder auf Korb-Zeichen. Das erste trägt einen Menschenkopf mit zwei Straußenfedern und heißt «Der Opfernde in der *Dat*» *(667)*; das zweite, widderköpfige, ist «CHERTI in der *Dat*» *(668)*; das dritte ist in seiner Kuhgestalt (mit der Sonnenscheibe) wohl eine Erscheinungsform der HATHOR und heißt «Die Opferherrin in der *Dat*» *(669)*. Die stehende Mumie am Ende des Registers heißt «Der Opfernde der Götter» *(670)*. Wie die Namen dieser vier Wesen, so weist auch die Beischrift auf ihre Funktion hin, den seligen Verstorbenen (als «Götter» der Unterwelt) Opfergaben zu spenden:

(161) So sind sie beschaffen in dieser Stätte.
Sie sind es, welche Opferspeisen spenden den (162) Göttern, die in der *Dat* sind,
denen RE Brot und Bier zugewiesen hat.
Die Götter wandeln hinter diesem großen Gott
zum östlichen Horizont des Himmels, nachdem die Götter der *Dat* befriedigt sind.

UNTERES REGISTER

Sechste Szene. Wie die letzte «Höhle» der achten Stunde zeigt dieses Bild feuerspeiende *Uräus*-Schlangen auf «Stoff»-Zeichen. Eine einzelne Inschrift-Zeile leitet zu den Namen der zwölf *Uräen* über: «Die Namen der *Uräen*, welche Feuer speien für OSIRIS, den *Dat*-Vorsteher, mit der Flamme, die in ihrem Maul ist. Sie verschlingen ihre Flammen (wieder), nachdem dieser große Gott an ihnen vorbeigezogen ist». Die zwölf Namen lauten: «Die mit schmerzhafter Flamme» (*671*), «Die Brennende» (*672*), «Die Flammende» (*673*), «Die, welche die *Dat* schützt» (*674*), «Die den Aufruhr vertreibt» (*675*), «Die mit leuchtenden Sternen» (*676*), «Die mit lebendigem Gesicht» (*677*), «Die mit erhabener Gestalt» (*678*), «Die mit vollkommener Erscheinung» (*679*), «Die mit großer Gestalt» (*680*), «Herrin der Glut» (*681*) und «Herrin der Hitze» (*682*). Außer der schon übersetzten Textzeile gehört zu diesem Bild die folgende Beischrift:

(163) So sind sie beschaffen in der *Dat*,
indem sie auf ihren Kleidern bleiben in ihrem eigenen «Fleisch».
Sie sind es, welche die Finsternis erleuchten
in dem Raum, der OSIRIS enthält.
Die Flammen ihres Maules sind es,
die das Abschlachten (der Feinde) entstehen lassen in der *Dat*.
Sie sind es, die jede Schlange abwehren, die in der Erde ist,
deren Gestalt (selbst) der Unterweltliche nicht kennt.
Sie leben vom Blut derer, die sie täglich köpfen.
Achu und Tote können sie nicht passieren,
da ihre Gestalten geheimnisvoll sind.

(164) Wer sie kennt, der schaut ihre Gestalten,
der vergeht nicht durch ihre Flammen.

Siebente Szene. Neun «Feldgötter» mit dem Lebenszeichen und einem Stab in Händen; dieser Stab ist nach der Beischrift das *Djam*-Szepter, weist aber in einzelnen Versionen starke Abweichungen auf, bis zur Ähren-Form (Abb. 10). Die Götter heißen: «Der vom Gefilde *(683)*, «Der in seinem Gefilde ist» *(684)*, «Der vom *Nebbet*-Szepter» *(685)*, «Der vom *Djam*-Szepter *(686)*, «Herr der Stange» *(687)*, «Szepter seiner Götter» *(688)*, «Der mit klugem Tun» *(689)*, «Der mit unnahbarem Tun» *(690)* und «Der Stehende des Gefildes *(691)*. Abgeschlossen wird das Register durch eine stehende Mumie als «Hüter» dieses Gefildes; es ist HORUS, der über dem Bezirk der Unterweltlichen ist» *(692)*. Über den zehn Göttern steht die folgende Beischrift:

(165) Es sind die Feldgötter dieser Stätte,
Herren des Lebens, die Szepter tragen.
So sind sie beschaffen.
Sie stehen, indem sie ihre Lebenszeichen tragen
und sich auf ihre Szepter stützen.
Dieser große Gott ruft ihnen zu.

Sie sind es, die Stäbe darreichen den Göttern, die in der *Dat* sind, bei dieser Stätte.
Sie sind es, die alle Bäume und alle Pflanzen entstehen lassen für diese Stätte.
«HORUS, der über dem Bezirk der Götter ist»
hütet die Bilder dieses Gefildes.

ZEHNTE STUNDE

EINLEITUNG

(167) Verweilen durch die Majestät dieses großen Gottes in dieser Höhle.
Er erteilt Weisungen an die Gottheiten, die in ihr sind.
Der Name des Tores dieser Stätte, zu welchem dieser große Gott Zutritt hat,
ist «Mit großen Erscheinungsformen, Gestalten gebärend».
Der Name dieser Stätte ist «Mit tiefem Wasser und hohen Ufern».
Der Name der Nachtstunde, die diesen großen Gott geleitet
zu den geheimnisvollen Wegen dieser Stätte,
ist «Wütende, welche den Hinterhältigen schlachtet».

(168) Die geheimnisvolle Höhle des Westens,
bei welcher CHEPRI verweilt mit RE,
bei welcher Götter, *Achu* und Tote klagen
über das geheimnisvolle Bild des Totenreiches.
Gemacht sind diese wie diese Vorlage, die gemalt ist
auf der Ostseite des Verborgenen Raumes der *Dat*.
Wer sie kennt bei ihren Namen,
der durchzieht die *Dat* bis an ihr Ende,
ohne daß er vertrieben wird von den «Lichtern des Himmels» bei RE.

OBERES REGISTER

Erste Szene. Ein Gott mit Lebenszeichen und *Uas*-Szepter (*693*, «Der mit klugem Tun»), gefolgt vom *Skarabäus* «Lebendiger Käfer» (*694*), der ein kleines, gepunktetes Oval vor sich herschiebt. In dem Oval darf man die Mistkugel des Käfers erblicken, aber zugleich ein Abbild der ganzen Unterwelt, aus der die Sonne morgens als Käfer herauskommt (vgl. S. 113). Eine kurze Beischrift erläutert die Szene:

So sind sie beschaffen in der *Dat*
als Gestalten und Formen des CHEPRI,
wenn er sein Oval zu dieser Stätte trägt,
um danach herauszugehen zum östlichen Horizont des Himmels.

Zweite Szene. Zwischen den halb erhobenen Göttinnen «Rote Krone» (*695*, mit der unterägyptischen Krone) und «Weiße Krone» (*697*, mit der oberägyptischen Krone) ist die «Doppeltgewundene» Schlange (*696*) dargestellt, über sich eine Sonnenscheibe. Eine zweite Sonnenscheibe ruht auf dem Gottes-Zeichen «Das Gefesselte (?)» (*699*), zwischen den Göttinnen «Die Fesselnde» (*698*) und «Die Klagende der Götter» (*700*). Die beiden Sonnenscheiben meinen, wie der erläuternde Text zeigt, die beiden «Augen» des Sonnengottes:

(169) So sind diese Gottheiten beschaffen.
Das Linke (Auge) tritt heraus aus dem «Doppeltgewundenen»,
das Rechte (Auge) tritt heraus aus dem «Gefesselten» (?).
Es schreien zu ihnen die *Bau* in der Erde,
wenn sie die *Achu* der Bestraften (?) in der *Dat* gefesselt haben
wegen des geheimnisvollen Bildes, das in ihr (der *Dat*) ist.
Dann verschlingen sie ihre Gestalten (wieder),
nachdem dieser große Gott an ihnen vorbeigezogen ist.

Dritte Szene. Acht Göttinnen, im Text als «Mächtige» bezeichnet und offenbar Erscheinungsformen der «mächtigen»

SACHMET. Die ersten vier Göttinnen sind löwenköpfig und damit auch ikonographisch der SACHMET angeglichen, die hier als die Göttin, die das verletzte Horusauge heilt, auftritt. Die Namen der acht Göttinnen lauten: «Die Mächtige» (701), MENKERET (702), «Das Mädchen» (703), «Die vom Szepter» (704), «Die Reine (?) ihrer Götter» (705), «Die TATENEN geschaffen hat» (706), «Die Stehende» (707) und «Die mit kraftvollem Arm» (708). Hinter ihnen folgt noch eine affenköpfige, thronende Mumie, die ein heiliges Auge hält; es ist «Das Fleisch, das sein Auge trägt» (709), eine Gestalt des THOT. Das «Auge», um das es auch im folgenden Text geht, ist das verletzte und wieder geheilte Auge des HORUS; wenn es an seinen richtigen Platz gesetzt ist, ist bildhaft die Ordnung wiederhergestellt.

(170) Die Göttinnen sind es, die das Auge des HORUS für ihn überprüfen in der *Dat*.
RE sagt zu ihnen:
Macht sei euren Gestalten, ihr «Mächtigen»,
  damit ihr das Auge des HORUS für ihn überprüft,
  damit ihr das Auge des HORUS für ihn befestigt,
  damit ihr HORUS befriedigt mit seinem Abbild (Auge),
  damit ihr HORUS stark macht mit seinem Auge,
damit ihr ihm sein «Erstauge» befestigt,
  das in den Händen von «Fleisch, das sein Auge trägt» ist!

Ihr seid es, die HORUS huldigen,
  die entstanden sind und Erscheinungsformen entstehen lassen!
Was sie in der *Dat* zu tun haben:
Das Auge des HORUS für ihn zu schützen
  und das Glanzauge täglich gesund sein zu lassen.

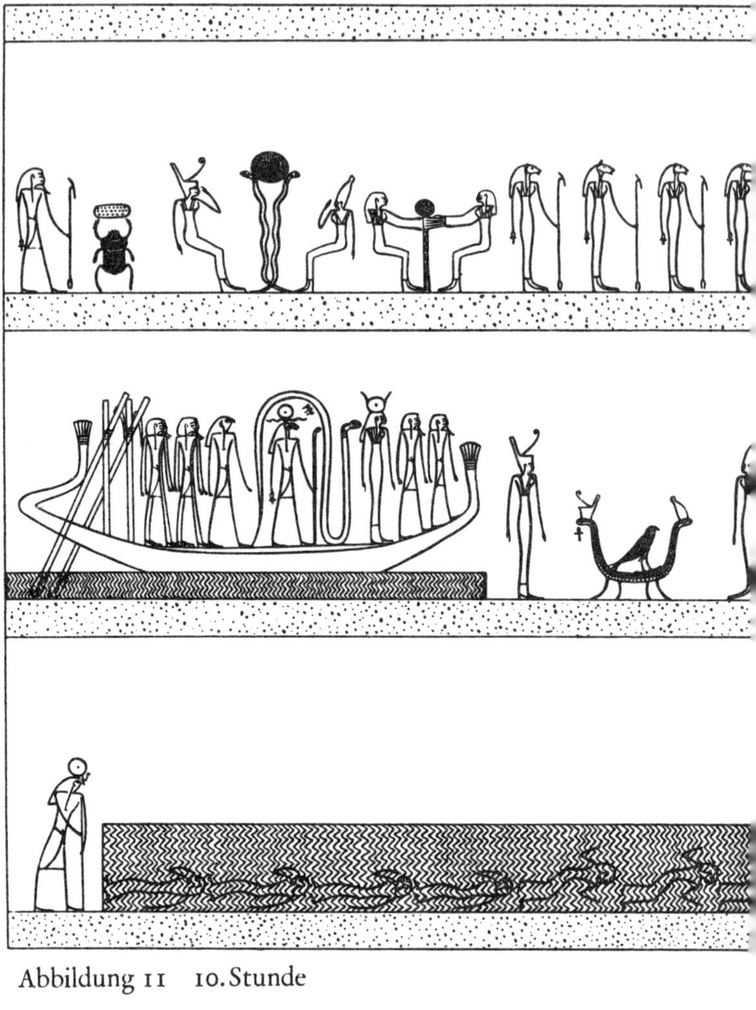

Abbildung 11 10. Stunde

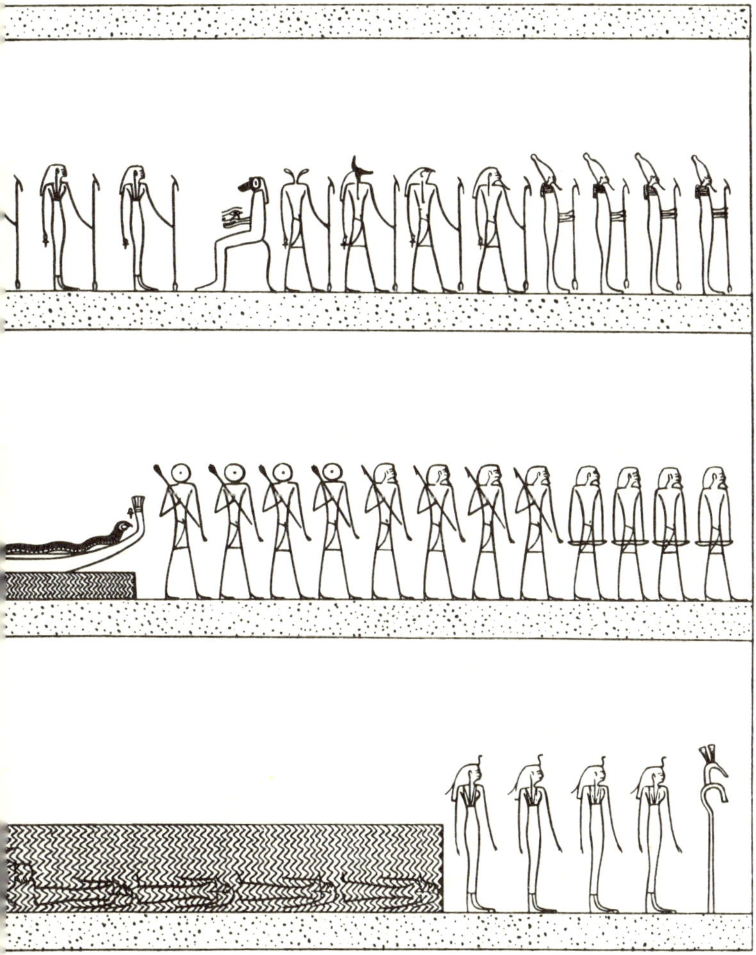

Vierte Szene. Acht Götter, die nach der Beischrift strafende Funktion haben. Der erste, «Doppelarm», hat zwei Stricke an Stelle des Kopfes *(710)*; der zweite, «Herr des Eintretens», ist schakalköpfig *(711)*; der dritte, «Der die Gestalten verbirgt», ist falkenköpfig *(712)*; der vierte heißt «Der über dem Geheimnis ist» *(713)*. Da mit «Geheimnis» sicher der Leichnam gemeint ist, könnten die vier Namen auf verschiedene Stadien der Bestattung anspielen, statt «Doppelarm» wäre dann besser «Der Träger (des Leichnams)» zu übersetzen, das «Verbergen» wäre der eigentliche Vorgang der Bestattung nach dem «Eintreten» in das Grab oder die Stätte der Einbalsamierung.

Die letzten vier Götter haben alle die Gestalt des OSIRIS mit oberägyptischer Krone. Sie heißen: «Der große Säger» *(714)*, «Der große Verborgene» *(715)*, «Der an seinem Platz ist» *(716)* und «Der vor seinen *Menit* ist» *(717)*. Der Text lautet:

(171) So sind sie beschaffen als Bild, welches HORUS gemacht hat.
Wenn dieser große Gott sie bei ihren Namen ruft,
sind sie zufrieden, atmen ihre Kehlen
durch den Hauch, der im Munde dieses großen Gottes ist,
und wandeln ihre *Bau* hinter ihm zum Horizont.
Sie sind es, welche die Leichname entblößen
und die Mumienbinden der Feinde abreißen,
deren (der Feinde) Bestrafung befohlen ist in der *Dat*[69].

MITTLERES REGISTER

Fünfte Szene. Die Sonnenbarke bleibt unverändert. Sie hat in dieser Stunde eine Beischrift, die bereits auf die Ertrunkenen im unteren Register anspielt:

(172) Dieser große Gott fährt dahin in dieser Stätte,
in dieser Weise, in seiner Barke,
indem seine Göttermannschaft ihn rudert.
Die Götter, die in dieser Stätte sind,
verweilen im Wasser, in welchem ihre (der Mannschaft) Ruder sind.
Sie atmen vom Klang des Ruderns dieser Göttermannschaft.

Sechste Szene. Zwischen den beiden Göttinnen «Die Bogenschützin» (*728*, mit unterägyptischer Krone) und «Die auf der (anderen) Seite ist» (*731*, mit oberägyptischer Krone) ist eine vierbeinige Schlange mit zwei Köpfen dargestellt. Auf der Schlange hockt «Der dem Himmel vorsteht» (*729*) als Falke – es ist, wie die Beischrift zeigt, der im Himmel befindliche *Ba* des SOKAR, der als Totengott selber «der *Dat* vorsteht», wie OSIRIS. Der Schlangengott trägt auf seinen beiden Köpfen ober- und unterägyptische Krone und heißt «Der die Gesichter verbindet» (*730*), womit wohl gemeint ist, daß der Schlangenleib die beiden Köpfe «verbindet». Der Text darüber lautet:

(173) So sind sie beschaffen als Träger dessen, «Der die Gesichter verbindet».
Das (der Falke) ist der *Ba* des SOKAR, welcher der *Dat* vorsteht.
Dieses ganze Bild wandelt hinter diesem großen Gott zum Horizont,
und dann tritt es (wieder) ein in die Erde, Tag für Tag.

Siebente Szene. Eine weitere Schlange, diesmal falkenköpfig und in einem Boot liegend. Es ist «Der Lebendige der Erde (Unterwelt)» (*732*), in der Beischrift als «Schutzschlange» und als *Ba* des OSIRIS bezeichnet:

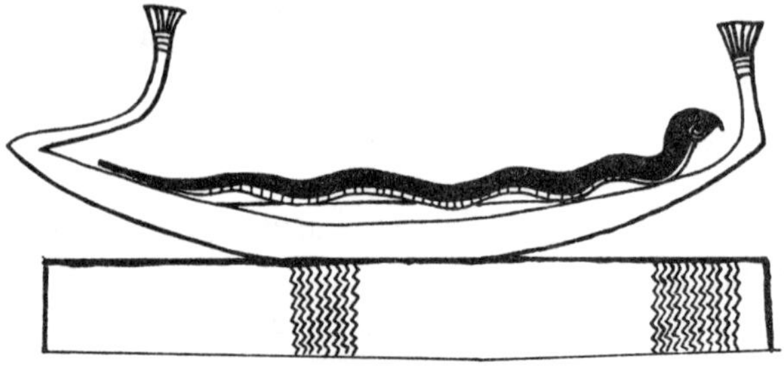

Abbildung 12 10. Stunde, 7. Szene

(174) So ist er beschaffen in seinem Boot.
Er steht auf gegen die Urfinsternis
beim Torweg des östlichen Horizontes,
und dann nimmt er seinen Platz (wieder) ein, Tag für Tag.
Es ist die Schutzschlange der *Dat*,
der unnahbare *Ba* des CHONTAMENTI (OSIRIS).

Achte Szene. Dargestellt ist die Leibwache des Sonnengottes, die ihn gegen seine Feinde, vor allem gegen APOPHIS, schützt. Die ersten vier Götter tragen eine runde Zielscheibe als Kopf, dazu einen Pfeil in der Hand. Sie heißen: «Scheibenkopf» (*733*), «Pfeilschießer» (*734*), «Der (Pfeile) bündelt» (*735*) und «Schleuderer» (*736*). Die nächsten vier Götter sind jeweils mit einem Speer bewaffnet und heißen: «Schießender» (*737*), «Werfender» (*738*), «Abwehrender» (*739*), und «Verletzender» (*740*). Die letzte Gruppe ist mit Bogen bewaffnet; auf zwei «Bogenschützen» (*741* und *742*) folgen «Der (die Bogensehne) knüpft» (*743*) und «Der mit erscheinendem Arm» (*744*). Die gemeinsame Beischrift erläutert die Funktion dieser Leibwache:

So sind sie beschaffen,
indem sie ihre Pfeile, ihre Speere und ihre Bogen tragen
vor diesem großen Gott.

Sie gehen mit ihm heraus zum östlichen Horizont des Himmels.
Dieser große Gott sagt zu ihnen:
(175) Flink seien eure Pfeile, spitz seien eure Speere,
und gespannt seien eure Bogen,
damit ihr mir meine Feinde bestraft,
die in der Finsternis sind, außerhalb des Horizontes!
Ihr gehört zu mir in meinem Gefolge, wenn ich im Gegenhimmel verweile,
und wenn mein «Fleisch» stark ist in der Tagesbarke.

Sie sind es, die den Widersacher «Den mit schrecklichem Gesicht» abwehren in der Urfinsternis,
damit dieser große Gott im östlichen Torweg des Horizontes wandeln kann.
Danach wandeln sie mit diesem Gott.

UNTERES REGISTER

Neunte Szene. Die Darstellung der «Vergöttlichung durch Ertrinken». Am Anfang des Registers steht der falkenköpfige HORUS *(745)*, mit der Sonnenscheibe auf dem Haupt als unterweltliche Erscheinungsform des Sonnengottes gekennzeichnet. Das große, rechteckige Gewässer vor ihm ist durch die Beischrift als NUN identifiziert; es ist zugleich die Fahrbahn der Sonnenbarke, in das die Mannschaft ihre Ruder taucht (oben S. 167). Die Ertrunkenen, die im NUN dahintreiben, werden in drei verschiedenen Stellungen gezeigt und so in drei Gruppen geteilt. Die erste Gruppe, auf dem Rücken liegend und eine Hand am Gesicht, sind «Die im Wasser Treibenden, die in der *Dat* sind» *(746)*; die zweite Gruppe, «Gekenterte, die in der *Dat* sind» *(747)*, schwimmt mit nach vorn gestreckten Händen auf dem Bauch; die dritte Gruppe, «Ausgestreckte, die in der *Dat* sind» (748), schwimmt wieder auf dem Rücken, mit herabhängenden Armen und erigiertem Glied. Der Text zu dieser Szene macht deutlich, daß auch die Ertrunkenen, die der rituellen Bestattung entzogen sind, ein seliges Dasein im Jenseits erwartet:

(176) Es spricht HORUS zu den im Wasser Treibenden,
zu den Gekenterten und Ausgestreckten, die im NUN sind,
den Unterweltlichen:
O im Wasser Treibende, die dunkel (dahintreiben) im NUN,
deren Arme bei ihren Gesichtern sind!
O ihr mit gekentertem Gesicht in der *Dat*,
deren Rückgrat der Wasseroberfläche gehört!
O ihr, die ihr den NUN durchrudert als Ausgestreckte,
deren Gesichter hinter ihren *Bau* sind[70]!

Luft sei euren *Bau*, daß sie nicht beengt sind,
rudern mögen eure Arme, ohne zurückgehalten zu werden!
(177) Ihr bahnt euch den Weg (im) NUN mit euren Füßen,
ohne daß eure Knie gehindert werden.
Ihr kommt heraus zur Wasseroberfläche,
ihr nähert euch der Brandung.
Ihr treibt dahin zur Großen Überschwemmung,
und ihr landet an ihren Ufern.
Euer Leib ist nicht verfault, euer Fleisch ist nicht verwest,
ihr verfügt über euer Wasser,
ihr atmet, was ich euch zugewiesen habe.
Ihr seid diese, die im NUN sind,
die hinter (meinem) Vater dahintreiben[71]!
Mögen auch eure *Bau* leben!

Zehnte Szene. Vier Göttinnen, jede mit einer Schlange auf dem Haupt. Sie heißen «Die Vernichtende» (749), «Die Glühende»

(750), «Die Stechende» (751) und «Die *Uräus*-Schlange» (752). Am Ende des Registers folgt, von einem Sethkopf bekrönt, ein Hirtenstab als «Stab des NEHES (SETH)»(753). Die Beischrift über dieser Gruppe lautet:

(178) So sind sie beschaffen.
Ihre lebendigen Bilder (die Schlangen) sind an ihrem Haupt.
Sie sind es, die den Weg RES in der Urfinsternis erleuchten,
damit er herausgehe (zum) östlichen Torweg.
Der «Stab des NEHES» wandelt mit ihm (RE).

ELFTE STUNDE

EINLEITUNG

(179) Verweilen durch die Majestät dieses großen Gottes in dieser Höhle.
Er erteilt Weisungen an die Gottheiten, die in ihr sind.
Der Name des Tores dieser Stätte,
zu welchem dieser große Gott Zutritt hat, ist «Ruheplatz der Unterweltlichen».
Der Name dieser Stätte ist «Rand der Höhle, welche die Leichname überprüft».
Der Name der Nachtstunde, die diesen großen Gott geleitet,
ist «Sternige, Herrin der Barke,
die den Widersacher abwehrt bei seinem Hervorkommen».

(180) Die geheimnisvolle Höhle der *Dat*, an welcher dieser große Gott vorbeizieht,
um herauszugehen aus dem Ostberg des Himmels.
Die Zeit verschlingt ihre Bilder
vor dem «Schauenden», der in dieser Stätte ist;

sie gibt sie danach (wieder)
zur Geburt des CHEPRI in der Erde[72].
Dies ist ausgeführt in dieser Weise
wie diese Vorlage, die gemalt ist
auf der Ostseite des Verborgenen Raumes der *Dat*.
Wer es kennt, der teilt seine Opfer ein als wohlversorgter *Ach*
im Himmel und in der Erde. Ein wahres Heilmittel!

OBERES REGISTER

Erste Szene. Ein doppelköpfiger Gott, der Lebenszeichen und *Uas*-Szepter in Händen hält und «Der mit ausgestattetem Gesicht, der Herr der Zeit» heißt (*754*); zwischen den beiden Köpfen, die ober- und unterägyptische Krone tragen, ruht die Sonnenscheibe. Über diesem Gott steht die kurze Erläuterung: «So ist er beschaffen. Er erhebt sich für RE, ohne seinen unterweltlichen Platz zu verlassen».

Zweite Szene. Der Gott ATUM (*755*), mit der Sonnenscheibe auf dem Haupt, hält die Flügel einer geflügelten Schlange (*756*), die in der Einleitung «Der Schauende» genannt wurde. Flügel und Beine deuten auf die freie Beweglichkeit dieser gefährlichen Schlange, die Atum festhält, damit sie keinen Schaden anrichtet[73]. Der Text zu dieser Darstellung lautet:

(181) So ist er beschaffen.
Wenn dieser Gott (RE) ihm zuruft,
kommt das Bild des ATUM aus seinem Rücken heraus.
Danach verschlingt er sein Bild (wieder).
Er lebt von den Schatten der Toten,
(nämlich) sein Leichnam und die Köpfe.

Dritte Szene. Auf einer schräg aufgerichteten Schlange («Der die Stunden fortnimmt», *758*) hockt eine mumiengestaltige Göttin als Personifikation der «Zeit» (*757*). Vor dieser Darstellung der Zeit (vgl. S. 33) sind elf Sterne (in einigen Versionen nur zehn) dargestellt, welche die bisher abgelaufenen Nachtstunden verkörpern. Die Stunden werden aus der unabsehbaren Zeit «geboren» und wieder von ihr «verschlungen». Die Erläuterung ist sehr kurz gehalten:

Ihr eigener Leib (der Göttin).
  Sie ist über dem, «Der die Stunden fortnimmt».
Was sie zu tun hat:
  (durch) die Stimme RES zu leben, Tag für Tag.
Sie verschlingt ihre Bilder (wieder) bei dieser Stätte.
Es ist die elfte Stunde, eine vom Gefolge des Gottes (RE).

Vierte Szene. Insgesamt zwölf Götter mit einer gemeinsamen Beischrift. Zuerst ein «Doppelkopf» (*759*), dann der widderköpfige CHNUM-RENIT (*760*), gefolgt vom preisenden Gott «Der die Erde behütet» (*761*). Die nächsten fünf Götter sind ohne Arme und in einigen Versionen nackt dargestellt. Der erste von ihnen trägt statt des Kopfes zwei Schlangen auf der Schulter und heißt «Seine beiden Arme sind in ihm» (*762*); die vier übrigen sind menschenköpfig: «Der Richter der Beiden Länder» (*763*), «Den seine beiden Arme lieben» (*764*), «Dessen beide Arme verborgen sind» (*765*) und «Der das Fleisch mächtig macht (?)» (*766*)[74].

Den Schluß bilden vier Götter ohne Attribute, auch sie in einigen Versionen nackt dargestellt: «Der HORUS anbetet» (*767*), «Der Richtige» (*768*), «Der Große Bär (Sternbild)» (*769*) und «Der den Arm zurückhält» (*770*). Die Beischrift zu den zwölf Göttern lautet:

Abbildung 13 11. Stunde

(182) So sind sie beschaffen.
Dieser große Gott ruft sie an mit ihren Namen:
Kommt heraus zu mir, Verborgene!
Leuchtet für mich, ihr mit geheimem Arm!
Leben sei euren *Bau*,
damit sie sich niederlassen auf euren Schatten.

Ihr seid es, die das Verborgene aufschließen,
die das Bild an seinen abgeschirmten Ort setzen.
Eure Luft ist (der Lebensodem,) der in meinem Mund ist,
damit eure Nasen davon atmen.
Euch gehören die Opfer, die auf meiner Barke sind,
damit eure *Bau* davon leben.
Wasser gehört euch vom Hochstand des NUN,
der die Unterweltlichen bei sich mit Wasser versorgt.
Hei, recht sei euer Tun!
Eure *Bau* gehören in das Gefolge meiner Erscheinungsformen!

Was sie in der *Dat* zu tun haben:
die Geheimnisse dieses großen Gottes täglich dem (183) Verborgenen Raum nahezubringen.
Sie gehen mit diesem großen Gott heraus zum Himmel.

Fünfte Szene. Vier Göttinnen thronen auf dem Leib von doppelten *Uräus*-Schlangen; es sind «Die Herrin der Lebenden» *(771)*, «Die Herrin der *Achu*» *(772)*, «Welche die beiden Ufer schützt» *(773)* und «Welche die Götter schützt» *(774)*. Jede Göttin hält eine Hand vor ihr Gesicht, aus dem der sengende Feuerhauch der Unterwelt hervorgeht, wie es die Beischrift andeutet:

So sind sie beschaffen.
Ihre Schenkel sind in der Erde (Unterwelt),
ihre Füße sind in der Urfinsternis.

Dieser große Gott ruft ihnen zu, in ihrem eigenen Leib.
Dann klagen sie, ohne daß sie von ihren Plätzen fortgehen.
(184) Ihre *Bau* leben täglich von der Stimme des Bildes, das aus ihren Füßen herauskommt.
Es geht hervor der Gegenwind und der Aufruhr des Windes, der in der *Dat* entsteht, aus den Gesichtern dieser Göttinnen.

MITTLERES REGISTER

Sechste Szene. Die Sonnenbarke und ihre Besatzung sind unverändert, doch ruht auf ihrem Bug eine vom *Uräus* umringelte Sonnenscheibe, «Die Leuchtende der *Dat*» (*785*). Der Text lautet:

Dieser große Gott fährt dahin in dieser Stätte in dieser Weise.
Seine Göttermannschaft rudert ihn
zum östlichen Horizont des Himmels.
«Die Leuchtende der *Dat*», die auf der Barke ist,
geleitet diesen großen Gott (185) zu den Wegen der Finsternis
durch die (Sonnenscheibe), die in ihr ist und die erleuchtet,
die in der Erde sind (die Toten).

Siebente Szene. Vor der Sonnenbarke tragen zwölf Götter auf ihren Köpfen die vielfach gewundene Schlange «Weltumringler». Es ist der weltumringende *Uroboros* als Bild des chaotischen Nichtseins, in welchem sich der Sonnengott und die gesamte Schöpfung allnächtlich regenerieren. In dieser Schlange vollzieht sich in der folgenden Stunde die Verjüngung (unten S. 188).

Die Namen der zwölf Träger nehmen Bezug auf ihre Funktion. Sie heißen: «Der Träger» (*786*), «Der Tragende» (*787*),

«Der Beladene» (*788*), «Der Fassende» (*789*), «Der Ergreifende» (*790*), «Der mit festem Arm» (*791*), «Der Zupakkende» (*792*), «Der Angenehme (?)» (*793*), «Der Nehmende» (*794*), «Der Umfangende» (*795*), «Der das Bild geleitet» (*796*) und «Der von der ‹Ringelschlange›» (*797*). Über ihnen steht der folgende Text:

So sind sie beschaffen vor diesem großen Gott.
Sie tragen den «Weltumringler» (auf) ihren Köpfen zu dieser Stätte,
und sie wandeln hinter Re
zum Osthorizont des Himmels.
(186) Dieser Gott (Re) ruft sie bei ihren Namen,
er weist ihnen ihre Funktionen zu.

Re sagt zu ihnen:
Möget ihr eucr Bild hüten,
möget ihr eure Köpfe erheben!
Eure Arme seien fest, eure Füße beständig,
euer Gang sei richtig und euer Ausschreiten weit!
Zufrieden seid ihr mit euren Opfern
beim Torweg des östlichen Horizontes!

Was sie in der *Dat* zu tun haben:
die «Ringelschlange» auf ihren Gang zu bringen
zum östlichen Torweg des Horizontes.
Dann nehmen sie ihre Thronsitze (wieder) ein,
nachdem dieser große Gott die Finsternis durchwandert hat,
damit er (im) Horizont verweile.

Achte Szene. Eine *Uräus*-Schlange, die auf ihrem Rücken die unterägyptische Krone trägt («Bild der Isis», *798*), und eine zweite mit der oberägyptischen Krone («Bild der NEPHTHYS», *799*); aus beiden Kronen kommen Menschenköpfe hervor, auf welche die Beischrift anspielt:

(187) Es sind die Bilder, die HORUS geheim gemacht hat.
Sie befinden sich beim zweiten Tor der Urfinsternis,
(am) unnahbaren Weg von SAIS[75].
Dieser Gott ruft ihnen zu.
Dann kommen ihre geheimnisvollen Köpfe hervor,
und danach verschlingen sie ihre Bilder (wieder).

Neunte Szene. Vier Erscheinungsformen der Göttin NEITH, zwei mit der unterägyptischen, zwei mit der oberägyptischen Krone. Wie die Namen zeigen, sind es zum Teil androgyne Gestalten dieser Göttin: «Männliche NEITH» (*800*), «NEITH (mit) der unterägyptischen Krone» (*801*), «NEITH (mit) der oberägyptischen Krone» (*802*) und «NEITH-OSIRIS» (*803*). Die Göttinnen werden in der Beischrift dem «Tor von SAIS» zugewiesen, das aber nicht dargestellt ist; es spielt seit früher Zeit eine wichtige Rolle im Begräbnisritual[76]. Der Text lautet:

So sind sie beschaffen bei diesem Tor
als Bilder, welche HORUS gemacht hat.
(188) Dieser Gott ruft sie bei ihren Namen,
und sie atmen, wenn sie seine Stimme hören.
Sie sind es, die das unnahbare Tor von SAIS hüten,
das unbekannt ist, unsichtbar und nicht wahrzunehmen.

UNTERES REGISTER

Zehnte Szene. Die Vernichtung der verurteilten Toten, die unter der Aufsicht des falkenköpfigen HORUS (*804*) vollzogen wird; er trägt die Sonnenscheibe auf dem Haupt und einen kurzen Schlangenstab in der vorgestreckten Hand. Vor ihm richtet sich der feuerspeiende Schlangendämon «Der Millionen verbrennt» (*805*) auf. Es folgen sechs feuergefüllte «Strafgruben», die als hügelartige Gebilde dargestellt sind; hinter den ersten fünf steht jeweils eine strafende, feuerspeiende Göttin, mit einem Messer bewaffnet. In der ersten Strafgrube befinden sich drei «Feinde» (*806*), bewacht von der löwenköpfigen Göttin «Die über ihren Kesseln ist» (*807*). Die zweite enthält drei «Leichname (der Feinde)» (*808*), dahinter die Göttin «Die über ihren Strafgruben ist» (*809*). Die «*Bau* (der Feinde)» sind als drei *Ba*-Vögel in der dritten Grube dargestellt (*810*), bewacht von der Göttin «Die Verletzende» (*811*). In der vierten Grube folgen «Die Schatten (der Feinde)» (*812*), bewacht von der Göttin «Die über ihren Schlachtbänken ist» (*813*). Die fünfte Grube enthält «Die Köpfe (der Feinde)» (*814*), dahinter «Die über ihren Messern ist» (*815*), während die sechste Grube ohne bewachende Göttin bleibt; diese letzte Strafgrube heißt «Das Wüstental der Auf den Kopf Gestellten» und enthält «Die auf den Kopf Gestellten» (*816*). Der begleitende Text nimmt auf die einzelnen dargestellten Wesen Bezug:

Die Majestät dieses Gottes (HORUS) erteilt Weisung,
die niederzumetzeln, die seinen Vater OSIRIS geschlagen haben,
die Leichname der Feinde und die Leiber der Toten,
die auf den Kopf Gestellten, die am Gehen gehindert sind,
und die Gestalten der Vernichteten.

(HORUS spricht:)

Ich bin aus ihm hervorgegangen, und (nun) schlägt mein Vater (zurück), nachdem er matt gewesen ist.

(189) Eure Leichname sollen gestraft werden mit dem «Strafenden» (Messer),
eure *Bau* sollen vernichtet, eure Schatten zertreten,
eure Köpfe abgeschnitten sein!
Ihr seid nicht entstanden, ihr geht auf dem Kopf!
Ihr erhebt euch nicht, (denn) ihr seid in eure Gruben gefallen!
Ihr seid nicht entkommen, ihr seid nicht entflohen!
Das Feuer des (Schlangendämons) «Der Millionen verbrennt» ist gegen euch,
die Glut der (Göttin) «Die über ihren Kesseln ist» ist gegen euch,
die Flammen der (Göttin) «Die über ihren Strafgruben ist» sind gegen euch,
der Gluthauch im Mund der (Göttin) «Die über ihren Schlachtbänken ist» ist gegen euch,
das Messer der (Göttin) «Die über ihren Messern ist» ist in euch,
sie verstümmelt euch, sie metzelt euch nieder!
Nicht seht ihr die Lebenden auf Erden, ewiglich!

So sind sie beschaffen in der *Dat*.
Befohlen wird ihr Verderben, Tag für Tag,
durch die Majestät des Unterweltlichen HORUS.

Elfte Szene. Vier Göttinnen mit dem Zeichen für «Wüste» auf dem Haupt und damit der felsigen Wüste des westlichen Totenreiches zugeordnet. Ihre Namen zeigen sie als strafende Göttinnen, die noch zur Vorstellung von der «Vernichtung der Feinde» im vorangehenden Bild gehören: «Die Kochende» *(817)*, «Die Erhitzende» *(818)*, «Die über ihrem Sand ist» *(819)* und «Die Vernichtende» *(820)*. Auch der «Hüter» dieser Nachtstunde, der hinter ihnen steht, ist ein Strafdämon;

er heißt «Der über seinen Kesseln ist» (*821*). Die gemeinsame Beischrift lautet:

(191) So sind sie beschaffen.
Sie sind es, welche die OSIRISfeinde blutig bestrafen in der *Dat*.
«Der über seinen Kesseln ist» hütet diese Höhle.
Sie leben von der Stimme der Feinde,
vom Schreien der *Bau* und der Schatten,
die sie in ihre Strafgruben werfen.

ZWÖLFTE STUNDE

EINLEITUNG

(192) Verweilen durch die Majestät dieses großen Gottes
in dieser Höhle des «Endes der Urfinsternis».
Geboren wird dieser große Gott in seiner Erscheinungsform
des CHEPRI bei dieser Höhle.
Es treten in Erscheinung NUN und NAUNET,
HUH und HAUHET bei dieser Höhle[77],
zur Geburt dieses großen Gottes, daß er herausgehe aus der *Dat*,
sich niederlasse in der Tagesbarke
und aufgehe aus den Schenkeln der NUT.
Der Name des Tores dieser Stätte ist «Das die Götter erhöht».
Der Name dieser Stätte ist «Mit entstehender Finsternis und erscheinenden Geburten».
(193) Der Name der Nachtstunde,
in welcher sich dieser große Gott verwandelt, ist «Die die Vollkommenheit RES schaut».

Die geheimnisvolle Höhle der *Dat*, bei welcher dieser große Gott geboren wird,
daß er hervorgehe aus dem NUN
und sich niederlasse am Leib der NUT.
Dies ist gemacht wie diese Vorlage, die gemalt ist
auf der Ostseite des Verborgenen Raumes in der *Dat*.
Es ist nützlich für den, der es kennt, auf Erden,
im Himmel und in der Erde.

OBERES REGISTER

Erste Szene. Zwölf Göttinnen, um deren Hals sich jeweils eine Schlange windet, um mit ihrem Feuer den Seligen zu leuchten und den APOPHIS noch einmal von der Sonnenbarke abzuwehren. Die Göttinnen tragen folgende Namen: «Die mit vollkommener Erscheinung» *(822)*, «Die RE den Weg bereitet» *(823)*, «Die Herrin der Erdmächte» *(824)*, «Das Oberhaupt der Kobras» *(825)*, «Welche die beiden Ufer des Himmels gedeihen läßt» *(826)*, «Die in ihren beiden Ländern jubelt» *(827)*, «Die hoch ist in ihrer Gestalt» *(828)*, «Die sich ihrer *Achu* bemächtigt» *(829)*, «Die RE bejubelt in seiner Gestalt (Variante: in seinem Glanz)» *(830)*, «Die den Leichnam schaut, wenn seine Barke anhält (?)» *(831)*, «Die aus dem Scheitel RES hervorgegangen ist» *(832)* und «Die Herrin der *Uräen* in der ‹Barke der Millionen› (Sonnenschiff)» *(833)*. Ihre Funktion wird durch die Beischrift erläutert:

So sind sie beschaffen in ihrem eigenen Leib.
Ihre *Uräus*-Schlangen kommen heraus aus (194) ihren Schultern,
nachdem dieser große Gott zu dieser Stätte gelangt ist.
Sie sind im Gefolge dieses Gottes.

Die Flammen im Maul ihrer *Uräus*-Schlangen sind es,
die den APOPHIS von RE abwehren
beim östlichen Torweg des Horizontes.
Sie durchfahren den Himmel hinter ihm (RE),
an ihrem Platz (in) der Tagesbarke.
Diese Gottheiten kehren um, nachdem dieser große Gott die geheime Sandbank des Himmels passiert hat;
sie verweilen dann (wieder) auf ihren Thronsitzen.
Sie sind es, die den Göttern des Westens Freude bereiten mit (?) RE-HARACHTE[78].
Was sie zu tun haben in der Erde:
Denen, die in der Finsternis sind, Lösung zu geben
durch die Fackeln ihrer *Uräus*-Schlangen,
nachdem sie wiedergekommen sind, wenn sie RE geleitet
und ihm den APOPHIS bestraft haben im Himmel.

Zweite Szene. Zwölf Götter mit anbetend erhobenen Armen, die den Sonnengott bei seinem morgendlichen Aufgang begrüßen. Es sind: «Der Herr des Lebens» *(834)*, «Der Jauchzende» *(835)*, «Der Herr des Jubels» *(836)*, «Der Herr der Anbetungen» *(837)*, «Der Fröhliche» *(838)*, «Der über RE jubelt» *(839)*, «Der Freudige» *(840)*, «Das Kind» *(841)*, «Der das Linke (Auge) preist» *(842)*, «Der die Köpfe des Gottes erneuert» *(843)*, «Der die Köpfe der Götter (an den Leib) anfügt» *(844)* und «Der den CHEPRI preist *(845)*. Über den Göttern steht, neben einigen Erläuterungen, ein Hymnus an den aufgehenden Sonnengott:

(195) So sind sie beschaffen.
Sie beten diesen großen Gott am Morgen an,
wenn er im östlichen Torweg des Himmels verweilt.
Sie sagen zu RE:

Geboren ist der Geborene,
 Entstanden ist der Entstandene!
(O) Ehrwürdigster der Erde, *Ba* des Himmelsherrn –
 der Himmel gehört deinem *Ba*, daß er in ihm verweile,
 die Erde gehört (196) deinem Leichnam, Herr der Ehrwürdigkeit!
Du hast den Horizont ergriffen, du nimmst deinen Schrein ein,
 die beiden Göttinnen heben dich hoch mit ihrem Leib[79]!
Jauchzen sei dir, du *Ba*, der im Himmel ist!
 Deine beiden Töchter empfangen dich in deinen Gestalten!

Was sie in der *Dat* zu tun haben: diesen großen Gott anzubeten.
Sie stehen bei dieser Stätte,
 und sie werden den «Türkisgöttern» zugezählt[80].
Die «Türkisgötter» akklamieren RE,
 nachdem er sich niedergelassen hat im Himmel
 und aufgestrahlt ist in den Augen des Sonnenvolkes.
Dann verweilen diese Götter (wieder) in ihren Höhlen.

MITTLERES REGISTER

Dritte Szene. Statt der Sonnenscheibe, die in der elften Stunde auf dem Bug der Sonnenbarke ruhte, ist nun der Skarabäus CHEPRI hinter dem Bug dargestellt (*856*); er weist auf die kommende Verwandlung der widderköpfigen Nachtsonne in den morgendlichen Käfer hin. Die Sonnenbarke ist sonst unverändert und trägt die folgende Beischrift:

(197) Dieser Gott fährt dahin auf diese Weise in dieser Stätte
 im Rückgrat dieses geheimen Bildes der (Schlange) «Leben der Götter»,
 während seine Götter ihn ziehen.

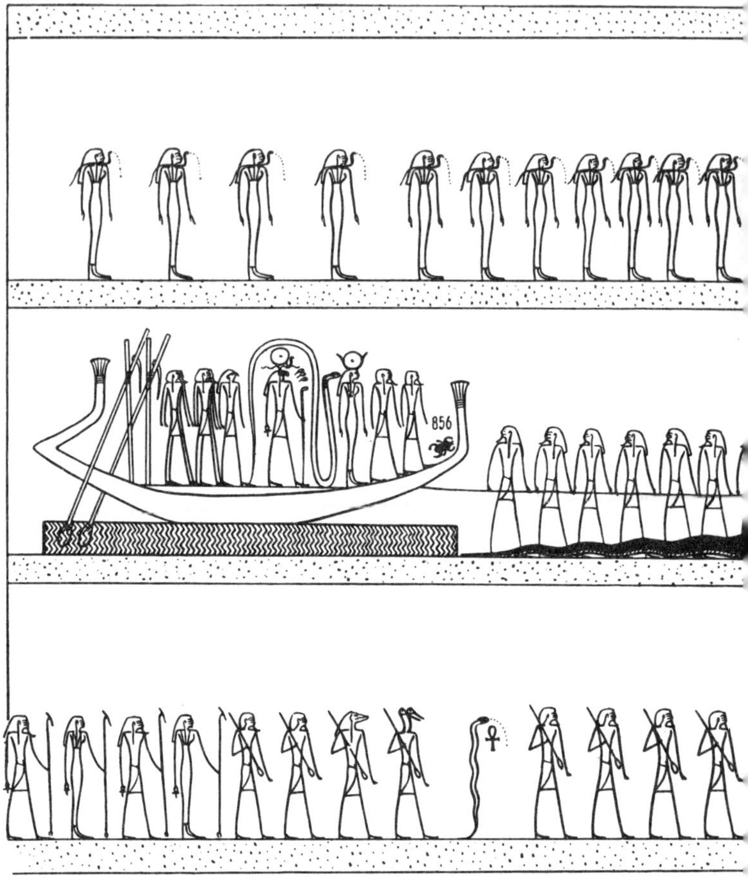

Abbildung 14 12. Stunde

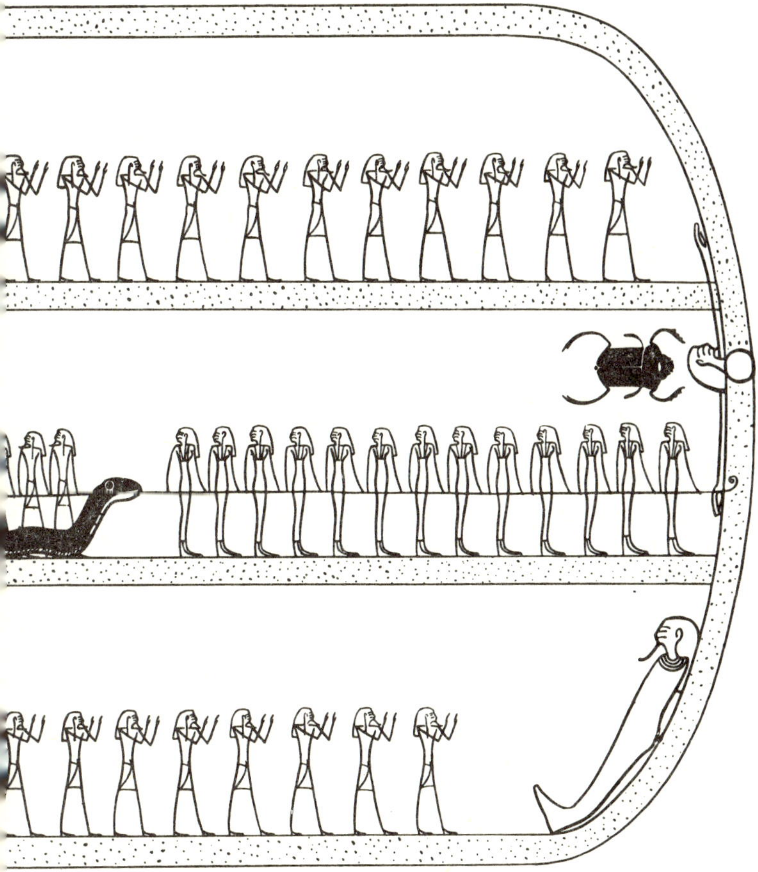

Er tritt ein in ihren Schwanz,
und er kommt heraus aus ihrem Maul,
indem er geboren ist in seiner Erscheinungsform des CHEPRI,
und die Götter, die in seiner Barke sind, ebenso.
Er verweilt über dem geheimen Bild des SCHU,
der den Himmel trennt von der Erde und der Urfinsternis.
Seine Arme sind es, welche die *Dat* versiegeln.
Dann läßt sich dieser Gott im östlichen Horizont des Himmels nieder,
und SCHU empfängt seine Erscheinungsform (des Käfers) beim östlichen Ufer.

Vierte Szene. Zwölf Götter als Zugmannschaft und Gefolge des Sonnengottes, die mit ihren Namen zugleich die alt und müde gewordenen, noch vor der Verjüngung stehenden Verstorbenen repräsentieren: «Der Alte» *(857)*, «Der Greise» *(858)*, «Der Altersschwache» *(859)*, «Der Weise» *(860)*, «Der sein Leben betritt» *(861)*, «Der seine Jahre durchlebt hat» *(862)*, «Der mit mächtiger Zeit» *(863)*, «Der Ehrwürdige» *(864)*, «Der Herr der Ehrwürdigkeit» *(865)*, «Der Ergraute» *(866)*, «Der zu den grauen (Haaren) gehört» *(867)* und «Der Lebende» *(868)*.

Diese Götter ziehen die Barke durch den Leib einer riesigen Schlange, die «Der *Ka* dessen, der die Götter leben läßt» heißt *(869)*, aber sicher mit dem «Weltumringler» identisch ist, der in der elften Stunde vor der Sonnenbarke getragen wird (oben S. 177). In den Beischriften wird sie abgekürzt «Leben der Götter» genannt, und so darf man sie in einer gleichnamigen Kobra wiedererkennen, die Tutanchamun sich in seinen Grabschatz mitgeben ließ[81]. Mit knappen Worten schildert die Beischrift das Wunder der Verjüngung, das sich allnächtlich im Leib dieser Schlange vollzieht:

(198) So sind sie beschaffen.
Sie ziehen diesen großen Gott im Rückgrat der (Schlange) «Leben der Götter».
Die Ehrwürdigen (Verstorbenen) des Re,
die hinter ihm und vor ihm sind –
sie werden täglich in der Erde (neu) geboren,
nach der Geburt dieses großen Gottes im Osten des Himmels.
Sie treten ein in das geheime Bild
der (Schlange) «Leben der Götter» als Ehrwürdige,
und sie kommen heraus als die Verjüngten
(199) des Re, Tag für Tag.
Ihr Abscheu ist es, auf Erden zu schreien
und den Namen des Größten Gottes auszusprechen.
Sie sind in ihrem eigentlichen Leib,
wenn sie hinter dem Größten Gott herausgehen zum Himmel[82].

Dieses geheime Bild der (Schlange) «Leben der Götter»
befindet sich an seinem unterweltlichen Sitz,
ohne daß es zu irgendeinem (anderen) Platz fortgeht, Tag für Tag.
(200) Dieser große Gott redet ihn an in seinem Namen «Glatter»,
damit er «glatt» sei zur Geburt des Gottes.
Er besitzt ein Rückgrat von 1300 Länge
an heiligen Gottesellen,
und er lebt vom Gemurmel der Ehrwürdigen, die in seinem Rückgrat sind
und aus seinem Maul herauskommen, Tag für Tag.

Fünfte Szene. Dreizehn Göttinnen, das Gesicht zur Sonnenbarke zurückgewandt, packen das Zugseil, das aus dem Maul der Schlange hervorkommt, um die Barke über den Himmel zu ziehen. Sie heißen: «Die Ziehende» *(870)*, «Die die Vollkommenheit RES schaut» (871), «Die CHEPRI schaut» (872), «Die den Leichnam ihres Gottes schaut» (873), «Die Herrin der Verjüngten» (874), «Die Herrin der Zeit» (875), «Die Ewige» (876), «Die mit lebendiger Schulter» (877), «Die auf der Barke redet» (878), «Die in ihrem Horizont jubelt» (879), «Die in ihrem Horizont verweilt» (880), «Die ihren Gott holt» (881) und «Die den Osten abschirmt» (882).

Am Ende des Registers schwebt ein großer *Skarabäus* (883, «CHEPRI») über dem «Bild des SCHU» (884), das den Kopf und die ausgebreiteten Arme dieses Gottes zeigt, der als Himmelsträger die Sonne emporhebt. Die Sonnenscheibe selbst durchstößt den ovalen Abschluß der Unterwelt und beendet damit ihre nächtliche Fahrt, um zum Himmel hinaufzusteigen und ihre Tagesfahrt zu beginnen.

Der Text über den ziehenden Göttinnen lautet:

So sind sie beschaffen.
Sie sind es, die das Zugseil der Sonnenbarke ergreifen,
wenn sie aus dem Rückgrat der (Schlange) «Leben der Götter» herauskommt.
Sie sind es, die diesen großen Gott im Himmel ziehen,
die ihn zu den Wegen des Himmels geleiten.
Sie sind es, die das, was am Himmel geschieht, verursachen –
wie Wind und Windstille, Sturm und Regen.
(201) Was sie unter den Lebenden befehlen,
ist das, was die Große Barke am Himmel tut.

UNTERES REGISTER

Sechste Szene. Zwei Götterpaare, die Urgötter NUN (885), NAUNET (886), HUH (887) und HAUHET (888). Wie die gesamte «Achtheit» der Urgötter bei der anfänglichen Schöpfung das Sonnenkind aus ihrer Mitte hervorgehen läßt, so assistieren die beiden Paare der Sonne bei ihrer täglichen Neugeburt. Die Beischrift lautet:

(202) So sind sie beschaffen in ihrem eigentlichen Leib.
Sie verweilen bei RE im Himmel.
Sie sind es, die diesen großen Gott empfangen
bei seinem Hervorgehen aus ihrer (Mitte) im Osten des Himmels, Tag für Tag.
Sie befinden sich bei ihrem Torweg des Horizontes,
ihr unterweltliches Bild (aber) bei dieser Höhle.

Siebente Szene. Eine aufgerichtete, feuerspeiende Schlange, «Der mit seinem Auge brennt» (*893*), trennt zwei Gruppen von je vier Göttern, die in einer Hand ein Ruder tragen und noch einmal die Mannschaft des Sonnenschiffes verkörpern. Sie heißen: «Der Geschmückte» (*889*), «Der mit hoher Autorität» (*890*), «Der Schreckliche» (*891*, krokodilköpfig), NEHI (*892*, mit zwei Vogelköpfen), «Dessen Zaubersprüche brennen» (*894*), «Der vor seinem ... (unklar) ist» (*895*), «Der mit mächtigem Herz» (*896*) und «Der Unterweltliche» (*897*). Der Text über diesen Gottheiten weist auf ihre Aufgabe hin, den APOPHIS und alle anderen Feinde vom Sonnenschiff fernzuhalten:

So sind sie beschaffen, indem sie ihre Ruder tragen.
Sie sind es, die den APOPHIS abwehren
im Osten des Himmels, nach der Geburt des Gottes.
Was sie zu tun haben: die Erhebung der Großen Sonnenscheibe zu veranlassen
im östlichen Horizont des Himmels, Tag für Tag.
(203) Es ist «Der mit seinem Auge brennt»,
welcher die Feinde RES am Morgen kocht.

Diese Götter durchziehen täglich den Himmel hinter diesem großen Gott,
sie empfangen ihre Gestalten bei dieser Höhle.

Achte Szene. Zehn Götter mit anbetend erhobenen Händen. Ihre Anbetung gilt dem OSIRIS-Bild der folgenden Szene. Sie heißen: «Der die *Achu* rühmt» *(898)*, «Der mit kräftigem Mund» *(899)*, «Der Schenkende» *(900)*, «Der Umfangende» *(901)*, «Der Tragende» *(902)*, «Der Musikant» *(903)*, «Der mit glänzendem (?) Arm» *(904)*, «Der mit verklärtem Mund» *(905)*, «Der ... (unklar)» *(906)* und «Der Gott ist» *(907)*. Die Beischrift lautet:

So sind sie beschaffen
rings um das Bild des OSIRIS, welcher in der Urfinsternis ist[83].
Worte, die sie diesem Gott (OSIRIS) sagen,
nachdem dieser große Gott (RE) an ihm vorbeigezogen ist:

(204) Lebe, du Lebendiger in seiner Finsternis!
Lebe, du Großer in seiner Finsternis,
Herr des Lebens und Herrscher des Westens, OSIRIS-CHONTAMENTI,
und lebe, du Lebendiger in der *Dat*!
Der Lebensodem RES gehört deiner Nase,
der Atem des CHEPRI ist bei dir,
damit du lebst und am Leben bleibst!
Heil dem OSIRIS, dem Herrn des Lebens!

Es sind die Götter, die im Gefolge des OSIRIS sind,
die mit ihm (zusammen) entstehen bei der Schöpfung[84].
Sie umgeben das geheime Bild bei dieser Höhle,
sie leben von dem, wovon es (das Bild) lebt,

sie atmen durch die Worte dieses Gottes
und durch ihre eigenen Gebete.

Neunte Szene. Gegen den ovalen Abschluß der Unterwelt ist eine einzelne große Mumie gelehnt, der als Name «Bild des Fleisches» beigeschrieben ist (*908*). Aus den Beischriften zu den beiden letzten Bildern geht hervor, daß diese Mumie das «Bild» des OSIRIS ist, das in der Unterwelt zurückbleibt, wenn der Sonnengott, zugleich der *Ba* des OSIRIS, zum Himmel emporsteigt. Bei der Mumie steht ein kurzer Text:

(205) So ist er beschaffen
als Bild, welches HORUS in der Urfinsternis verborgen hat.
Es ist dies geheime Bild, das SCHU stützt unter NUT,
damit die «Große Flut» (der Sonnengott) herausgehe aus der Erde und aus diesem Bild.

SCHLUSSTITEL (aus der Kurzfassung)

Der Anfang ist das Licht,
das Ende ist die Urfinsternis.
Der Lauf des Sonnengottes im Westen,
die geheimnisvollen Absichten, die dieser Gott in ihm verwirklicht.

Der erlesene Leitfaden, die geheimnisvolle Schrift der *Dat*,
die nicht gekannt wird von irgendeinem Menschen, außer vom Erlesenen.
Gemacht ist dieses Bild in dieser Weise
im Verborgenen der *Dat*,
unsichtbar, nicht wahrzunehmen!

Wer diese geheimnisvollen Bilder kennt, ist ein wohlversorgter *Ach*.

Immer geht er aus und ein in der *Dat*,
Immer spricht er zu den Lebenden.

Als wahr erprobt, Millionen Mal!

DAS PFORTENBUCH

ERSTE STUNDE

OBERES REGISTER

Erste Szene. Im Wüstengebirge stehen zwölf Götter ohne Attribute. Sie werden kollektiv als «Die Götter der Westwüste» bezeichnet und repräsentieren die seligen Toten. Ihre Beischrift lautet:

Die aus RE entstanden sind, aus seinem Glanzauge,
die aus seinem Auge hervorgegangen sind[1].
Er hat ihnen den Verborgenen Platz zugewiesen,
zu dem entrückt sind die Menschen und die Götter,
alles Vieh und alles Gewürm, das dieser große Gott geschaffen hat[2].
Dieser Gott sorgt für sie,
nachdem er sich (ihnen) genähert hat in der Erde,
die er geschaffen hat für sein rechtes Auge[3].

MITTLERES REGISTER

Zweite Szene. In der Mitte fährt die Barke des Sonnengottes dahin. Der Sonnengott ist als *Skarabäus* in der Sonnenscheibe dargestellt, um die Scheibe ringelt sich die in sich zurückgekrümmte Schlange, die in der späten Antike als *Uroboros*, «Schwanzbeißer», bezeichnet wird. Vorn in der Barke steht der Gott SIA, hinten der Gott HEKA. In das Wüstengebirge des oberen Registers ist ein schakalköpfiger Pfahl gesteckt, vor dem zwei Götter knien, mit der Beischrift «Wüste» und «Unterwelt»[4]. Der begleitende Text lautet:

RE sagt zur Wüste:
Sei hell, Wüste – es leuchtet für dich, was in mir ist,
welches die Menschen entrückt hatten,
und das ich (wieder) gefüllt habe ...[5]
Atem gehört euch, unter denen ich bin,
Licht gehört euch, Unterweltliche!
Mein Glanzauge gehört euch, denen ich ihre Entrückung befohlen habe,
nachdem sie alles Seiende entrückt hatten[6].
Ich habe euch verborgen vor denen, die auf Erden sind,
mit der Binde Geschmückte, die ihr auf der Wüste seid!

Es sagen diese Götter:
Dieser Pfahl (ist) das Befehlswort des Größten Gottes,
wenn er seinen Leib erhebt.
Komm doch zu uns, die wir aus ihm (dem Leib) hervorgegangen sind!
Heil dem, der in seiner Sonnenscheibe ist[7],
dem Größten Gott mit vielen Erscheinungsformen!
Ihre Opferspeisen bestehen aus Brot und Bier.

Dritte Szene. Ein widderköpfiger Pfahl, der in das Wüstengebirge des unteren Registers gesteckt ist, als Gegenstück des schakalköpfigen Pfahles der zweiten Szene. Wieder knien zwei Götter mit der Beischrift «Wüste» und «Unterwelt» vor dem Pfahl. Der Text stimmt weitgehend mit dem Text der zweiten Szene überein:

Es sagen diese Götter:

Abbildung 15 1. Stunde, Mittleres Register

Dieser Kopf (ist) das Befehlswort des Größten Gottes,
wenn (er) seinen Leib erhebt.

(RE spricht:)

Ich habe euch verborgen vor denen, die auf Erden sind,
mit der Binde Geschmückte, die ihr auf der Wüste seid!
Mein Glanzauge gehört euch, denen ich ihre Entrückung befohlen habe,
nachdem sie das Seiende entrückt hatten.
Euch (aber) ist Licht befohlen ...

Es sagen diese, die in der Wüste sind, zu RE:
O du, der uns verborgen hat, komm doch zu uns,
RE, aus dem wir hervorgegangen sind!
Heil dem, der in seiner Sonnenscheibe ist,
dem Größten Gott mit vielen Erscheinungsformen!

Ihre Opferspeisen sind Brot,
ihr Bier ist *Djeseret*,
ihre Erfrischung ist Wasser.
Geopfert wird der Wüste –
der, die Opferspeisen denen gibt, die in ihr sind,
als einem von diesen, die in ihr sind[8].

UNTERES REGISTER

Vierte Szene. Sie ist identisch mit der ersten Szene des Oberen Registers, auch die Beischrift ist gleich.

Erste Pforte. Sie wird, gegenüber den anderen Pforten, in verkürzter Form dargestellt. Sichtbar ist nur der Türflügel, der sich über die ganze Höhe der Darstellung erstreckt und von einer riesigen Schlange bewacht wird; sie heißt «Der die Wüste hütet» und hat damit auch von ihrem Namen her die Funktion eines Wächters. Der Beginn des Textes, der auf dem Türflügel steht, bezieht sich auf diesen schlangengestaltigen Wächter:

Er befindet sich auf diesem Türflügel,
er öffnet dem RE.
SIA (spricht) zu dem, «Der die Wüste hütet»:
Öffne dein Tor dem RE,
tu auf deine Tür dem ACHTI!
Der Verborgene Raum ist in Finsternis,
bis die Erscheinungsform dieses Gottes entstanden ist.
Dann wird diese Tür geschlossen,
nachdem dieser Gott eingetreten ist.
Dann klagen die, die in ihrer Wüste sind,
wenn sie das Zufallen dieses Türflügels hören.

ZWEITE STUNDE

OBERES REGISTER

Fünfte Szene. Zwölf Götter ohne Attribute: «Die mit Opfern Versorgten, die Re angebetet haben». Auch der Text der Szene spielt auf die Versorgung dieser «Götter» (d.h. selige Tote!) mit allen notwendigen Opfergaben an:

Die, welche RE angebetet haben auf Erden,
welche den APOPHIS bezaubert haben,
denen ihre Opfer gespendet werden,
wenn sie für ihre Götter räuchern.

Sie sind hinter ihren Opfern,
  sie verfügen über ihre Erfrischung;
sie empfangen ihre Opferspeisen,
  und sie nähren sich von ihren Opfern
  beim Tor des (Gottes) «Mit verborgenem Namen» (OSIRIS).
Ihre Opferspeisen befinden sich bei diesem Tor,
  und ihre Opfer bei dem, der in ihm ist[9].

RE sagt zu ihnen:
Ihr gehört zu euren Opfern,
  ihr verfügt über eure Erfrischung!
Eure Seelen sind nicht entrückt, eure Opferspeisen nicht zerstört worden.
(Denn) ihr seid die, die mich anbeten, die mir den APOPHIS köpfen[10].

Sechste Szene. Zwölf Götter ohne Attribute: «Die Gerechten, die in der *Dat* sind». Es sind wieder selige Tote, die im irdischen Leben der Richtschnur der *Maat* gefolgt sind. Der Text dieser Szene lautet:

Die, welche *Maat* gesprochen haben auf Erden,
  die sich nicht dem Unreinen genähert haben.
Sie werden zu diesem Tor gerufen[11],
  sie leben von der *Maat*,
  ihre Erfrischung ist in ihrem Bezirk.

RE sagt zu ihnen:
Maat gehört euch, auf daß ihr lebt,
  euer Bezirk gehört euch um der *Maat* willen!
Sie bemächtigen sich ihrer Erfrischung,
  deren Wasser Feuer ist
  für die Sünder und für die, die Unrecht getan haben[12].

Diese Götter sagen zu RE:
Bleibend ist RE wegen seiner Sonnenscheibe,
Macht (hat er) über den Schrein und das, was in ihm ist!
MEHEN (sorgt) für seine Bewachung,
und die Fackeln ACHTIS lösen die, die im Tor der *Schetit* sind[13].

Opferspeisen werden ihnen gegeben
als denen, deren Platz befriedet ist in ihrer Höhle.

MITTLERES REGISTER

Siebente Szene. Von nun an hat die Sonnenbarke ihre bleibende Gestalt: in der Mitte steht der widderköpfige Gott, *Uas*-Szepter und Lebenszeichen in den Händen haltend, in einem Schrein. Die MEHEN-Schlange umringelt schützend den Schrein. Am Bug steht als Sprecher des Sonnengottes der Gott SIA, vor dem Rudergestänge der Gott HEKA; die Gestalt des nächtlichen Sonnengottes heißt «Fleisch des RE».

Das Zugseil der Barke halten vier selige Tote, die kollektiv «Unterweltliche» genannt sind. Ihnen entgegen schreitet (oder steht) eine Prozession von vierzehn Göttern, von denen drei durch Attribute herausgehoben sind – der dritte hat einen Widderkopf, der vierte einen Falkenkopf, der letzte hält als Würdezeichen einen langen Stab in der Hand. Nur die ersten sieben Götter tragen individuelle Namen: 1. Korn – 2. Ohnearm (?) – 3. Widder – 4. HORUS – 5. Verständiger – 6. CHNUM – 7. Kind. Die folgenden sechs Gestalten heißen kollektiv «Götter, die im Eingang sind», der stabtragende Gott am Ende des Registers scheint anonym zu sein. Der begleitende Text bezieht sich auf das ganze Register:

Dahinfahren dieses großen Gottes auf den Wegen der *Dat*,
Ziehen dieses Gottes durch die Unterweltlichen Götter,
um zu verteilen, was in der Erde ist,
um für die zu sorgen, die in ihr (der Erde!) sind,
um Gericht zu halten im Westen,
um den Großen zu einem Geringen zu machen
unter den Göttern, die in der *Dat* sind,
um die *Achu* an ihren Platz zu stellen
und die Verdammten ihrem Urteil zu überliefern,
um die Leichname der Bestraften zu vernichten,
um den *Ba* der Vernichteten (?) einzusperren.

Abbildung 16 7. Szene

RE sagt:
O seht, ich habe mich mit der Binde geschmückt,
so daß ich mich des Schreines bemächtige, der in der Erde ist.
SIA und HEKA gesellen sich zu mir,
um für euch zu sorgen und euch eure Rollen zuzuweisen.
(Zwei verderbte Verse)
Nicht treten die Verdammten hinter euch ein,
euer Bedarf ist der der Götter.

Diese Götter sagen zu RE:
Finsternis herrscht auf den Wegen der *Dat* –
Öffne die verschlossenen Türen, Öffner der Erde,
den die Götter gezogen, der sich (selbst) erschaffen hat!

Ihre Opferspeisen sind Weihgaben,
ihr Bier ist ihre Erfrischung.
Opferspeisen werden ihnen gegeben
im Totenreich, im Westen.

UNTERES REGISTER

Achte Szene. Der auf den Stab gelehnte Gott ist ATUM. Vor ihm liegen ausgestreckt vier Gestalten, in denen sich die im Jenseits aufgehobenen vier Himmelsrichtungen verkörpern (vgl. S. 31); sie haben keine Attribute und heißen «Diese Müden». Den Rest des Registers füllen zwölf Feindgestalten, denen die Arme auf dem Rücken gefesselt sind. Es sind die «Wüstenbewohner» (wörtlich: «Die zur Wüste gehören»), wie sie im Text des Registers genannt werden:

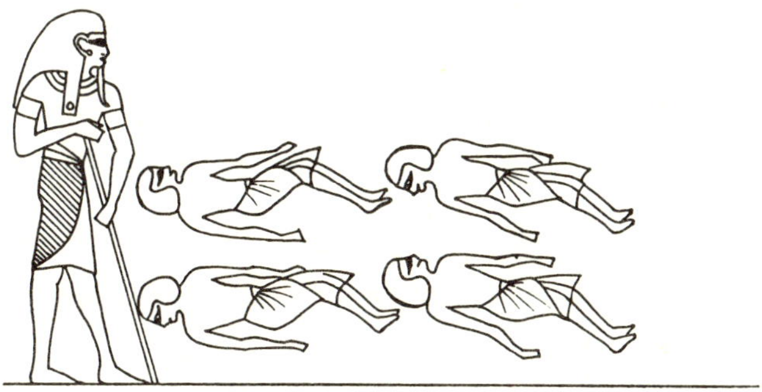

Abbildung 17 8. Szene (Ausschnitt)

Die Wüstenbewohner der Halle des Re,
die auf Erden gelärmt haben wegen Re,
die Böses gerufen haben gegen Den-im-Ei –
die Zeugen, die Worte ausgestoßen haben gegen Achti.
Was Atum für Re tut:
Den Gott verklären, den *Ba* preisen,
seinen Feinden Schlimmes zufügen.

Abbildung 18 8. Szene (Ausschnitt)

(Atum spricht:)

Mein Vater Re triumphiert über euch, ich triumphiere über euch!
Ich bin der Sohn, der hervorging aus seinem Vater,
ich bin der Vater, der hervorging aus seinem Sohn [14].
Ihr seid gefesselt, ihr seid fest mit Stricken gebunden.
Ich habe euch befohlen, daß ihr gefesselt seid,
eure Arme werden nicht geöffnet werden.
Zaubermächtig ist Re gegen euch, wirksam ist sein *Ba* gegen euch,
machtvoll ist mein Vater gegen euch, stark ist sein *Ba* gegen euch!

Euer Übel gehört euch, euer Gemetzel ist gegen euch,
eure Bestrafung gehört euch, zu Schlimmen seid ihr berufen!
Ihr seid verdammt worden von RE,
niedergeschlagen ist euer Zeugnis für euch, da es böse ist,
eure Verleumdung (fällt) auf euch (zurück), da sie schlecht ist,
verdammt seid ihr von meinem Vater!
Ihr seid diese, die Böses getan haben,
die ein Gemetzel veranstaltet haben in der Großen Halle!
Eure Leiber sind zum Kopfabschneiden bestimmt,
eure *Bau* zum Nichtsein!
Nicht sollt ihr RE in seinen Gestalten schauen,
wenn er in der *Schetit* dahinfährt!
Hei, RE! Stark bist du, RE!
Deine Feinde gehören der Vernichtungsstätte!

Zweite Pforte. Die Pforte zwischen den Gebieten der jeweiligen Nachtstunde hat von nun an ihre vollständige Gestalt; hinter dem Türflügel (wie bei der Ersten Pforte, oben S. 200f.) folgen zwei Mauern, die ein Fries von aufgerichteten Dolchen bekrönt. Jede Mauer wird von einer aufgebäumten *Uräus*-Schlange und von einem mumiengestaltigen Wächter bewacht. Im Inneren des Tores werden, hier als «Zweite Neunheit» bezeichnet, neun Mumien übereinander gezeigt; sie sind in Wirklichkeit wohl nebeneinander zu denken.

Die Pforte heißt «Mit scharfer Glut», der (obere) Wächter der ersten Mauer «Der die Nichtseienden verschlingt», der (untere) Wächter der zweiten Mauer «Blutschlürfer». Bei beiden Wächtern steht der Vermerk «Er beugt seine Arme für RE» (d.h. er läßt den Sonnengott ungehindert passieren!), während bei den beiden feuerspeienden *Uräus*-Schlangen jeweils der Vermerk steht: «Sie entzündet Feuer für Re» – um ihn gegen seine Feinde zu schützen. Die Schlange auf dem Türflügel heißt «Der Gewundene». Vor dem Tor steht der folgende Vermerk:

Gelangen dieses großen Gottes zu dieser Pforte,
  Eintreten in diese Pforte.
Die Götter, die in ihr sind, preisen diesen großen Gott.

Im Tor, vor der Mumien-«Neunheit», steht der Text:

Geöffnet ist die Pforte für ACHTI,
  aufgetan ist die Tür für «Den, der im Himmel ist» (den Sonnengott).
Hei! Komm doch, du Wandelnder,
  der den Westen durchfährt!

(Der Text auf dem Türflügel stimmt zum Teil mit dem Text auf dem Türflügel der ersten Pforte, oben S. 201, überein:)

Er befindet sich auf diesem Türflügel,
  er öffnet dem RE.
SIA (spricht) zum «Gewundenen»:
Öffne dein Tor dem RE,
  tu auf deine Tür dem ACHTI!
Er erhellt die Urfinsternis
  und bringt Licht in den Verborgenen Raum.
Dann wird diese Tür geschlossen,
  nachdem dieser große Gott eingetreten ist.
Dann klagen die, die in ihrer Pforte sind,
  wenn sie das Zufallen dieses Türflügels hören.

DRITTE STUNDE

OBERES REGISTER

Neunte Szene. Zwölf Schreine mit geöffneten Türflügeln; in jedem Schrein steht eine schwarz ausgemalte Mumie mit Götterbart. Über allen Schreinen ist eine riesige, feuerspeiende Schlange gemalt, die im Text «Flammender» genannt wird. Die Beischrift lautet:

Abgeschirmte Götter, die in der *Dat* sind,
in ihren Schreinen, die Gottesleiber.
Der «Flammende» hütet ihre Schreine.

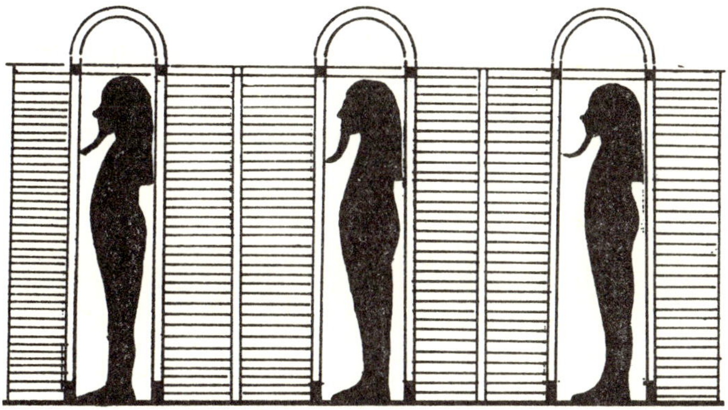

Abbildung 19 9. Szene (Ausschnitt)

RE sagt zu ihnen:
Öffnung sei euren Schreinen,
damit mein Licht eintreten kann in eure Dunkelheit!
Als ich euch gefunden habe, habt ihr getrauert,
und eure Schreine waren verschlossen über euch.

(Nun) gebe ich Atem an eure Nasen
  und weise euch zu eure Verklärtheit.

Sie sagen zu RE:
Hei Re! Komm doch zu uns,
  Größter Gott, der seinen Untergang nicht kennt[15],
  den die, die vor ihm und die hinter ihm sind,
  das Gefolge (nämlich), begrüßen!
Wie jubelnswert ist es, wenn RE die Erde durchzieht,
  wenn der Größte Gott die *Schetit* durchwandelt!

Ihre Opferspeisen bestehen aus Brot,
  ihr Bier ist *Djeseret*,
  ihre Erfrischung ist Wasser.
Was ihnen gegeben wird, ist Leben,
  ist das, womit ihr Leben «entflammt» wird[16].
Dann schließen sich ihre Türen über ihnen, nachdem dieser Gott vorbeigegangen ist.
  Dann klagen sie, wenn sie ihre Türen über sich zufallen hören.

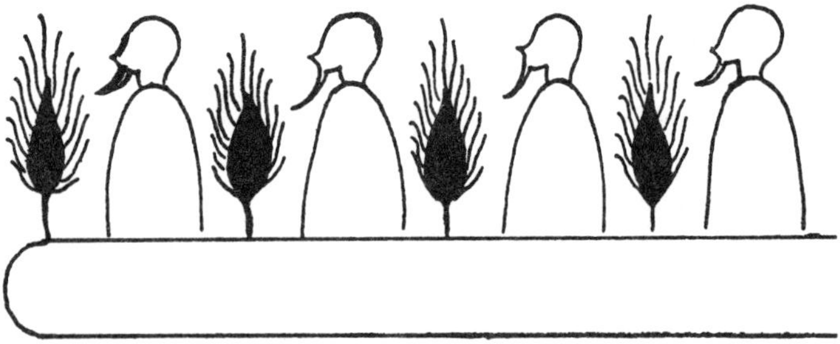

Abbildung 20 10. Szene (Ausschnitt)

Zehnte Szene. Der «Feuersee» als Rechteck (oder mit ovalem Abschluß), das mit roten Wellenlinien ausgemalt ist. Auf ihm – nach ägyptischer Zeichenweise ist gemeint: um ihn – befinden sich zwölf Gebilde, die wie Stelen aussehen, in der Beischrift aber als «Umhüllungen» (der Mumie) bezeichnet werden. Aus jeder «Umhüllung» ragt ein schwarz bemalter menschlicher Kopf mit Götterbart heraus. Vor jedem dieser «Götter, die im Feuersee sind» steht eine Kornähre (in manchen Exemplaren wie ein Baum stilisiert), um die materielle Versorgung dieser seligen Toten anzudeuten. Der Text lautet:

Jener See befindet sich in der *Dat*
  und ist umgeben von diesen Göttern.
Sie befinden sich in den Umhüllungen,
  ihre Köpfe (aber) sind entblößt.
Dieser See ist voll mit Gerste[17],
  (aber) das Wasser dieses Sees ist Feuer.
Die Vögel fliegen davon, wenn sie sein Wasser sehen
  und den Gestank riechen, der in ihm ist.

Re sagt zu ihnen:
Euer Götter-Unterhalt
  besteht aus der Gerste dieses Sees.
Enthüllung sei euren Köpfen,
  Verborgenheit euren Gliedern,
  Atem euren Nasen!
Eure Opfer gehören euch, (nämlich) Gerste,
  Opferspeisen gehören euch von eurem See.
Sein Wasser gehört euch, ohne daß sein Feuer gegen euch ist,
  ohne daß seine Glut gegen eure Leichname ist!

Sie sagen zu RE:
Komm doch zu uns, der in seiner Barke dahinfährt,
  für den sein Auge die Fackel entzündet,
  dessen Glanzauge die Unterweltlichen erleuchtet!
Hei! Du näherst dich, der (du) uns nützlich bist,
  Größter Gott, der mit seinem Auge entflammt[18]!

Ihre Opferspeisen sind Gerstenbrot,
  ihr Bier ist Gerste,
  ihre Erfrischung ist Wasser.
Opferspeisen werden ihnen gegeben
  als Herren der Erneuerung (?) in diesem See.

MITTLERES REGISTER

Elfte Szene. Die Sonnenbarke, in üblicher Gestalt (vgl. S. 203) wird von vier «Unterweltlichen» gezogen. Das Zugseil verschwindet im Maul eines Doppelstieres, durch den die Sonnenbarke offenbar hindurchgezogen wird – vier weitere «Unterweltliche» ziehen das Seil aus dem jenseitigen Stiermaul wieder heraus. Der Doppelstier ist nur schematisch durch zwei Stierköpfe und zwei vollständige Stierfiguren angedeutet; er wird «Barke der Erde (d. h. der Unterwelt)» genannt und von neun mumiengestaltigen Gottheiten («Träger») getragen. Auf der langgestreckten «Erdbarke» hocken sieben mumiengestaltige Götterfiguren: «Götter, die in (der Erdbarke) sind». Der Text dieser Szene lautet:

Gezogen wird dieser große Gott von den Unterweltsgöttern.
  Dann gelangt dieser große Gott zur Erdbarke, dem Götterschiff.

RE sagt zu ihnen:
O Götter unter der Erdbarke, die ihr das *Dat*-Schiff tragt –
Erhebung sei euren Gestalten,
Licht sei eurem Schiff, abgeschirmt sei der, welcher in ihm ist!
Die Erdbarke ist vor mir zurückgewichen,
das *Dat*-Schiff hat meine Gestalt(en) erhoben.
Siehe, ich durchwandle die *Schetit*,
um für die zu sorgen, die in ihr sind!
Es bebt die Erde, es bebt die Erde!
Stark ist der *Ba*, und es freut sich der Doppelstier.
Gott geht zur Ruhe in dem, den er geschaffen hat (d.h. in der «Erdbarke»)[19].

Abbildung 21 11. Szene (Ausschnitt)

Diese Götter sagen zu RE:
Stark ist RE, wirksam ist sein *Ba*, zusammen mit dem Erdgott.
Stark sind seine Götter für RE, wenn er zur Ruhe gegangen ist.
Es jubeln das *Dat*-Schiff und diese Barke (?),

dann (aber) klagen sie, wenn Re an ihnen vorübergegangen ist.
Ihre Opfer sind frische Pflanzen,
Opfer werden ihnen gegeben als denen, welche die Stimme der Seienden hören.

Zwölfte Szene. Vier eingehüllte Götter mit unsichtbaren Händen: «Gewickelte». Ihnen entgegen schreiten die vier «Unterweltlichen», welche die Sonnenbarke ziehen. Die Beischrift bezieht sich auf beide Gruppen:

Gezogen wird dieser große Gott von den Unterweltlichen,
aus der heiligen Barke, die in der Erde ist.
Anweisung an die Gewickelten, deren Arm verborgen ist:
Eure Anteile gehören euch, Gewickelte der Erde,
(nämlich?) der Ruf des Chentimenetef («Der seinen Schenkeln vorsteht»).
Mögen eure Köpfe entblößt und eure beiden Arme verborgen sein!
Lufthauch sei euren Nasen,
Lösung sei euren Mumienbinden!
Ihr bemächtigt euch eurer Opferspeisen,
ihr geht zur Ruhe in dem, den ich geschaffen habe[20].

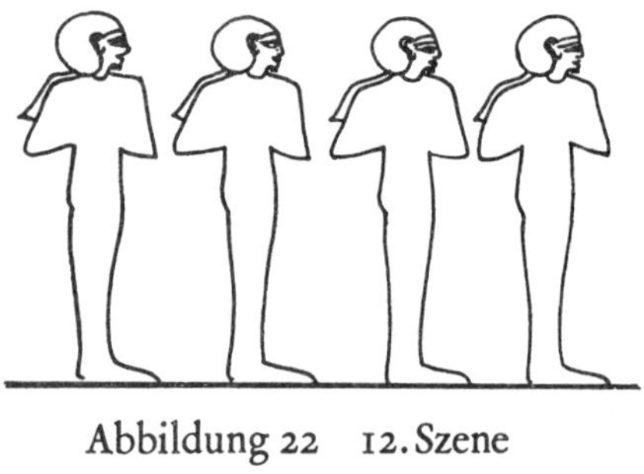

Abbildung 22 12. Szene

Ihre Opferspeisen sind Brot,
ihr Bier ist *Djeseret*,
ihre Erfrischung ist Wasser.
Ihre Opfer werden ihnen gegeben
als ihre hellfarbigen Kleider in der Dat.

UNTERES REGISTER

13. Szene. Der Gott ATUM stützt sich auf einen langen Stab; vor ihm ringelt sich, vielfach gewunden, eine Schlange: der Sonnenfeind APOPHIS. Hinter APOPHIS folgen neun Götter ohne Attribute: «Kollegium, das den APOPHIS abwehrt». Der Text lautet:

Was ATUM für RE getan hat:
Den Gott zu verklären, den Rebellen zu fällen.
Du bist umgestürzt, so daß du nicht aufstehst!
Du bist bezaubert, so daß du dich nicht findest!
Triumphiert hat mein Vater über dich, triumphiert habe ich über dich!
Ich habe dich vertrieben für RE,
ich habe dich bestraft für ACHTI!

Abbildung 23
13. Szene (Ausschnitt)

Sie sagt, die Neunheit des RE[21],
wenn sie den APOPHIS von RE abwehrt:
Dein Kopf ist abgeschnitten, APOPHIS, die Windungen sind zerschnitten!
Nicht wirst du der Barke des RE nahekommen,
nicht wirst du dich dem Gottesschiff nähern!
Die Glut der *Schetit* ist gegen dich herausgefahren,
wir haben dich zu deiner Vernichtung verdammt!

Sie leben von den Opferspeisen RES und von den Opfern CHONTAMENTIS.
Geopfert wird ihnen auf Erden,
Erfrischung wird ihnen gespendet
als Herren der Opferspeisen bei RE.

14. Szene. Eine zweite Figur des ATUM, auf den langen Stab gelehnt. Vor ihm neun Götter mit Lebenszeichen und *Uas*-Szepter in den Händen: «Die Herren des Unterhalts».

ATUM sagt zu diesen Göttern:
O Götter, die Leben und *Uas*-Szepter tragen,
die sich auf ihre Szepter stützen –
Wehrt den Widersacher ab von ACHTI,
zerstückelt das Fleisch des Bösartigen!

Diese Götter sagen, wenn sie den APOPHIS bezaubern:
Geöffnet ist die Erde für RE,
verschlossen ist die Erde für APOPHIS!
O Unterweltliche des CHONTAMENTI, die ihr in der *Schetit* seid –
betet RE an und vertreibt seine Feinde,
schützt den «Großen» (OSIRIS!) vor dem «Bösen Fleisch»!
Hei! Gefällt ist RES Feind für RE!

Sie leben von den Opferspeisen Res und von den Opfern Chontamentis.

Geopfert wird ihnen auf Erden,
  Erfrischung wird ihnen gespendet
  als denen, die im Westen gerechtfertigt sind,
  mit abgeschirmter Schulter am Verborgenen Platz.
Sie jammern um Re
  und sie klagen um den Größten Gott,
  nachdem er an ihnen vorbeigegangen ist.
Wenn er enteilt, umhüllt sie Finsternis
  und ihre Höhlen werden über ihnen verschlossen.

Dritte Pforte. Sie ist wie die zweite gestaltet (vgl. S. 207), ihr Name lautet «Herrin der Ernährung». Im Inneren die «Dritte Neunheit des Größten Gottes, die darin ist» als neun Mumien. Der obere Wächter heißt «Erdbeben», der untere «Erdzittern», der schlangengestaltige Wächter auf dem Türflügel «Stechender». Die Beischriften entsprechen denen zur Zweiten Pforte (oben S. 208), nur der Text vor der Mumien-«Neunheit» ist abgewandelt und lautet hier:

Geöffnet ist dir die Erde, aufgetan ist dir die *Dat*,
  Himmlischer – du hast die Dunkelheit aufgedeckt.
Hei, Re! Komm doch zu uns!

VIERTE STUNDE

OBERES REGISTER

15. Szene. Zwölf Götter ohne Attribute: «Die Götter, die zu ihrem *Ka* gehen». Dazu die Beischrift:

Die zu ihren *Kau* gehen,
die gereinigt sind durch das Abwischen des Blutes (?)
derer, die entrückt wurden in ihrer Lebenszeit,
welche das Opfer an seinen Platz leiten.

RE sagt zu ihnen:
Euer Bedarf gehört euch, Götter, von euren Opfern!
Ihr macht eure *Kau* recht für euch, so daß ihr zufrieden seid.
Eure Feinde sind vernichtet, ohne Sein.
Eure *Achu* sind bei ihren Thronsitzen,
und die *Bau* beim Siegel.

Sie sagen zu RE:
Akklamation dir, RE-ACHTI!
Heil dir, wirkender *Ba* in der Erde!
Heil dir, Immerwährender, Herr der Jahre,
Dauer, die nicht ausgelöscht wird!

Ihre Opferspeisen sind die Opfergaben,
ihre Erfrischung ist Wasser.
Dann jammern sie, wenn sie das Zufallen ihrer Türen hören.
Ihre Opferspeisen werden ihnen gegeben
als denen, die das «Seelengefängnis» ziehen[22].

16. Szene. Ein rechteckiges Gewässer, das «See des Lebens» genannt ist. An seinem Rand stehen zwölf schakalköpfige Götter: «Schakale, die im ‹See des Lebens› sind». Der Text dieser Szene lautet:

Sie befinden sich im Umkreis dieses Sees,
die *Bau* der Toten (aber) können sich ihm nicht nähern,
wegen des Bannkreises, der in ihm ist.
RE sagt zu ihnen:

Euer Bedarf gehört euch, Götter in jenem See!
Ihr hütet euer Leben in eurem See.
Eure Opfer sind das, was die Schakale hüten,
welche bei (?) eurem See ruhen.

Abbildung 24 16. Szene (Ausschnitt)

Sie sagen zu RE:
Du bist gereinigt, RE, in deinem abgeschirmten See,
in welchem du die Götter gereinigt hast,
dem sich die *Bau* der Toten nicht nähern können,
(wie) du selber befohlen hast, ACHTI!

Ihre Opferspeisen sind Brot,
ihr Bier ist *Djeseret*,
ihr Wasser ist Wein.
Dann jammern sie, wenn sie hören, wie ihre Türen über ihnen zufallen.
Ihre Opferspeisen werden ihnen gegeben als Herrn des Restes (?) von ihnen[23]
im Umkreis dieses Sees.

17. Szene. Ein zweites rechteckiges Gewässer, diesmal als «See der *Uräus*-Schlangen» bezeichnet. Die zehn aufgebäumten Kobra-Schlangen (*Uräen*) an seinem Rand heißen kollektiv «Lebende *Uräen*». Die Beischrift lautet:

Sie reden, nachdem RE zu ihnen gelangt ist.
Die *Bau* wenden sich um, und die Schatten sind vernichtet,
wenn die Stimme der *Uräen* gehört wird[24].
RE sagt zu ihnen:
Euer Bedarf gehört euch, *Uräen*,
in jenem See, den ihr hütet.
Eure Flammen sind ein Gluthauch in meinen Feinden,
euer Feuer ist in denen, die böse gegen mich sind.
Heil euch, *Uräen!*

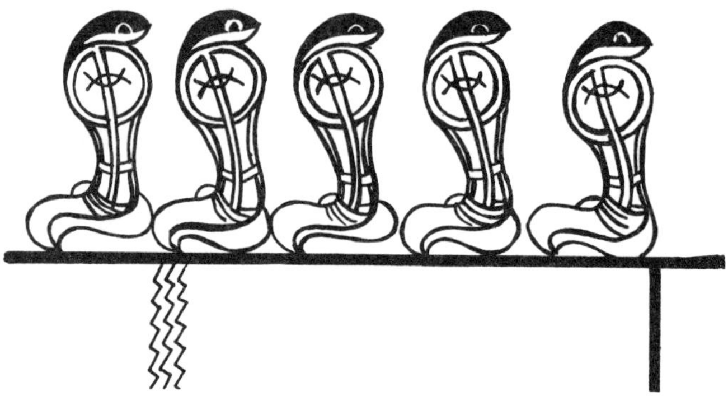

Abbildung 25 17. Szene (Ausschnitt)

Sie sagen zu RE:
Komm doch zu uns, der du TATENEN durchziehst,
komm doch zu uns, der du dich selber schützst!
Du bist ja der Glanz der *Dat*,
Größter Gott in der *Schetit!*
Dann jammern sie, nachdem RE an ihnen vorbeigegangen ist.

MITTLERES REGISTER

18. Szene. Die Sonnenbarke, mit der üblichen Besatzung, wird von vier «Unterweltlichen» gezogen. Dabei steht als begleitender Text:

Gezogen wird dieser große Gott von den Unterweltsgöttern.
Fahren in der *Schetit*,
  Sorgen für die, die in ihr sind.

(Re spricht:)

Zieht mich, Unterweltliche, die ich erblickt habe –
  ich bin es, der euch geschaffen hat!
Streckt eure Arme, damit ihr mich zieht mit ihnen!
Kehrt doch um zum Osten des Himmels,
  zu dem Platz, der Osiris erhebt, (zu) jenem geheimen Berg!
Dieses Licht gehört dem, der von den Göttern umgeben ist (Osiris).
  Sie empfangen mich, wenn ich herausgehe aus euch, aus der *Schetit*.
Zieht mich, (während) ich für euch sorge,
  zum Tor, das die Unterweltlichen verhüllt[25]!

Abbildung 26 19. Szene (Ausschnitt)

19. Szene. Ein neunfach geteilter Schrein, oben von einer Hohlkehle bekrönt. Jedes der neun Fächer des Schreines, die im Text als «Löcher» bezeichnet werden, enthält eine liegende Mumie mit Götterbart. Die Mumien heißen kollektiv «Götter des Osirisgefolges, die in ihren Löchern sind».

RE sagt zu ihnen:
Ich habe die Götter erblickt, ich habe Denen-in-ihren-Löchern Gewalt angetan (?).
Erhebt euch doch, ihr Götter!
Ich sorge ja für euch,
  während ihr in euren Löchern seid.
Ihr seid die, welche die *Bau* hüten,
  ihr lebt von ihrer Verwesung,
  ihr atmet von ihrer Fäulnis.
Ihr richtet euch auf wegen meiner Sonnenscheibe,
  ihr streckt euch gerade für meinen Sonnenglanz.
Euer Bedarf gehört euch in der *Dat*
  von diesem, was ich euch zugewiesen habe!

Ihre Opferspeisen sind Fleisch,
  ihr Bier ist Djeseret,
  ihre Erfrischung ist Wasser.
Dann jammern sie, wenn sie gehört haben,
  daß ihre Türen über ihnen zufallen.

20. Szene. Zwei Dreiecke, die zur Hälfte mit Wellenlinien, zur Hälfte schwarz ausgemalt sind (vgl. S. 404). Auf ihnen stehen jeweils sechs «Stundengöttinnen, die in der *Dat* sind», also insgesamt die personifizierten zwölf Nachtstunden; die Göttinnen tragen keine Attribute. Zwischen den beiden Dreiecken ist der Leib einer riesigen, vielfach gewundenen Schlange ausgebreitet. Die Schlange ist hier weiblichen Geschlechts und heißt «Die Entfernende», wozu als Objekt die Stunden zu denken sind. Über ihr steht eine einzelne waagrechte Zeile, die vermutlich den Namen der Schlange fortsetzt:

(«Die Entfernende»), die zwölf Schlangen gebiert,
die von ihr (wieder) vernichtet und von den Stunden(göttinnen) verschlungen werden.

Abbildung 27 20. Szene (Ausschnitt)

Der eigentliche Text der Szene bezieht sich auf die Stundengöttinnen und lautet:

Sie stehen da auf ihrem See,
sie lenken Re über ihre Ufer.
Re sagt zu ihnen:
Hört, ihr Stundengöttinnen, was euch zugerufen wird!
Ihr habt (die Zeit) verbracht, die ihr seid[26],
ihr habt eure Pforten eingenommen.
Eure Vorderseite gehört der Finsternis,
eure Hinterseite dem Licht.
Eure Lebensdauer ist «Die Entfernende» (Schlange),
ihr lebt von dem, was aus ihr hervorgeht.

Euer Bedarf befindet sich in der *Dat*.
Ihr verschlingt das, was «Die Entfernende» gebiert,
und vernichtet das, was aus ihr hervorgeht.
Möget ihr mich leiten, (denn) ich bin es, der euch geboren hat!
Ich handle gemäß meiner Begrüßung,
und ihr seid ja zufrieden, meine Stunden!

Ihre Opferspeisen sind Brot,
ihr Bier ist *Djeseret*,
ihre Erfrischung ist Wasser.
Ihre Opferspeisen werden ihnen gegeben
als denen, die vor den *Achu* herausgehen.

UNTERES REGISTER

21. Szene. Am Anfang steht, auf einen Stab gelehnt, der falkenköpfige Gott HORUS. In der gleichen Richtung gehen ihm zwölf Gottheiten voraus – eine aufgebäumte *Uräus*-Schlange («Die Flammende») und elf Götter ohne Attribute, die «Götter, die zur Binde gehören». Vor ihnen, in einem Schrein, steht der mumiengestaltige Gott OSIRIS als «CHONTAMENTI» auf einer Schlange. Hinter dem Schrein des OSIRIS stehen zwölf weitere Götter ohne Attribute; sie werden kollektiv als «Götter, die hinter dem Schrein sind» bezeichnet. Die Darstellung zeigt also, wie der Totenherrscher OSIRIS allseitig (in zweidimensionaler Darstellung auf beiden Seiten!) von seinem Göttergefolge umgeben ist. Der lange Text dieser Szene kreist um die «Binde» des OSIRIS und läßt, in ungewöhnlich dramatischem Aufbau, abwechselnd HORUS, OSIRIS und das Göttergefolge zu Wort kommen:

Was Horus für seinen Vater Osiris getan hat:
ihn zu verklären, ihm die Binde zurückzuerstatten.

(Horus spricht:)

Mein Herz fährt stromauf zu meinem Vater,
mein Herz ist recht, mein Vater!
Ich schütze dich vor denen, die (etwas) gegen dich getan haben,
ich verkläre dich mit dem, was dir gehört.
Macht gehört dir, Osiris,
Erhabenheit dir, Chontamenti!
Dein Bedarf gehört dir, Herrscher der *Dat*
mit hoher Gestalt in der *Schetit!*
Die *Achu* gehören der Furcht vor dir,
die Toten deiner Autorität,
Ersatz gehört deiner Binde.
Ich bin dein Sohn Horus,
ich überprüfe den Schaden daran (an der Binde).

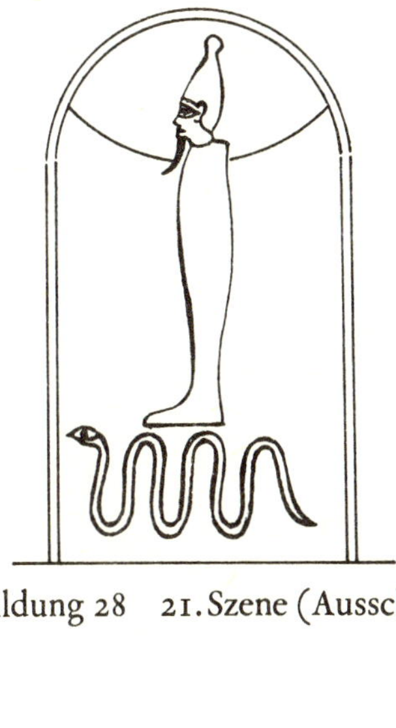

Abbildung 28 21. Szene (Ausschnitt)

Diese Götter des CHONTAMENTI sagen:
Du bist hoch, Unterweltlicher,
du bist stark, CHONTAMENTI!
Dein Sohn HORUS ersetzt deine Binde,
er verklärt dich und bestraft deine Feinde.
Es schwellen für dich die Muskeln
an deinen Armen, OSIRIS-CHONTAMENTI[27]!

CHONTAMENTI sagt:
Komm doch zu mir, mein Sohn HORUS,
damit du mich schützst vor denen, die (etwas) gegen mich taten!
Du überweist sie dem Obersten der Vernichtenden –
er ist es, der die Fallen hütet!

HORUS sagt zu diesen Göttern,
die um den Schrein herum sind:
Ihr seid mir zugezählt, Götter,
die ihr im Gefolge CHONTAMENTIS seid!
Ihr steht, ihr weicht nicht zurück, ihr seid mächtig!
Kommt doch, damit ihr gespeist werdet
mit dem Brot des HU,
mit dem Bier der MAAT!
Ihr lebt von dem, wovon mein Vater lebt,
eure Anteile sind in der *Schetit*.
Ihr befindet euch um den Schrein herum,
gemäß der Weisung des RE.
Ich rufe euch zu – er (RE) aber ist es, der für euch gesorgt hat!

Ihre Opferspeisen sind Brot,
ihr Bier ist *Djeseret*,
ihre Erfrischung ist Wasser.

Gegeben werden ihnen ihre Opferspeisen
als denen, die zu den Mahlzeiten im Schrein gehören[28].

22. Szene. Vier feuergefüllte (mit roten Flammen ausgemalte) «Fallen», in einigen Exemplaren mit einer Öffnung versehen und damit an die Feueröfen frühchristlich-koptischer Höllenschilderungen erinnernd. Vor jeder ein gebückter Henkersknecht, dazu am Ende des Registers, den «Fallen» und Henkersknechten zugewandt, ein Gott mit Lebenszeichen und *Uas*-Szepter in den Händen. Er heißt «Der Oberste der Vernichtenden», die vier Gehilfen sind «Die über ihren Fallen sind».

HORUS sagt zu diesen Göttern:
Möget ihr die Feinde meines Vaters packen,
möget ihr sie zu euren Fallen fortschleifen,
wegen dieses Schmerzlichen, das sie getan haben
gegen den Großen, den man gefunden hat, der mich geboren hat!
Eure Anteile gehören euch in der *Dat*,
die ihr die flammenden Fallen hütet,
gemäß der Weisung des RE.
Ich rufe euch zu – er (RE) aber ist es, der für euch gesorgt hat!
Dieser Gott steht da über diesen Fallen.

Abbildung 29
22. Szene
(Ausschnitt)

Vierte Pforte. Sie hat die übliche Gestalt (vgl. S. 207), ihr Name lautet «Die gemacht ist». Im Inneren neun Mumien als «Vierte Neunheit». Der obere Wächter heißt «Der Verschlinger», der untere «Der einem auf den Leib rückt», der schlangengestaltige Wächter auf dem Türflügel «Fackelgesicht». Von den Beischriften weicht wiederum nur der Text vor der «Neunheit» von dem üblichen Schema (oben S. 208) ab:

Geöffnet sind unsere Türen, aufgetan unsere Pforten für RE-HARACHTE.
Hei, RE! Komm doch zu uns,
  Größter Gott, Herr der Geheimnisse!

FÜNFTE STUNDE

OBERES REGISTER

23. Szene. Zwölf sich verneigende Götter, ohne Attribute: «Die Akklamierenden, die in der *Dat* sind». Der Text dieser Szene lautet:

Sie akklamieren den (Sonnengott) RE
  im Westen, und sie «erhöhen» (d. h. bejubeln) HARACHTE –
(sie), die RE gekannt haben (schon) auf Erden
  die ihm ihre Opfer dargebracht haben an ihren Plätzen;
ihre *Achu* sind (nun) beim abgeschirmten Ort des Westens.
Sie sagen zu RE:
Willkommen, RE, wenn du dich der *Dat* näherst!
  Lobpreis dir, wenn du das Abgeschirmte betrittst im MEHEN!
RE sagt zu ihnen:
Opfergaben gehören euch, Zufriedene!

Ich bin zufrieden gewesen mit dem, was ihr für mich getan habt,
als ich erstrahlte im Osten des Himmels
und unterging im Heiligtum meines Auges.

Ihre Opferspeisen sind die Opfergaben RES,
ihr Bier ist sein *Djeseret*,
ihre Erfrischung ist Wasser.
Geopfert wird ihnen auf Erden
als denen, die bei RE akklamiert werden im Westen.

24. Szene. Zwölf Götter ohne Attribute, die mit ihren Händen gemeinsam einen langen Meßstrick packen: «Die den Meßstrick tragen in den Gefilden der Unterwelt».

(RE spricht:)
Die ihr den Meßstrick tragt im Westen,
die ihr Äcker verteilt an die *Achu* –
empfangt doch den Meßstrick
packt doch den «Ackerstrecker» der Westlichen!
Ihre *Achu* (stehen) bei euren Thronen,
die Götter bei euren Sitzen.
Die *Achu* des «Göttlichen» (OSIRIS?) sind zufrieden,
das *Ach*-Gefilde ist gemessen durch das, was im Strick ist [29].

Abbildung 30 24. Szene (Ausschnitt)

Richtig seid ihr für die Seienden,
nicht richtig sollt ihr sein (für) die Nichtseienden!

Sie sagen zu Re:
Gerichtet ist der Meßstrick im Westen,
zufrieden ist Re mit dem Gestreckten.
Euer Bedarf gehört euch, Götter,
eure Anteile gehören euch, *Achu!*
Seht, Re schafft eure Äcker,
er weist euch den Grundbesitz zu, in dem ihr seid.
Hei, (du) Fahrender, Achti –
Siehe, die Götter sind zufrieden mit ihrem Bedarf,
die *Achu* sind zufrieden mit ihren Anteilen!

Ihre Opferspeisen sind im Binsengefilde,
ihre Opfergabe ist das, was aus ihm hervorgeht.
Geopfert wird ihnen auf Erden
und in diesem Acker, dem Binsengefilde.

25. Szene. Vier Götter mit Lebenszeichen und *Uas*-Szepter in Händen, in Gegenrichtung zu den Trägern des Meßstrickes, von denen sie auch durch die Attribute abgehoben sind. Ihr kollektiver Name «Die Obersten des Meßstrickes im Westen» zeigt, daß sie die in der vorigen Szene beschriebenen Vorgänge beaufsichtigen.

Re sagt zu ihnen:
Abschirmung gehört euch, Messende,
Oberste des Meßstrickes im Westen!
O laßt die Äcker bestehen, die den Göttern gegeben sind
und den *Achu*, die zum Messen im Binsengefilde gehören!

Sie sind es, die Äcker und Grundbesitz geben
den Göttern und den *Achu*, die in der *Dat* sind.

Ihre Opferspeisen sind im Binsengefilde,
  ihre Opfergabe ist das, was aus ihm hervorgeht.

MITTLERES REGISTER

26. Szene. Die Sonnenbarke mit der üblichen Besatzung und den vier ziehenden «Unterweltlichen». Der begleitende Text lautet:

Gezogen wird dieser große Gott von den Unterweltsgöttern.
Fahren in der *Schetit.*

(Re spricht:)
Zieht doch für mich, Unterweltliche!
  Bringt mir doch Ovationen dar, die ihr vor den Toren seid!
Stark seien eure Stricke, daß ihr mich mit ihnen zieht!
  Fest seien eure Arme, eilend euer Gang!
Verklärt seien eure *Bau* und stark eure Herzen,
  damit ihr den vollkommenen Weg öffnet
  zu den Höhlen mit geheimem Inhalt!

27. Szene. Neun Götter mit «verborgenen» Armen und ungegliedertem Leib, die eine offenbar feindlich-bedrohende Schlange gepackt haben und vom Sonnengott fernhalten. Sie heißen «Die den ‹Zurückweichenden› tragen», ihre Funktion wird im begleitenden Text näher umschrieben:

So sind sie beschaffen unter dieser Schlange,
  die sie packen, wenn Re zu ihnen gelangt ist,
  damit er sich niederlasse in der (fünften Pforte) «Herrin der Lebenszeit».
Diese Schlange wird von ihr (der Pforte) zurückgehalten und kann sie nicht passieren.

Abbildung 31 27. Szene (Ausschnitt)

RE sagt zu ihnen:
Packt euch den «Zurückweichenden»,
gebt ihm nicht den Weg frei, bis ich an euch vorbeigegangen bin!
Verborgenheit gehört euren Armen,
Vernichtung dem, den ihr bewacht!
Bewacht doch, damit meine Erscheinungsformen entstehen (können),
fesselt doch, damit meine *Achu* entstehen (können)!
Ihre Opferspeisen bestehen im Hören der Stimme dieses Gottes.
Geopfert wird ihnen als denen, welche die Stimme RES hören in der *Dat*.

28. Szene. Zwölf Götter ohne Attribute: «Die *Bau* der Menschen, die in der *Dat* sind». Hier sind also die «Seelen» (*Bau*) der Seligen nicht als Vögel (vgl. S. 267), sondern in Menschengestalt dargestellt. Der Text lautet:

Die, welche *Maat* gesprochen haben auf Erden,
welche die Gottesgestalt respektiert haben.
RE sagt zu ihnen:
Stärke sei euren *Bau*,
Atem sei euren Nasen!

Grundbesitz gehört euch vom Binsengefilde,
  denn ihr seid ja die Gerechtfertigten.
Eure Throne gehören euch in dem Gerichtshof,
  in welchem die, unter denen ich bin, Gericht halten.

Ihre Opferspeisen sind Brot,
  ihr Bier ist *Djeseret*,
  ihre Erfrischung ist Wasser.
Geopfert wird ihnen auf Erden
  als denen, die mit ihren Tagesrationen zufrieden sind.

29. Szene. Ein einzelner Gott mit Lebenszeichen und *Uas*-Szepter in Händen, in Gegenrichtung zu den *Bau* der Seligen in der vorigen Szene. Er heißt «Der Oberste seines Gerichtshofes», präsidiert also dem Gerichtshof, in den sich die *Bau* der 28. Szene einreihen sollen.

RE sagt zu diesem Gott:
Rufe laut, «Oberster seines Gerichtshofes»,
  zu den *Bau* dieser Gerechtfertigten!
Laß sie sich niederlassen auf ihren Thronen
  im Gerichtshof derer, unter denen ich selber bin!

UNTERES REGISTER

30. Szene. Der Gott HORUS, falkenköpfig und auf einen Stab gelehnt, steht vor je vier Vertretern der vier Menschentypen, die der Ägypter unterscheidet. Es sind zunächst die «Menschen», das heißt die Ägypter selbst, und dann Vertreter der Ägypten unmittelbar benachbarten Menschengruppen: die «Asiaten», die «Nubier» und die «Libyer». In einigen Exemplaren des Pfortenbuches sind diese vier «Rassen» sorgfältig durch ihre Tracht voneinander unterschieden (Abb. 32): die Ägypter tragen den üblichen kurzen, weißen Schurz, die Asiaten Spitzbart, Haarband und entweder einen bunten Schurz mit Fransen, oder ein langes, buntgemustertes Gewand; die Nubier sind durch schwarze Hautfarbe, Kraushaar und große Schmuckringe gekennzeichnet, die Libyer durch Seitenlocke und das Federpaar in ihrem Haar. Auch in den Gesichtszügen werden typische Kennzeichen der vier «Rassen» herausgearbeitet. Der begleitende Text stellt alle Menschen im Jenseits unter göttlichen Schutz und spiegelt damit eine gewandelte, humanere Einstellung zu den Ausländern, die sonst generell als «Feinde» gelten.

Abbildung 32 30. Szene (Ausschnitt)

HORUS sagt zu diesem Vieh des RE[30],
(zu) denen, die in der *Dat* sind, (in) Fruchtland und Wüste:
Verklärung sei euch, Vieh des RE,
das aus dem Großen entstanden ist, der dem Himmel vorsteht (RE)!
Atem sei euren Nasen,
Lösung sei euren Mumienbinden!
Ihr seid die Tränen meines Glanzauges
in eurem Namen «Menschen».

«Groß ist das Wasser des Entstehenlassens»
sagt ihr in eurem Namen «Asiaten»[31].
Es entstand für sie SACHMET – sie ist es, die ihre *Bau* schützt.
Ihr seid diese, gegen die ich geschlagen habe,
zufrieden bin ich mit den Millionen, die aus mir hervorgegangen sind
in eurem Namen «Nubier».
Es entstand für sie HORUS – er ist es, der ihre *Bau* schützt.
Ich habe mein Auge gesucht, als ihr entstanden wart
in eurem Namen «Libyer».
Es entstand für sie SACHMET – sie ist es, die ihre *Bau* schützt.

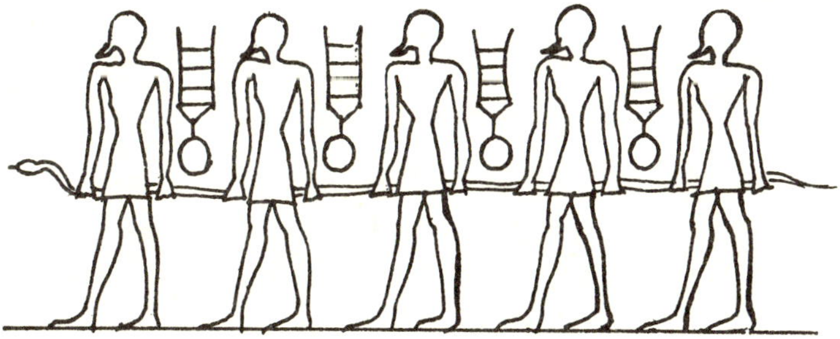

Abbildung 33 31. Szene (Ausschnitt)

31. Szene. Zwölf Götter ohne Attribute tragen eine mit der Hieroglyphe für «Lebenszeit» bestückte Schlange, die dem Text zufolge METUI «Doppelstrick» heißt, während die Träger kollektiv «Welche die Lebenszeit im Westen tragen» genannt sind. Es handelt sich, wie bereits in mehreren Szenen (vgl. S. 33), um die Vorstellung von der Zeit als Schlange, die hier den konkreten Vorrat an «Lebenszeit» für alle Wesen in sich birgt. Der Text lautet:

Sie sind es, welche die Lebenszeit festsetzen und die Tage feststellen von den *Bau*, die im Westen sind, und (den *Bau*,) die der Vernichtungsstätte zugewiesen sind[32].

RE sagt zu ihnen:

O Götter, die der *Dat* vorstehen,
die den «Doppelstrick» tragen, beim Messen der Lebenszeit –
Möget ihr den «Doppelstrick» packen,
möget ihr die Lebenszeit messen, die auf ihm ist,
für die *Bau*, die im Westen sind, und (die *Bau*,) die der Vernichtungsstätte zugewiesen sind.
Möget ihr die *Bau* meiner Feinde vernichten,
die ihr der Vernichtungsstätte überwiesen habt,
(so daß) sie die *Schetit* nicht sehen.

32. Szene. Acht Götter ohne Attribute: «Kollegium, das in der *Dat* ist»; dazu die Beischrift:

Das Kollegium ist es, das die Feinde vernichtet.
Ihre Opferspeisen sind Rechtfertigung.
Geopfert wird ihnen auf Erden als denen, bei denen Rechtfertigung ist.
Sie sind es, die Vernichtung anordnen
und die Lebenszeit niederschreiben
für die *Bau*, die im Westen sind.

(RE spricht:)
Möget ihr meine Feinde vernichten,
die ihr der Vernichtungsstätte zugeschrieben habt!
Ich bin hierher gekommen, um meinen Leichnam zu revidieren,
um meinen Feinden Schlimmes zuzufügen.

Ihre Opferspeisen sind Brot,
ihr Bier ist *Djeseret*,

ihre Erfrischung ist Wasser.
Wer ihnen auf Erden opfert,
der kann nicht eintreten in die Vernichtungsstätte.

Fünfte Pforte. Zwischen den Türflügel und die beiden Mauern ist die Gerichtshalle des Osiris eingeschoben. Die Pforte heißt «Herrin der Lebenszeit», im Inneren befinden sich statt der üblichen «Neunheit» zwölf Gottheiten in Mumiengestalt, die «Götter und Göttinnen, die in dieser Pforte sind». Der obere Wächter ist «Der mit richtigem Herz», der untere «Der mit geheimem Herz», der schlangengestaltige Wächter auf dem Türflügel (hinter der Gerichtshalle) «Der mit seinem Auge Feuer sprüht». Die Beischriften sind die üblichen, bis auf den Text, mit dem die «Neunheit», die hier aus zwölf Mumien besteht, den Sonnengott begrüßt:

Komm doch zu uns, Der dem Horizont vorsteht,
Größter Gott, der das Geheime öffnet!
Geöffnet sind dir die abgeschirmten Tore,
aufgetan sind dir die geheimen Türen!

33. Szene. Gerichtshalle des Osiris. Dieser Einschub, den man als 33. Szene zählen kann, zeigt links die große Gestalt des thronenden Totenrichters Osiris. Der Gott, dem sein Name beigeschrieben ist, trägt die Doppelkrone und ist in die übliche enganliegende Umhüllung gekleidet, über der auf dem Rükken die sogenannte «Troddel» seines Gottesornates herabhängt, das «Gegengewicht» des Halskragens. Die Hände, die aus der Umhüllung herausgreifen, halten den Krummstab und statt der üblichen «Geißel» ein Lebenszeichen. Der Gott ist also betont als Herrscher aller Verstorbenen und als Herr des Lebens, das er den Seligen unter ihnen im Totengericht zuteilt, gekennzeichnet.

Vor OSIRIS steht, mumiengestaltig, «Der Gott, der die Waage trägt», über den Schultern die Waage des Totengerichts, mit der in der bekannten Szene des Totenbuches das Herz des Verstorbenen gegen die *Maat* abgewogen wird; hier im Pfortenbuch bleiben die Waagschalen leer. Von der Empore, auf der OSIRIS thront, führen neun Stufen abwärts. In dieser getreppten Form wird der «Urhügel» dargestellt, auf dem sich das Schöpfungswerk und alle seine Wiederholungen vollziehen; auch das Totengericht ist ein solcher Anlaß, bei dem der Sonnengott und OSIRIS wieder einmal über alle «Feinde» der Schöpfung triumphieren.

Diese «Feinde des OSIRIS» sind als vier kleine Figuren unter den Füßen des thronenden Gottes gezeigt. Sie stehen für diejenigen, die im Totengericht verdammt werden, während die Seligen, die im Totengericht Gerechtfertigten, als «Neunheit, in der OSIRIS ist» auf den Stufen vor OSIRIS steht, hinter dem Träger der Waage. Über diesen neun Seligen erblickt man eine Barke, in der ein Affe ein Schwein vor sich hertreibt – als Urbild des Bösen, in dem, nach der Beischrift, SETH und APOPHIS zur Gestalt des Erzfeindes schlechthin zusammenfließen. Rechts neben der Barke steht ein zweiter Affe, ebenfalls mit einem Stock bewaffnet, über ihm der hundsgesichtige ANUBIS.

Die ganze Szene wird nach oben von einem Fries spitzer *Cheker*-Dolche abgeschlossen, wie wir ihn bereits in den Pforten gefunden haben (vgl. S.207). Über dem thronenden OSIRIS erblickt man vier umgedrehte Antilopenköpfe, die als «Brüllende» bezeichnet sind und offenbar feindliche oder strafende Mächte verkörpern.

Im Grab des Haremhab ist die Szene der Gerichtshalle in die Mitte der Rückwand der untersten Pfeilerhalle gesetzt, direkt über den Sarkophag des Königs. Wer das ganze Grab durchschritten hat, sieht sich dieser Darstellung des Totenge-

Abbildung 34 5. Pforte und 33. Szene

richtes gegenüber. Neben dem prominenten Ort der Anbringung ist es die besonders verschlüsselte Schreibung der Texte, die diese Szene über alle anderen Szenen des Pfortenbuches hinaushebt. Keine der Beischriften ist in normalen Hieroglyphen geschrieben, sondern durchweg ist Kryptographie (vgl. S. 54) verwendet worden, deren Deutung nicht immer mit Sicherheit gelingt. Die einzelne Zeile über dem Dolch-Fries ist vermutlich aufzulösen als «Buch des Beschützens den Osiris unter (oder: mit) den Unterweltlichen» und würde dann darauf hinweisen, daß diese kryptographischen Texte einem besonderen «Buch» entstammen, mit dem Ziel magischen Schutzes für Osiris. Neben den Antilopenköpfen, die von oben in die Szene hineinragen, steht die erläuternde Beischrift:

Ihre Köpfe sind aus dem Himmel herausgekommen,
und sie erscheinen ungehindert.
Das, was sie hüten (oder: packen?), sind die Toten
und Vernichteten (?), welche verdammt sind.

Sie sind es, welche «Die in der Erde» (die Toten) erhöhen werden,
(denn) sie kennen diese Gerechtfertigten.

(Bei Anubis:)
Die Lebenszeit der Menschen gehört (?) Anubis.
(Darunter, bei der Barke mit den Affen und dem Schwein:)
Sie erhöhen die Unterweltlichen, ungehindert
..... (unklar)
Die Worte der Gerechtfertigten sind erhöht (?).
Er richtet, (nämlich) Thot.
(Schwein:) Er hat seinen Vater verschluckt.
Wenn dieser Gott erscheint, läßt er (ihn) das Verschluckte ausspeien.

(Über den Seligen auf den Stufen:)
Die *Achu*, die im Westen sind.
Wenn Re sich in der *Dat* niederläßt,
öffnet er die Urfinsternis, verjüngt im Leben.
Der Größte Gott geht zur Ruhe in seiner Sonnenscheibe
und erstrahlt in seinem Auge.

(Vor Osiris:)
Der Gott, der Nahrung gibt ... den *Achu*,
der die Worte trägt in der Waage.
..... (unklar)
der richtet, um das Unrecht zu vertreiben (?).

(Bei den Feinden unter dem thronenden Osiris:)
Seine Feinde sind unter seinen Füßen,
die Götter und *Achu* (aber) vor ihm.
Er macht ... unter den Unterweltlichen,
er weist die Feinde der Vernichtungsstätte zu
und ihre *Bau* metzelt er nieder.

SECHSTE STUNDE

OBERES REGISTER

34. Szene. Zwölf Götter ohne Attribute, die mit beiden Händen jeweils einen gegabelten Stock, wie er zum Schlangenfang verwendet wurde, packen: «Die Gabelstöcke tragen». Die Beischrift spielt bereits auf die folgende Szene an:

Re sagt zu ihnen:
Empfangt doch eure Gabelstöcke,
  die ihr mit eurer Hand gepackt habt!
He, ihr seid im «Verschlinger»!
  He, eure Fesseln sind in ihm,
  damit die Köpfe aus ihm herauskommen, wenn er zurückweicht!

Abbildung 35 34. Szene (Ausschnitt)

Sie sagen zu Re:
Unsere Gabelstöcke, Re, sind im «Verschlinger»,
unsere Fesseln sind in der Bösen Schlange, o Re!
Siehe, die Köpfe kommen heraus
aus dieser Windung des «Zurückweichenden»!
Die Götter sind es, die in der Barke sind,
die den Apophis abwehren im Himmel,
(und) wenn sie zur *Dat* wandeln.
Sie sind es, die den Apophis abwehren
von Re im Westen,
die Unterweltlichen, die diesen Gott leiten.

Ihre Opferspeisen sind Brot,
ihr Bier ist *Djeseret*,
ihre Erfrischung ist Wasser.
Geopfert wird ihnen auf Erden
als denen, die den Rebellen von Re abwehren im Westen.

35. Szene. Zwölf Götter (ohne Attribute) tragen die in der vorangegangenen Szene erwähnte Schlange, aus der zwölf Menschenköpfe herausragen – es sind die Köpfe derer, die der schlangengestaltige Erzfeind Apophis verschlungen hat und nun wieder von sich geben muß. Die zwölf Götter heißen kollektiv «Die den ‹Verschlinger› tragen, aus dessen Windungen Köpfe herauskommen». Darüber steht die Beischrift:

Die, welche «Übelgesicht» gestraft
und die Feinde des Re gefällt haben.
Sie sind es, die den Rebellen packen,
die den Kopf derer, die in ihm sind, herauskommen lassen.

Re sagt zu ihnen:
Zurückgewichen ist der Rebell vor euch,

zurückgetrieben ist APOPHIS für euch.
Wenn die Köpfe derer, die in ihm sind, herauskommen, geht er zugrunde.
Nachdem sie gerufen haben, ist er vernichtet.
O Köpfe – verschlingt doch den, der euch verschlungen hat,
freßt den, aus dem ihr herausgekommen seid!

Abbildung 36 35. Szene (Ausschnitt)

Wenn RE ihnen zugerufen hat, kommen sie heraus.
Dann verschlingen sie ihre Windungen, bis er an ihnen vorbeigegangen ist.
Danach (aber) treten die Köpfe (wieder) ein in ihre Windungen.
Diese Schlange hat keine Augen,
keine Nase und keine Ohren,
(sondern) atmet von ihrem Gebrüll
und lebt von ihrem eigenen Rufen.
Ihre Opferspeisen sind das, was auf Erden geopfert wird
vor RE, wenn er aus der *Dat* hervorgeht.
Geopfert wird ihnen als denen, die sich unter den Bäumen aufhalten[33].

36. Szene. Zwölf Götter (ohne Attribute) packen ein doppeltgedrehtes Seil, das um den Hals eines mumiengestaltigen Gottes geschlungen ist und, wie die Schlangen der 20. und 31. Szene, die unabsehbare Zeit verkörpert. Die Mumiengestalt heißt AQEN, die zwölf Götter «Die den ‹Doppeltgewundenen› tragen, aus dem die Stunden herauskommen».

(RE spricht:)
Packt euch den «Doppeltgewundenen»,
den ihr aus dem Munde AQENS hervorgeholt habt!
Das Hervorgehen der Stunden ist das, wodurch ihr verklärt seid,
der Untergang der Stunden (aber) wird eure Versorgung sein,
wenn der «Doppeltgewundene» in den Mund AQENS eintritt.
Wenn eine Windung (des Seiles) hervorkommt, entsteht eine Stunde;
wenn RE ruft, nimmt sie ihren Platz ein,
(und) dann verschlingt AQEN den «Doppeltgewundenen» (wieder).

Abbildung 37 36. Szene (Ausschnitt)

Sie sagen zu RE:
Der «Doppeltgewundene» gehört AQEN,

und die Stunden gehören dem Größten Gott.
Du bist verklärt, RE, durch das Licht.
Du nimmst deinen Leichnam ein, den mit verborgenem Wesen!

Ihre Opferspeisen sind Brot,
ihr Bier ist *Djeseret*,
ihre Erfrischung ist Wasser.
Geopfert wird ihnen auf Erden
als denen, die zu einer Windung im «Doppeltgewundenen» gehören.

MITTLERES REGISTER

37. Szene. Die Sonnenbarke mit der üblichen Besatzung und den vier ziehenden «Unterweltlichen» davor. Der Text lautet:

Gezogen wird dieser große Gott von den Unterweltsgöttern.
Sie sagen zu RE:
Das Ziehen (geschieht) für dich, Größter Gott,
Herr der Stunden, der die Erde versorgt,
durch dessen Gestalt die Götter leben
und die *Achu*, wenn sie seine Erscheinungsformen sehen!

RE sagt zu ihnen:
Verklärtheit gehört euch, Ziehende!
Abgeschirmtheit gehört euch, Ziehende!
Die ihr mich dahingleiten laßt zur Tiefe der *Dat*,
ihr zieht mich zum (Ort) «Mit bleibenden Plänen»,
ihr haltet an bei jenem geheimen Berg des Horizontes [34].

38. Szene. Zwölf Götter, deren Hände wie in der 12. Szene in einer Umhüllung verborgen sind: «Die mit verborgenem Arm, die das Mysterium tragen». Der beschreibende Text macht deutlich, daß dieses von unsichtbaren Händen getragene «Mysterium» der Leichnam des Sonnengottes ist, mit dem er sich allnächtlich in der «Tiefe» der Unterwelt wieder vereinigt (vgl. S. 121 ff.):

Sie tragen das Mysterium des Größten Gottes,
das die, welche in der *Dat* sind, nicht sehen.
(Aber) die Toten sehen es, wenn sie im *Benben*haus brennen,
an dem Ort, wo sich der Leichnam dieses Gottes befindet.
RE sagt zu ihnen:
Empfangt doch mein Bild
und umfaßt mein (Var.: euer) Mysterium,
wenn ihr euch im *Benben*haus niederlaßt,
an dem Ort, wo mein Leichnam ist.
Das, was ich bin, ist ein Mysterium für das, was ihr seid.
Geheimnisvoll ist die *Dat*, verhüllt ist euer Arm.

Sie sagen zu RE:
Dein *Ba* gehört dem Himmel, Gebieter des Horizontes,
dein Schatten ist es, der die *Schetit* durchwandelt,
dein Leichnam gehört der Erde, der du im Himmel bist!
Gib uns ihm (dem Himmel), o RE,
der du (jetzt) von ihm getrennt bist, o RE!
Du atmest, wenn du deinen Leichnam einnimmst, der in der *Dat* ist.

Ihre Opferspeisen sind das gesamte Opfer,
mit dem die *Bau* zufrieden sind.
Geopfert wird ihnen auf Erden
als denen, die das Licht in der *Dat* erblicken.

39. Szene. Acht Götter, die sich mit herabhängenden Armen leicht verneigen: «Die Tempelgötter». Der «Tempel», zu dem sie gehören, ist das *Benben*haus, das bereits in der vorangehenden Szene genannt wurde und auch hier im Text begegnet:

Sie befinden sich außerhalb des *Benben*hauses,
sie sehen, was RE sieht, und haben Zutritt zu seinem geheimen Bild,
das ... (NN? freier Raum!) revidiert hat.
Sie sind es, die Eilboten aussenden.

(RE) sagt zu ihnen:
Meine Opferspeisen sind eure Opferspeisen.
Das, was ich atme, ist das, was ihr atmet[35].
Ihr seid es, die mein Mysterium umgeben,
ich aber schütze mein Mysterium, das im *Benben*haus ist.
Heil euch, denn eure *Bau* leben!
Ihre Opferspeisen sind die Opferspeisen des ACHTI.

UNTERES REGISTER

40. Szene. Zwölf Mumien liegen hintereinander auf einer schlangengestaltigen Bahre, die NEHEP heißt; die Mumien sind «Die Gefolgsleute des OSIRIS, die in Todesmattigkeit schlafen». Davor lehnt sich der Gott DATI («Der Unterweltliche») auf einen Stab, also der unterweltliche Sonnengott, dessen Wort die schlafenden Mumien auferweckt und zu neuem Leben befähigt, wie es der begleitende Text schildert:

DATI sagt zu ihnen:
O Götter in der *Dat*, Gefolgsleute dessen, der den Westen beherrscht,
die ausgestreckt sind auf ihrer Seite

und auf ihrer Bahre daliegen –
erheben soll sich für euch euer Fleisch,
zusammenfügen sollen sich für euch eure Knochen,
umfassen sollen sich für euch eure Glieder,
vereinigen soll sich für euch euer Fleisch!
Angenehmer Lufthauch an eure Nasen!
Lösung für eure Mumienbinden,
Enthüllung für eure Gesichtsmasken!
Licht sei euren Gottesaugen,
damit ihr mit ihnen das Leuchten seht!
Aufrichten sollt ihr euch aus eurer Mattigkeit,
damit ihr eure Äcker in Empfang nehmt beim Gefilde «Opferherrin»!
Äcker gehören euch von diesem Gefilde,
sein Wasser gehört euch, daß ihr zufrieden seid mit mir (und mit) den Äckern in der «Opferherrin»!

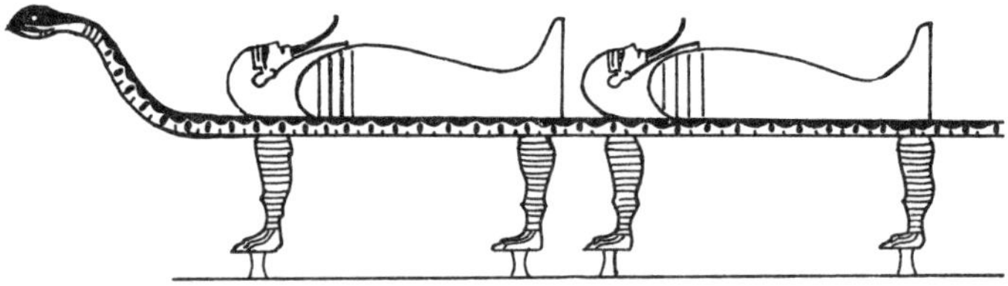

Abbildung 38 40. Szene (Ausschnitt)

Ihre Erfrischung ist Wasser.
NEHEP hütet ihre Leichname,
ihre *Bau* (aber) wandeln zum Binsengefilde,
um sich ihrer Erfrischung zu bemächtigen.
Die Erde «springt», wenn sie ihr Fleisch revidieren [36].
Ihre Opferspeisen sind Brot,
ihr Bier ist *Djeseret*,
ihre Erfrischung ist Wasser.

Geopfert wird ihnen auf Erden
als einer Mumie, die auf ihrer Bahre ruht.

41. Szene. Zwölf Götter, wie die der 39. Szene in leichter Verneigung: «Die Götter, die im Feuerloch der Erde sind». Am Ende des Registers erblickt man dieses kreisrunde, mit roten Wellenlinien (also Feuer!) ausgefüllte «Loch», eine Variante des «Feuersees» der 10. Szene und wie dieser für die Seligen Erquickung, für die Verdammten aber Feuerpein. Die aufgebäumte *Uräus*-Schlange im «Loch» bleibt anonym, während die beiden mumiengestaltigen Götter, die rechts und links des «Loches» als Wächter stehen, «Brennender» und «Feuersprühender» heißen. Der Text beschreibt die Szene:

Sie befinden sich im Umkreis dieses Feuerloches,
eine lebendige *Uräus*-Schlange ist in diesem Feuerloch.
Das Wasser des Feuerloches ist Feuer,
Nicht können sich die Götter der Erde und die *Bau* der Erde diesem Feuerloch nähern,
wegen der Flamme dieser *Uräus*-Schlange.
(Doch) atmet dieser große Gott, welcher der *Dat* vorsteht (Osiris),
durch das unnahbare Wasser dieses Feuerloches.

Abbildung 39 41. Szene (Ausschnitt)

RE sagt zu ihnen:
He, ihr Götter, die ihr das unnahbare Feuerloch hütet,
welches dem Wasser spendet, der dem Totenreich vorsteht (OSIRIS) –
Das Wasser des Feuerloches gehört dem OSIRIS,
eure Erfrischung dem, welcher der *Dat* vorsteht.
Das Feuer eures Gluthauches, eure verzehrende Flamme
schlägt den *Bau* entgegen, wenn sie sich nähern, um OSIRIS anzutasten.
Nicht leidet die Gewalt des Feuerloches Mangel, nicht gibt es deinesgleichen,
über dessen Wasser die Götter, die es bewachen, keine Macht haben!

Ihre Opferspeisen sind Brot,
ihr Bier ist *Djeseret*,
ihre Erfrischung ist Wasser.
Geopfert wird ihnen auf Erden
als denen, die unnahbar sind im Westen.

Sechste Pforte. Sie hat wieder die übliche Gestalt (vgl. S. 207) und heißt «Das Kunstwerk (?) ihres Herrn». Im Inneren neun Mumien als «Sechste Neunheit». Der obere Wächter heißt «Vereinigter», der untere «Stehender», der Name des schlangengestaltigen Wächters auf dem Türflügel ist in allen Exemplaren zerstört, läßt sich aber aus dem Text als «Der mit seinem Auge packt» ergänzen. Die Beischrift zur Neunheit ist identisch mit der in der fünften Pforte (S. 237), die restlichen Beischriften sind die üblichen.

SIEBENTE STUNDE

OBERES REGISTER

42. Szene. Zwölf Götter, die Brotkörbe als sichtbare «Opfer» auf dem Kopf tragen: «Die den Opfern Zugehörigen, (deren) Opferspeisen entstanden sind». Die Beischrift lautet:

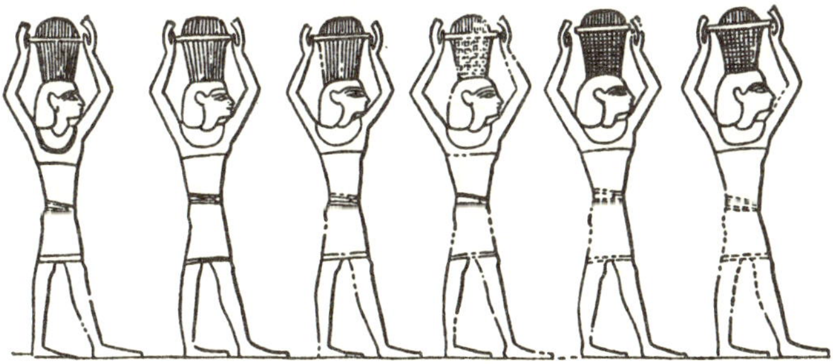

Abbildung 40 42. Szene (Ausschnitt)

Die ihre Götter beräuchert
 und ihre *Kau* gereinigt haben,
die keinen *Ach* abgehalten haben von seiner Atmung
 und keinen Toten von seiner Trankspende (?).
Sie sind zufrieden mit ihren Opferspeisen,
 wenn sie ihre Götter erreicht haben.
Ihre *Kau* und ihre Arme gehören ihnen,
 wenn sie eintreten zu ihren Opferkuchen,
 zum Tor «Das seine Götter speist».
OSIRIS sagt zu ihnen:
Euer Brot gehört euch, das auf eurem Mund ist,
 ihr den Opfern Zugehörige, deren Opferspeisen entstanden sind!

Möget ihr eurer Füße mächtig sein,
und zufrieden in euren Herzen.
Die Portionen eurer Götter gehören euch,
eure Opferkuchen gehören euren *Kau*.

Ihre Opferspeisen sind Brot,
ihr Bier ist *Djeseret*,
ihre Erfrischung ist Wasser.
Geopfert wird ihnen auf Erden
als Herrn des Opfers im Westen.

43. Szene. Zwölf Götter, die mit erhobenen Händen jeder eine Straußenfeder, das Zeichen der *Maat*, auf dem Kopf tragen. Sie heißen «Die zur *Maat* Gehörigen, welche *Maat* tragen». Es sind, wie in der vorangegangenen Szene, die seligen, gerechtfertigten Toten, deren Schicksal der begleitende Text schildert:

Die *Maat* getan haben, als sie (noch) auf Erden waren,
die für ihren Gott gestritten haben.
Sie werden zum «Ruheplatz der Erde» gerufen,
zum Tempel dessen, der von der *Maat* lebt[37].
Geprüft wird ihre *Maat* für sie
vor dem Größten Gott, der die *Isfet* vernichtet.

Abbildung 41 43. Szene (Ausschnitt)

OSIRIS sagt zu ihnen:
Ihr seid recht, die ihr zur *Maat* gehört!
Ihr seid zufrieden mit dem, was ihr getan habt,
als die, die meine Gefolgsleute geworden sind,
die im Tempel des (Gottes) «Mit abgeschirmtem *Ba*» sind.
Ihr lebt von dem, wovon sie leben,
ihr atmet von dem, wovon sie atmen,
ihr verfügt über die Erfrischung aus eurem See.
Ich habe euch zugewiesen ein Sein bis an sein Ende
unter der *Maat*, (ein Sein) dem sich *Isfet* nicht nähern kann!

Ihre Opferspeisen sind *Maat*,
ihr Bier ist Wein,
ihre Erfrischung ist Wasser.
Geopfert wird ihnen auf Erden
als den zur *Maat* Gehörigen von ihrem See.

MITTLERES REGISTER

44. Szene. Die Sonnenbarke mit der üblichen Besatzung und den vier ziehenden «Unterweltlichen» davor. Dazu die Beischrift:

Gezogen wird dieser große Gott von den Unterweltsgöttern.
Sie sagen, wenn sie RE ziehen:
Hoch ist die Sonnenscheibe dessen, der im MEHEN ist!
Es leuchtet das Haupt dessen, der in seinem Schrein ist!

(RE spricht:)
Möget ihr sehen, die ihr in der *Dat* seid,
(denn) eure beiden Augen gehören euch, Götter!
Seht – RE hat sich des Totenreiches bemächtigt,
der Größte Gott ordnet eure Angelegenheiten!

Abbildung 42 45. Szene (Ausschnitt)

45. Szene. An sieben Marterpfähle, welche die Gestalt des schakalköpfigen *wsr*-Zeichens haben, sind jeweils zwei Sünder gefesselt; ihre Namen kennzeichnen sie als Götterfeinde: 1. Die Feinde des RE, 2. Die Feinde des ATUM, 3. Die Feinde des CHEPRI, 4. Die Feinde des SCHU, 5. Die Feinde des GEB, 6. Die Feinde des OSIRIS, 7. Die Feinde des HORUS. Vor jedem Marterpfahl steht eine mumiengestaltige Straf-Gottheit: 1. Packender, 2. Pressender, 3. Gewalttätiger, 4. Fürchterlicher, 5. Genauer, 6. Quetschender, 7. «Der mit autoritätsgebietendem Antlitz». Auf beiden Seiten wird die Szene begrenzt von einem Gott, der sich auf einen Stab lehnt; am Anfang steht ATUM, am Ende «Der Goldenste der Götter», beide wohl als Erscheinungsformen des Sonnengottes, der die Bestrafung der Frevler anordnet und überwacht. Der erläuternde Text zu dieser Szene lautet:

Dieser große Gott gelangt zu den Pfählen des GEB,
zu denen die Feinde verdammt sind,
nachdem sie gerichtet wurden im Westen.
SIA sagt zu diesem Gott,
wenn er die Pfähle des GEB erreicht hat:
Stimme (der Bestrafung) zu, o RE, Größter Gott –
(denn) siehe, du hast die Pfähle des GEB erreicht!

ATUM sagt zu den Pfählen:
Hütet die Feinde, packt euch die zu Bestrafenden,
o Götter, die ihr hinter den Pfählen seid,
Gefolgsleute des GEB, des Erbprinzen –
packt euch die Feinde, hütet die zu Bestrafenden,
daß sie nicht entkommen unter euren Händen,
daß sie nicht entschlüpfen unter euren Fingern!
O Feinde, ihr seid dazu verdammt, geköpft zu werden,
wie es RE gegen euch befohlen hat,
als er das Totenreich eingerichtet hat für seinen Leichnam
und die *Dat* geschaffen hat für seinen Leib.
Er befiehlt euch eure Niedermetzelung,
er überweist euch dem, was ihr getan habt
in der Großen Halle des RE.
Während die Götter das (verletzte) *Udjat*auge betrauern,
setzt er den «Goldensten der Götter» zu eurer Bewachung ein.
Verurteilt sind die Feinde und die zu Bestrafenden, die in der *Dat* sind,
zu diesen Pfählen.

UNTERES REGISTER

46. Szene. Auf einen Stab gelehnt steht am Anfang des Registers der «Herr der Herzensweite (d.h. Freude)». Vor ihm, doch von ihm abgewendet, sind zwölf Götter ohne Attribute dargestellt, die sich jeweils zu einer Getreideähre herabbeugen; sie haben für den Unterhalt der seligen Toten zu sorgen und heißen kollektiv «Die, welche Nahrung schaffen aus unterägyptischer Gerste in den Gefilden der *Dat*». Der begleitende Text lautet:

Sie schaffen Nahrung aus Gerste,
sie umarmen (den Korngott) NEPRI-HETI.
Leuchtender ist ihre Gerste in der Erde,
als das Glanzauge des RE, wenn er hervorgeht.
Wenn er bei ihnen eintritt, sagt der «Herr der Herzensweite» zu ihnen:
Leuchten gehört eurer Gerste,
Wachstum eurem Spelt!
Eure Opfer gehören RE,
eure Opferkuchen dem Gebieter der *Dat*.
Eure Opferspeisen gehören euch selber,
eure Opfer sind das, was vor euch ist (die Ähren)!
Das Futterkraut dieser, unter denen ihr seid,
gehört dem OSIRIS, daß er zufrieden sei damit.

RE sagt zu ihnen:
(Wenn) NEPRI wächst, entsteht OSIRIS!
Es atmen die Unterweltlichen durch seinen Anblick
und die *Achu*, wenn sie seinen Duft riechen.
Verklärung sei dir, OSIRIS,
Erhabenheit dir, NEPRI-HETI!
Wirksamkeit sei dir, CHONTAMENTI,
der du in den Gefilden der *Dat* bist!

Wenn sie ihre Gerste vereinigen, sagen sie zu RE:
Es wächst das Brot (?) in den Gefilden der *Dat*,
wenn RE über dem Leib des OSIRIS leuchtet.
Gehst du auf, dann entstehen die frischen Pflanzen,
Größter Gott, der das Ei geschaffen hat[38]!

Ihre Opferspeisen sind Gerste,
ihr Bier ist *Djeseret*,
ihre Erfrischung ist Wasser.

Geopfert wird ihnen auf Erden
  als der Gerste in den Gefilden der *Dat*.

47. Szene. Sieben Götter, die jeder mit beiden Händen eine Sichel packen: «Die zu den Sicheln gehören». Vor ihnen, auf einen Stab gelehnt, ein anonymer Gott, in dem man wieder eine Erscheinungsform des Sonnengottes erblicken darf. Der Text zu dieser Szene lautet:

Sie tragen Sicheln,
  damit sie Gerste absicheln in ihren Gefilden.
RE sagt zu ihnen:
Möget ihr eure Sicheln empfangen
  möget ihr eure Gerste absicheln
  und (sie) in eure Scheuern tun!
Stellt OSIRIS zufrieden, der in der Höhle «Mit geheimer Gestalt» ist!
  Heil euch, Sichelnde!

Abbildung 43 47. Szene (Ausschnitt)

Ihre Opferspeisen sind Brot,
  ihr Bier ist *Djeseret*,
  ihre Erfrischung ist Wasser.

Geopfert wird ihnen auf Erden
als den Sichelträgern in den Gefilden der *Dat.*

Siebente Pforte. Sie hat die übliche Gestalt und heißt «Leuchtende». Die neun Mumien im Inneren bilden die «Siebente Neunheit», der obere Wächter heißt «Der Unvollständige» (?), der untere Wächter «Der Blinde», während der schlangengestaltige Wächter auf dem Türflügel «Der mit geschlossenem Auge» heißt. Die Beischriften, auch die Beischrift zur Neunheit, sind identisch mit denen der fünften und sechsten Pforte.

ACHTE STUNDE

OBERES REGISTER

48. Szene. Zwölf Götter tragen ein Seil, aus dessen Windungen verschiedene «Mysterien» hervorkommen: aus den vier ersten Menschenköpfe, aus den vier folgenden Falkenköpfe, aus den vier letzten das Zeichen «Vereinigung». Die Götter heißen kollektiv «Die das Seil tragen, welches Mysterien gebiert». Über ihnen steht der beschreibende Text:

Sie tragen ihr Seil, das sie hochheben,
wenn RE erscheint und die Köpfe herauskommen, die in ihm sind.
Sie ziehen RE zu ihrer Pforte
und kehren (dann) um zum Torweg des NUN.
Sie sind der *Dat* zugewiesen,
damit die Scheitel (?) hervorkommen und das Seil gerade ist.

Abbildung 44 48. Szene (Ausschnitt)

(Re spricht:)
Meine eigenen Mysterien leuchten,
wenn die Gesichter aus ihren Windungen herauskommen.
Es leuchten die Formen, die ich geformt habe,
wenn die Köpfe derer herauskommen, die Osiris sind.
Öffnet, Ziehende, macht die Windungen (?) gerade!
Möget ihr für mich ziehen, Träger des Seiles,
und möget ihr (dann) umkehren zur Höhle des Nun!

Ihre Opferspeisen sind Brot,
ihr Bier ist *Djeseret*,
ihre Erfrischung ist Wasser.
Geopfert wird ihnen auf Erden
als dem, der das Seil in der Barke knotet.

49. Szene. Zwölf Götter tragen ein Schlangenseil, über dessen Windungen jeweils ein Stern als Zeichen für «Stunde» dargestellt ist; vor ihnen steht ein Gott ohne Attribute, dessen Name nach der Beischrift Ikeki lautet. Die Götter heißen «Die das ‹Verschlingende› tragen, welches die Stunden gebiert». Dieser Name, die Darstellung und der begleitende Text machen deutlich, daß wir hier nochmals der Zeit-Schlange (s. S. 33) begegnen, welche die einzelnen Stunden «gebiert» und wieder «verschlingt». Der Text lautet:

Sie tragen den «Verschlingenden», den sie packen
(für?) Re, wenn er vorüberzieht.
Sia (sagt) zu diesen Göttern:
Redet zum «Verschlingenden», die ihr in der *Dat* seid!
Seht, Re zählt seine Stunden!

Sie sagen, diese Götter:
Öffne deine Windung, damit deine Mysterien herauskommen!
Der Größte Gott wartet, bis er versehen ist mit seinen Stunden
durch jeden einzelnen von diesen Göttern (?).
Dann kommt eine Stunde aus einer Windung hervor,
dann nimmt (sie ihren) Platz ein.

Abbildung 45 49. Szene (Ausschnitt)

Re sagt zu ihnen:

Nehmt euch den «Verschlingenden»,
packt euch den «Gewundenen»!
Das Brot gehört euch, das in euren Stunden ist,
das Wasser gehört euch, das aus dem Totenreich hervorgeht!
Ihr habt Macht über den, den ihr hütet,
den Ikeki bewacht –
Ikeki, der den zu Hütenden hütet (?).

Ihre Opferspeisen sind Brot,
ihr Bier ist *Djeseret*,
ihre Erfrischung ist Wasser.
Geopfert wird ihnen auf Erden
als einem *Ach* seiner Stunde.

MITTLERES REGISTER

50. Szene. Die Sonnenbarke mit der üblichen Besatzung und den vier ziehenden «Unterweltlichen». Der Text lautet:

Gezogen wird dieser große Gott von den Unterweltsgöttern.
Sie sagen, wenn sie RE ziehen:
Bringt Ovationen dar dem Vorsteher der *Dat*,
dem RE, der in seinem Mysterium ist!
Seht, er urteilt über euch,
er vernichtet für euch eure Feinde!
Seht, er weist euch Opfer zu,
er stiftet euch eure Thronsitze (oder: euren Bedarf)!
Möget ihr ihm Lobpreis geben in euren Gestalten,
denn er ist es, der eure Gestalten gemacht hat!
Möget ihr ihm Ovationen darbringen in euren Erscheinungsformen,
denn er ist es, der eure Formen entstehen ließ!
Möget ihr ihn hymnisch preisen, Unterweltliche,
die das Kollegium bilden, das in der *Dat* ist
und Urteile fällt wegen ACHTI!

51. Szene. Zwölf Götter mit *Uas*-Szepter und Lebenszeichen in den Händen. Es sind die «Herren des Bedarfs im Westen», die für den Opferbedarf und Lebensunterhalt der seligen Verstorbenen zu sorgen haben.

RE sagt zu ihnen:
O Kollegium in der *Dat*, Herren des Bedarfs im Westen –
möget ihr (für) mich urteilen durch eure Urteilssprüche,
möget ihr Schlimmes zufügen meinen Feinden,
da ich euch meine *Maat* gegeben habe!
Ihr sollt eure Urteilssprüche fällen,
die ich wie die der Götter gemacht habe!

Sie sagen zu RE:
Du triumphierst, RE, und deine Feinde sind vertrieben!
Deine Angelegenheiten sind unsere Angelegenheiten!
Du bist es, aus dem wir hervorgegangen sind,
der uns erschaffen hat, um seinen *Ba* zu schützen.
Dein Bedarf gehört dir im TATENEN,
das «Verborgene» (Totenreich) gehört deinem abgeschirmten Leichnam.
Dein Bedarf gehört dir in der NUT,
und dein *Ba* beherrscht den Himmel.

Ihre Opferspeisen sind Brot,
ihr Bier ist *Djeseret*,
ihre Erfrischung ist Wasser.
Geopfert wird ihnen auf Erden
als Gefolgsleuten der «Herren des Bedarfs».

52. Szene. Vier mumiengestaltige Götter: «Die mit streitbarem Gesicht»[39].

RE sagt zu ihnen:
Entblößung für eure Gesichtsmasken, ihr mit streitbarem Gesicht,
und Lösung für eure Mumienbinden!
Mein Licht gehört euch, ihr Götter!

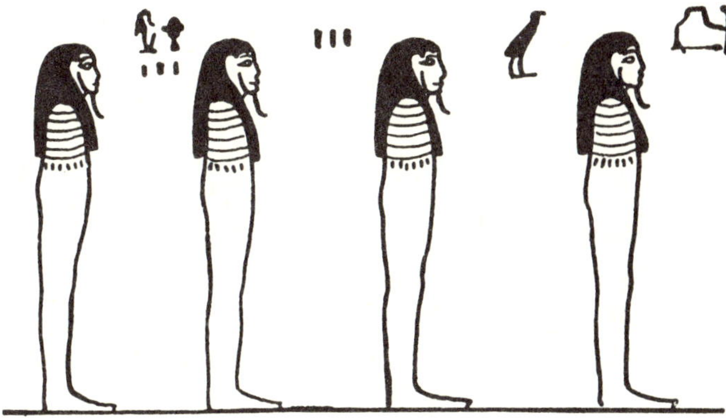

Abbildung 46 52. Szene

Ihre Opferspeisen sind Brot,
ihr Bier ist *Djeseret*,
ihre Erfrischung ist Wasser.
Geopfert wird ihnen auf Erden
als einem, der das Licht in der *Dat* sieht.

UNTERES REGISTER

53. Szene. Am Anfang des Registers lehnt sich der Sonnengott als «Der mit verborgenem Mysterium» auf einen Stab. Dahinter liegen zwölf Mumien mit Gesichtsmaske in Sphinx-Haltung auf einzelnen Bahren. Es sind wieder selige Tote, die vom Sonnengott auferweckt und von den Mängeln ihres Mumienleibes befreit werden; sie heißen «Treffliche *Achu* (Var.: *Bau*), tüchtige *Achu*».

«Der mit verborgenem Mysterium» sagt zu ihnen:
Heil euch, *Achu!* Heil euch, Unterweltliche!
Öffnung für eure Gesichter,

Aufdeckung eurer Finsternis!
Verklärtheit für eure *Bau*,
Trefflichkeit für eure Schatten!
Wissen für euren Mund (oder: Spruch),
Stärke für eure Herzen!
Erhebung für eure Bahren!
Luft für eure Nasen,
angenehmer Duft für eure Salben!
Lösung für eure Mumienbinden!

Möget ihr gehen und kommen,
daß ihr euch des kühlen Wassers bemächtigt!
Möget ihr jubeln, *Bau*,
möget ihr wirksam sein, daß ihr euch Nahrung nehmt,
daß ihr zufrieden seid mit den Opfern!
Möget ihr für euch kühles Wasser empfangen
von den gebogenen Gewässern in der *Dat!*
Möget ihr unter dem Laubdach stehen,
das den *Ach* des ACHTI erhebt!
Möget ihr leuchten durch eure (weißen!) Kleider,
möget ihr hell sein durch den Glanz des RE!
Geöffnet ist das Totenreich für euch,
damit ihr die Abgeschirmtheit des OSIRIS betretet.
Heil euch, *Achu!*

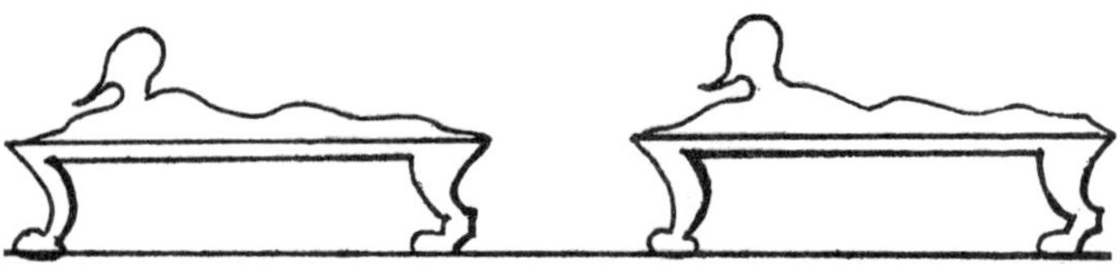

Abbildung 47 53. Szene (Ausschnitt)

Sie befinden sich auf ihren Bahren,
und liegen auf ihren Betten.
Ihre Opferspeisen sind Brot,
ihr Bier ist *Djeseret*,
ihre Erfrischung ist Wasser.
Geopfert wird ihnen auf Erden
als einem trefflichen *Ach*, der (seinen) Schatten besitzt.

54. Szene. Zwölf Götter ohne Attribute: «Kollegium der Richtenden».
Die Beischrift erläutert ihre Funktion:

Sie sind es, die bei dieser Pforte richten
und die verhören, die in (ihr) sind[40].
RE sagt zu ihnen:
Heil euch, ihr Götter,
Kollegium der Richtenden,
welche die Toten richten und die *Bau* schützen!
Der Göttlichste (? OSIRIS?) ist auf seinen Thron gesetzt,
und eure *Maat* gehört euch, ihr Götter!

Sie sagen zu RE:
Heil dir, ACHTI,
Größter Gott und Herr der Neunheit!
Wir richten die Toten,
(aber) wir schützen die *Achu*, wenn sie (*Ach*) geworden sind.
Wir setzen den Gott auf seinen Thron.

Ihre Opferspeisen sind Brot,
ihr Bier ist *Djeseret*,
ihre Erfrischung ist Wasser.

Geopfert wird ihnen auf Erden
  als einem, der im Kollegium richtet.

Achte Pforte. Sie hat die übliche Gestalt und heißt «Glühende». Im Inneren neben den Wächtern neun Mumien als «Achte Neunheit». Der obere Wächter heißt «Kugeliger», der untere «Umarmender (?)», der schlangengestaltige Wächter auf dem Türflügel «Der mit flammendem Gesicht». Die übrigen Beischriften sind mit den Texten zur fünften bis siebenten Pforte identisch.

NEUNTE STUNDE

OBERES REGISTER

55.*Szene.* Zwölf Götter ohne Attribute: «Kollegium, welches Brot gibt und Kraut spendet den *Bau* in der Flammeninsel»[41]. Die *Bau*, welche die Nahrung empfangen, sind als Seelenvögel in der folgenden Szene dargestellt. Der Text lautet:

Sie sind es, welche die *Bau* mit Kraut versorgen in der Flammeninsel.

Re sagt zu ihnen:
O Götterkollegium, das die Flammeninsel umgibt,
  das die *Bau* mit ihrem Kraut versorgt,
  damit sie über ihr Brot verfügen!
Spendet euer Brot, bringt euer Kraut zu den *Bau*,
  die ich atmen lasse in der Flammeninsel!

Sie sagen zu Re:
Gespendet ist das Brot, gegeben ist das Kraut
  an die *Bau*, die du atmen läßt in der Flammeninsel.

Heil (dir)! Siehe, der Weg ist vollkommen!
Es preist dich CHONTAMENTI,
es jubeln dir zu Die in TATENEN!

Ihre Opferspeisen sind Brot,
ihr Bier ist *Djeseret*,
ihre Erfrischung ist Wasser.
Geopfert wird ihnen auf Erden
als einem, der im Kollegium befiehlt (?).

56. Szene. Neun menschenköpfige Seelenvögel, die bereits in der vorangehenden Szene genannten «*Bau*, die in der Flammeninsel sind», um deren Versorgung es in diesem Register geht. Sie erheben anbetend ihre Arme zum Sonnengott, der am Ende des Registers, auf einen Stab gelehnt, ihnen gegenübersteht; er hat in dieser Szene keinen Namen beigeschrieben. Vor jedem *Ba*-Vogel deuten die Zeichen für «Brot» und «Kraut» seine Versorgung an, mit der sich auch der beigeschriebene Text beschäftigt:

Sie befinden sich in der Flammeninsel,
sie empfangen ihr Brot, sie verfügen über diese Insel,
sie preisen diesen großen Gott.

RE sagt zu ihnen:
Eßt euer Kraut
und seid zufrieden mit euren Kuchen,
daß euer Leib gefüllt werde!
Stärke für eure Herzen!
Euer Kraut (und?) Flammen gehören der Flammeninsel,
deren Insel sich (niemand) nähern kann.
Möget ihr mich preisen und mich verehren,
(denn) ich bin der Große, der die *Dat* gegründet hat!

Sie sagen zu RE:
Heil dir, Großmächtiger!
Preis dir, dessen Ziehen groß ist!
Dir gehört die *Dat* nach deinem Willen,
die du verborgen hast vor denen, die in ihren Höhlen sind.
Dir gehört der Himmel nach deinem Willen,
den du geheim gemacht hast für die, welche an ihm sind.
Die Erde gehört deinem Leichnam,
der Himmel deinem *Ba*,
so daß zu zufrieden bist, RE, mit dem, was du hast entstehen lassen[42]!

Ihre Opferspeisen sind Brot,
ihr Kraut sind junge Pflanzen,
ihre Erfrischung ist Wasser.
Geopfert wird ihnen auf Erden
als einem *Ba* von dieser Flammeninsel.

Abbildung 48 56., 58. und 60. Szene

MITTLERES REGISTER

57.*Szene.* Die Sonnenbarke mit der üblichen Besatzung, den vier ziehenden «Unterweltlichen» und dem begleitenden Text:

Gezogen wird dieser große Gott von den Unterweltsgöttern.
Sie sagen, wenn sie Re ziehen:
Akklamation im Himmel für den *Ba* des Re,
  Verehrung in der Erde für seinen Leichnam!
Wiederum im Himmel für seinen *Ba*,
  wiederum in der Erde für seinen Leichnam!
Hei, wir öffnen dir die *Schetit*,
  wir bahnen dir die Wege des Totenreiches!
Wenn du dich auf deinem Mysterium niedergelassen hast,
  beten dich die Geheimen (Toten) an in deiner Gestalt.
Hei, wir ziehen dich, Re,
  wir geleiten dich, Großer, der dem Himmel vorsteht!

58.*Szene.* Ein rechteckiges, mit Wellenlinien ausgefülltes Gewässer, in dem vier Gruppen zu je vier Ertrunkenen dahintreiben. Vor dem Gewässer lehnt sich ein einzelner Gott, «Der im Nun ist», auf einen Stab. Die vier Gruppen tragen folgende Namen: «Untergetauchte» (senkrecht mit herabhängenden Armen) – «Gekenterte» (waagrecht mit ausgebreiteten Armen) – «Schwimmende» (auf dem Rücken liegend) – «Ausgebreitete» (senkrecht mit ausgebreiteten Armen). Wie das untere Register in der zehnten Stunde des «Amduat» (oben S. 169 f.), schildern Darstellungen und beigeschriebener Text das Jenseitsschicksal der Ertrunkenen, die *Apotheosis by drowning:*

Gelangen zu den Ertrunkenen, die im Wasser sind, Vorbeifahren an ihnen.

«Der im NUN ist» sagt zu ihnen:
Es sind die Ertrunkenen, die im Wasser sind, die Schwimmenden, die in der Flut sind,
welche RE gesehen haben, der vorbeizieht
in seiner Barke, mit großem Mysterium.
Er sorgt für die Götter
und ordnet die Angelegenheiten der *Achu*.
Hei, steht auf, ihr Müden –
seht, RE sorgt für euch!

RE sagt zu ihnen:
Hervorkommen für eure Köpfe, Untergetauchte!
Rudern für eure Arme, Gekenterte!
Dahineilen für euren Lauf, Schwimmende!
Luft für eure Nasen, Ausgebreitete!
Möget ihr über euer Wasser verfügen,
möget ihr zufrieden sein mit eurem kühlen Wasser!
Euer Gehen gehört dem NUN,
euer Schreiten gehört der Flut.
Eure *Bau*, die auf Erden sind, sind zufrieden
mit dem, was ihr atmet, ohne daß sie verfallen[43]!

Ihre Opferspeisen sind die Opfer der Erde (Unterwelt).
Geopfert wird ihnen auf Erden
als einem, der über seine Opfer verfügt auf Erden.

UNTERES REGISTER

59. Szene. Der falkenköpfige Gott HORUS lehnt sich auf einen Stab. Vor ihm, doch von ihm abgewendet, drei Gruppen zu je vier Gefesselten, die «Feinde des OSIRIS, die Verbrannten»; jede der Gruppen ist auf andere Weise gefesselt. Damit sind diese Verdammten wehrlos dem Gluthauch der WAMEMTI-Schlange in der folgenden Szene ausgesetzt. Der Text lautet:

Was HORUS für seinen Vater OSIRIS getan hat.
So sind diese Feinde beschaffen –
  HORUS weist ihnen ihr Übel zu.
HORUS sagt zu ihnen:
Fesseln sind an euren Armen,
  ihr Feinde meines Vaters!
Eure Arme sind an euren Köpfen, ihr Umstürzler!
  Ihr seid von hinten gefesselt, Bösewichter,
  damit ihr geköpft werdet und aufhört zu sein!
Euer *Ba* ist vernichtet und lebt nicht,
  wegen diesem, das ihr gegen meinen Vater OSIRIS getan habt!
Ihr habt das Mysterium hinter euch geworfen
  und das Bild der *Schetit* fortgenommen!
Mein Vater OSIRIS triumphiert über euch, ich triumphiere über euch!
Ihr seid es, die das Verborgene bloßgelegt haben,
  als mein Erzeuger (OSIRIS) in der *Dat* ruhte.
Hei, ihr seid nicht, ihr Nichtigen!

Abbildung 49 59. Szene (Ausschnitt)

60. Szene. Eine vielfach gewundene Riesenschlange, die aus ihrem Maul Feuer gegen die gefesselten Sünder der vorigen Szene speit. Sie heißt «Feuriger», wird aber in einer Handschrift der 21. Dynastie[44] als WAMEMTI bezeichnet, der schon im *Amduat* als feuerspeiende Schlange begegnet (oben S. 112). In den Windungen seines Schlangenleibes stehen sieben mumiengestaltige «Götter, die auf dem ‹Feurigen› sind»; da HORUS sie im Text als «meine Kinder» anredet, sind es offenbar die «Horuskinder», die sonst in der Vierzahl erscheinen und häufig bei der Bestrafung der Sonnenfeinde mitwirken (vgl. hier S. 282 ff. und 299 ff.).

HORUS sagt (zum) «Feurigen»:
O «Feuriger» mit großer Glut –
  du, auf dessen Maul mein Auge ist[45],
  dessen Windungen meine Kinder hüten!
Öffne dein Maul und klappe deine beiden Kiefer auf,
  damit du Feuer speist in die Feinde meines Vaters!
Mögest du ihre Leichname in Flammen setzen und ihre *Bau* kochen
  durch jenen Gluthauch deines Maules,
  durch die Feuerglut, die in deinem Leib ist!
Meine Kinder (wirken) gegen sie, so daß sie vernichtet sind.
  Die *Achu*, die aus mir hervorkamen, (wirken) gegen sie, so daß sie nicht existieren.

Dann kommt die Flamme hervor, die in dieser Schlange ist,
  dann werden diese Feinde in Flammen gesetzt,
  nachdem HORUS (der Schlange) zugerufen hat.
Wer das Bezaubern dieser Schlange kennt,
  der ist einer, der ihrer Flamme nicht nahekommt.
Geopfert wird denen, die auf dieser Schlange sind,
  als einem, dessen *Ba* nicht im Feuer ist.

Neunte Pforte. Sie hat die übliche Gestalt und heißt «Die mit großer Autorität», die Mumien im Inneren bilden die «Neunte Neunheit». Der obere Wächter heißt «Der die Erde umfängt», der untere Wächter «Der die Erde trägt» – beides also kosmische Wesen, die an den weltumringenden *Uroboros* denken lassen. Der schlangengestaltige Wächter auf dem Türflügel heißt «Horn (?) der Erde». Die übrigen Beischriften sind mit den Texten zur fünften bis achten Pforte identisch.

ZEHNTE STUNDE

OBERES REGISTER

61. Szene. Die Mitte der Szene nimmt ein Doppelsphinx ein, der einen Falkenkopf nach vorne, einen Menschenkopf nach hinten wendet, beide mit oberägyptischer Krone. Es ist «HORUS, der im Boot ist». Auf seinem Rücken streckt ein doppelgesichtiger Gott, «Seine beiden Gesichter», die Hände nach den beiden Kronen aus; er trägt einen HORUS- und einen SETH-Kopf. Eingerahmt wird der Doppelsphinx von zwei symmetrischen Gruppen: jeweils vier Götter halten einen Strick, der mit einem Stab verbunden ist, welcher oben in einem Menschenkopf mit oberägyptischer Krone endet; das Ende des Strickes wird von einem einzelnen Gott ohne Krone gehalten. Die Götter vor dem Sphinx tragen statt eines Kopfes die oberägyptische Krone mit dem Uräus und heißen «Südliche Götter». Die entsprechenden «Nördlichen Götter» hinter dem Sphinx sind mit der unterägyptischen Krone und Uräus versehen. Der einzelne Gott ist vor dem Sphinx «Der über dem Vordertau», hinter ihm «Der über dem Hintertau», während die beiden Stäbe oder Pfähle anonym bleiben. Die Beischriften über diesen Gruppen lauten:

Abbildung 50 61. Szene (Ausschnitt)

So sind sie beschaffen:
sie erheben sich für RE.
RE sagt zu ihnen (den «Südlichen Göttern»):
Empfangt euch eure Köpfe, ihr Götter,
und packt euch euer Vordertau!
Heil euch, Erscheinungsformen der Götter!
Heil euch, *Achu* (und?) Götter!
Ihr seid entstanden, ihr Götter,
ihr seid *Ach* geworden, ihr Götter,
für meine Erscheinungsformen in der *Schetit*,
für meine *Achu* im (Totenreich) «Mit verborgenem Wesen»!

(Beim Sphinx:)
Dieser Gott erhebt sich für RE.
Dann tritt «Seine beiden Gesichter» ein in diesen Gott,
nachdem RE an ihm vorbeigegangen ist.
RE sagt zu ihnen (den «Nördlichen Göttern»):
Eure Köpfe gehören euch, ihr Götter!
O empfangt doch eure unterägyptischen Kronen
und packt euch das Hintertau
der Barke dessen, der aus mir entstanden ist –
du bist ja HORUS, mit gekröntem Gesicht!

62. Szene. Eine sechsköpfige, mit Beinen versehene Schlange, die in der Mitte von einem Gott ohne Attribute gehalten

Abbildung 51 62. Szene

wird. Die Schlange heißt «Wandelnder», der Gott «Trennender». Eine kurze Beischrift erläutert die Szene:

So ist er beschaffen:
Er pflegt die *Schetit* zu durchwandeln,
und kehrt (dann) um zum (Tor) «Mit erhobenem Messer»,
zum Torweg des «Verborgenen» (Totenreiches).
Die, welche im (Totenreich) sind, verschlingen ihre Köpfe,
wenn sie den Gestank des «Wandelnden» riechen.
Der «Trennende» (aber) bewacht ihn.

63. Szene. Eine achtköpfige Schlange in der Art der vorigen, doch sitzen hier auf den Schlangen-Vorderteilen Menschenköpfe, und die beiden Enden sind zusätzlich mit menschlichen Armen versehen. Auch diese Schlange hält ein bewachender Gott in der Mitte fest, und das ganze Gebilde ist in eine weitere, zweiköpfige Schlange hineingestellt, deren Köpfe die oberägyptische Krone tragen. Diese äußere Schlange heißt «Eherner der Erde», während die innere «Die mit Köpfen versehene» ist, in der Mitte festgehalten vom «Fänger».

So ist er beschaffen:
Er erhebt sich für OSIRIS,
und die *Bau* der Bestraften in der *Dat* sind ihm überwiesen.

Abbildung 52 63. Szene

Er pflegt die *Schetit* zu durchwandeln,
und kehrt (dann) um zum (Tor) «Mit abgeschirmten *Bau*»,
zum Torweg des «Verborgenen» (Totenreiches).
Dann tritt «Der mit Köpfen Versehene» ein in den «Ehernen der Erde».
Die, welche im (Totenreich) sind, verschlingen ihre Köpfe,
wenn sie den Gestank des «Ehernen der Erde» riechen.
Der «Fänger» (aber) bewacht ihn.

64. Szene. Zwei Götter, die jeder mit beiden Händen ein Netz über sich halten. Sie bleiben in allen Versionen anonym. Über ihnen steht der folgende Text:
Die Götter sind es, welche zaubern
für RE-HARACHTE im «Verborgenen» (Totenreich).
Ihre Zauber sind das, was auf dem Wurfnetz ist,
und in dem Wurfnetz in ihrer Hand.

MITTLERES REGISTER

65. Szene. Die Sonnenbarke mit der üblichen Besatzung, den vier ziehenden «Unterweltlichen» und dem begleitenden Text:
Gezogen wird dieser große Gott von den Unterweltsgöttern.
Sie sagen, wenn sie RE ziehen:
Der Gott ist zu seinem Leichnam gekommen,

der Gott ist zu seinem Schatten gezogen.
Du nimmst deinen Leib ein,
gezogen wirst du, der heil ist in seinem Mysterium (Leichnam)!
RE ist gekommen, damit du deinen Leib einnimmst.
Es schützen dich die, die über ihre Wurfnetze gebieten!

66. Szene. Drei Götter «Die über (Zauber-)Worte gebieten», einer von ihnen mit doppeltem Schlangenkopf, einer mit Vogelkopf; dann drei Götter «Die Zaubernden», vier Affen «Die RE schützen» und drei Göttinnen «Die RE schützen». Alle dreizehn Gottheiten halten, wie die Götter der 64. Szene, mit beiden Händen ein Netz über sich. Mit der Wirkensmacht des «Zaubers», die im Kraftfeld ihrer Wurfnetze verteilt ist, machen sie den Sonnenfeind APOPHIS unschädlich:

Abbildung 53 66. Szene (Ausschnitt)

So sind sie beschaffen:
Sie fahren vor RE dahin,
sie bezaubern ihm den APOPHIS,
sie kehren (dann) um zum Torweg des ACHTI.
Sie wandeln mit (?) ihm zum Himmel,
sie treten für ihn in Erscheinung auf beiden Seiten.
Sie sind es, die ihn erscheinen lassen aus der NUT.
Sie sagen ihre Zaubersprüche:

Hei, Rebell! Gebunden ist APOPHIS, dessen Übel bestimmt ist!

Dein Gesicht ist vernichtet, APOPHIS!
Nimm den Weg zum Schlachtblock,
Messer sind gegen dich, so daß du zerstückelt wirst!
Der «Alte» ist gegen dich, so daß du vernichtet wirst!
«Die mit den Speeren» stoßen (Speere) in dich,
und wir bezaubern dich mit dem, was in unserer Hand ist.
Hei, vertrieben ist der Vernichtete,
bestraft ist der Bestrafte!

67. Szene. Der Sonnenfeind APOPHIS als vielfach gewundene Schlange. Über ihm das Krokodil SCHESSCHES, aus dessen Schwanz ein Schlangenkopf ragt. Vor dieser Gruppe packt ein halb liegender Gott, «Der Alte» (?), das Vorderende eines Seiles, an dem hinter ihm drei speertragende Götter, «Die mit den Speeren», mit anfassen. Die «Bezauberung» des APOPHIS in der vorigen Szene setzt sich hier durch einen Kampf mit der Waffe und mit dem fesselnden Strick fort.

Abbildung 54 67. Szene

So sind sie beschaffen, die ihre Speere tragen:
Sie hüten das Seil des «Alten»,
sie lassen diese Schlange nicht nahekommen
zur Barke des Größten Gottes.

Sie wandeln hinter diesem Gott im Himmel.
Es sind diese Götter,
die für diesen Gott in der NUT kämpfen.

UNTERES REGISTER

68. Szene. Das durchlaufende Seil verbindet alle Figuren dieses Registers. Als erste Gruppe fassen vier Götter ohne Attribute das Seil an, die «*Bau* des ‹Verborgenen›» (Totenreiches). Es folgen vier ibisköpfige Götter als «Gefolge des THOT», vier falkenköpfige als «Gefolge des HORUS» und vier widderköpfige als «Gefolge des RE». Dann, in der Mitte des Registers, schlingt sich das Seil um die Füße eines komplizierten Schlangen-Gebildes, das den Namen CHEPRI trägt, während der Falke mit der Doppelkrone, der inmitten dieser Doppelschlange hockt, «Der unterweltliche HORUS» heißt. Am Schluß wird das Seil von acht Göttern gepackt, die ihre Gesichter in Vorderansicht dem Beschauer zukehren und «Die Mächtigen» genannt sind – durch die ungewöhnliche Drehung, die der Ägypter sonst vermeidet, kommt ihre göttliche «Mächtigkeit» voll zur Wirkung. Der begleitende Text beschreibt die einzelnen Gruppen:

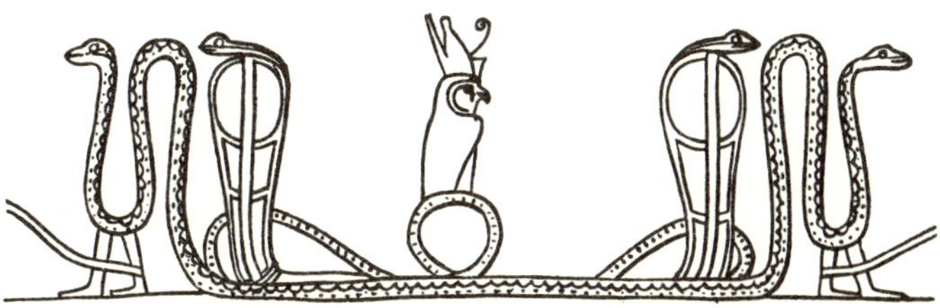

Abbildung 55 68. Szene (Ausschnitt)

So sind sie beschaffen:
In ihrer Hand ist das Zugseil,
das um den Fuß des CHEPRI (geschlungen) ist.
Wenn er umkehrt zum Torweg des Horizontes,
dann lösen sie dieses Zugseil von diesem Gott beim Horizont.
Sie sind es, die ihn in der NUT ziehen[46],
Sie leben vom Südwind, sie atmen vom Nordwind,
von dem, was hervorgeht aus RES Mund.
Die Stimme dieser CHEPRI-Schlange wandert umher durch die *Schetit*,
nachdem RE in den Himmel eingetreten ist.

Sie sagen zu RE:
Es kommt der, der hinter seinen Erscheinungsformen kommt,
es kommt RE hinter seinen Erscheinungsformen!
Es kommt der heraus, der hinter seinen Erscheinungsformen herausgeht,
es kommt Re heraus hinter seinen Erscheinungsformen[47] –
Zum Himmel, zum Himmel, du Größter!
Hei, wir bringen dich auf deinen Thron
durch das Zugseil, das in unseren Fingern ist,
groß an Gestalt in der *Schetit!*

(Bei der CHEPRI-Schlange:)
So ist er beschaffen:
Der unterweltliche HORUS kommt zuerst aus ihm hervor,
und (dann) kommen die Erscheinungsformen aus den Windungen hervor.
RE ruft diesem Gott zu,
und seine beiden Göttlichen (*Uräen*) vereinigen sich mit ihm.
Dann tritt HORUS (wieder) ein in die CHEPRI-Schlange,
nachdem RE ihm zugerufen hat.

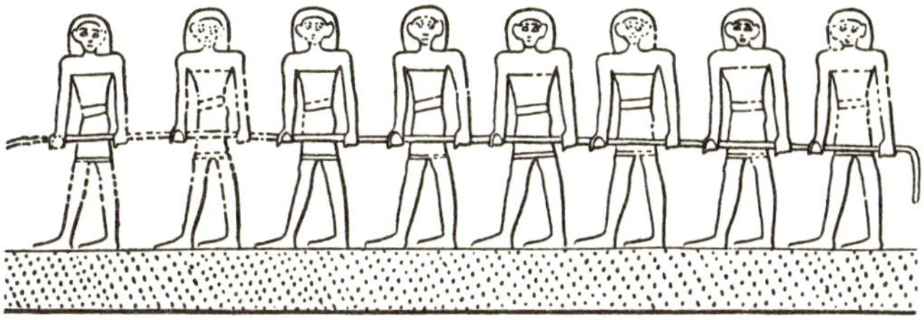

Abbildung 56 68. Szene (Ausschnitt)

(Bei den «Mächtigen»:)
In ihrer Hand ist das Zugseil,
das um den Fuß des CHEPRI (geschlungen) ist.
Sie sagen zu RE:
Geöffnet sind dir die Wege der *Schetit*,
aufgetan sind für dich die Türen, die in der Erde sind –
für deinen *Ba*, daß er sich (in) der NUT niederlasse!
Wir geleiten dich durch die Bezirke von KENSET.
Hei, du betrittst den Osten,
du fährst dahin in den Schenkeln deiner Mutter (NUT)!

Zehnte Pforte. Sie trägt den Namen «Unnahbare» und unterscheidet sich von den bisherigen Pforten durch einen Fries von *Uräus*-Schlangen, der die übliche «Neunheit» von mumiengestaltigen Götterfiguren ersetzt. Der obere Wächter ist «Der Brüllende (?)», der untere «Der Aufdeckende», der schlangengestaltige Wächter auf dem Türflügel heißt «Der (Feuer) Sprühende». Die Beischriften stimmen mit den Texten zur fünften bis neunten Pforte überein, doch wird der Schluß des Textes etwas abgewandelt, damit er zu den eingeschobenen *Uräen* paßt; die beiden letzten Verse lauten daher:
Dann klagen die *Uräen*, die in dieser Pforte sind,
wenn sie das Zufallen dieses Türflügels hören.

ELFTE STUNDE

OBERES REGISTER

69. Szene. In dieser Szene, die das ganze obere Register einnimmt, wird ausführlich die Bestrafung der APOPHIS-Schlange geschildert. Zunächst treten vier menschengestaltige Dämonen auf, mit einem Strick und einem Messer in den Händen: «Die Fesselnden». Es folgen vier Dämonen, die in gleicher Weise bewaffnet sind, aber an Stelle des Kopfes jeweils vier Schlangenköpfe haben: «Die Schlächter (?)». Dann kommt die Hauptperson, die um den Hals gefesselte Schlange APOPHIS, mit dem zusätzlichen Vermerk «Seine Stimme schallt umher in der *Dat*». Die Göttin, die seine Fessel beschwert, ist SELKIS; die vier Götter, die dahinter an der Fessel ziehen, sind «Die von der Fessel».

In entgegengesetzter Richtung ziehen zwölf weitere Götter (ohne Attribute) an dem fesselnden Strick; es sind «Die Götter, welche die Kehle durchschneiden». Dahinter ragt eine Faust aus der Erde, die «Dem mit verborgenem Leichnam» gehört und den Strick mit festem Griff packt. Schließlich folgen noch vier weitere gefesselte Schlangen, auch sie Erscheinungsformen des Sonnenfeindes: die erste ist der WAMEMTI, die anderen drei sind die «Kinder der BEDSCHET». Fünf Götter beschweren den fesselnden Strick; es sind der Gott GEB und die vier «Horussöhne» AMSET, HAPI, DUAMUTEF und QEBEHSENUF, alle in ein umschnürtes Gewand gekleidet und einen Strick in der Hand haltend. Den Abschluß des Registers bildet eine stehende Figur des OSIRIS, der hier CHONTAMENTI heißt. Die beigeschriebenen Texte erläutern die einzelnen Gruppen von Wesen.

Abbildung 57 69. Szene (Ausschnitt)

(Bei den strafenden Dämonen:)
So sind sie beschaffen:
Sie erheben sich für RE,
wenn er erscheint und zu ihnen gelangt.
Sie sagen zu RE:
Erscheine, RE! Sei machtvoll, ACHTI!
Siehe, wir haben den APOPHIS gefällt,
der in seine Fesseln geschlagen ist!
Nicht kommst du, RE, deinen Feinden nahe,
nicht nähern sich (dir) deine Feinde, o RE!
Deine Unnahbarkeit wird offenbar, der du im MEHEN bist,
wenn APOPHIS zerstückelt ist in seinem Blut.
Er wird bestraft, während RE bei der «Ruhestunde» anhält.
Dann zieht dieser große Gott weiter, nachdem seine (des APOPHIS) Fesseln geknotet sind.

(Bei APOPHIS:)
So ist diese Schlange beschaffen:
SELKIS ist es, die seine Fesseln wirft,
wenn die Barke dieses großen Gottes strandet (?)
in jener Gegend des APOPHIS.

Dieser große Gott fährt weiter, nachdem seine Fesseln geknotet sind.

(Bei den Göttern am fesselnden Seil:)
So sind sie beschaffen:
Sie packen die Fessel dieses Bösartigen.
Sie sagen zu RE:
Fahre dahin, RE! Eile dahin, ACHTI!
Siehe, Messer sind in das «Schreckgesicht» gepflanzt,
APOPHIS ist in seinen Banden!

Abbildung 58 69. Szene (Ausschnitt)

(Bei GEB und den Horussöhnen:)
So sind sie beschaffen
beim Bewachen der «Kinder der BEDSCHET».
Sie bewachen (sie) mit Hilfe des strafenden Strickes,
der in der Hand des (Gottes) «Mit verborgenem Leichnam» ist.
Stricke werden um ihn herumgewunden
beim Tor des CHONTAMENTI.
Diese Götter sagen:
Finsternis deinem Gesicht, WAMEMTI!
Vernichtung euch, Kinder der BEDSCHET!
Die Hand des «Verborgenen» fügt euch Unheil zu
durch den (Strick), mit dem der Bestrafte gefesselt ist.

GEB bewacht eure Fesseln,
und die «Kinder der Fessel» überweisen euch (dem) Strick.
Hütet euch vor der Verdammung (durch) CHONTAMENTI!

So sind sie beschaffen:
Sie haben die Kinder der BEDSCHET gefesselt,
als die Barke des Größten Gottes gestrandet (?) war
in dieser Gegend des APOPHIS.
Er fährt weiter, nachdem ihr ihre (Fesseln) geknotet habt.

MITTLERES REGISTER

70. Szene. Die Sonnenbarke mit der üblichen Besatzung und den vier ziehenden «Unterweltlichen». Dazu der folgende Text, der bereits auf das «Gesicht» des Sonnengottes in der 73. Szene Bezug nimmt:

Gezogen wird dieser große Gott von den Unterweltsgöttern.
Sie sagen, wenn sie RE ziehen:
Wir ziehen zum Himmel, wir ziehen zum Himmel,
wir folgen RE zur NUT!
Machtvoll bist du, o RE, durch dein Gesicht!
Groß bist du, wenn du dich niederläßt, RE, in deinem geheimen Gesicht!
Geöffnet ist das Gesicht des RE,
aufgetan sind die Augen des ACHTI,
damit er die Finsternis im Westen vertreibe,
damit er Glanz spende mit dem (Auge), das ihm dunkel zugewiesen wurde.

71. Szene. Ein Gott, der den hinteren Arm erhebt und in jeder Hand einen Stern trägt: «Der zur Stunde gehört». Dazu die Beischrift:

Er erhebt sich für Re,
damit er (Re) zufrieden sei mit dem, «Der zur Stunde gehört».
Dieser Gott ist es, der ihn (Re) geleitet,
während die Stunde ihre Pflicht tut.

Abbildung 59 71. und 72. Szene

72. Szene. Vier knieende, mumienartig eingehüllte Gottheiten, jede mit einer aufgeblähten *Uräus*-Schlange auf dem Scheitel. Die erste hat den Kopf einer Löwin und heißt entsprechend Sachmet; die zweite, ohne Perücke und Götterbart, heißt Abesch, die dritte «Der Atmende», der falkenköpfige vierte Gott ist Horus. Dazu die Beischrift:

So sind sie beschaffen:
«Die (Schlangen) in der Erde» sind es, die sie hüten.
Sie erheben sich für Re,
und sie setzen sich, während das Große Bild unter ihnen ist.
Dann wandeln sie hinter Re,
indem sie das Geheime Bild tragen, das unter ihnen ist.

73. Szene. In einer Barke wird, auf den Rücken einer aufgeblähten *Uräus*-Schlange gestellt, das Gesicht des Sonnengottes ge-

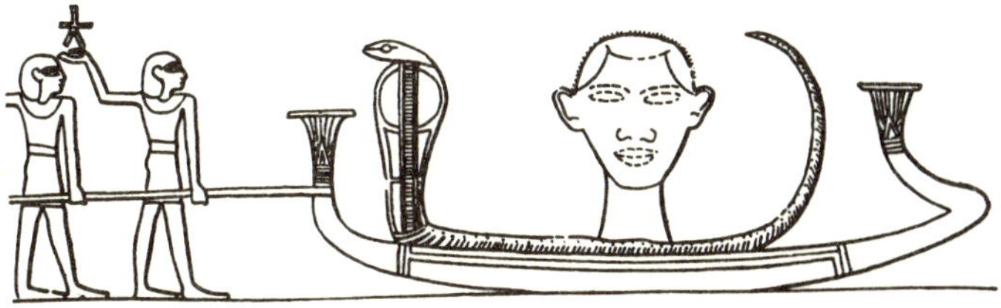

Abbildung 60 73. Szene (Ausschnitt)

zogen, von dem schon in der Beischrift zur Sonnenbarke (70. Szene) die Rede war. Im Grab der Tausret wird das Gesicht zusätzlich von der Sonnenscheibe umgeben. Am Zugseil fassen drei Götter, der Barke zugewandt, mit einer Hand an; in der erhobenen anderen Hand trägt jeder von ihnen einen Stern. Sie heißen «Die zu den Sternen gehören», während dem Sonnenantlitz «Das Gesicht der Sonnenscheibe» beigeschrieben ist. Der Text dieser Szene lautet:

So sind sie beschaffen:
Sie preisen mit ihren Sternen,
  wenn sie das Vordertau dieser Barke packen
  und eingetreten sind in die NUT.
Dies ist das Gesicht des RE,
  welches dahinfährt in der Erde.
Die, welche in der *Dat* sind, preisen es.

Abbildung 61 74. Szene

74. Szene. Eine geflügelte Schlange, «Die Geleitende», mit der Beischrift:

Sie erhebt sich für Re.
Sie ist es, die diesen großen Gott geleitet
zum Tor des Osthorizontes.

75. Szene. Ein Stierkopf und ein Messer an einem Pfahl, dazu eine Fackel über dem Stiergehörn. Der Gott «Flammender» hebt beide Hände zu dieser Fackel empor. Der Text lautet:

Er erhebt sich für Re.
Wenn er die Flamme in das Gehörn (des Stieres) setzt,
geht das Messer hervor, das in der Hand des «Kämpfenden» ist,
der sich im Gefolge dieses Gottes befindet.

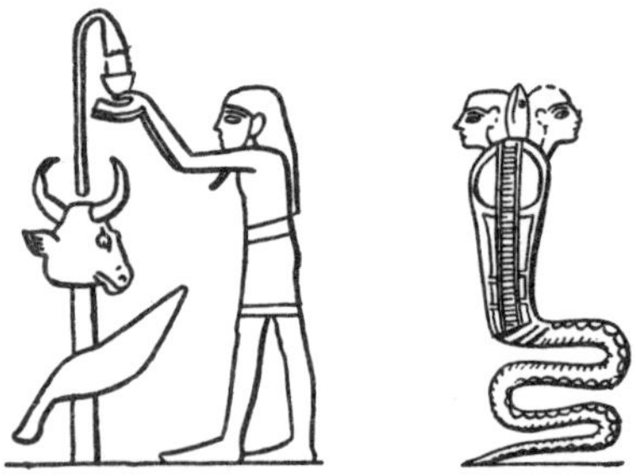

Abbildung 62 75. und 76. Szene

76. Szene. Nochmals die Zeit-Schlange (vgl. S. 33), in Gestalt eines aufgeblähten *Uräus*, aus dessen Schlangenkopf noch zwei Menschenköpfe herauskommen. Sie heißt «Die zum Leben gehört», mit der Beischrift:

Sie erhebt sich für RE,
Die Lebenszeit wird festgesetzt und in Jahren niedergeschrieben
in dieser *Uräus*-Schlange.
Sie läßt (die Lebenszeit?) aufsteigen zu ihm (RE), zum Himmel.

77. *Szene*. Vier Göttinnen mit preisend erhobenen Armen: «Die Rufenden».

Sie sagen, wenn sie RE rufen, beim Eintritt RES:
Hei, komm doch, du Kind!
Hei, komm doch, den die *Dat* (wieder) geboren hat!
Komm doch, (du) der den Himmel betritt!
Hei, du bist entstanden, o RE!

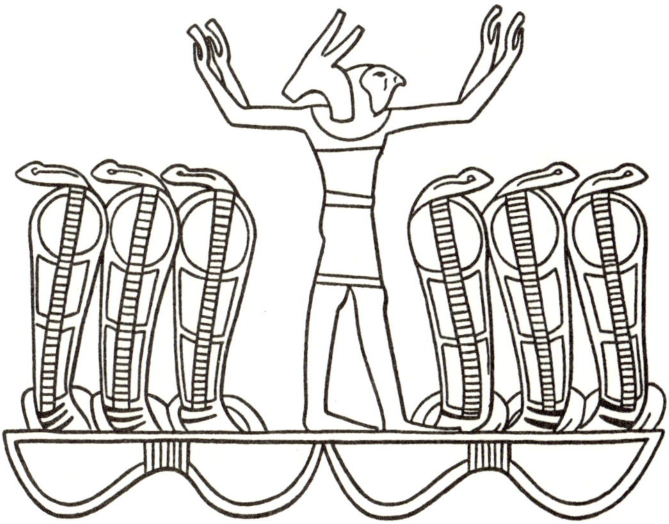

Abbildung 63 78. Szene

78. Szene. Ein doppelgesichtiger Gott (Horus- und Seth-kopf) erhebt preisend vier Arme; er heißt, wie schon in der 61. Szene, «Seine beiden Gesichter». Zusammen mit sechs aufgeblähten Uräus-Schlangen steht er auf einem Doppelbogen – es ist «Jener mit *Uräus*-Ringelschlangen Versehene». Der Text lautet:

«Jener mit *Uräus*-Ringelschlangen Versehene» durchwandelt die *Dat*.
Die Bogen tragen «Seine beiden Gesichter» als sein Mysterium.
Sie sind es, die Re ankündigen
im Osthorizont des Himmels.
Sie durchlaufen den Himmel hinter ihm.

UNTERES REGISTER

79. Szene. Zwölf Götter, die jeder mit beiden Händen ein Ruder tragen. Es sind die «Götter, die keinen Untergang kennen», offenbar eine Gestaltwerdung der Zirkumpolarsterne, von denen auch in der Beischrift gesprochen wird:

So sind sie beschaffen:
Sie erheben sich für Re,
sie empfangen ihre Ruder bei dieser Höhle des (Gottes) «Der zur Stunde gehört».
Sie entstehen aber zur Geburt Res in der Nut,
sie entstehen zur Geburt Res,
sie kommen heraus aus dem Nun mit ihm.
Sie sind es, die diesen großen Gott rudern,
nachdem er sich im Osthorizont des Himmels niedergelassen hat.

RE sagt zu ihnen:
Empfangt euch eure Ruder
und laßt euch nieder in euren Sternen!
Eure Entstehung ist ja meine Entstehung,
eure Geburt ist ja meine Geburt!
O meine Ruderer, ihr sollt nicht untergehen,
ihr Götter, die keinen Untergang kennen!

80. Szene. Zwölf Göttinnen, jede mit einem Stern über dem Kopf, halten ein Zugseil in den Händen. Es sind die «Stundengöttinnen, welche ziehen». Ihre Funktion wird in der Beischrift erläutert:

So sind sie beschaffen:
Sie empfangen dieses Zugseil der Barke,
um RE in der NUT zu ziehen.
Sie sind es, die RE ziehen
und (auf) den Wegen in der NUT geleiten.
Die Göttinnen sind es, die diesen großen Gott in der *Dat* geleiten[48].

Abbildung 64 80. Szene (Ausschnitt)

RE sagt zu ihnen:
Ihr habt das Zugseil empfangen, so daß ihr zufrieden seid!
Möget ihr mein Gefolge zum Himmel ziehen,
möget ihr mich leiten zu euren Wegen!
Meine Geburt ist ja eure Geburt,
meine Entstehung ist ja eure Entstehung!
Hei, ihr setzt die Lebenszeit fest,
ihr spendet Jahre – dem (Vorrat) entsprechend, den ihr habt!

81. Szene. Der Rest des Registers besteht aus sieben Gottheiten. Jede von ihnen ist mit einer kurzen, individuellen Beischrift versehen.

(Krokodilköpfiger Gott mit *Uas*-Szepter: «Der mit dem Hals»)
So ist dieser Gott beschaffen:
Er ist es, der schreit, damit die Pforten (dem) RE geöffnet werden.
Er wandelt (Var.: tritt ein) mit ihm.

Abbildung 65 81. Szene (Ausschnitt)

(Gott mit Stern über dem Kopf und *Uas*-Szepter: «Der Rasselnde»?)
So ist dieser Gott beschaffen:
Er ist es, der zu den Sternen ruft bei der Geburt dieses großen Gottes.
Er wandelt mit ihm.

(Stierköpfiger Gott mit *Uas*-Szepter: «Stier des Westens»)
So ist dieser Gott beschaffen:
Er ist es, der die Götter der Sonnenbarke ruft.
Er wandelt mit ihm.

(Gott mit Stern über dem Kopf und *Uas*-Szepter: «Der die Sterne nährt»)
So ist dieser Gott beschaffen:
Er ist es, der die Sterne an ihre Plätze setzt.
Er wandelt mit diesem großen Gott (RE).

(Ein Affe auf einem Tragholz: «Der vom Gegenhimmel»?)
Er preist den RE,
er bringt Ovationen dar dem ACHTI.
(Ein heiliges *Udjat*-Auge auf einem Tragholz: «Das Göttliche Auge»)
Es ist das Auge des RE.
Dieser Gott ist zufrieden mit ihm,
wenn es seinen Platz einnimmt in der Barke.

(Gott mit *Uas*-Szepter: «Der auf seinem Thron»)
Er öffnet, der Türhüter dieser Höhle.
Er bleibt an seinem Platz,
er wandelt nicht mit RE.

Elfte Pforte. Sie heißt «Mit geheimer Einführung». Die übliche «Neunheit» ist durch zwei *Uas*-Szepter ersetzt; das eine endet

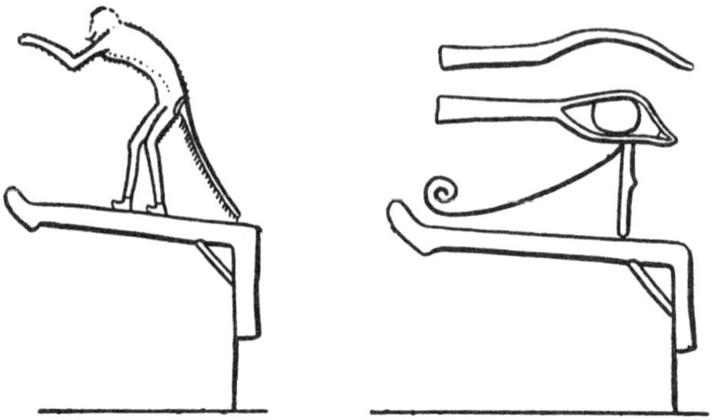

Abbildung 66 81. Szene (Ausschnitt)

in einem Falkenkopf, das andere in einem Menschenkopf, beide mit oberägyptischer Krone. Der obere Wächter heißt «Gewalttätiger», der untere «Der Niedermetzelnde», der schlangengestaltige Wächter auf dem Türflügel «Der in seinem Ausfluß ist». Die beiden *Uas*-Szepter werden als HORUS und OSIRIS bezeichnet. Während die Beischriften sonst die üblichen sind, steht bei den Szeptern ein besonderer Text:

Sie sagen zu RE:
In Frieden, in Frieden, o RE!
  In Frieden, in Frieden, der du reich an Erscheinungsformen bist!
Dein *Ba* gehört zum Himmel,
  dein Leichnam gehört zur Erde,
  der du (deine) Größe selber bestimmt hast!

ZWÖLFTE STUNDE

OBERES REGISTER

82. Szene. Vier Götter «Die Lichtglanz tragen»; jeder von ihnen hebt mit einer Hand eine Sonnenscheibe empor. Dazu die erläuternde Beischrift:

So sind sie beschaffen:
Sie tragen die Sonnenscheibe des RE.
Sie sind es, welche die *Dat* mit dem Himmel vereinigen
durch dieses Bild, das in ihrer Hand ist[49].
(Sie sind es,) welche die Angelegenheiten hüten beim Tor des Totenreiches,
bis RE sich niedergelassen hat am Bauch der NUT.

Abbildung 67 82. Szene

83. Szene. Vier Götter in der gleichen Gestalt wie in der 82. Szene, aber statt der Sonnenscheibe einen Stern tragend. Sie heißen entsprechend «Die Sterne tragen».

So sind sie beschaffen:
Sie tragen die Sterne, wenn die Arme des NUN den RE empfangen.

Sie preisen mit ihren Sternen,
sie wandeln mit ihm (RE) zum Himmel,
sie lassen sich nieder am Bauch der NUT.

84. Szene. Vier Götter, jeder mit einem Szepter in der Hand: «Die herausgekommen sind» (aus dem Leib der NUT bzw. aus der *Dat*).

So sind sie beschaffen:
Ihre Szepter sind in ihrer Hand.
Sie sind es, welche die (Opfer-)Anteile der Götter im Himmel bestehen lassen,
wenn RE (ihnen) ihre Thronsitze zuweist.

Abbildung 68 85. Szene

85. Szene. Vier widderköpfige Götter mit dem *Uas*-Szepter in der Hand; sie heißen «Widder», CHNUM, «Der Zupackende» (?) und «Der Wandernde» (?). Da die beiden letzten, unklaren Namen als Bezeichnungen des Sonnengottes belegt sind, darf man vielleicht in allen vier Göttern Erscheinungsformen des Sonnengottes sehen, dessen nächtliche Gestalt ja die des Widders ist. Die Beischrift weist ihnen allerdings Funktionen zu, wie wir sie für die «Herren des Bedarfs» kennen:

So sind sie beschaffen:
Ihre Szepter sind in ihrer Hand.
Sie sind es, welche die Götter, die im Himmel sind, mit Opfern speisen,
bevor die Flut hervorströmt, bevor RE zum NUN gelangt ist.

86. Szene. Vier falkenköpfige Götter mit dem *Uas*-Szepter in der Hand. Es sind HORUS, NEMTI (?), SOPDU und «Der in seinen beiden Schiffen ist». Der Text lautet:

So sind sie beschaffen:
Ihre Szepter sind in ihrer Hand.
Sie sind es, welche die Kajüte befestigen und die Hand reichen der Körperschaft, welche (in) den beiden Schiffen des Gottes ist, nach dem Herauskommen aus dem Mund des ‹Vereinigers›.
Sie veranlassen das Rudern in der NUT,
wenn die Stunde vor (der Stunde) «Die zufriedengestellt hat» entstanden ist.

Abbildung 69 87. Szene (Ausschnitt)

87. Szene. Acht Göttinnen, die auf *Uräus*-Schlangen thronen und jede einen Stern auf der vorgestreckten Hand halten: «Die Morgendlichen, welche schützen». Am Ende des Registers steht ein krokodilköpfiger Gott, der mit der einen Hand ein Szepter, mit der anderen eine Schlange packt: «Der mit weisem Mund».

So sind sie beschaffen:
Ihre Ringelschlange ist unter ihnen, ihre Hand trägt Sterne.
Sie kommen hervor zu beiden Seiten dieses Gottes,
vier zum Osten und vier zum Westen.
Sie sind es, welche die östlichen *Bau* rufen.
Sie preisen diesen Gott
und sie beten ihn an, wenn er hervorgekommen ist,
wenn das Kind hervorgekommen ist in seinen Erscheinungsformen[50].
Sie sind es, welche die Ruderfahrt der Mannschaft leiten
in der Barke dieses großen Gottes.
Sie rufen diesem Gott (Var.: den Göttern) zu,
und sie packen ihre Ringelschlangen,
wenn sie den Himmel hinter ihm durchwandeln, in dieser Weise.
Sein Schritt entspricht ihrem Schritt.
Sie erheben sich für diesen Gott,
wenn dieser Gott sich umwendet zu dieser Pforte.
Er hält an beim Torweg des Westens.

MITTLERES REGISTER

88. Szene. Die Sonnenbarke mit der üblichen Besatzung und den vier ziehenden «Unterweltlichen», dazu der Text:

Die Unterweltsgötter sagen:
Geh hervor aus dem «Verborgenen» (Totenreich),
lasse dich nieder auf den beiden Ufern des NUN,
verwandle dich auf den beiden Armen des NUN!
Dieser Gott hat (noch) nicht den Himmel betreten,
(sondern) öffnet die *Dat* gegen den Himmel hin
in seiner Erscheinungsform, die im NUN ist.
Was die Öffnung der *Dat* gegen den Himmel hin betrifft –
die Arme des (Gottes) «Mit verborgenem Namen» sind es.
Er (selber) ist (noch) in der Urfinsternis,
wenn sie (die Arme?) in der Morgendämmerung hervorkommen[51].

Abbildung 70 89. Szene (Ausschnitt)

89. Szene. Neun Götter, von denen vier schakalköpfig dargestellt sind. Jeder hält ein Messer und einen Krummstab in der Hand. Es ist die «Neunheit, welche den APOPHIS straft», und APOPHIS selber wird hinter ihnen als gefesselte Schlange dargestellt. Die fünf Krummstäbe, an die er gefesselt ist, verkörpern die «Horuskinder». Der Text schildert ein letztes Mal den Triumph über den ewigen Sonnenfeind:

(Bei der Neunheit:)
So sind sie beschaffen:
Ihre Stäbe sind in ihrer Hand,
und sie empfangen ihre Messer, damit sie den APOPHIS strafen.
Sie sind es, die seine Niedermetzelung vornehmen,
die (ihm) Unheil zufügen bei der Sandbank, die im Himmel ist.
Die Stricke (?) dieses Widersachers sind in den Händen der Horuskinder.
Sie erheben sich zu diesem Gott,
während ihre Stricke in ihren Fingern sind.
Dieser Gott zählt seine Glieder, nachdem der «Verborgene» seine Arme geöffnet hat,
um RE den Weg zu bahnen[52].

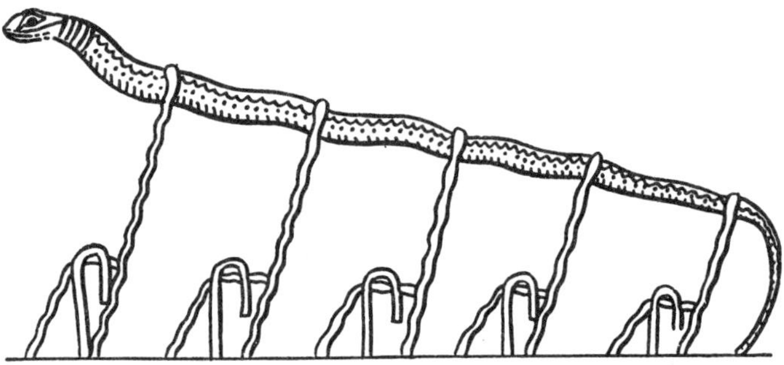

Abbildung 71 89. Szene (Ausschnitt)

(Bei APOPHIS:)
So ist diese Schlange beschaffen:
Die Horuskinder packen sie,
wenn sie sich niederlassen in der NUT.

(Bei den «Horuskindern»:)
So sind sie beschaffen:
Sie schlingen seine (des APOPHIS) Fesseln.
Seine Sandbank ist im Himmel,
sein Gift aber fließt im Westen herab.

90. Szene. Vier Affen, die jeder in den vorgestreckten Pfoten eine menschliche Faust (als Amulett?) tragen. Sie heißen «Die Paviane» und haben die folgende Beischrift:

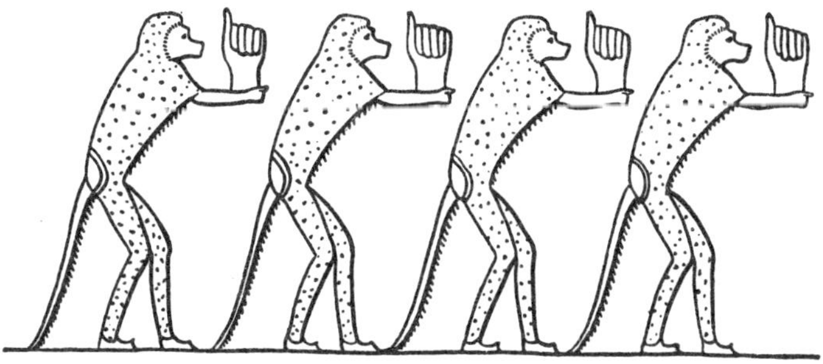

Abbildung 72 90. Szene

So sind sie beschaffen:
Sie sind es, die RE verkünden (Var.: befestigen)
im Osthorizont des Himmels.
Sie künden diesen Gott an, der sie geschaffen hat, mit ihrer Hand –
zwei zur Linken, zwei zur Rechten,
zu beiden Seiten dieses Gottes.
Sie gehen heraus hinter ihm,
sein *Ba* ist froh, wenn er sie sieht.
Sie sind es, die seine Sonnenscheibe befestigen.

91. Szene. Die «Westgöttin» mit oberägyptischer Krone, eine entsprechende Göttin «Die von Sais» (oder: «Die Vernichtungsstätte») mit unterägyptischer Krone und ein Gott «Der von der Pforte» mit einem *Uas*-Szepter in der Hand. Alle drei Gottheiten haben die gemeinsame Beischrift:

So sind sie beschaffen:
Sie wenden sich um zu dieser Pforte des «Unterweltlichen»,
der die Höhlen öffnet und die geheimen Pforten aufsperrt.
Ihre *Bau* wandeln hinter ihm.

UNTERES REGISTER

92. Szene. Vier Götter mit der oberägyptischen Krone, ohne sonstige Attribute: «Die mit gekröntem Haupt». Dazu die Beischrift:

So sind sie beschaffen:
Sie sind es, welche die Weiße Krone befestigen
für die Gottheiten, die im Gefolge Res sind.
Sie bleiben in der *Dat*,
während ihre *Bau* dahinwandeln.
Sie stehen bei dieser Pforte.

Abbildung 73 92. und 97. Szene

93. Szene. Vier Götter mit Kopftuch und Götterbart: «Die Trauernden».

So sind sie beschaffen in dieser Pforte:
Sie betrauern OSIRIS, nachdem RE aus dem «Verborgenen» hervorgegangen ist[53].
Ihre *Bau* wandeln hinter ihm (RE),
während sie (selbst) im Gefolge des OSIRIS sind.

94. Szene. Vier Göttinnen mit der unterägyptischen Krone: «Ammen».

So sind sie beschaffen:
Sie sind es, die sich zu RE gesellen,
die seine Geburt entstehen lassen in der Erde.
Ihre *Bau* wandeln in seinem Gefolge,
ihre Leichname (aber) bleiben an ihrem Platz.

95. Szene. Vier Götter mit Kopftuch und Götterbart: «Nährende». Sie haben, wie die vorangehende Gruppe, für das neugeborene Sonnenkind zu sorgen.

So sind sie beschaffen:
Sie sind es, die RE nähren,
welche die Namen seiner Erscheinungsformen groß machen.
Ihre *Bau* wandeln in seinem Gefolge,
ihre Leichname (aber) bleiben an ihrem Platz.

96. Szene. Vier Göttinnen mit der oberägyptischen Krone: «Die Gekrönten». Nach dem begleitenden Text sorgen sie für die Kontinuität der *Maat:*

So sind sie beschaffen:
Sie sind es, welche die *Maat* aufsteigen lassen

und sie in der Kapelle RES befestigen,
wenn er sich niederläßt in der NUT.
Ihre *Bau* wandeln in seinem Gefolge,
ihre Leichname (aber) bleiben an ihrem Platz.

97. Szene: Vier Götter mit der unterägyptischen Krone: «Ammen» (sic!).

So sind sie beschaffen:
Sie sind es, welche die Lebenszeit festsetzen,
welche die Jahre entstehen lassen für die, welche der blutigen Bestrafung in der *Dat* gehören,
und für die, welche im Himmel leben [54].
Sie sind im Gefolge dieses Gottes.

98. Szene. Vier Göttinnen ohne Attribute: «Die Trauernden». Der Text spielt auf ihre Totenklage um OSIRIS an:

So sind sie beschaffen in dieser Pforte:
Sie machen die Totenklage mit ihren Haaren
vor diesem großen Gott im Westen.
Sie wenden sich zurück zu dieser Pforte,
sie treten nicht in den Himmel ein.

99. Szene. Vier vornübergebeugte Götter: «Die Alten». Ihr Name steht im Wortspiel mit dem Verbum «preisen», das ihre Funktion beschreibt:

So sind sie beschaffen:
Sie beten RE an, sie preisen ihn,
und sie erweisen ihm Ehre durch ihre Gebete.
Es sind die Götter, die in der *Dat* sind,
die Türhüter der *Schetit*.
Sie bleiben an ihrem Platz.

Abbildung 74 100. Szene

100. Szene. Ein einzelner katerköpfiger Gott, mit *Uas*-Szepter und Schlangenstab in den Händen: «Der Katergestaltige». Die Beischrift besteht nur aus zwei Versen:

Dies ist der Türhüter der Höhle.
Er bleibt an seinem Platz.

Zwölfte Pforte. Sie heißt «Mit abgeschirmter Macht», der obere Wächter «Losstürzender», der untere Wächter «Der von der Dämmerung», beide mit dem üblichen Zusatz «Er beugt seine Arme für Re». Statt einer «Neunheit» befinden sich im Inneren der Pforte zwei mit einem Menschenkopf (als Personifikationen!) bekrönte Stäbe; es sind die beiden Götter CHEPRI und ATUM, also die Morgen- und Abendgestalt des Sonnengottes. Vor der Pforte steht in einer einzelnen Zeile:

Gelangen zu dieser Pforte durch diesen großen Gott,
Eintreten in diese Pforte.
Verehrung dieses großen Gottes
durch die Götter, die in ihr sind.

Zwischen den beiden Stäben steht ein kurzer Text:

Sie stehen auf ihnen (den Stäben),
sie treten in Erscheinung auf ihren Stäben bei dieser Pforte.
(Ihre) Köpfe stehen bei dieser Pforte.

Hinter den Zinnen der Pforte werden dieses Mal beide Türflügel gezeigt, jeder von einer feuerspeienden Schlange bewacht. Die erste Schlange ist «Der zum Tor gehört», die zweite heißt «Der Gewundene». Bei beiden schlangengestaltigen Wächtern steht der gleiche Text:

Er befindet sich auf diesem Türflügel,
er öffnet dem RE.
SIA (spricht) zu dem «Der zum Tor gehört» (bzw. zu dem «Gewundenen»):
Öffne dein Tor dem RE,
tu auf deine Tür dem ACHTI!
Er ist herausgegangen aus der *Schetit*,
er hat sich niedergelassen am Leibe der NUT.
Dann wird diese Tür geschlossen.
Dann klagen die *Bau*, die im Verborgenen sind,
nachdem diese Tür zugefallen ist.

Hinter den Türflügeln befinden sich zwei *Uräus*-Schlangen: oben «ISIS», unten «NEPHTHYS»; dazwischen die beiden Verse:

Sie sind es, die dieses geheime Tor des Verborgenen hüten.
Sie wandeln hinter diesem Gott.

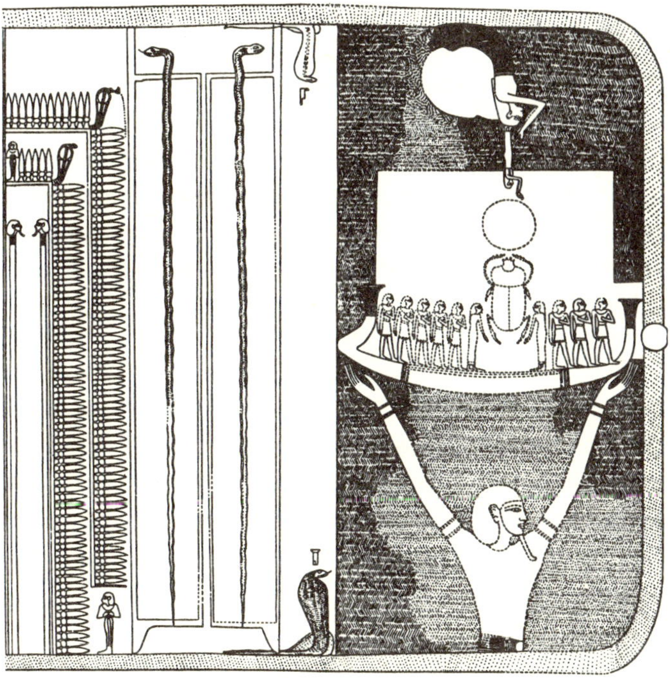

Abbildung 75 12. Pforte und Schlußbild

SCHLUSSBILD

Dreifach gestaffelt, faßt dieses Bild noch einmal den täglichen Sonnenlauf zusammen. Von unten, aus der Tiefe der Welt, hebt der Gott NUN mit ausgestreckten Armen die Sonnenbarke empor; zwischen seinen Armen beschreibt eine kurze Beischrift den sich täglich erneuernden Vorgang: «Diese Arme kommen aus dem Wasser heraus, damit sie diesen Gott hochheben».

Über der Sonnenbarke steht als Erläuterung: «Dieser Gott läßt sich nieder in der Tagesbarke. Die Gottheiten, unter denen er ist»; darunter werden diese Gottheiten mit ihren Namen aufgezählt. Es sind vom Heck zum Bug: SIA – HU – HEKA – MAAT – GEB – ISIS – NEPHTHYS – drei «Tür(hüter?)».

ISIS und NEPHTHYS halten ihre Arme unter den Sonnen-*Skarabäus*, über dem sich die Sonnenscheibe befindet. Von oben nimmt die Himmelsgöttin NUT diese Sonnenscheibe mit ausgestreckten Armen in Empfang. Sie steht auf einer in sich zurückgekrümmten Figur des OSIRIS, der seine Arme ebenfalls der untergehenden Sonne entgegenstreckt. Bei der Göttin steht: «NUT ist es. Sie nimmt RE in Empfang», bei dem Gott: «OSIRIS ist es. Er umschließt die *Dat*». So werden noch einmal die beiden Sphären gezeigt, in welche die Sonne abends eingeht: Himmel (NUT) und Unterwelt (OSIRIS).

Dieses ganze abgekürzte Bild des Sonnenlaufes ist eingebettet in die Wellenlinien des Urgewässers (NUN), in welchem sich täglich das Wunder der Wiederverjüngung ereignet.

DAS HÖHLENBUCH

ERSTER ABSCHNITT

Das *Höhlenbuch* beginnt mit zwei senkrechten Streifen, die beide als Sandbereiche gepunktet sind. Im ersten ist nur die Sonnenscheibe dargestellt, im zweiten die widderköpfige Nachtgestalt des Sonnengottes, der seine Arme den Gottheiten des ersten Abschnittes entgegenstreckt. Beischriften und Titelei fehlen. Der erste Abschnitt ist in fünf waagerechte Register unterteilt. Die dargestellten Wesen des Jenseits werden einzeln oder als Gruppe vom Sonnengott angerufen.

ERSTES REGISTER

Es beginnt mit einem allgemeinen Anruf des Sonnengottes an die Gottheiten der «Ersten Höhle»:

(3) O Götter, die in der *Dat* sind, (in) der ersten Höhle des Verborgenen,
Türhüter der Gaue des Totenreiches, Neunheit des Westherrschers!
Ich bin RE, der im Himmel ist.
Ich trete ein in die Urfinsternis,
ich öffne das Himmelstor im Westen.
Seht, ich bin eingetreten in das Westland!
Empfangt mich, reicht (mir) eure Arme!
Seht, ich kenne euren Platz in der *Dat!*
Seht, ich kenne eure Namen,
eure Höhlen, eure Geheimnisse!

Ich weiß, wovon ihr lebt –
von dem, was der «Unterweltliche» euch zuweist, (damit) ihr lebt!
Eure Kehlen atmen, wenn ihr die Worte des OSIRIS hört,
nachdem ich die *Dat* durchzogen habe.
Wenn ich die Wege des Westens eingeschlagen habe,
seid ihr zufrieden, sind eure *Bau* stark,
seid ihr mächtig in euren Höhlen!
(Nun) habt ihr meine Worte gehört,
ich habe euch bei euren Namen gerufen!

Die Darstellungen beginnen mit drei vielfach gewundenen Schlangen, die der Sonnengott einzeln anredet.

RE sagt zu den Gottheiten, die in der ersten Höhle der *Dat* sind:
(Zur ersten Schlange:)
O «Gehörnter», der in seiner Höhle ist,
mit großem Schrecken in der *Dat* –
beuge deinen Arm und mache deine Schulter schmal(?)[1]!
Siehe, ich trete ein in den Vollkommenen Westen,
um für OSIRIS zu sorgen,
um die zu begrüßen, die in ihm sind.
Ich überantworte seine (des OSIRIS) Feinde ihrer Schlachtbank,
ich befehle denen, die in seinem Gefolge sind.
Ich erhelle die Finsternis der *Schetit*.

(Zur zweiten:)
O du «Mit schrecklichem Gesicht», der in seiner Höhle ist,
dem die Unterweltlichen die *Bau* der Vernichtungsstätte überweisen –
beuge deinen Arm usw. (wie oben) ...

(Zur dritten:)
(4) O jene SATA-Schlange, die ROSETAU umschließt
für den Herrscher der *Dat* –
beuge deinen Arm usw. (wie oben) ...

(Zu neun *Uräus*-Schlangen:)
O jene Neunheit von *Uräen*,
deren Flammen auf ihrem Maule sind,
um die Feinde des OSIRIS zu verzehren –
beuge deinen Arm usw. (wie oben) ...

(Zu neun stierköpfigen Göttern:)
O Neunheit von Göttern, die im Gefolge des «Stiers des Westens» (OSIRIS) sind –
beuge deinen Arm usw. (wie oben) ...

(Abschließende Rede zum ersten Register:)
O Götter, Götter,
die ihr in den Geheimnissen seid und in der *Dat* –
Seht, ich bin eingetreten (5) in den Westen,
ich habe seine erste Höhle durchzogen,
ich habe zu denen gesprochen, die in ihr sind.
Das, was ich gesagt habe, haben sie getan.
Mit dem, was ich angeordnet habe, sind sie zufrieden.
Sie haben ihre Arme gebeugt
und mir ihre Schultern schmal gemacht (?).
Seht, ich ziehe an euch vorbei,
und ihr tut desgleichen!

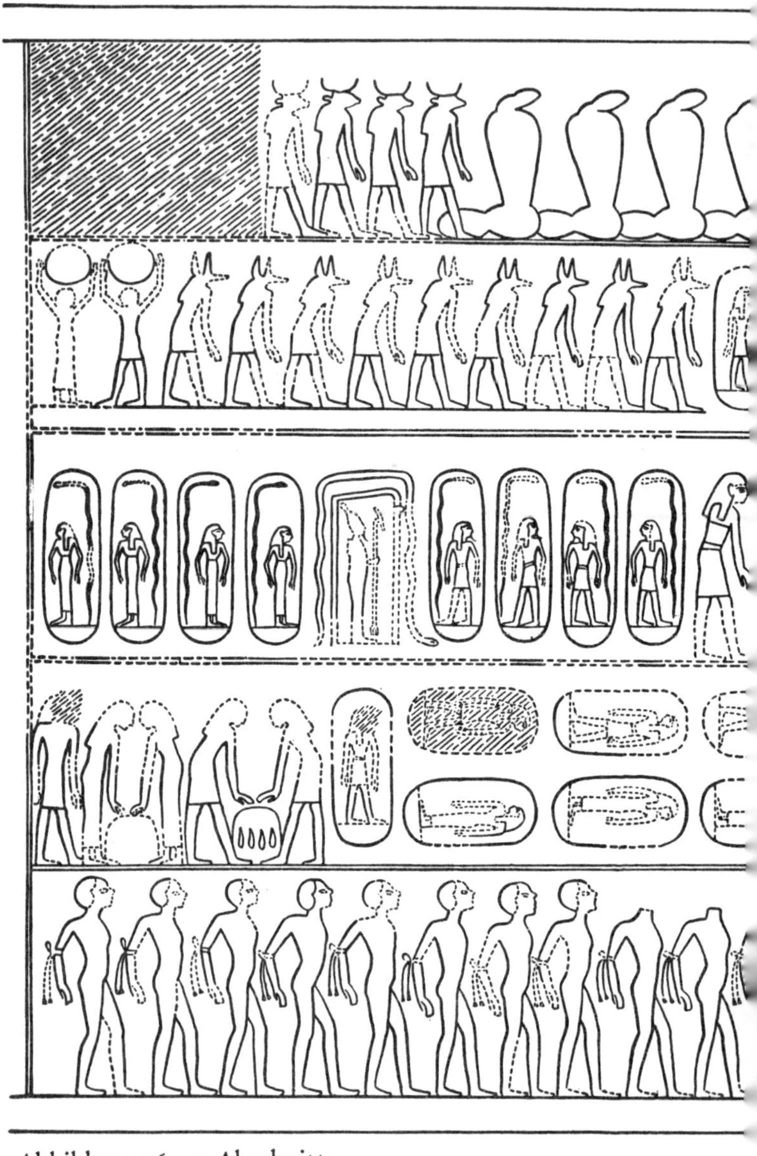

Abbildung 76 1. Abschnitt

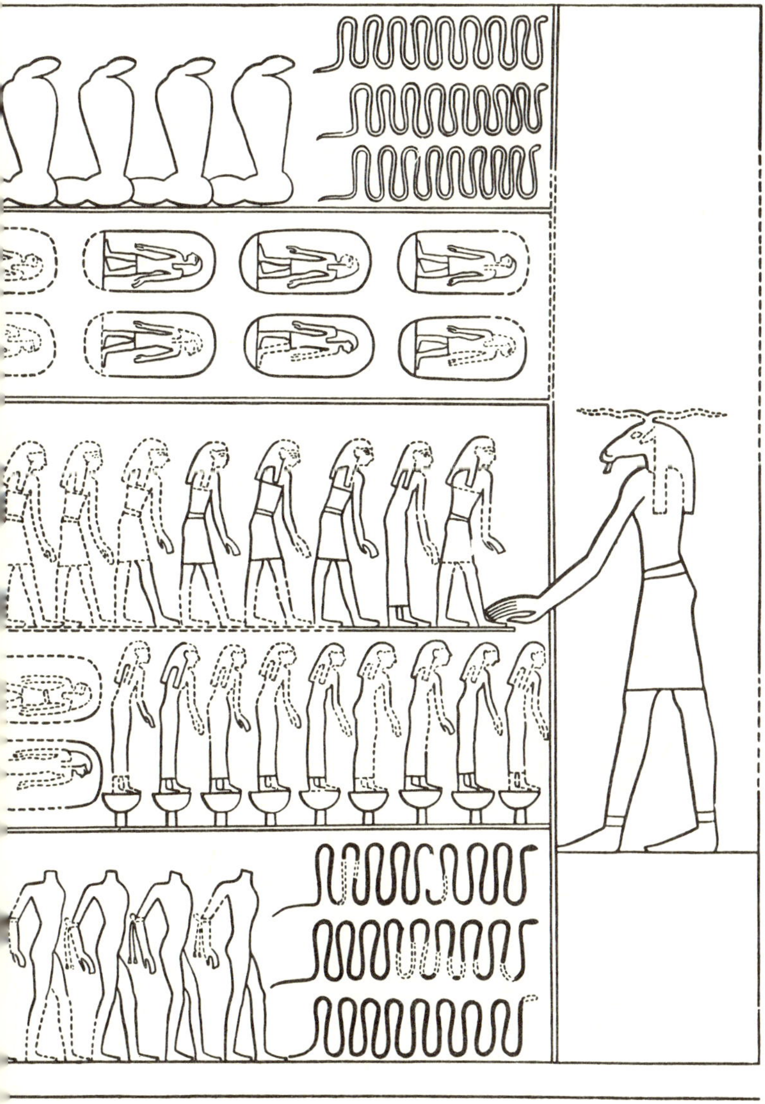

ZWEITES REGISTER

Wieder werden die einzelnen Gruppen jenseitiger Wesen vom Sonnengott angerufen, seine Rede setzt die Litanei des ersten Registers fort.

(Zu neun Göttinnen in ovalen Särgen:)
O Neunheit von Gottheiten,
die auf geheimen Sarkophagen ruhen,
Herren von Locken, mit großen Schlafstellen,
welche in der Urfinsternis ruhen, –

(Zu neun schakalköpfigen, nach vorn geneigten Göttern:)
O Neunheit von Göttern,
mit großem Schweigen im Verborgenen Land,
die Hüter der *Bau* sind
und Herren des Unterhaltes im «Verborgenen»,
deren Gesicht Hundegestalt hat,
um das Verweste und Verfaulte zu verschlingen –

(Zu einem Gott, der die Sonnenscheibe hochhebt:)
O jener Gott mit großer Gestalt,
in dessen Hand die Scheibe des OSIRIS ist,
Extremität[2] des *Dat*-Vorstehers –

(Zu einer Göttin, welche die Sonnenscheibe hochhebt:)
O jene Göttin mit großem Geheimnis,
über welcher der Leib des OSIRIS ist,
welcher das große Bild des Westherrschers und Göttervorstehers zugewiesen ist –

(Allgemeine Anrede an alle:)
Beugt mir euren Arm
und macht mir eure Schultern schmal (?)!

Seht, ich bin eingetreten in den Westen,
  um für Osiris zu sorgen,
  um die zu begrüßen, die in ihm sind.
Ich überantworte seine Feinde ihrer Schlachtbank,
  ich befehle denen, die in seinem Gefolge sind,
  ich erhelle die Finsternis der *Schetit*.
Ihr seid die Formen, die Zufriedenen in ihren Sarkophagen,
  Leichname mit kräftigen *Bau*, welche die Rede des Osiris hören!
O seht, ich bin bei euch eingetreten!
(6) Der aber atmet und sieht, der aber atmet,
  der sich an meiner Gestalt freut!

DRITTES REGISTER

In dieses Register ragen die ausgestreckten Hände des Sonnengottes, der in der eröffnenden Rede Osiris auffordert, ihm die Hand zu geben:

O Osiris, *Dat*-Vorsteher – ich bin Re!
  Gib mir deine Hand!
Ich bin es, der *Ba*-Herr,
  der Mächtigste des (Welt)beginnes,
  vor dem die Westbewohner (Ehr)furcht haben!
Ich sorge für die *Dat*,
  ich lasse die *Bau* sich (auf) ihren Leichnamen niederlassen,
  nachdem ich mich (auf) meinem Leichnam niedergelassen habe.
Die *Dat* ist es, die meinen *Ba* leitet
  zu dem geheimen Ort meiner Bilder (?).

Die Gottheiten dieses Registers werden vom Sonnengott kollektiv als «Neunheit» angeredet. Es sind zwanzig Gottheiten:

ein Götterpaar, das sich zum Sonnengott hin verneigt; neun Götter in der gleichen Haltung; vier Götter in ovalen Sarkophagen, jeder mit einer schützenden Schlange zur Seite; OSIRIS in seinem Schrein, von einer Schlange umringelt; vier Göttinnen in ovalen Sarkophagen, jede mit einer Schlange zur Seite.

O Neunheit des OSIRIS,
die in der *Dat* Gericht hält!
(O) OSIRIS, Vorsteher des Westens, und ihr, die ihr in seinem Gefolge seid,
die ihr in der Kapelle der SATA-Schlange ruht,
die groß ist als der, der ihn (OSIRIS) bewacht!
Sein (des OSIRIS) Hofstaat ruht in seinen Sarkophagen,
ihre Leichname sind von geheimer Art,
und «Die in der Erde» (Schlangen) vereinigen sich damit.
(O) Götter, reicht mir eure Hand!
Neunheit, in der OSIRIS ist, leite mich
zu den Wegen der *Dat*, zu den geheimen Höhlen!
Ich rufe die, die in der *Schetit* sind, (damit) ich sie schütze,
ich sorge für sie, ich erleuchte sie,
ich vertreibe ihre Finsternis und lasse sie auf ihren Thronen Platz nehmen.
Ich begrüße die, die in deinem (OSIRIS) Gefolge sind,
ich erleuchte die Finsternis der *Schetit*.
Du bist der Größte,
(7) der Geheimrat am Platz (des Westens?)!

VIERTES REGISTER

Zunächst ruft der Sonnengott die dargestellten Gruppen von Gottheiten einzeln auf, um sie dann gemeinsam zu begrüßen.

(Zu neun Göttinnen auf gefäßähnlichen Gebilden:)
O Neunheit von Göttinnen,
die auf der Wüste stehen,
die die Geheimnisse[3] unter ihr leiten für den Größten, den Vorsteher des Westens (OSIRIS)!

(Zu neun Gottheiten in ovalen Sarkophagen:)
O Neunheit von Göttern in den Sarkophagen,
Gedeihende, die im Gefolge des CHONTAMENTI sind!

(Zu zwei Göttern, die sich über einen Hügel mit vier «Fleisch»-Zeichen beugen:)
O Geheimnisreicher mit verborgenem Wesen,
(o) Hüter des geheimen Bildes des OSIRIS, des Herrn des Westens!

(Zu zwei Göttinnen, die sich über einen Hügel beugen, der Haarlocke und Bart enthält:)
O ISIS, o NEPHTHYS,
ihr zwei großen Göttinnen des Westens –
reicht euren Arm und knotet euren (magischen) Schutz
über dem großen Bild, das in eurer Hand ist!

(Zu einem krokodilköpfigen Gott:)
O Unversehrter mit geheimen Formen,
der in der Höhle des OSIRIS ist –
du bist die Gestalt des *Dat*-Vorstehers, aus dem du entstanden bist!
Er hat dich als Vorsteher seiner Höhle eingesetzt,
du bist sein verwester Leichnam!

(Gemeinsamer Anruf:)
(O) Götter, die ihr über mein Nahen jubelt –
gebt mir eure Hand, empfangt mich!

Leitet mich zu den Wegen des Westens,
damit ich die Leichname (wieder)belebe, die in ihm sind,
daß ich die *Bau* auf ihnen Platz nehmen lasse, so daß sie atmen,
daß ich ihre Finsternis erleuchte und (sie) ruhen lasse in meiner Höhle,
daß ich euch begrüße, Götter der Neunheit, in der OSIRIS ist!
Ich überantworte ihre Feinde ihrer Schlachtbank,
ich befehle euch und erleuchte die Finsternis der Schetit.
Ich gehe an euch vorbei, die ihr meinen *Ba* leitet.

FÜNFTES REGISTER

Es beginnt, wie das erste Register, mit drei vielfach gewundenen Schlangen, die der Sonnengott einzeln anruft und dann gemeinsam ermahnt, ihre Funktion zu erfüllen. Sie haben die «Feinde» zu bewachen und zu strafen, die hinter ihnen dargestellt sind. Alle sechzehn «Feinde» haben die Arme auf dem Rücken gefesselt, die ersten acht sind bereits geköpft. In einigen Gräbern werden diese verdammten Toten nackt, aber ohne Geschlechtsteile dargestellt, um das Fortbestehen ihrer Potenz im Jenseits zu verhindern.

(Zu den drei Schlangen:)
(8) O Ältester der Erde, du mit großer Kraft,
der sich bewegt, (wie auch) die, die auf ihm sind, sich bewegen –
O Doppelflamme, du mit großem Feuer,
der seinen Gluthauch selber in (die Feinde?) schleudert[4] –
O Schlange, die in der Unterwelt ist,
die du den Größten Gott nicht erblickst –
O Schlangen, o diese Schlangen der untersten Regionen der

Dat[5], die OSIRIS enthält,
Türhüter des (OSIRIS), dessen Wesen geheim ist,
die nicht aus ihren Höhlen hervorkommen –
seht, ich rufe eure Namen, ohne daß ihr mich sehen könnt,
(denn) ich habe euch in die Vernichtungsstätte gesetzt!
(O) Türhüter der (Region), deren Finsternis groß ist,
ich lasse euch an euren Plätzen bleiben, dieserart!
Ich habe euch aufgetragen (?),
daß ihr die Bewachung der OSIRISfeinde durchführt,
so daß (sie) euren Fingern nicht entschlüpfen können!
Ihr bleibt ja an euren Plätzen,
ihr seid vernichtet[6] in euren Höhlen
in der *Dat*, die OSIRIS enthält, damit ihr seine Feinde bewacht.
Ihr seid diese «Söhne der Erde»,
denen ich die Bewachung der Rebellen anvertraut habe,
(sowie) das Halsabschneiden der Geköpften
und das Kopfabhacken der Vernichteten.
Ihr seid es, die dasjenige ausführen,
was ich euch aufgetragen habe, ihr «Söhne der Erde»!

(Zu den gefesselten «Feinden»:)
O ihr Rebellen, die ich dorthin gesetzt habe –
ihr seid die Feinde des OSIRIS,
die Böses angerichtet haben im Verborgenen Land!
Ich übergebe euch den «Söhnen der Erde»,
damit ihr ihrer Bewachung nicht entkommen könnt, dieserart!
Ich habe ihnen ... (zerstört)
und sie der (9) Vernichtungsstätte überwiesen.
O Vernichtete, o Geköpfte,
ihr Feinde des OSIRIS,
ihr mit abgehackten Köpfen und ohne Hals,

ohne *Bau* und mit zerstörten Leichnamen –
seht, ich gehe oberhalb von euch vorbei,
ich überantworte euch eurem Übel,
ich verdamme euch zum Nichtsein!
Ihr seid diejenigen, die dem Übel anheimgefallen sind, ihr in der Vernichtungsstätte!
(Zweiter Anruf an die bewachenden Schlangen:)
O ihr großen Schlangen, «Söhne der Erde»,
Türhüter der Vernichtungsstätte –
bewacht doch und haltet zurück diese Feinde des OSIRIS!
Seht, ich gehe vorbei an euren Höhlen,
ich lasse mich nieder im Schönen Westen,
um ihre (der Feinde) Schlachtbänke entstehen zu lassen und ihre *Bau* zu vernichten,
um ihre Schatten auszulöschen und ihre Leichname zu zerstören,
um ihre Zauber zu rauben.
Gefesselt und niedergetreten sind deine Feinde, Herrscher des Westens!
Ich trete ein in den Westen,
und die, die in ihm sind, jubeln über mein Nahen!

ZWEITER ABSCHNITT

ERSTES REGISTER

Der Text beginnt mit einem einleitenden Vermerk und geht dann in die wörtliche Rede über, die der Sonnengott an die einzelnen Bewohner dieser «Höhle» richtet.

(11) Zweite Höhle der *Uräus*-Schlange (?)[7].
Was dieser große Gott sagt, wenn er zu denen gelangt, die in ihr sind:

(Zu einer aufgerichteten Schlange:)
O Schlange, die in ihrer Höhle ist,
  Türhüter derer, unter denen sie ist,
  die ihrer Bewachung nicht entkommen können –
Diese, deren Kopf in der Finsternis
  und deren Schwanz im Geheimen der Höhle ist, in der sie sich befindet,
die ihre Stätte selber im Westen bereitet hat
  wegen der Größe des Geheimen, das sie denen getan hat, die in ihrer Höhle sind!

(Zu vier vielfach geringelten Schlangen:)
(O) «Dunkelkopf», ich durchziehe deine Höhle,
  um den zu sehen, dessen Name verborgen ist (OSIRIS),
  um für den Westen zu sorgen und die geheime *Dat* zu durchwandern.
Du verbirgst dich vor mir, wenn ich vorbeiziehe,
  und du zeigst deinen Kopf, wenn ich (weiter)geeilt bin.
Du bist die Schlange «Dunkelkopf»,
  die nicht hervorkommt aus deiner Höhle,
  und deren (der Höhle) Bewohner nicht hervorkommen!
O du mit geheimen Armen und verborgenen Füßen,
  du zweite Schlange «Dunkelkopf»!
O Sandiger mit vernichtenden Augen,
  vor dem die Unterweltlichen erschrecken, wenn sie ihn sehen!
O Brennender mit mächtigen Flammen,
  der die verbrennt, die sich ihm nähern!

(Zu allen Schlangen:)
O Schlangen, ihr Schlangen,
  Türhüter Dessen mit verborgenem Namen (OSIRIS) –
seht, ich bin zu euren Höhlen gelangt,

ich habe die Geheimnisse der *Dat* durchwandert!
Meine Sonnenscheibe ist in die *Schetit* eingetreten,
um die zu erleuchten, die in ihrer Finsternis sind.
Ich sorge für die, die in den Sarkophagen sind,
und ich fessele die Feinde an die Vernichtungsstätte.
O Türhüter des OSIRIS, Schlangen in der *Schetit* –
Ich eile an euren Höhlen vorbei,
um den zu sehen, dessen Name verborgen ist,
um für den Westen zu sorgen und die geheime *Dat* zu durchwandern.
Ihr verbergt euch vor mir, wenn ich (12) an euch vorbeiziehe,
und ihr zeigt euren Kopf, wenn ich (weiter) geeilt bin.
Ihr seid diese Türhüter,
die nicht hervorkommen aus ihrer Höhle,
und deren (der Höhle) Bewohner nicht hervorkommen!

(Zu zwölf Gottheiten in ovalen Sarkophagen; die vier ersten Gottheiten haben einen Wels-Kopf, die übrigen einen Spitzmaus-Kopf:)
O jene (zwölf) Götter in den Geheimnissen,
die (ihr) in den Sarkophagen seid, Herren von Erscheinungsformen,
die über ihre *Bau* gebieten und über ihre Körper gebieten!
O Welsgestaltige, Herren des Bedarfs,
die zu OSIRIS geworden sind (?)[8].
O ihr, die ihr MECHENTIENIRTI seid,
ihr Götter, die zu HORUS geworden sind (?),
Herren des Bedarfs in der *Dat*,
die stark sind auf ihren Körpern,
deren *Bau* wirksam sind auf ihren Leibern!
O ihr im Gefolge des *Dat*-Vorstehers, Fischgestaltige mit großem Bedarf!
O diese großen Götter in ihren Sarkophagen –

Seht, ich rufe euch zu!
Eure *Bau* sind stark dadurch,
während ihr in euren Höhlen bleibt,
und eure Leichname in ihren Sarkophagen ruhen.
Seht, ich erleuchte euch,
indem euer Gesicht mir und mein Gesicht euch zugewandt ist!
Ich bin einer, dessen *Ba* schützt und dessen Leib redet,
der Größte Gott in den Höhlen der *Dat!*
Ich durchwandere die Geheimnisse des Verborgenen Landes,
ich lasse die *Bau* ... (zerstört),
so daß sie (stark) sind auf ihren Leichnamen,
nachdem ich zu ihnen gesprochen habe.
O seht, ich spreche zu euch,
ich preise die, welche in ihren Sarkophagen sind!

(13) O Götter, o diese Götter, die in der *Schetit* sind –
Ich eile an euren Höhlen vorbei,
um den zu sehen, dessen Name verborgen ist (OSIRIS),
um für den Westen zu sorgen und die geheime *Dat* zu durchwandern!
Eure *Bau* sind hervorgekommen, eure *Bau* sind stark,
(eure Leichname aber) ruhen in euren Sarkophagen.
Eure *Bau*, denen ich zugerufen habe –
sie wandeln hinter mir, indem sie mich leiten.
Ihr seid es, unter denen OSIRIS ist,
Herren von *Bau*, mit großem Bedarf,
deren Wächter HORUS ist,
deren Schützer der *Dat*-(Vorsteher) ist, der ihre *Bau* hervorkommen läßt.
Dein Wandeln sei mit mir, *Dat*-Vorsteher!
Ich trete ein in die Welt, aus der ich hervorgegangen bin,
nachdem ich meine erste Geburt «gezählt» (erneuert) habe.

(Zu sieben Göttinnen in ovalen Sarkophagen:)
O Unterweltliche, die der *Dat* vorsteht,
Westliche, die ihren Leib schützt!
O du mit redendem *Ba* und mit schützendem Leichnam,
die der geheimen *Dat* vorsteht!
O du mit lebendem *Ba* und mächtigem Schatten,
welche diejenigen schützt, die im Westen sind!
O du mit frischem Gesicht und großem Geheimnis,
mit starkem Herzen gegen die, die in ihrer Höhle sind!
O du mit dem Leichnam, Herrin des Gestanks,
deren Gestank nicht aufsteigt!
O du, deren *Ba* (so) redet, daß (sogar) Die in der Vernichtungsstätte (ihn) hören!
O du, die für diejenigen sorgt, unter denen sie ist,
Göttin, die mit Zaubersprüchen versehen ist!

(Zu einem einzelnen Gott am Ende des Registers:)
(14) O Stinkender und Verwesender,
mit machtvollem Arm beim Bewachen der Göttinnen!

(Nochmaliger Anruf der Göttinnen:)
O jene sieben Göttinnen, mit großen Plänen in der *Schetit*,
deren *Ba* machtvoll ist auf ihren Leichnamen –
o seht, ich habe die Erde betreten,
ich werde zum Öffner der *Dat!*
Ich selber bin es, der sie abgetrennt hat bei der Schöpfung,
als ich mich selber gegründet habe.
Ihr seid die Erwählten in meiner Wahl,
ihr seid erwählt worden, nachdem ich erwählt wurde.
(Wie) Leben meinem *Ba* gehört, (so) gehört euch Leben.
(Wie) Stärke ihm gehört, (so) gehört euch Stärke.
Ich bin der Einzige, der eure Throne bestehen läßt,
der für euch Sorge trägt.

Jubelt über mich, ihr Göttinnen,
freut euch über mich, die ihr in den Sarkophagen seid!
Ihr redet zu dem, dessen Name verborgen ist,
ihr seid der Schutz des Osiris,
nachdem ich an euch vorbeigegangen bin.
(Wie) ihr meinen *Ba* zu meinem Leichnam leitet,
(so) leite ich eure *Bau* zu den Sarkophagen, die eure Leichname enthalten.
Ich erleuchte euch, ich vertreibe eure Finsternis!

O jene sieben Göttinnen, die in der *Schetit* sind –
Ich eile an euren Höhlen vorbei,
um den zu sehen, dessen Name verborgen ist,
um für den Westen zu sorgen und die geheime *Dat* zu durchwandern!
Eure *Bau* sind hervorgekommen, eure *Bau* sind stark,
eure Leichname (aber) ruhen in euren Sarkophagen.
Eure *Bau*, denen ich zugerufen habe –
(15) sie wandeln hinter mir, indem sie mich leiten
zu euch, ihr Göttinnen
mit großem Bedarf im Westen,
welche das geheime Bild umfangen am Platz dessen mit verborgenem Namen (Osiris),
des Stinkenden, des Herrn der Verwesung,
der die Leichname der Göttinnen hütet,
die groß an Bedarf sind in seiner Bewachung,
welche die Hände dem *Ba* (reichen), damit er rufe.
Siehe, ich trete ein in die Welt, aus der ich hervorgegangen bin,
ich lasse mich nieder auf der (Stätte meiner) ersten Geburt!

ZWEITES REGISTER

Die dargestellten Wesen in dieser «Höhle der Trauernden» werden wieder nacheinander vom Sonnengott angerufen.

(Zum spitzmausköpfigen Gott am Anfang des Registers:)
O HORUS-MECHENTIENIRTI, welcher der «Höhle der Trauernden» vorsteht,
Größter Gott, Mächtigster des Westens,
Schützer derer, die in seinem Gefolge sind!

(Zu neun Göttern, die sich im Trauergestus die Haare raufen:)
O Trauernder mit großer Locke,
mit lautem Schreien im Westen!
O Weinender, Mächtigster der Fünf,
mit lauter Stimme in den Gauen des Totenreiches!
O Schnaubender, oberster der Trauernden,
Einzig(artig)er Gott, der sich selbst betrauert!
O du, der den Arm derer festigt, die in seinem Gefolge sind,
der das Wasser trägt, das aus ihren Gottesaugen hervorkommt!
O du, dessen Stimme der «Herzensmüde» (OSIRIS) hört,
(so daß?) er sich seine Glieder zusammenfügt!
O du, dessen Arme bei seinem Gesicht sind,
zu dem die Unterweltlichen auf sein Rufen hin kommen!
(16) O du, der sich zusammenrafft in seinem Weinen,
der seine eigene Stimme hört, (so daß) sein *Ba* lebt!
O Behaarter, oberster seiner Trauer(locken?),
der seine Stimme erschallen läßt, wenn die *Bau* ihm zurufen!
O Dunkelgesicht, der dem Heiligtum vorsteht,
auf dessen Schrei die *Bau* atmen!

O jene neun Götter, die um OSIRIS trauern,
die um den *Dat*-Vorsteher weinen –
o seht, ich gehe an euch vorbei,
ich eile an euren Höhlen vorüber!
Ich rufe euch zu, und ihr klagt um mich[9].
Der «Unterweltliche» ist zufrieden mit eurer Stimme.
(O) Trauernde in der *Dat*, mit geheimem Gesicht, die ihr Lokken tragt –
ihr redet zu mir, und ich rufe euch zu!
Ich bin zufrieden mit eurer Klage ... (Lücke)
Ich erleuchte euch, Trauernde,
ich lasse euch zufrieden sein mit dem, was ihr habt.
Wenn ihr mir Jauchzen darbringt, lebt ihr.
Wenn ihr über mich jubelt, seid ihr stark.
Wenn ihr um den *Dat*-Vorsteher klagt
und den, dessen Name verborgen ist, anruft,
wenn ihr mich leitet, während ich an euch vorüberziehe,
dann ist euer *Ba* geschützt,
dann lasse ich euch teilhaben an meinen Strahlen,
dann vertreibe ich für euch die Finsternis, (17) die über euch ist!

O jene neun Götter, ihr Trauernden,
die vor der *Dat* und in der *Schetit* sind –
Ich eile an euren Höhlen vorbei,
um den zu sehen, dessen Name verborgen ist,
um für den Westen zu sorgen und die geheime *Dat* zu durchwandern!
Eure *Bau* sind hervorgekommen, stark sind eure *Bau*, wenn ich ihnen zugerufen habe.
Ihr seid diese Klagenden und Rufenden, die in der *Dat* sind,
die ... (zerstört) im Westen wegen OSIRIS, dem *Dat*-Vorsteher,

mit großen Trauerlocken (?), Herren des Bedarfs,
oberste der Locken im Reich des Westens!
Ich trete ein in die Welt, aus der ich hervorgegangen bin,
ich lasse mich nieder auf der (Stätte) meiner ersten Geburt.

(Zu zwölf Mumien in ovalen Sarkophagen:)
O Götter, ihr Westbewohner,
Kollegium des *Dat*-Vorstehers,
ihr Bekleideten, mit starkem *Ba*,
mit Opfern Versorgte, Herren des Bedarfs –
seht, ich trete ein in eure Höhle,
ich reiche euch meine Hand in eurer Höhle!
Ich lasse eure *Bau* auf euch ruhen,
ich verjünge euch auf euren Leichnamen.
Ich bin es, der die (Stätte) seiner Geburt (wieder) betritt,
zufrieden mit dem Jungwerden seiner Glieder.
Ich bin RE, der in die Finsternis eintritt,
ich erleuchte die *Dat* mit meiner Sonnenscheibe.
O bleibt doch, ihr Westbewohner,
am Platz ... (zerstört)
Ihr seid diese Götter,
denen ich das Geheimnis ihrer Plätze zugewiesen habe.
Kommt herbei, *Bau* der Westbewohner,
während eure Leichname in euren Höhlen sind
und eure Geheimnisse in ... (zerstört)
(18) Ich stelle euch zufrieden mit meinen Strahlen,
ich spende euch Luft, damit ihr atmet.

(Anruf an jede einzelne der zwölf Mumien:)
O Westbewohner, der in seiner Höhle ist,
bekleidet mit der Gestalt des OSIRIS[10]!
O «Unterweltlicher», *Dat*-Vorsteher,
bekleidet mit der Gestalt des OSIRIS!

O Herr der beiden Locken, mit hohem Kreischen,
bekleidet mit der Gestalt des Osiris!
O Herr des Kopfes in der *Dat*,
bekleidet mit der Gestalt des Osiris!
O du mit großem Halskragen, Herr der Troddel,
bekleidet mit der Gestalt des Osiris!
O Herr der Schlangen im Verborgenen Raum,
bekleidet mit der Gestalt des Osiris!
O Herr der Fackel, mit großer Flamme,
bekleidet mit der Gestalt des Osiris!
O Phönixgleicher, *Ba* der Unterweltlichen,
bekleidet mit der Gestalt des Osiris!
O Jubilierender (?), der seinen Arm erhebt,
bekleidet mit der Gestalt des Osiris!
O Herr des Opfers, mit großer Opferplatte,
bekleidet mit der Gestalt des Osiris!
O Herr der Gesichtsmaske, mit großem Kopftuch (?) [11],
bekleidet mit der Gestalt des Osiris!
(19) O du mit der Binde, mit großen Tüchern,
bekleidet mit der Gestalt des Osiris!

O seht, ihr Westbewohner,
zufrieden seid ihr mit dem, was ich zu euch gesprochen habe,
geschützt habt ihr ... (zerstört)
Ich habe den «Hütenden» zu eurer Bewachung eingesetzt [12],
ich aber bin euer Beschützer,
und ihr atmet, wenn ich an euch vorbeiziehe!
O jene Neunheit, ihr Westbewohner,
die ihr der *Dat* vorsteht, die Osiris bekleidet hat,
Erscheinungsformen des Herrschers des Westens,
Kollegium des Chontamenti, das in der *Schetit* ist –
Ich eile an euren Höhlen vorbei,

(um) den zu sehen, dessen Name verborgen ist,
um die Verwandlung des Westens zu machen und die geheime *Dat* zu durchwandern!
Eure *Bau* sind hervorgekommen, eure *Bau* sind stark –
eure *Bau*, denen ich zugerufen habe!
Ihr seid diese Unterweltlichen, die Westbewohner!
Ich trete ein in ihn,
ich lasse mich nieder auf (der Stätte) meiner ersten Geburt.

DRITTES REGISTER

Am Anfang des Registers lehnt sich ein widderköpfiger Gott auf einen Stab. Vor ihm sind fünf Götter mit preisend erhobenen Armen dargestellt, die als erste Gruppe vom Sonnengott angerufen werden:

(O) Götter, diese Götter, an denen ich vorbeigehe,
ich preise euch, wenn ihr mir eure Arme reicht.
... (Lücke)
ihr jubelt (über) den Anblick meiner Sonnenscheibe.
Ihr, die ihr in der Erde seid und Lobpreis spendet,
wenn ich zu euren Höhlen gelange –
jubelt über mich, denn ich ehre euch,
ich ... (Lücke) euch, wenn die in meinem Gefolge eintreten.

Der folgende Anruf bezieht sich auf die restlichen Wesen dieses Registers. Zunächst sind vier Götter mit preisend erhobenen Armen dem «Kasten des Osiris» (vgl. S. 106) zugewandt, in dem sich eine Sonnenscheibe befindet. Dahinter folgen vier Pfähle, die mit einem Widderkopf bekrönt sind, und vier schakalköpfige Pfähle; vor jedem widderköpfigen Pfahl befindet sich eine große, vor jedem schakalköpfigen eine kleine Sonnenscheibe. Die Anrufung lautet:

(20) (O) Götter, diese Götter,
eure Arme sind auf dem Kasten des OSIRIS!
Ihr mit großem Wesen und geheimen Erscheinungsformen,
welche meine Köpfe sind, mit geheimen Wesen,
und meine Nacken als Schutz der Geheimnisse[13] ... (zerstört)
... mit geheimer Gestalt,
mein Glanzauge und (Var.: hinter) meine Sonnenscheibe erleuchten ihn (OSIRIS?).
(O) Gottesauge des *Dat*-Vorstehers,
Udjat-Auge des ATUM
in der Höhle des Kastens des Geheimnisses,
das die Unterweltlichen sehen, so daß sie atmen!
Ihr seid diese Götter, welche den Besitz der *Dat* hüten,
das große Geheimnis des Westbewohners (OSIRIS)!

O Sonnenhafter (?), der das Geheimnis hütet,
der seine Hand auf den geheimen Kasten legt!
O du mit geheimem Herzen, der das Verborgene hütet,
der seine Hand auf den geheimen Kasten legt!
O Dunkelgesicht, der das Verborgene hütet,
der seine Hand auf den geheimen Kasten legt!
O Verhüllter, der den Leib hütet,
der seine Hand auf den geheimen Kasten legt!
O jene vier Götter, die über mich jubeln,
wenn ich in mein Reich eintrete –
ich preise (euch), wenn ihr euch über euer Geheimnis beugt[14],
(über) diesen Leib des *Dat*-Vorstehers!
(21) Seht, ich trete ja ein bei euch,
und euren *Bau* rufe ich zu!
Ihr bleibt in euren Höhlen,
während meine Sonnenscheibe, mein Kopf und mein Nacken (euch) hüten.

Ich bin ja euer Schützer,
  und ihr atmet, wenn ich an euch vorüberziehe!

O jene vier Götter, die über dem Geheimnis des OSIRIS sind,
  die sich in der *Schetit* befinden und den After (?) des OSIRIS schützen,
  deren Geheimnis die Toten nicht sehen –
ich eile an euren Höhlen vorbei,
  um den zu sehen, dessen Name verborgen ist,
  um für den Westen zu sorgen und die geheime *Dat* zu durchwandern!
Eure *Bau* sind hervorgekommen, eure Bau sind stark, wenn ich ihnen zugerufen habe!
Ihr seid diese geheimen Götter, die in der *Dat* sind!
Ich trete ein in die Welt, aus der ich hervorgegangen bin,
  ich lasse mich nieder auf (der Stätte) meiner ersten Geburt!

VIERTES REGISTER

Der Sonnengott wendet sich zunächst an den falkenköpfigen Gott zu Beginn des Registers, dessen Name in allen Versionen zerstört ist. Danach wird jede einzelne der zwölf OSIRIS-Gestalten in den Sarkophagen angerufen.

O ... (Lücke) – siehe, ich gehe an dir vorbei!
  Reiche deine Hand denen, die in deiner Höhle sind!
Siehe, ich trete ein in die Erde, die mich geboren hat,
  der Westen reicht mir seine Hand,
  und bereitet ist mir seine erste Höhle!
O siehe, ich rufe denen zu, unter denen du bist,
  ich rufe die, die in deiner Höhle sind, welche im Westen ist!

O OSIRIS CHONTAMENTI,
  dessen Höhle sein Sohn HORUS schützt!
(22) O OSIRIS, Herrscher der *Dat*,
  Herr der Bahre, mit großem Sarkophag!
O OSIRIS, Herr von TATENEN,
  dessen Platz verborgen ist vor seinem Gefolge!
O OSIRIS, Herr des Westens,
  der dahinzieht zu seinen ... (unklar)!
O OSIRIS, der seine Feinde vernichtet,
  Herr der Toten und Herrscher der *Achu*!
O OSIRIS, Herr des (Richter-) Kollegiums,
  der die Westbewohner richtet!
O OSIRIS, König des Westens,
  der für Die im Totenreich sorgt!
O OSIRIS, Herr der oberägyptischen Krone,
  der seinem Sohn HORUS Weisungen erteilt!
O OSIRIS, *Dat*-Vorsteher,
  Herr der Höhle und Herrscher der Höhlung!
O OSIRIS, der die Wege bahnt,
  Herr der Straßen, mit vielen Pfaden!
O OSIRIS, Herr der Neunheit,
  dessen Worte ihm seine Feinde vernichtet haben!
O OSIRIS, der seine Feinde vertreibt,
  der die *Bau* derer vernichtet, die sich gegen ihn empören!
O jene zwölf Götter,
  (23) die im Gefolge des OSIRIS sind und aus ihm entstanden sind –
ihr seid ... (Lücke),
  die Westbewohner, das Kollegium dessen, der in der *Dat* ist,
diejenigen, denen HORUS zuruft
  und die Der mit erhöhter Gestalt [hütet?]!

Der letzte Vers bezieht sich auf den Gott mit preisend erhobenen Armen, der hinter den OSIRIS-Figuren steht und gemeinsam mit dem falkenköpfigen HORUS ihr «Wächter» ist. Auch die Sarkophage (acht kleine und ein großer) in der zweiten Hälfte des Registers werden von zwei «Wächtern» mit preisend erhobenen Armen eingerahmt. Die Wächter und die neun Gottheiten in den Sarkophagen sind alle mit Widderkopf dargestellt und bilden als Gestalten des nächtlichen Sonnengottes die komplementäre Ergänzung zu den OSIRIS-Gestalten der ersten Registerhälfte. Der Sonnengott redet sie kollektiv als sein «Gefolge» an und ruft sie einzeln mit Namen auf:

O Götterbild in seinem Sarkophag,
  Herr der beiden (Widder-)Hörner, Größter in seiner Höhle!
O Leichnam, Zaubermächtiger,
  ... (Lücke) ihre Dunkelheit!
O HEMI, du mit vielen Namen,
  ... (Lücke)
O ... (Lücke)
O du, der die Leichname der Götter verbirgt,
  der den Leib geheim macht, in den sich NN verwandelt hat (?)!
O Ältester, der ... (Lücke)
  ... meine Sonnenscheibe zu deiner Höhle!
O Dolmetscher, der aus mir entstanden ist –
  siehe, ich selber nähere mich, (damit) ich für dich sorge!
O Zeugender, der aus mir entstanden ist –
  siehe, ich eile zu dem Ort, wo du bist!
O Herr meines *Ba* auf meinem eigenen Leichnam,
  dessen Leichnam erleuchtet wird im Verborgenen Land!
O Götter, die in meinem Gefolge sind,

die aus mir entstanden und aus meinem Leib hervorgegangen sind –
seht, ich rede zu euch,
(ich) setze (24) eure *Bau* hinter mich, mit mir zusammen!
(O) ihr in meinem Gefolge, ihr redet mit euren *Bau*,
wenn ich euch erleuchte und (über) eure Wünsche urteile!
Ich bin es, der euch ... (Lücke)
und der «Ewige» bewacht euch, zusammen mit seinem Bruder ISDI.
Ich bin ja euer Schützer,
und ihr atmet, wenn ich bei euch eingetreten bin!
(Ihr seid ...) im Gefolge des OSIRIS,
das Kollegium des *Dat*-Vorstehers!

O jene acht Götter, Leichname ... meines Gefolges,
große Götter im Westen, die in der *Schetit* sind –
ich eile an euren Höhlen vorbei,
um den zu sehen, dessen Name verborgen ist,
... (Lücke) und die geheime *Dat* zu durchwandern!
Eure (*Bau* sind hervorgekommen), eure *Bau* sind stark, wenn ich ihnen zugerufen habe!
Ihr seid diese Götter,
das Kollegium, das groß im Richten ist und wegen OSIRIS Rat hält!
Ihr seid diese in meinem Gefolge, mit geheimen Erscheinungsformen!
Ich trete ein in die Welt, aus der ich hervorgegangen bin,
(ich lasse mich nieder) auf (der Stätte) meiner ersten Geburt!

FÜNFTES REGISTER

Vier mit Messern bewaffnete Dämonen (in einigen Versionen auch mit Stierhörnern versehen) bewachen die gefesselten und geköpften Verdammten. Die erste Gruppe von vier Verdammten ist bereits geköpft, die abgeschnittenen Köpfe liegen vor ihnen. Die nächsten vier Verdammten liegen gefesselt am Boden. Von den restlichen acht Verdammten, die alle «auf dem Kopf gehen», sind vier mit herausgerissenem Herzen dargestellt. Insgesamt sind vier mal vier, also wie im ersten Abschnitt (vgl. S. 320) sechzehn «Feinde» dargestellt. Der Sonnengott wendet sich zunächst einzeln an jede der vier Gruppen, dann kollektiv an alle «Feinde des OSIRIS», ohne die bewachenden und strafenden Dämonen direkt anzurufen:

O Geköpfte, die keinen Kopf haben, in der Vernichtungsstätte!
O Gefallene, die keinen *Ba* haben, in der Vernichtungsstätte!
O auf den Kopf Gestellte, Gefesselte in der Vernichtungsstätte!
O (25) auf den Kopf Gestellte, Blutende,
ihr mit geraubtem Herzen in der Vernichtungsstätte!
O Feinde des Herrschers der *Dat*, des OSIRIS-CHONTAMENTI –
seht, ich überweise euch der Vernichtung,
ich verdamme euch zum Nichtsein!
Die Schlächter, die in der Schlachtstätte des OSIRIS sind,
sie metzeln euch nieder
wie diese, die ich dem Gemetzel überantwortet habe, das euch zuteil wird (?).
Ihr seid die Ungenauen und die Bösen,
welche Schlimmes tun im Westen,
ihr seid die Feinde – so seid ihr nicht und werdet nicht sein!
O seht, ich trete ein bei euch,
(damit) ich euch Schaden zufüge!
Ich weise euch der Vernichtungsstätte zu,
(damit) eure *Bau* nicht hervorkommen!

Die abschließende Rede des Sonnengottes wendet sich an OSIRIS und leitet bereits zum dritten Abschnitt über, auf dessen Darstellungen sie anspielt:

O OSIRIS – siehe, ich bin vorbeigeeilt (am) Westbewohner,
ich habe deine Wege gebahnt!
Siehe, meine Sonnenscheibe geht vorbei hinter mir!
Sie hat mich geboren, und ich habe sie geboren.
Ich schütze OSIRIS ... (Lücken)
... seine ... durch meine Sonnenscheibe.
Sie haben mir die Wege der *Dat* gebahnt,
sie lassen mich ruhen in ihren Höhlen.
Ich trete ein (in) die Höhle, in der AKER ist,
ich erleuchte das große Geheimnis, das unter ihm ist[15].
Dein *Ba* soll über ihm (AKER) sein,
ohne daß er sich nähert ... (Lücke) in Frieden
... Geheimnis.
Ich lasse deinen *Ba* stark sein auf deinem Leichnam,
dein *Ba* durchwandert die *Dat*,
dein Loch ist deine Höhle (?).
Wie zufrieden ist doch OSIRIS, wie stark ist der *Ba* des *Dat*-Vorstehers!
(26) Ich füge [deinen] Feinden Schlimmes zu,
[ich setze] sie in die Vernichtungsstätte!
Ich bin ja der Schützer,
und du atmest, wenn ich an dir vorübergehe!

O OSIRIS, Herrscher der *Dat*, der in der *Schetit* ist –
ich eile an deiner Höhle vorbei,
um deinen Leichnam zu sehen, dein Abbild,
das du unter AKER verborgen hast,
das geheim ist und unbekannt,
um für den Westen zu sorgen und die geheime *Dat* zu durchwandern,

um deinen *Ba* auszubreiten auf deinem Leichnam
in dieser geheimen Höhle, in der sich Aker befindet,
um dich zu schützen an deinem geheimen Ort,
um deine Feinde mit Unheil zu schlagen.
(O) Osiris, Herrscher des Westens,
Herr des Geheimnisses in der *Schetit* –
siehe, ich trete ein in die Welt, aus der ich hervorgegangen bin,
ich lasse mich nieder auf (der Stätte) meiner ersten Geburt!

DRITTER ABSCHNITT

ERSTES REGISTER

Erste Szene. In einem ovalen Sarkophag liegt «Der mit dem Kopftuch, der Osiris ist», auf beiden Seiten von einer vielfach gewundenen Schlange bewacht. Die obere Schlange heißt «Der Giftige», die untere «Der mit breitem Maul, der die beiden Kiefer aufsperrt». Über der Szene befindet sich eine Sonnenscheibe.

Im Gegensatz zu den beiden ersten Abschnitten, deren Text nur aus Reden des Sonnengottes bestand, sind den einzelnen Szenen jetzt auch beschreibende Texte beigeschrieben, die an Formulierungen des Pfortenbuches erinnern.

So sind diese Götter beschaffen:
Re spricht zu ihnen,
wenn er an ihren Höhlen vorüberzieht.
Sie sehen das Licht seiner Sonnenscheibe,
und sie jubeln über ihn, wenn sie ihn sehen.
Dann umhüllt sie Finsternis,
nachdem er an ihnen vorbeigezogen ist.

RE sagt zu dieser Höhle:
O du mit dem Kopftuch, Verwesender im Sarkophag,
Haupt seiner Höhle, der aus ihm (dem Sarkophag?) herausgeht!
(28) Sie hüten ihn – jener «Giftige» (nämlich), der in seiner Höhle ist,
und «Der mit breitem Maul, der die beiden Kiefer aufsperrt».
Seht, ich rufe euch, – euch, die Häupter ihrer Höhlen,
die Türhüter mit geheimen Armen, wachsam bei dem, was sie tun!
OSIRIS ist das Haupt seiner Höhle,
und die, unter denen er ist, sind geheim für «Den mit dem Kopftuch».

Zweite Szene. Unter einer langgestreckten Schlange, dem NEHEBKAU, sind sieben welsköpfige Gestalten dargestellt. Über dem Bild deutet wieder eine Sonnenscheibe die Präsenz des Sonnengottes an.

So sind diese Götter beschaffen in der Windung NEHEBKAUS.
RE spricht zu ihnen,
er leuchtet für sie mit den Strahlen seiner Sonnenscheibe.

Der erste der sieben Götter ist als «OSIRIS» bezeichnet, die anderen scheinen allesamt Fisch-Namen zu tragen – beim zweiten steht die Bezeichnung der Gattung *Mugil*, beim vierten ein Name für den Wels, beim fünften und siebenten die allgemeinsten Bezeichnungen für «Fisch», während die Fisch-Namen des dritten und sechsten nicht näher zu identifizieren sind[16].

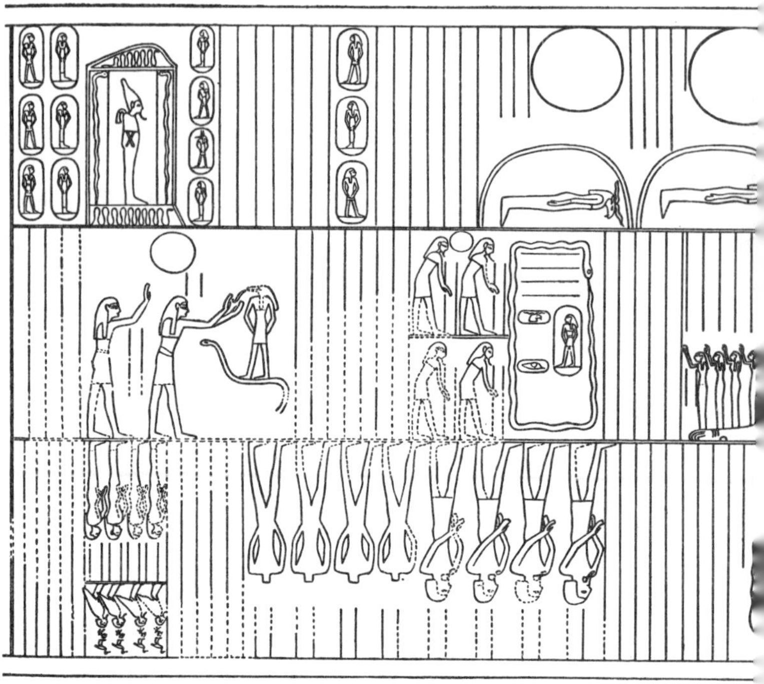

Abbildung 77 3. Abschnitt

Dritte Szene. Zwei «Hügel», die jeder einen widderköpfigen, mumiengestaltigen Gott enthalten. Über jedem Hügel befindet sich eine große Sonnenscheibe. Die Göttergestalt im ersten Hügel heißt «*Ba*, welcher RE ist» und hat die Beischrift «So ist dieser Gott beschaffen in seinem Hügel, mit geheimem Wesen». Im zweiten Hügel ist «Der Widdergestaltige, welcher RE ist», beide Gestalten sind demnach Erscheinungsformen des Sonnengottes und werden als seine «Abbilder» angerufen.

RE sagt zu dieser Höhle:
O Leichname, die aus mir entstanden sind,

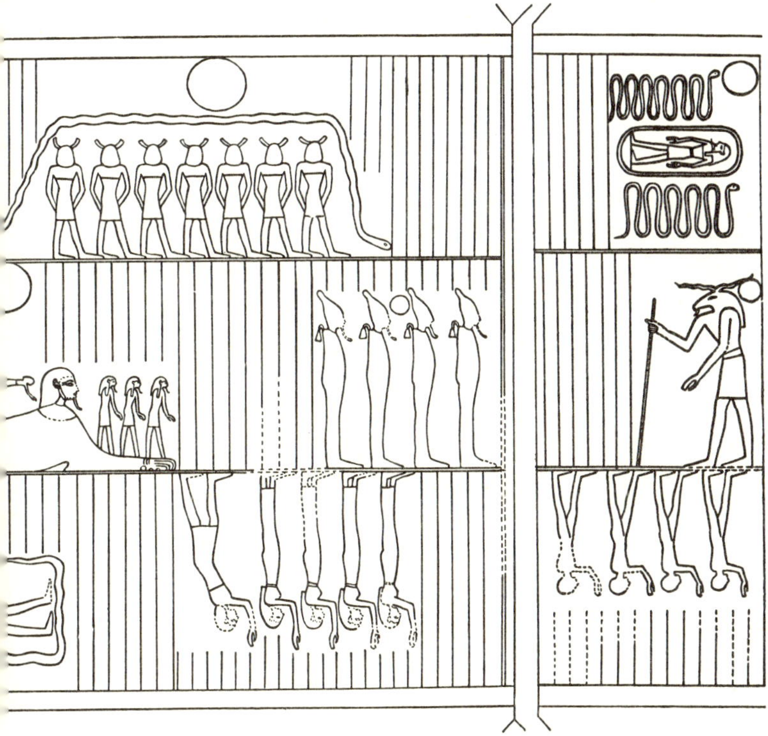

meine Abbilder und meine Erscheinungsformen, die ich geschaffen habe –
seht, ich habe eure Hügel erreicht, daß ich mich auf ihnen niederlasse,
ich rufe euch an, ich schütze euch und sorge für euch!
Ihr Leichname, die ihr aus mir entstanden seid,
meine eigenen Glieder, meine Abbilder, die ich geschaffen habe –
ich lasse eure Kehlen atmen, ich mache eure *Bau* stark,
daß sie dahinziehen, nachdem ich vorbeigezogen bin!
O ihr beiden Hügel! O ihr, die ihr in ihnen seid!
Seht, ich gehe vorbei an eurem Hügel!

Ihr hört, was ich euch zurufe,
(29) ich leuchte für euch und vertreibe eure Finsternis.
So sind diese Götter beschaffen
in ihren Hügeln, in einer einzigen Höhle[17].
Dieser große Gott spricht zu ihnen,
(und) sie sehen die Strahlen seiner Sonnenscheibe.
Diese Götter sehen die Strahlen der Sonnenscheibe,
(aber) wenn er an ihnen vorbeigezogen ist, umhüllt sie Finsternis.

Vierte Szene. Zwei Götter und eine Göttin in ovalen Sarkophagen. Der obere Gott heißt «Der die Götter schweigen läßt» (?), die Göttin in der Mitte «Totenreich *(Igeret)* der Götter» und der untere Gott «Der mit großer Verwesung».

RE sagt zu dieser Höhle:
O ihr großen Götter, die in ihren Leichnamen bestattet sind,
die dastehen, ohne zu liegen,
gemäß den Worten, die sie selber zu sich gesprochen haben[18]!
Ihr seid diese Götter, die ANUBIS auf ihren Geheimnissen (Leichnamen) gerufen hat
wegen OSIRIS, dem Herrscher der *Dat*.
Der Herrscher des Westens (OSIRIS) hat ihn (ANUBIS) an seinen Platz gesetzt,
ohne daß er fortgeht, da er im Westen ruhen soll.
Wenn er seinen Leichnam in die *Schetit* setzt,
gibt es kein Geheimnis für das, was in seinen Händen ist.
O seht, ich gehe an euch vorbei,
ihr jubelt über mich, ihr preist den *Dat*-Vorsteher!

Fünfte Szene. Eine Figur des OSIRIS steht, von mehreren Schlangen geschützt, in einem Schrein, in der Beischrift als

«Osiris-Chontamenti» bezeichnet. Vor dem Schrein sind vier, hinter ihm sechs ovale Sarkophage mit Gottheiten dargestellt, die alle dem Schrein zugewandt sind; Ramses VI. ordnet die Ovale übereinander, das Osireion nebeneinander an. Die Gottheiten vor dem Schrein heißen: «Die mit verhülltem Geheimnis (Leichnam)», «Der mit mächtigem Arm», «Anubis» (mit Schakalkopf) und «Die Wächterin». In den Ovalen hinter dem Schrein befinden sich drei Göttinnen und drei Götter: «Die, welche die Kehle atmen läßt», «Die ihren Herrn bewacht», «Die das Geheimnis umhüllt», «Der Vernichtende», «Der die Schatten straft» und «Der die Feinde bestraft».

Re sagt zu dieser geheimen Höhle,
welche die Götter verbirgt, indem sie das Gesicht der Großen verhüllt, die in (ihr) sind,
welche nicht kennt, was in ihr ist, (nämlich)
das geheime Bild mit großen Erscheinungsformen –
O Götter, die in der Höhle des Osiris-Chontamenti sind,
welcher der Herrscher der *Dat* ist in seinem finsteren Raum,
dessen (30) geheimen Schrein die Götter umringen –
Ich bin diese, (nämlich) Re[19],
der euch gemacht hat, der euch geschaffen hat,
der euch entstehen ließ, jene vier (Götter)!
Ihr seid diese Götter mit geheimen Plätzen in der *Dat*.
O seht, ich gehe (an euch) vorüber,
ich leuchte für euch und vertreibe eure Finsternis!

ZWEITES REGISTER

Erste Szene. Ein widderköpfiger, auf einen Stab gestützter Gott mit einer Sonnenscheibe hinter sich; er hat keinen Namen beigeschrieben, ist aber offenbar wieder die nächtliche Gestalt des Sonnengottes, der «Älteste». Die kurze Beischrift lautet:

So ist dieser Gott beschaffen.
Er tritt ein als der «Älteste».
Er reicht seine Hand den Verborgenen,
er spricht zu den Geheimnisvollen.
RE sagt zu dieser Höhle:
(O ihr) mit verborgenem Platz, Nichtseiende (?),
Bau des ANUBIS!
Ihr seid diese Herren der *Dat*,
die aus CHONTAMENTI entstanden sind!
Ihr öffnet mir eure Höhlen,
ihr tut mir auf eure Geheimnisse.
Wenn meine Sonnenscheibe eintritt zu euren Höhlen,
empfängt mich euer Arm, ihr Götter!
Seht, ich trete ein als der «Älteste»,
groß ist die Sonnenscheibe hinter mir, damit sie eure Finsternis vertreibt!

Zweite Szene. Vier OSIRISfiguren, mit einer Sonnenscheibe über sich. Ihnen, den «Herren der *Dat*», galt der voranstehende Anruf des Sonnengottes. Die vier Gestalten heißen: «OSIRIS-CHONTAMENTI», «Der Eingehüllte (?)», «Der Bekleidete» und «Der Geheime». Bei jeder steht gleichlautend die kurze Beischrift:

So ist dieser Gott beschaffen.
Dieser große Gott (RE) redet zu ihm,
und er sieht die Strahlen seiner Sonnenscheibe.

Dritte Szene. Dieses Kernstück des dritten Abschnitts wird vom Gott AKER als Doppelsphinx eingenommen. Neben seinen Vorderpranken stehen drei Götter, nämlich «Der Unterweltliche», ATUM und «Der Umgewendete» (?), jeder mit dem Vermerk «Er kommt hervor aus der Hand AKERS».[20] Der Vermerk «Die in der Hand AKERS ist» steht auch bei jeder der vier Göttinnen neben den Hinterpranken AKERS; es sind TEFNUT, NUT, ISIS und NEPHTHYS, jede mit preisend erhobenen Armen. Zwischen den Köpfen des Doppelsphinx ist der Gott «GEB, welcher AKER hütet» dargestellt, dahinter der Sonnen-*Skarabäus* in einem Oval. Über der ganzen Szene befindet sich wieder eine Sonnenscheibe. Die längeren Beischriften lauten:

(31) RE sagt zu dieser Höhle,
 wenn er bei AKER eintritt:
O AKER, bereite mir den Weg!
 Du mit geheimer Gestalt, beuge mir deinen Arm!
Siehe, ich rufe die, unter denen du bist, zu mir,
 wenn ich deine Geheimnisse gesehen habe!
Meine Sonnenscheibe (und) GEB, die ihr auf deinem Rücken seid –
 CHEPRI im Inneren seines Sarkophages
 und der «Unterweltliche», der hervorkommt aus der Hand AKERS –
O reicht mit eure Hand, empfangt mich!
Seht, ich gehe vorüber an euren Geheimnissen (Leichnamen),
 ich leuchte für euch und vertreibe eure Finsternis!

(Bei den Göttern neben den Vorderpranken:)
So sind diese Götter beschaffen.
RE spricht zu ihnen durch seinen Glanz,
 und dann umhüllt sie Finsternis, nachdem dieser große Gott an ihnen vorbeigegangen ist.

(Beischrift zu GEB:)
So ist dieser Gott beschaffen.
Er beugt sich über den Rücken AKERS,
er bewacht das Geheimnis, das in der *Dat* ist.
Dieser große Gott spricht zu ihm,
und er sieht die Strahlen seiner Sonnenscheibe.

(Beischrift zum *Skarabäus* im Oval:)
(32) So ist dieser Gott beschaffen
in seinem Sarkophag auf dem Rücken AKERS.
CHEPRI auf dem Leib AKERS bewacht das Geheimnis, das in der *Dat* ist.

(Über den vier Göttinnen:)
So sind diese Göttinnen beschaffen.
Sie reichen ihre Hand dem OSIRIS,
ohne daß sie hervorkommen unter der Hand AKERS.
Die Sonnenscheibe RES leuchtet für sie,
und ihre *Bau* wandeln im Gefolge RES.
Sie sehen die Strahlen, nachdem er an ihnen vorbeigezogen ist.

(Auf dem Leib des AKER:)
So ist dieser Gott beschaffen.
GEB und CHEPRI bewachen die Bilder in ihm.
Dieser große Gott verweilt über seiner Höhle,
er spricht zu diesem großen Bild, das unter seinem Bauch ist[21],
er ruft dem *Dat*-Vorsteher zu.
Er erleuchtet die, die in der Hand AKERS sind,
er läßt sie zusammennehmen ... (Lücke) seinen Leib.
Der Gott sieht die Strahlen, nachdem RE an ihm vorbeigezogen ist.

Vierte Szene. Eine *Uroboros*-Schlange umschließt drei Ovale, in denen sich ein Gott (OSIRIS), ein Widderkopf und ein Auge befinden. Als Erläuterung steht daneben: «So sind diese beschaffen. Der ‹Alte, der in seiner Höhle ist› (*Uroboros*) bewacht ihre Sarkophage». Dahinter stehen vier sich verneigende Götter, über sich eine Sonnenscheibe. Die beiden ersten heißen übereinstimmend «Kämpfer, der für RE jubelt. Seine Macht ist in seinem Geheimnis». Der dritte ist «Der vom Leichnam, der für RE jubelt», der vierte «Der über seinem Gestank, der für RE jubelt»; auch sie tragen den Vermerk «Seine Macht ist in seinem Geheimnis».

RE sagt zu dieser Höhle:
O OSIRIS, du mit geheimen Plätzen,
  mit lebendem *Ba*, der in seinem Sarkophag ist!
O mein Kopf und mein Auge,
  meine Geheimnisse und meine Abbilder,
meine Leichname und meine Erscheinungsformen,
  welche im Gefolge des OSIRIS sind
  am geheimen Platz, an welchem er ruht!
Welchen der «Alte, der in seiner Höhle ist» umschließt, damit
er seine (des OSIRIS) Geheimnisse bewacht –
Siehe, ich gehe vorüber, ich sorge für dich,
  für deine Geheimnisse (Leichname) an deinem Platz!
Du bist ja der einzige, der aus mir selbst hervorgegangen ist,
  und ich lasse dich die Strahlen meiner Sonnenscheibe sehen!

Fünfte Szene. Auf einer Schlange steht ein krokodilköpfiger Gott mit einem langen Götterbart; er heißt «Der Heile», die Schlange «Der Alte» (wie der *Uroboros* des vierten Bildes). Vor ihnen stehen zwei Götter in anbetender Haltung, «Der Springende» und «Der Preisende». Über der ganzen Szene befindet sich wieder eine Sonnenscheibe.

(33) Re sagt zu dieser Höhle:
O Osiris, du «Heiler»,
Leichnam, der über dem «Alten» ist,
damit er den Einzigen packe, der aus seinem Leib hervorging,
das Haar seines Kinnes,
das Geheimnis seines Götterbartes;
der den nicht kennt, der aus ihm entstanden ist,
während «Der mit dem Szepter»[22] ihn preist und den Leichnam verehrt, der in ihm ist.
Ihr seid diese Götter, welche die *Bau* dem Schlachthaus übergeben,
die für den kämpfen, aus dem sie hervorgegangen sind!
Ihr großen Götter im Westen –
o seht, ich eile an euch vorbei,
um für dich zu sorgen, du «Heiler»,
um die Finsternis für deinen Leichnam zu erleuchten,
um deinen *Ba* stark zu machen, Osiris!
Du bist der Einzige, der zu zweien geworden ist,
du bist die zwei, die zu Osiris geworden sind[23],
mit großem Leichnam im Westen!

(Über dem «Heilen» und der Schlange:)
So ist dieser Gott beschaffen.
Es ist der «Alte», der zum Götterleichnam gehört.
Dieser große Gott spricht zu diesem Gott.

(Beischrift am Ende des Registers:)
So sind diese Götter beschaffen in der Höhle des «Heilen».
Sie hören die Worte Res,
während seine große Sonnenscheibe für sie leuchtet.
Dann umhüllt sie Finsternis,
nachdem dieser große Gott an ihnen vorbeigezogen ist.

DRITTES REGISTER

Erste Szene. Vier auf den Kopf gestellte «Schädlinge» mit erhobenen Armen, die in diesem Fall den Sonnengott sicher nicht anbeten, sondern um Gnade flehen. Dazu die Beischrift:

So sind diese beschaffen,
welche die Strahlen RES nicht sehen und seine Worte nicht hören.
Sie sind in Finsternis,
(34) ohne daß ihre *Bau* aus der Erde herausgehen,
ohne daß sich ihre Schatten auf ihren Leichnamen niederlassen.
RE fügt ihnen Schlimmes zu, nachdem er an ihnen vorbeigezogen ist.

RE sagt zu dieser Höhle:
O Feindinnen (und) ihr Feinde,
die auf den Kopf gestellt sind und ihre Schatten nicht haben!
O Nichtseiende und auf den Kopf Gestellte,
zu deren Schatten die lebenden *Bau* gemacht sind!
Ihr seid die Feindinnen des OSIRIS und seine Feinde, die ohne *Ba* sind!
Euch ist Finsternis (bestimmt),
die ihr eure *Bau* getrennt habt von euren Leichnamen!
Ihr gehört dem Nichtsein an,
und eure Formen sind in der Vernichtungsstätte!
Einer von euch ist euer Wächter,
der die *Bau* der «Schädlinge» vernichtet,
aus dessen Hand die *Bau* nicht entkommen!
Ihr seht nicht die Strahlen, ihr habt keinen Anteil an meinem Licht!

Zweite Szene. Vier auf den Kopf gestellte, jeweils als «Feindin» bezeichnete Frauenfiguren mit erhobenen Armen, dahinter eine männliche Gestalt in der gleichen Haltung, mit der Beischrift «Der den *Ba* der ‹Schädlinge› vernichtet und die Feinde des OSIRIS bewacht». Wie die weiblichen «Feinde», ist auch dieser einzelne Wächter und Bestrafer der Verdammten in der voranstehenden Rede des Sonnengottes angerufen worden. Die Beischrift zu dieser Gruppe lautet:

So sind diese beschaffen,
welche die Strahlen RES nicht sehen und seine Worte nicht hören.
Sie sind in der Urfinsternis,
ohne daß sie das Sonnenlicht sehen,
ohne daß ihre *Bau* aus der Erde herausgehen,
ohne daß sich ihre Schatten auf ihren Leichnamen niederlassen.
(35) Dieser Gott fügt ihnen Schlimmes zu, nachdem er an ihnen vorbeigezogen ist.

Dritte Szene. Dargestellt ist der Leichnam des OSIRIS mit aufgerichtetem Glied, das auf die fortlebende Zeugungskraft des Gottes hinweist. Um den Leichnam windet sich eine schützende Schlange, und über die Szene ist eine Sonnenscheibe gesetzt, die in den übrigen Szenen dieses Registers fehlt, da die dargestellten «Feinde» an der Präsenz des Sonnengottes nicht teilhaben. Mit Absicht ist dieses zentrale Bild des unteren Registers genau unter dem Doppelsphinx (AKER) des Mittelregisters angeordnet, da die beiden Bilder eine Einheit formen.

RE sagt zu dieser Höhle:
O Leichnam desjenigen, dessen *Ba* verborgen ist,

(des) OSIRIS, Herrschers des Westens,
mit geheimen Gliedern und verhüllter Verwesung,
dem sich die Toten nicht nähern können,
von dessen Verwesungsgeruch (aber) die, die im Westen sind, leben!
O siehe, ich ziehe vorbei, OSIRIS,
ich lasse meine Sonnenscheibe in deiner Höhle verweilen!
Ich schütze deinen *Ba* und deinen Schatten,
ich verjage für dich die Finsternis!
«Der mit schrecklichem Gesicht», der in (deiner) Höhle ist,
hält deinen Leichnam zusammen, OSIRIS!
Ich ziehe vorbei an deiner Höhle,
(ich) befehle denen, die in deinem Gefolge sind!

(Über dem Leichnam des OSIRIS:)
So ist dieser Gott beschaffen in der Höhle, die im Westen ist.
Dieser große Gott redet zu ihm,
er läßt seine Sonnenscheibe in seiner Höhle verweilen.
Der *Ba* dieses Gottes ist im Gefolge RES,
wenn er für die sorgt, die in der Erde sind.
«Der mit schrecklichem Gesicht», der in seiner Höhle ist,
hält den Leichnam dieses Gottes zusammen.

(Unter der Schlange[24]:)
So ist diese Schlange beschaffen.
Er verhüllt den Leichnam des OSIRIS,
der in seiner Höhle ist, in der Urfinsternis.

Vierte Szene. Vier gefesselte und vier geköpfte «Feinde», alle auf den Kopf gestellt. Die erste Gruppe sind «Die Bestraften», die zweite «Die Geköpften, die ihren Kopf nicht haben».

RE sagt zu dieser Höhle:

O Bestrafte mit geraubten Armen,
die keine Kraft haben in ihren Armen,
(36) Bösewichter mit großer Trauer, denen ihr Übel zuteilgeworden ist,
deren Blut an ihrem Fleisch ist, wenn sie zerschnitten werden!
O Geköpfte, die ihren Kopf nicht haben,
deren *Bau* sich nicht zur (?) Erde begeben,
deren Schatten (zum) Schlimmen verdammt sind,
und deren Leichname auf den Kopf gestellt sind,
während «Der vom Schlachtblock» ihre Glieder verstümmelt!
Ihr seid es, die Schlimmes tun,
die Aufruhr verursachen in der *Dat!*
OSIRIS-CHONTAMENTI überweist euch eurem Unheil,
er verdammt euch zur Vernichtungsstätte,
als (Weisung,) die aus meinem Mund ergangen ist gegen euch.
Ich bin RE, der befiehlt, was geschehen soll,
der nicht abgehen wird von dem, was er gesagt hat!

(Beischrift zu den Verdammten:)
So sind diese beschaffen,
welche die Strahlen RES nicht sehen.
Sie sind in der Urfinsternis,
ohne daß ihre *Bau* aus der Erde herausgehen.
Ihre Leichname sind auf den Kopf gestellt,
dieser Gott fügt ihnen Schlimmes zu, nachdem er an ihnen vorbeigezogen ist.

Fünfte Szene. Vier gefesselte Frauengestalten und vier *Ba*-Vögel, alle auf den Kopf gestellt. Jede der vier Sünderinnen heißt «Verstümmelte mit umgewendeten Armen», die nur als

«*Ba*» bezeichneten Vögel sind durch das Feind-Determinativ als bestrafte *Bau* der Verdammten gekennzeichnet.

RE sagt zu dieser Höhle:
O Niedergemetzelte in der *Dat*,
Blutende des Westens,
ihr mit umgewendeten Armen bei ihrer Verstümmelung,
verhüllt durch das, was ihnen geschieht!
Ihr seid diese Verstümmelten, ihr seid die Klagenden,
mit vernichtetem (37) *Ba*, von ihrem Blut verhüllt!
O seht, ich ziehe an euch vorbei,
und ihr seid der Vernichtungsstätte übergeben
als dem Platz, der euch in der *Dat* gehört!
Was OSIRIS gegen euch gesagt hat:
Der *Ba* der OSIRISfeinde ist auf den Kopf gestellt in der Vernichtungsstätte,
ohne ihre (der Feinde) Leichname zu sehen!
Was ich befohlen habe, ist ihnen widerfahren,
den Feinden des OSIRIS!

(Über den *Ba*-Vögeln:)
So sind diese beschaffen,
die keinen Leichnam haben und nicht aus der Erde herausgehen,
die die Strahlen dieses großen Gottes nicht sehen.
Sie sind in der Urfinsternis,
dieser große Gott fügt ihnen Schlimmes zu, nachdem er an ihnen vorbeigezogen ist.

(Schlußtext, der zum vierten Abschnitt überleitet:)

RE sagt,
wenn er zur Höhle des «Großen auf seinem Bauch» gelangt:

O jener «Große auf seinem Bauch»,
der die beiden *Dat*(-Hälften) und beiden West(-Hälften) vereinigt,
dessen Höhle mit Feuer gefüllt ist,
mit jener Flamme, die aus seinem Maul hervorgeht!
Tritt ein in die Erde, du Eintretender,
und verhülle dein Haupt, du mit schrecklichem Gesicht!
Siehe, (o) Westen, ich richte die *Dat*,
ich lasse ihre Götter zufrieden sein (mit) meinen Strahlen!
Ich strafe die Feinde, die in ihr sind,
die in die Vernichtungsstätte gesetzt sind,
ich überantworte sie den Revisoren,
aus deren Bewachung es kein Entkommen gibt.
Hei! - siehe, ich ziehe an dir vorüber!

VIERTER ABSCHNITT

Dieser Abschnitt beginnt, ähnlich wie der erste, mit senkrechten Streifen. Damit wird in der Gliederung des Buches ein deutlicher Einschnitt gesetzt. Wir befinden uns in der Mitte, es beginnt die zweite Hälfte der Unterwelt (*Dat*) – auf diese Zweiteilung wurde im voranstehenden Schlußtext des dritten Abschnitts bereits angespielt. Im ersten Streifen ist eine rote Sonnenscheibe dargestellt, der zweite wird gänzlich von der Schlange «Mit schrecklichem Gesicht» (bzw. «Der Große auf seinem Bauch») eingenommen, im dritten Streifen streckt der widderköpfige Sonnengott seine Arme den Gottheiten dieser zweiten *Dat*-Hälfte entgegen.

Zwischen[25] diese Gestalt des Sonnengottes und die Bilder des vierten Abschnitts ist ein langer einleitender Text gestellt, der drei Litaneien enthält. Er lautet:

(39) Eintreten durch diesen großen Gott in die Urfinsternis. Dieser große Gott zieht vorbei an der Höhle des «Großen auf seinem Bauch»

dessen Haupt in der Finsternis
und dessen Hinterer in der Finsternis ist,
dessen Höhle sich Götter, *Achu* und Tote nicht nähern,
an dessen Höhle niemand vorbeizieht,
außer diesem großen Gott, der im Himmel ist.

Die Götter, die in ihren Höhlen und über ihren Gruben sind,
die in ihren Sarkophagen, die auf ihren Leichnamen ruhen,
die Götter, die *Achu* und die Toten –
sie sagen, wenn sie RE sehen,
sie jubeln, nachdem er vorbeigezogen ist:
O komm zu uns, du Herr der Sonnenscheibe,
und nähere dich, komm zu uns, du mit großem Licht!

(Erste Litanei, in der jedes der zwölf Verspaare mit «Wie schön ist RE, wenn er die Finsternis durchzieht» beginnt; wir kürzen die Wiederholungen dieses Verses durch Punkte ab:)

Wie schön ist RE, wenn er die Finsternis durchzieht!
Seine große Sonnenscheibe verweilt in seinem Gefolge.
... Er passiert die Höhle des *Dat*-Durchfahrers (OSIRIS?).
... Er erteilt den Unterweltlichen Befehle.
... Er läßt die *Bau* auf ihren Leichnamen reden.
(40) ... Er erteilt dem Totenreich Befehle.
... Er reckt den Arm gegen die Feinde des OSIRIS.
... Er richtet die, die in der Erde sind.
... Der Gepriesene, er befriedet die *Dat*.
... Er ruft die *Bau* der Westbewohner.
... um für die Unterweltlichen zu sorgen.
... Der Westen verhüllt die Sonnenscheibe.
... Wir atmen ja, wenn wir ihn sehen!

(Zweite Litanei, in der jedes der dreizehn Verspaare mit «Jubel sei dir, sei RE! Wir atmen ja, ...» beginnt. Wir kürzen die Wiederholungen wieder ab.)

Jubel sei dir, sei RE! Wir atmen ja,
wir sind ja zufrieden in unseren Höhlen!
(41) ... wenn du zu uns sprichst, sind unsere Schatten stark!
... du läßt uns zufrieden sein mit dem Licht deiner Sonnenscheibe!
... du läßt unsere *Bau* eintreten (in) unsere Höhlen!
... du läßt die Leichname sich mit ihren Sarkophagen vereinen!
... du läßt den Lufthauch in unsere Nasen eintreten!
... du setzst die *Achu* in ihre Höhlen!
... du strafst und übergibst die Bösen der Vernichtungsstätte!
... wir sind zufrieden, groß in unserer Art (?).
... von denen die Toten sehen, daß sie leben!
(42) ... du läßt den «Herzensmüden» (OSIRIS) ruhen (in seiner) Kapelle!
... du läßt unsere *Bau* hinter ACHTI wandeln!
Jubel sei dir, sei RE! Jubel sei RE!
Du richtest uns, Mächtiger mit großen Worten,
der aus der Erde hervorgeht, damit er sich zufriedenstelle!
Rufe uns zu, rufe zu unseren *Bau*,
du mit großem Wesen, Mächtigster der *Achu*[26]!

(RE spricht:)

O «Herzensmüder» (OSIRIS), Größter der Nichtseienden,
OSIRIS-CHONTAMENTI, Herr der Worte,
Größter der Götterneunheit, großes Oberhaupt seines Kollegiums,
zu dem die reden, die in der *Dat* sind,

die Götter im Westen, welche die *Bau* der Toten «messen» (strafen),
so daß ihre *Bau* auf den Kopf gestellt und ihre Leichname vor ihnen verborgen sind.
Weisungen sind denen erteilt, die im Totenreich sind, in der *Schetit*.
Schlimmes ist seinen (des OSIRIS) Feinden zugefügt,
wenn sie (die Götter) Vernichtung entstehen lassen,
wenn sie zum *Ba* des RE rufen.
«Siehe, er verweilt auf seinem Leib,
er läßt seinen Leichnam seine Strahlen empfangen»
sagen sie, die Götter der *Dat* und die *Achu*, die im Westen sind.

RE sagt zu den Unterweltlichen,
er ruft den Westbewohnern zu:
Seht, ich ziehe an euren Höhlen vorüber,
(43) ich eile vorbei (an) euren Gruben!
O Götterneunheit des OSIRIS,
Kollegium des *Dat*-Vorstehers –
seht, ich vereinige eure Höhlen,
wenn ich die Urfinsternis betreten habe,
um euch zu schützen in euren Höhlen,
(um) euch zu richten und Pläne für euch durchzuführen,
die ich mir gemacht habe, als ich allein war, die ich selbst festgelegt habe[27].
Ihr seid nach mir erwählt worden,
und ich bin nach euch erwählt worden,
in eurem Namen der «Erwählten».

(O) Gefolgsleute des Herrschers des Westens,
Zufriedene in ihren (Grab-)Hügeln,
Gedeihende mit lebendigen *Bau*,
die über ihre Schatten verfügen!

Ihr seid diese Götter mit großem Wesen in der *Schetit*,
Gefolgsleute des OSIRIS, Gesandte des OSIRIS,
Herren des Bedarfs im Westen,
in jener Nacht des Schutzes, des Richtens (über) die *Achu*,
(ihr) Herren des Bedarfs im Westen!

(Dritte Litanei, in der jeder der zehn anrufenden Verse mit «(und) ihr Herren des Bedarfs im Westen» endet:)

OSIRIS, der seine Feinde vertreibt, (und) ihr Herren des Bedarfs (44) im Westen!
OSIRIS, der seinen Leib überprüft, ...
OSIRIS, der die schützt, unter denen er ist, ...
Neunheit des TATENEN im Jubel, ...
Phönix, der die Türen der *Dat* passiert, ...
Götter, an denen kein Unrecht ist, ...
Zufriedene, Herren der *Maat*, ...
Kollegium des Verborgenen Raumes, ...
Ihr mit machtvollem Spruch, die ihr die Empörer zu Fall bringt, ...
Schreiber der *Maat* vor dem «Einherrn», ...
OSIRIS, seine Rede und sein Leib,
(und) ihr Götter, diese Götter, die in der geheimen *Dat* sind –

Seht, ich betrete die Dunkelheit, ich erglänze in der Urfinsternis,
ich ziehe vorüber und ich schaue!
Ich schaue diesen, den «Herzensmüden» (OSIRIS),
bei diesem seinem Erglänzen des «Geheimen» (45) und «Verborgenen».
Ich lasse seine Abbilder meine Sonnenscheibe sehen,
ich erleuchte die Finsternis in seinem abgeschirmten Raum,
meine Strahlen erleuchten die, unter denen er sich befindet.

Abbildung 78 4. Abschnitt

Ihr habt eure Leiber verdunkelt und eure Leichname verborgen,
ich (aber) wandle hinter mir[28], damit ich eure Geheimnisse durcheile!
Ich schütze euch, ich löse eure Fesseln (?), die ihr die Westbewohner seid!
Einschlagen des schönen Weges durch diesen großen Gott (im) Westen.

ERSTES REGISTER

Erste Szene. ISIS und NEPHTHYS halten ihre Arme unter eine gekrümmte (d.h. sich aufrichtende?) Gestalt des OSIRIS – sie «heben seinen Leichnam hoch», wie es im Text heißt. Über der Szene befinden sich eine Sonnenscheibe und die Überschrift «OSIRIS in seinem Geheimnis (Leichnam)». Die Beischrift ist am korrektesten und vollständigsten im späten Grab des Petamenophis erhalten:

So ist dieser Gott beschaffen in seiner Höhle.
Die Sonnenscheibe tritt ein in seine Höhle.
RE sagt zu dieser Höhle des OSIRIS:
Sei lebendig, OSIRIS! Lufthauch gehört dir,
Atem gehört deinem *Ba*, wenn du die *Dat* umringt hast[29]!
Siehe, die beiden Göttinnen haben deinen Leichnam hochgehoben,
(o) OSIRIS, der in seinem Geheimnis ist!

Zweite Szene. OSIRIS, der hier keine Attribute trägt, steht zwischen seinen beiden «Söhnen» – dem schakalköpfigen «ANUBIS, der Gottessohn» und dem falkenköpfigen «HORUS, der Erbe seines Vaters». Über der Szene ist wieder eine Sonnenscheibe dargestellt. Die zweigeteilte Beischrift lautet:

So sind diese Götter beschaffen, in einer einzigen Höhle.
Die Sonnenscheibe RES erleuchtet sie,
und dieser große Gott spricht zu ihnen.
(46) Dann sind sie zufrieden, sind ihre *Bau* stark,
nachdem dieser große Gott an ihnen vorbeigezogen ist.
RE sagt zu dieser Höhle:
O du «ANUBIS, Gottessohn»,
o du «HORUS, Erbe seines Vaters»!

Er sagt: den Leichnam eures Vaters –
rüstet ihn, umfaßt für ihn dieses große Herz (der) *Dat*[30]!

Dritte Szene. Dargestellt sind zwei Ovale, dazwischen eine Sonnenscheibe und dahinter ein stierköpfiger Gott mit erhobenen Armen (OSIRIS als «Stier des Westens»). Im oberen Oval befindet sich ein Ichneumon mit der Beischrift «HORUS-MECHENTIENIRTI. So ist dieser Gott beschaffen in seinem Sarkophag»; im unteren Oval ist ein Herz zwischen zwei strahlenden Sonnenscheiben dargestellt.

RE sagt zu dieser Höhle:
O HORUS MECHENTIENIRTI, Ichneumon,
Herr von Erscheinungsformen in der *Dat* –
dir gehören deine beiden Augen, daß du mit ihnen schaust,
daß dein Herz verweile im Inneren deines Leibes,
daß dich dein Vater fest mache und deinen Leichnam aufrichte, (nämlich) «OSIRIS, Stier des Westens».
Ich erleuchte deinen Leichnam mit meiner Sonnenscheibe,
(o) Ichneumon, das in seinem Sarkophag ist!

(Beim unteren Oval:)
So sind diese beschaffen
in seinem Sarkophag, in einer einzigen Höhle.
Dieser Gott redet zu seinem Herzen.

(Beim stierköpfigen Gott:)
So ist dieser Gott beschaffen,
indem (er) den Sarkophag des HORUS bewacht.
Die Sonnenscheibe RES erleuchtet ihnen ihre Finsternis,
nachdem (dieser große Gott an ihnen) vorbeigezogen ist.

(Schlußtext:)
RE sagt, wenn er diese Höhle durchzieht:

Ich rede, wenn ich die Höhle des Osiris betrete,
  (ich) bestimme, daß ihre *Bau* verweilen,
  wenn ich vorbeiziehe am «Stier des Westens».
Ich erleuchte ihre Leichname,
  ich lasse ... (Auslassung?) auf ihnen.
Ihr seid (es), für die ich mich stark mache (?),
  die ich atmen lasse (in) der *Schetit!*
Ihr seid diese großen Götter, die Herren der Unterweltlichen,
  die in der Erde (?), die (47) mit dem Westen zufrieden sind!

ZWEITES REGISTER

Erste Szene. Ein widderköpfiger, auf einen Stab gelehnter Gott steht vor drei sich verneigenden Göttern; dazwischen ist eine Sonnenscheibe dargestellt. Jeder der drei Götter heißt «Der Osiris ist», während der widderköpfige Gott als «Re» bezeichnet wird. Eine Beischrift findet sich nur bei Petamenophis:

So ist dieser Gott beschaffen.
Re sagt zu dieser Höhle,
  wenn er Licht gegeben hat ihren Wächtern,
  die im Gefolge dieser erleuchteten Götter sind,
nachdem dieser Gott an ihnen vorbeigezogen ist,
  nachdem ihnen gegeben wurde ... (verderbt?)

Zweite Szene. Zwischen zwei Ovalen sind eine Sonnenscheibe und eine mehrfach gewundene Schlange dargestellt, dahinter ein falkenköpfiger Gott (Horus) mit schützend (?) vorgestreckten Händen. Im oberen Oval befindet sich eine Osiris-Gestalt mit oberägyptischer Krone («Osiris-Chontamenti»), im unteren eine liegende Mumie mit Götterbart

(«Der Westbewohner, der OSIRIS ist»). Die trennende Schlange ist «Der mit schrecklichem Gesicht».

RE sagt zu dieser Höhle:
Seht, ich bin eingetreten in den «Großen Sand»,
ich habe die Urfinsternis zerteilt![31]
Reicht mir eure Arme, damit ihr mich empfangt,
ihr Götter, die ihr OSIRIS seid!
Ihr seid stark, wenn ihr meine Sonnenscheibe schaut!
O du, CHONTAMENTI, Größter Gott mit machtvoller Krone!
O du (?), Fürst seines Sarkophages,
Herr des Haares mit lauter Klage,
deren Wächter HORUS ist,
während «Der mit schrecklichem Gesicht» sie trennt!
O seht, ich gehe an euch vorüber,
ich erleuchte euch mit meiner Sonnenscheibe!

So sind sie beschaffen.
HORUS, der seinen Vater schützt, ist ihr Wächter,
und die Sonnenscheibe RES erleuchtet sie.

Dritte Szene. Der schakalköpfige ANUBIS beugt schützend seine Arme vor OSIRIS, der hier als Gott ohne Attribute dargestellt ist. Hinter OSIRIS[32] steht der vogelgestaltige «*Ba* des OSIRIS», über der Szene leuchtet die Sonnenscheibe.

RE sagt zu dieser Höhle:
O OSIRIS mit seinem *Ba*,
und ANUBIS mit seinem Geheimnis (Leichnam) –
seht, ich durcheile eure Höhle,
(48) ich habe mich in euren Schützer verwandelt!
Der *Ba* des OSIRIS verweilt auf seinem Leichnam,
und ANUBIS schützt den Herrscher der *Dat*.

Er revidiert das Geheimnis als etwas, das ihm gleicht,
er läßt den Leichnam (in) seiner Höhle verweilen.

(Über der Szene:)
So sind diese Götter beschaffen, in einer einzigen Höhle.
RE spricht zu ihnen
und sorgt für sie.
Er erleuchtet sie mit seiner Sonnenscheibe,
sie sehen das Licht, nachdem dieser große Gott an ihnen vorbeigezogen ist.

DRITTES REGISTER

Erste Szene. Vier auf den Kopf gestellte, gefesselte Feinde, hinter ihnen als Strafdämon ein katerköpfiger Gott («Der Katergestaltige»). Die Feinde heißen: «Der Blutige», «Der Weinende», «Der Geschwollene» (?), «Der Gekrümmte» (?).

RE sagt zu dieser Höhle;
wenn er seinen Arm ausstreckt gegen seine Feinde:
Ihr seid es, die Unwissenden –
der Blutige, der Weinende, der Geschwollene (?) und der Gekrümmte (?)!
Ihr habt kein Kopftuch und keinen *Ba* (?),
nicht nähert sich euch das Horusauge, nicht seht ihr TENTAIT[33]!
Ich übergebe euch dem «Kämpfer», der euch fesselt,
(ich) überliefere euch dem «Katergestaltigen», aus dessen Bewachung es kein Entkommen gibt!
Ich habe befohlen, daß er euch und eure Fesseln bewacht.

Zweite Szene. Neben einer liegenden Gestalt strecken sich eine löwenköpfige Göttin («Die SACHMETgestaltige, welche vernichtet») und eine Göttin ohne Attribute («Die vernichtet») die Hände entgegen. Der Name zwischen ihnen («Der Vernichtende, der die bewacht, unter denen er ist») bezieht sich wohl auf die liegende Gestalt. Über der Szene steht als Beischrift:

So sind diese beschaffen (in) einer einzigen Höhle.
Sie schauen Re nicht, sie hören seine Stimme nicht.
Er fügt (49) ihnen Schlimmes zu, wenn er ihre Höhlen passiert.

(Dahinter:)
Re sagt zu dieser Höhle:
O Vernichtende in der Vernichtungsstätte
und Vernichtender in der Vernichtungsstätte,
die ihr hervorkommt aus dem «Vernichtenden Leichnam»!
Ihr seid diese Vernichtenden, deren Finsternis Blut ist,
die vom Abscheu ihrer Herzen leben!
Ich habe euch befohlen, (nämlich) euren Leichnamen,
daß ihr hervorkommt aus eurer Verwesung[34],
daß ihr aber nicht hervorkommt mit den Leibern, die ihr bewacht!

Dritte Szene. Vier auf den Kopf gestellte Feinde mit ausgebreiteten Armen, hinter ihnen als Wächter «Der mit vernichtendem Gesicht». Die Feinde heißen: «Der Verstümmelte», «Der Hingestreckte», «Der Gebundene», «Der (vom Blut) Gerötete».

(Bei den Feinden:)
So sind diese beschaffen.
Sie schauen Re nicht, sie hören seine Stimme nicht,
sie erblicken die Strahlen seiner Sonnenscheibe nicht.

Ihre *Bau* gehen nicht heraus, und ihr Blut ist an ihren Leichnamen.
Sie sind in der Urfinsternis,
und Re fügt ihnen Schlimmes zu, nachdem er an ihnen vorbeigezogen ist.

(Bei ihrem Bewacher:)
So ist dieser Gott beschaffen
bei der Bewachung der Feinde ... (Lücke?)
Er schaut ihn nicht, (aber) dieser Gott hört seine Stimme.

(Rede des Sonnengottes:)
(50) Re sagt zu dieser Höhle:
(O) Verstümmelte, o Hingestreckte,
o Gebundene, o Gerötete!
Ihr gehört ihm, der diese meine Feinde vernichtet!
Ich habe angeordnet, daß ihr bewacht werdet, auf den Kopf gestellt(?),
ich habe euch seinem Tribunal (?) überliefert.
Es verletzt euch «Der mit vernichtendem Gesicht»,
denn er ist der Vernichtende, (und) die Erde ist eure Vernichtungsstätte(?)!

FÜNFTER ABSCHNITT

Vor die Bilder dieses Abschnitts ist, wie beim vierten Abschnitt, ein langer einleitender Text gestellt, der wieder drei Litaneien enthält. Er lautet:

Einschlagen des schönen Weges durch diesen großen Gott,
Eintreten in die geheime Höhle des Westens.
Dieser große Gott sagt zu denen, die in ihr sind:

(O) Götter, ihr Götter in der Höhle,
die ihr im Gefolge des OSIRIS seid in jenem seinem geheimen Ort!
Ihr seid ja verborgen, (wenn?) ihr über mich jubelt, wenn ich euch rufe!

(Erste Litanei, in der jedes der zwölf Verspaare mit «Meine Sonnenscheibe hat die Finsternis betreten» beginnt. Wir kürzen die Wiederholungen durch Punkte ab.)

(52) Meine Sonnenscheibe hat die Finsternis betreten,
die «Geheimen» (Toten) sind in Jubel und Jauchzen!
... «Die im Westen» sind in Jubilieren!
... OSIRIS hat mir seine Arme entgegengestreckt!
... die Götterneunheit des Westens ist im Fest!
... ihre *Bau* jubeln über mein Nahen!
... ihre Leichname nähern sich ihnen (den *Bau*)!
... die beiden Göttinnen binden ihren Bruder zusammen!
... ANUBIS umkleidet seine Geheimnisse!
... HORUS reicht sein Auge seinem Vater (OSIRIS)!
(53) ... MECHENTIENIRTI ist hinter seinem Sarkophag!
... seine beiden Gottesaugen und sein Herz sind in ihrem «Verborgenen»!
... der «Stier des Westens» (hat) die Arme auf (meinem?) *Ba*[35]!
Meine Sonnenscheibe hat die Finsternis betreten,
meine Sonnenscheibe hat fürwahr die Finsternis betreten!

Die Westbewohner, die in der *Dat* sind, jubeln über meine Sonnenscheibe.
(ich) ... (Lücke) und ich sorge für sie,
ich setze sie in ihre Höhlen.
Ich ... (Lücke) ihre Leichname,

und ich lasse ihre *Bau* auf ihnen verweilen,
ich gehe vorüber an ihren Höhlen.
Ich lasse die Leichname verweilen ... (Lücke)
... die Westbewohner mit gedeihender Art.
Eure Leichname ... (Lücke),
zufrieden sind eure Herzen, wenn ihr aus eurer Dunkelheit hervorgeht!
... (Lücke) eure Höhlen,
ihr ... (Lücke), nachdem ich (vorbeigezogen bin) an euch.
Ihr jubelt über mich, und ich juble über euch,
wenn ich an euch vorbeigeeilt bin[36].

(Zweite Litanei, in der jedes der zwölf Verspaare mit «Ich eile an euch vorbei, ihr Unterweltlichen» beginnt. Wir kürzen die Wiederholungen durch Punkte ab.)

(54) Ich eile an euch vorbei, ihr Unterweltlichen,
ich habe eure Angelegenheiten geordnet.
... ich habe euch erleuchtet mit (meinem?) Licht.
... (mein) Glanz ... (Lücke)[37]
... der «Unterweltliche» ... (Lücke)
... empfangt doch ... (Lücke)
... ich befehle euch eure Feste.
... ihr seid ja in euren Höhlen.
... ich gebe euch Helligkeit.
(55) ... ich vernichte eure (?) Feinde.
... ich lasse den Großen *Ba* verweilen auf dem Geheimnis.
... ich jauchze, wenn meine Sonnenscheibe mich gebiert.
... TATENEN ist erhoben, wenn ich aus ihm hervorgehe.

Ich eile an euch vorbei, ihr Unterweltlichen,
ich eile fürwahr an euch vorbei, ihr Unterweltlichen!
Ich mache euch stark, ihr Geheimen,

und ihr gebt mir Lobpreis mit diesem meinem Lobpreis,
ihr verehrt mir meinen *Ba* mit dieser meiner Verehrung,
ihr betet dieses Geheimnis an, ihr rühmt meinen Leichnam (mit) diesem meinem (Ruhm),
eure Kehlen atmen durch meine Atmung!
TATENEN gebiert mich,
ich gehe hervor und bin verjüngt!
Die geheimen Götter sagen zu (56) RE:

(Dritte Litanei, in der jedes der zwölf Verspaare mit «Du seist gepriesen, ACHTI!» beginnt. Wir kürzen die Wiederholungen durch Punkte ab.)

Du seist gepriesen, ACHTI!
Wir reichen dir ja unsere Hand!
... TATENEN gebiert dich in der *Dat*.
... Du verjüngst die Mumien mit deiner Sonnenscheibe.
... Du reichst deine Hand, du empfängst den Morgen.
... Du verwandelst dich in den mit großer Gestalt.
... Du schaffst die Niedermetzelung der Rebellen.
... Du füllst die *Dat* mit deinen Sonnenstrahlen.
... Deine Sonnenscheibe erleuchtet die *Schetit*.
(57) ... Die *Bau* sind machtvoll bei ihrem Hervorkommen.
... Die Ziehenden (?) vereinigen ihren Leib.
... ANUBIS hält seinen Leib zusammen.
... Der «Gefüllte» (?) hält (seinen) Leib zusammen[38].

Du seist gepriesen, ACHTI!
Du seist fürwahr gepriesen, ACHTI!
Wir jubeln über den Anblick deiner Sonnenscheibe,
wir verklären deinen geheimen Leichnam!
Geboren ist RE in der Erde,
geboren ist seine Sonnenscheibe in der *Dat*!

RE eilt ja vorüber an euren geheimen Höhlen von verborgener Art,

RE geht ja vorbei an den Höhlen der Götter mit geheimem Herz!

Er teilt ihnen ihren Atem zu,

und sie leben, wenn er an ihnen vorbeizieht.

RE sagt zu den Göttern und läßt gedeihen das, was in der geheimen *Dat* ist[39]:
O geheime Götter! Ihr Machtvollen! Ihr mit der Nase! (58) Ihr Verborgenen! Ihr Verhüllten! Ihr ... (unklar und Lücke)! Ihr von den Höhlen und den Hügeln! Ihr Geformten! Ihr Entstandenen und ihr Mumien! Ihr Zaubermächtigen! Ihr Bela-

Abbildung 79 5. Abschnitt

denen(?)! Ihr mit dem *Ba*! Ihr mit dem Schatten! Ihr Westbewohner! Ihr von den Plätzen! Ihr von den Thronen! Ihr Hervorgehenden! Ihr Verweilenden! Ihr Starken! OSIRIS! Götter, ihr Götter –

Seht, ich ziehe vorbei (an) euren Höhlen,
ich rufe euch bei euren Namen!
Ich lasse euch verklärt sein,
ich durchziehe die Wege der *Schetit*!
Ich gebe Lufthauch denen, die in ihr sind,
ich verfüge über das, womit ein Gott ihre Straßen befährt!
Sie beugt mir ihren Arm,
und sie macht mir ihre Schulter schmal(?)!
Ihr mit geheimer Gestalt (in der?) *Schetit*,
... (unklar) mit großer Finsternis –
Ich eile (an) euch vorbei, ich eile fürwahr (an) euch vorbei (in?) der *Schetit*!

NUT-*Szene.* Diese eingeschobene Szene, die ihr Gegenstück in der OSIRIS-Szene (unten S. 380f.) hat, erstreckt sich über die ganze Höhe der drei Register. Dargestellt ist die Himmelsgöttin NUT, die hier als «Die Geheime» bezeichnet wird. Sie hält in der einen Hand einen widderköpfigen Gott, in der anderen eine Sonnenscheibe. Auf beiden Seiten der Göttin rekken sich zwei menschenköpfige Schlangen hoch. Zwischen den Schlangen und dem Leib der Göttin finden sich symbolische Darstellungen des Sonnenlaufes: hinter ihr, emporsteigend, vier Krokodile, die (von unten nach oben) einen Widderkopf, einen Skarabäus, ein heiliges Auge und eine Sonnenscheibe über sich haben; vor ihr, hinabsinkend, ein Skarabäus, ein Widder und ein widderköpfiger Gott, jeder mit einer Sonnenscheibe vor sich, und zuletzt das Sonnenkind, das von zwei ausgestreckten Armen empfangen wird. Mehrere Beischriften umrahmen das Bild.

(Einleitung[40]:)
(So ist sie beschaffen?)
Sie (steht?) in der *Dat*, indem sie die Götter trägt (?).
Dieser große Gott fährt dahin über der Höhle
auf den beiden Armen der «Geheimen» (NUT).
(59)Wenn dieser große Gott vorbeigezogen ist an der Höhle,
umhüllt (sie Finsternis).
... (Lücke) ist die *Dat* in Finsternis,
ohne daß dieser Gott gesehen wird auf ihren Armen.
Ihre Arme heben die Sonnenscheibe hoch,
während der Gott auf seinen Hügeln verweilt.

(Unter der Hand mit der Sonnenscheibe:)
So ist er beschaffen
auf der Hand der (Göttin) «Mit geheimer Gestalt»,
indem er in ihrer Finsternis ist als eine Flamme,
der (60) sich Götter und Tote nicht nähern können.

(Bei den Krokodilen:) «Der Feuchte», der Feind des RE[41].

(Auf dem Leib der Göttin:) Buch der «Geheimen», erste Erscheinungsform, große Revision.

(Fragmentarischer Text hinter dem Bild):
(61) So ist dieser große Gott beschaffen hinter ... der «Geheimen».
... (zerstört)
Wenn dieser große Gott die Höhle der «Geheimen» passiert hat,
dann sind diese Schlangen auf den Kopf gestellt,
Ihre Gesichter ... auf ihrem großen Bild,
ohne daß die *Bau* die «Geheime» kennen ...

(62) Re geht unter im Westberg,
um für die zu sorgen, die in der Erde sind.
Er erstrahlt im Ostberg,
um jenen (63) Wenti-Apophis abzuwehren, den mit bösem Auge.

(Text über Nut, nur bei Petamenophis:)
So ist dieser Gott beschaffen.
Dieser Gott reicht seine Hände dem Osiris,
er erleuchtet sein Gesicht ... (zerstört)
Verhüllt wird Osiris, verborgen wird der Gatte,
... (zerstört)

ERSTES REGISTER

Erste Szene. Ein anbetender Gott, mit der Sonnenscheibe über sich, und hinter ihm vier menschenköpfige Schlangen, die aufrecht auf ihrem Schwanz stehen; sie heißen: «Der mit dem Kopf», «Der Weinende», «Der aus Re hervorgegangen ist» und «Der Leib, in dem (?) Re ist».

(Beim anbetenden Gott:)
So ist dieser Gott beschaffen.
Er reicht seine Hände diesem großen Gott,
wenn er die geheime *Dat* durchzieht.

(Bei den Schlangen:)
(64) So sind diese beschaffen.
Wenn dieser große Gott an ihnen vorbeizieht, erheben sie sich.
Wenn er an ihnen vorbeigezogen ist, sind sie in der Finsternis.

RE sagt zu dieser Höhle:
(O) OSIRIS, du hast mir deine Hände gereicht!
Siehe, ich durchziehe die *Schetit*,
ich gehe vorbei an diesen, die vor ihr (der NUT) sind,
die aus (meinem?) Leib entstanden, die ... (verderbt)
Die Schlimmen, diese, die mein Fleisch vertreibt, sie haben Übles geschaffen.
O siehe, ich setze sie (in) die Finsternis,
(damit) der Ankläger sie verdamme.
Wenn (ich) an ihnen vorüberziehe, sehen sie mich nicht,
und diese bewachen sie, wenn sie hervorkommen.

Zweite Szene. Ein Gott mit zwei Straußenfedern auf dem Haupt (TATENEN) wird von zwei anderen Göttern gestützt, die als «Leichnam des ATUM mit lebendiger Rede» und «Leichnam des CHEPRI mit lebendiger Rede» bezeichnet sind.

RE sagt zu dieser Höhle:
O Stehende, welche die Götter stehen lassen,
die ihre Gestalten formen, ihr Götter mit lebendigen Leichnamen!
Ihr redet zu mir, und ich rede zu euch,
ich erleuchte euch, ich vertreibe eure Finsternis!
Ihr erscheint in euren Abbildern,
ihr jubelt über den Anblick meiner Sonnenscheibe.
Ich bin es, der die Erscheinungsformen entstehen läßt,
ich sehe die Throne der Verborgenen, ich lasse die Unterweltlichen zufrieden sein!

Dritte Szene. Zwei Ovale mit einer Sonnenscheibe über sich; im ersten befinden sich zwei Kinder («Jüngling des RE» und «Kind des RE»), im zweiten eine aufrechtstehende Mumie («Der mit der Gestalt, der OSIRIS bekleidet»). Zwischen den beiden Ovalen steht eine kurze Beischrift: «(So sind sie beschaffen) in ihren Sarkophagen, an der Spitze der Höhle».

Hinter den Ovalen folgt ein sich verneigender Gott, mit unklarem Namen (vielleicht «Der große Wächter»); auch er hat über sich eine Sonnenscheibe. Das Bild ist im übrigen ohne Beischriften.

ZWEITES REGISTER

Erste Szene. Vier stehende, falkenköpfige Mumien, die alle als Erscheinungsformen des HORUS bezeichnet sind: «Horus, der RE bekleidet» – «HORUS, der ATUM verbirgt» – «HORUS, der das Gesicht des CHEPRI verhüllt» und «HORUS, der aus dem ‹Ältesten› hervorging». Aus den Namen geht hervor, daß sich in diesen Gestalten auch der Sonnengott selber «verbirgt». Hinter ihnen steht, mit schützend vorgestreckten Händen, ANUBIS. Zuletzt folgt ein Oval, in dem sich unter einer Sonnenscheibe «Das Szepter, das ATUM geschaffen (?) hat» befindet. Die Beischriften lauten:

(Bei den falkenköpfigen Mumien:)
(65) So sind diese Götter beschaffen,
  indem sie dastehen in der Erde, ohne müde zu werden.
(Bei ANUBIS:) So ist dieser Gott beschaffen.

RE sagt zu dieser Höhle:
O ihr vier großen Götter, die in den Leichnamen sind, ihr in der *Dat.*
O jenes Szepter mit großen Abbildern,
  das die *Dat* erschaffen und das Totenreich hervorgebracht hat[42],
dessen geheimes Bild unbekannt ist,
  ein einzigartiges, das sich vor denen verbirgt, die in seiner Höhle sind!

O seht, ich ziehe an euch vorüber,
ich setze ANUBIS als euren Wächter ein!
Ich erleuchte euch und vertreibe eure Finsternis,
ich erteile Weisungen denen, die in eurem Gefolge sind!

Zweite Szene. Um eine Sonnenscheibe sind vier Ovale angeordnet, jedes mit einer weiblichen Gestalt. Die Göttinnen haben keine individuellen Namen, aber eine gemeinsame Beischrift:

So sind sie beschaffen
in ihren Sarkophagen auf beiden Seiten.
Wenn RE zwischen ihnen hindurchfährt, spricht er zu ihnen.
Wenn aber dieser große Gott an (ihnen) vorbeigezogen ist,
umhüllt Finsternis sie (und?) ihre Leichname.
Dieser große Gott ... (unklar) in dieser Weise.

RE sagt zu dieser Höhle:
(O) Göttinnen, ihr Göttinnen der *Dat*, die in ihren Sarkophagen sind!
O seht, ich ziehe an euch vorüber,
ich rufe euren *Bau* zu!
Ihr verweilt an euren Plätzen,
ich habe veranlaßt, daß ihr bei (?) mir seid!
Ich lasse eure Kehlen atmen,
ich erleuchte euch mit dem, was vor mir ist.
Ich bin der Einzigartige ... (unklar)

DRITTES REGISTER

Erste Szene. Eine strafende Göttin, die «Schlächterin» genannt ist, hält zwei Pfähle in Händen, an die jeweils eine knieende Feindfigur gefesselt ist; die Feinde heißen «Der mit angebundenem (?) Gesicht» und «Der mit umgewendetem Gesicht». Der Text lautet:

So ist diese Göttin beschaffen beim Bewachen der Feinde RES,
 die zu den Pfählen verdammt sind, (66) die in ihr sind,
 ohne das lösen (zu können), was ihnen zuteil wird.
RE fügt ihnen Schlimmes (?) zu,
 wenn er an ihnen vorbeigezogen ist, ohne daß sie ihn sehen.

RE sagt zu dieser Höhle:
O du «Schlächterin», die in der Vernichtungsstätte ist,
 die meine eigenen Feinde bewacht, die ich in die Urfinsternis gesetzt habe!
O (du), die an diesem geheimen Platz bleibt,
 die ich an ihm sich aufhalten lasse,
die nicht herausgeht aus dem Land des Westens,
 die nicht herausgeht aus der Finsternis!
Du hältst deine Arme über die, die du verdammt hast
 (zu?) den beiden Pfählen, die in der Erde sind, damit sie meine Feinde verdammen!

Zweite Szene. Zwei Arme, die aus der Erde emporgreifen, halten einen im Querschnitt gezeigten Kessel, der Köpfe und Herzen der Verdammten enthält. Neben dem Kessel facht ein schlangenköpfiger Strafdämon, «Der mit dem *Uräus*», die Flammen an. Zwischen den Armen steht in reiner Kryptographie: «Es kommen hervor (?) die beiden Arme der Vernichtungsstätte, ... (unklar), die in der *Dat* ist». Die eigentliche Beischrift zu der Szene lautet:

So ist dieser Ofen beschaffen.
Arme sind hervorgekommen aus der Vernichtungsstätte,
 sie heben euch hoch, mit großer Flamme,
 der die Köpfe der Feinde überwiesen sind.

«Der mit dem *Uräus*», der Herr der Hitze,
facht die Flammen in diesem Ofen an.

(67) Re sagt zu dieser Höhle:
O «Der mit dem *Uräus*», o Glatter,
o du Schlange, o du mit dem Stachel(?)!
O du Gott mit großer Erscheinungsform und heißer Flamme,
der die Flammen aufspringen läßt im Ofen, den du hütest,
dem die Köpfe und Herzen meiner Feinde überwiesen sind,
die sich gegen mich empörten, damit (?) die Flammen in ihm (dem Ofen) sie zerschneiden(?)!
Wirf deine Flamme und schleudere deine Glut in (68) alle meine Feinde!

Dritte Szene. Zwei Arme halten einen weiteren Kessel, in dem sich vier geköpfte und gefesselte Verdammte befinden. Das Feuer unter dem Kessel wird von zwei *Uräus*-Schlangen in Gang gehalten, die «Die Stechende» (?) und «Die Brennende» heißen. Zwischen den Armen steht eine kurze Beischrift: «Die beiden vereinten Arme, welche die ... (unklar) hüten, die in der *Dat* ist». Eine weitere Erläuterung findet sich nur bei Petamenophis:
So sind diese beschaffen.
Die Feinde Res sind es, die diesen Schlangen überantwortet sind.
Flammen sind in allen ... (zerstört),
nachdem dieser große Gott an ihnen vorbeigezogen ist.

Osiris-*Szene.* Als Gegenstück zu der Nut-Szene (S. 373) ist über die ganze Höhe der drei Register die ithyphallische Gestalt eines Gottes dargestellt, in dem wir nach der Beischrift wohl Osiris erblicken dürfen. Er trägt einen Götterbart und – als Herrscher des Totenreiches – einen *Uräus* an der Stirn. Der

Vogel auf seinem Haupt verkörpert den mit seinem Leib wieder vereinigten *Ba* des Gottes[43]. Vor der Göttergestalt sind eine schützende Schlange und (im Osireion) eine Sonnenscheibe dargestellt. Der Text dieses Bildes lautet:

(69) Eintreten durch diesen großen Gott in die Urfinsternis.
Dieser Gott geht vorbei (70) (am) Herrn des Westens (Osiris) in seiner geheimen Höhle.
So ist dieser Gott beschaffen in seiner geheimen Höhle,
während dieser große Gott zu ihm spricht
und eine Zeitlang verweilt, indem er für ihn sorgt.
Der *Ba* dieses Gottes wandelt hinter Re,
während Finsternis dann den Leichnam umhüllt,
nachdem dieser große Gott an ihnen vorbeigezogen ist.

Der Rest des fünften Abschnitts ist in den einzelnen Versionen verschieden verteilt. In der wahrscheinlich originalen Anordnung ,wie sie das Osireion und Petamenophis überliefern, sind die vier restlichen Bilder wieder auf drei Register verteilt, während sie Ramses VI. aus Raumgründen in zwei Registern unter dem Anfang des Abschnitts anordnet. Wir folgen hier der Anordnung im Osireion und zählen die drei Register als viertes bis sechstes durch.

VIERTES REGISTER

Ein Oval zwischen zwei schützenden Göttern, von denen der eine widderköpfig ist. Im Oval befinden sich vier «Fleisch»-Zeichen und ein kleineres, rot gemaltes Oval, über der Szene eine Sonnenscheibe. Die beiden Schutzgötter heißen «Der Verborgene» und «Der Dahinfahrende» (widderköpfig als Gestalt der Nachtsonne).

(Erster Schutzgott:)
(71) So ist dieser Gott beschaffen.
Er legt seine Hände auf das verborgene Bild des OSIRIS, des *Dat*-Vorstehers.
Dieser große Gott spricht zu ihm,
er erleuchtet ihn mit seiner Sonnenscheibe.
Dann umhüllt ihn Finsternis, nachdem dieser große Gott an seiner Höhle vorbeigezogen ist.

(Zweiter Schutzgott:)
So ist dieser Gott beschaffen.
Er legt seine Hände auf seinen geheimen Sarkophag,
welchen die Götter nicht kennen ... (unklar)
das geheime Bild, das in seinem Inneren ist,
wegen der Größe des Verborgenen, der (?) in ihm ist.

(Das Oval:)
So ist der Sarkophag beschaffen,
der das Geheimnis des «Großen» (OSIRIS) trägt, der in der *Dat* ist.
Die Sonnenscheibe RES (72) erleuchtet ihn (den Sarkophag).

RE sagt zu dieser Höhle:
O ihr zwei großen, abgeschirmten Götter,
die ihr meine Verwesung hütet!
O seht, ich überprüfe das, was ich verborgen habe,
mein Körper ist zufrieden über mich, und mein Leib ist zufrieden,
mein Fleisch ist vollständig, das ich mir zusammengefügt habe!
Jubel sei euch – dieser mein Körper, in dem ich bin,
mein Fleisch und mein Leichnam!
Ich erleuchte euch mit meinem Licht,
ich vertreibe (für) euch eure Finsternis!

FÜNFTES REGISTER

Erste Szene. Der widderköpfige Sonnengott und die Göttin TAIT stehen einander gegenüber. Bei TAIT steht die Beischrift: «So ist diese Göttin beschaffen. Sie reicht ihre Arme dem Größten Gott». Die übrigen Texte lauten:

(73) Herausgehen durch diesen großen Gott
aus der Urfinsternis (und) aus der Höhle des OSIRIS.
TAIT, mit großer Gestalt,
legt ihre Hände an das, worin OSIRIS ist[44].
(74) RE sagt zu der Höhle der TAIT:
Empfange mich doch, TAIT, wenn du mir deine Hände gereicht hast!
Siehe, ich ziehe vorbei, indem mein *Ba* hinter mir ist,
ich sorge für die, die aus meinem Leib hervorgegangen sind,
ich erteile ihnen Weisungen, ich überprüfe sie,
ich festige ihre Leichname, ich lasse sie ruhen in ihren Höhlen,
ich erleuchte sie mit dem, was auf meinem Scheitel ist,
meiner großen Sonnenscheibe, die an meinem Kopf ist ...

Zweite Szene. Über einem Widderkopf («Der Kopf des RE») strecken zwei Götter ihre Hände zur Sonnenscheibe empor; sie heißen «OSIRIS vor dem Kopf des RE» und «HORUS vor dem Kopf des RE» (falkenköpfig). Sonstige Beischriften fehlen.

SECHSTES REGISTER

Zwei emporgreifende Arme halten einen Kessel, der Schatten, *Bau* und «Fleisch» der Verdammten enthält. Zwei knieende Göttinnen fachen die Flammen an; sie heißen entsprechend

«Flammende» und «Brennende». Zwischen den beiden Armen steht die kryptographische Beischrift: «Die beiden Arme kommen hervor aus der *Dat*, indem sie die ... (unklar) halten». Die übrigen Texte lauten:

Die Vernichtungsstätte trägt die *Bau*, die Leichname
und die Schatten des Re (und) Osiris.
Die zu Bestrafenden sind auf ihrer Flamme.
Die beiden Göttinnen, mit großer Hitze, schleudern Feuer gegen sie.
(75) Re sagt zu dieser Höhle:
O ihr beiden Göttinnen mit großer Flamme, mit mächtiger Hitze,
die ihre Feuerstellen heizen mit den Knochen der «Fremden»,
welche die *Bau*, Leichname, Körper und Schatten meiner Feinde kochen!
Seht, ich ziehe ja an euch vorbei,
ich bestrafe meine Feinde!
Ihr bleibt in euren Höhlen,
euer Feuer ist in euren Kesseln,
eure *Bau* gehen nicht heraus, sie wandeln nicht hinter mir!

SECHSTER ABSCHNITT

Der lange Text, der den Darstellungen dieses Abschnitts vorausgeht, enthält dreizehn Litaneien und bezieht sich inhaltlich noch einmal auf die Darstellungen des fünften Abschnitts. Wir kürzen die Wiederholungen in den Litaneien durch Punkte ab.

(80) Verweilen durch diesen Gott in der Höhle der «Geheimen».

Dieser Gott wandelt auf ihren Armen, wenn er ihre Höhle durchzieht.
Diese «Geheime» – ihr Kopf ist in der Finsternis,
und ihre Füße sind in der Finsternis;
«Die mit geheimem Gesicht» vereinigen ihre Arme.
Weder Götter und Achu noch Tote gehen an ihrer Höhle vorüber,
außer dem Größten Gott mit seiner Sonnenscheibe und seinem Gefolge.

RE spricht zu dieser Göttin:
O Westgöttin, «Geheime»,
mit kämpfenden Armen, wenn sie (sich?) hütet –
o seht, ich ziehe vorbei an deiner Höhle!
Reiche mir deine Hände, du mit geheimem Wesen!

(Erste Litanei:)
O Uräusgestaltiger, o Uräusgestaltiger – siehe, ich durchziehe die *Schetit*,
ich eile dahin, um meinen Leichnam zu schützen!
O Witwe, o Witwe – siehe, ...
(81) O Eingehüllter, o Eingehüllter – siehe, ...
O Falke, o Falke – siehe, ...
O Geheimer, o Geheimer – siehe, ...
O Bild, o Bild – siehe, ...
O du mit geheimem Gesicht, o du mit geheimem Gesicht – siehe, ...
(82) O du mit verborgenem Gesicht, o du mit verborgenem Gesicht – siehe, ...
Götter, ihr Götter, die ihr in der Höhle der «Geheimen» seid –
o seht, ich ziehe an euch vorüber!
Beugt mir eure Arme
und macht mir eure Schultern schmal!
Seht (?), meine Sonnenscheibe erhellt die «Geheime»!

Seht, mein Licht wandelt hinter mir,
daß mein Leichnam und meine Abbilder erleuchtet werden in ihren großen Höhlen,
um OSIRIS zu schützen und den Bedarf derer zu schaffen, unter denen er ist!
Vorübereilen durch diesen großen Gott an der Höhle der «Geheimen».
Dieser Gott sagt zur Höhle des SEFEG, der seinen Gestalten vorsteht:

(Zweite Litanei:)
(83) O SEFEG, der du größer an Gestalt bist
als die Erscheinungsform des *Dat*-Vorstehers (OSIRIS) –
siehe, ich durchziehe die *Schetit*, ich eile dahin, um OSIRIS zu schützen!
O du mit geheimem Gesicht, Herr des Bartes,
große Schlange inmitten der Höhle – siehe, ...
O NEHEBKAU in seiner Höhle,
der den Großen Kopf anfügt, mit machtvollem Gesicht – siehe, ...
O NEPUN (-Schlange), der im Westen ist,
der die richtet, die in seiner Höhle sind – siehe, ...
(84) O Unbekannter, der zur Höhle gehört,
der die vernichtet, die in seiner Höhle sind – siehe, ...
Götter, ihr Götter –
Seht, ich betrete eure Finsternis,
meine Sonnenscheibe verweilt in eurer Höhle!
Beugt doch eure Arme, macht doch eure Schultern schmal,
empfangt mich, jubelt über mein Nahen!
Seht, ich erleuchte eure Finsternis!

Vorbeigehen durch diesen großen Gott
an der Höhle des SEFEG, der groß ist in seiner Gestalt.

Gelangen durch diesen großen Gott zu der Höhle des TATENEN.

RE sagt zu der Höhle des TATENEN,
den die Götter geformt haben, nachdem er sie geformt hatte:

(Dritte Litanei, «O TATENEN»:)
O TATENEN, der Geburten schafft,
der die erzeugt, die aus ihm hervorgehen, die Erscheinungsformen!
O TATENEN, mit machtvoller Doppelfeder,
dessen Leichnam ANUBIS geheim gemacht hat!
(85) O TATENEN, mit ruhendem Leichnam,
der die richtet, die in ihm (in der Erde) sind!
O TATENEN, der in seiner Höhle ist,
OSIRIS, der in seinem Loch ist!
O TATENEN, dessen Wesen verborgen ist,
aus dem CHEPRI (hervorging, aus) seinem Leib!
O TATENEN, mit großem Leichnam,
durch dessen Anblick die *Bau* atmen!
O TATENEN, der hervorging in seiner Urzeit (?),
... (unklar)
O TATENEN, der die Götter schützt
und sich schützt, wenn er ihre Plätze gemacht hat!
O TATENEN, der die Höhlen entstehen läßt
und die (Grab-)Hügel der Götter schafft!
O TATENEN, der in seiner Finsternis ist,
der mit den «Geheimen» (den Toten?) redet!
O TATENEN, der die Opfer schafft,
zufrieden sind die Jenseitigen mit dem, was er geschaffen hat!
(86) O TATENEN, Ergießer des Samens,
dessen Ejektionen die Formen entstehen lassen!

O Tatenen, mit großen Erscheinungsformen,
der Gestalten schafft und Abbilder vollendet(?)!
O Tatenen, o Tatenen –
o siehe, ich (ziehe vorbei an) Tatenen!
O Atum, der in Tatenen ist, und Chepri in seiner Höhle,
ihr alten und großen Götter mit verweilendem *Ba*, die ihr aus mir entstanden seid –
o seht, ich erleuchte ... (zerstört) die Leichname,
während eure *Bau* mir gehören, in meinem Gefolge!
Empfangt mich, eure Arme gegen mich (gestreckt),
wenn ich (an) euch vorbeieile und eure Finsternis vertreibe,
während eure *Bau* hinter meinem *Ba* wandeln!
(Seht), ich durchwandere das Totenreich,
ich lasse die Leichname (in) ihren Höhlen verweilen,
Die *Bau* sind stark auf ihnen und zufrieden mit dem Leib,
wenn ich in eurer Höhle gesprochen habe.
Ich ziehe vorbei an euch, mit meiner Sonnenscheibe hinter mir,
um meinen Leichnam zu schauen, der unter euch ist!

Vorbeigehen durch diesen großen Gott an der Höhle des Tatenen,
Gelangen durch diesen großen Gott zur Höhle des «Blutigen» (?), (87) mit großem Geheimnis.
Re sagt zu dieser Höhle:
O «Blutiger», mit großem Geheimnis, Herr des Roten (Blutes),
welcher diesem Schlächter befiehlt, der in seinem Sarkophag ist,
während seine beiden Kinder in ihren Sarkophagen sind.
Der zufrieden ist mit seinen beiden Kindern,
mit mächtiger Gestalt, wenn (sie) ihn hüten.
O siehe, ich passiere deine Höhle, die mit geheimen Gestalten!
Reich mir deine Hand!

(Vierte Litanei, «Es wird licht im Westen»:)
Es wird licht im Westen.
Stark ist der *Ba* dessen mit großem Besitz.
... Der «Blutige» verweilt (in?) seinen Abbildern.
... Er (der Westen) hat mir seine Hände gereicht.
(88) ... Osiris ist zufrieden mit meiner Sonnenscheibe[45].
... Ich durcheile die Höhlen der Finsternis.
... «Die in der Erde» sind zufrieden mit meinem Licht.
... Es atmen die, die keine Luft hatten, es atmet mein Leichnam.
... Ich lasse reden die Schweigenden (und) ihren Leib.
(89) ... Ich verhülle das Geheimnis mit meinen Lichtstrahlen.
... Ich rede den an, dessen Name verborgen ist (Osiris).
... Die Götterneunheit des Osiris jubelt.
... Das Kollegium des Tatenen ist stark.
... Ich gehe vorüber an den Herren der Geheimnisse.
... Ich durchfahre die Höhle des Westens.
O «Blutiger», o «Blutiger»! O siehe, ich ziehe vorbei (am) «Blutigen»,
ich passiere die, die in Tatenen sind, ich durchwandle die geheime *Dat*,
um meinen Leichnam zu schauen, der in ihr ist,
um meine Gestalt und meine Abbilder zu erleuchten.

•

Vorbeigehen durch diesen großen Gott an der Höhle des «Blutigen»,
Gelangen durch diesen Gott zur Höhle der Osiris-Gestalt.

Re sagt zu dieser Höhle:
(90) O Anubis, der über seinen Geheimnissen ist,
Herr des Szepters, der die Eingewickelten zufriedenstellt,
der über den Geheimnissen im Westen ist,
der Köpfe formt und Binden knotet!

(Fünfte Litanei, «O ANUBIS, Mächtigster des Westens»:)

O ANUBIS, Mächtigster des Westens,
der über den Binden ist, mit großen Mumienbinden!
... Herr des Verborgenen, der die Leiber geheim macht!
... Leichnam, aus dem OSIRIS hervorgegangen ist!
... der den Kopf dem anfügt, der in seiner Höhle ist!
(91) ... der den Kopf dem anfügt, dessen Name verborgen ist!
... der den Kopf dem anfügt, dessen Bedarf groß ist!
... der den Kopf anfügt dem Herrscher der *Dat*!
... der sein Szepter in seinen Sarkophag legt!
... der das große Geheimnis (Leichnam) bestattet!
... Größter des Westens, der dem Totenreich vorsteht!
... der die Götterneunheit bekleidet!
... Herr der *Dat*, der das Totenreich atmen läßt!
(92) ... der für den Herrn des Westens (OSIRIS) sorgt!
... der die Herren des Bedarfs (und?) OSIRIS in seiner Höhle ruft!
O ANUBIS, o ANUBIS! O siehe, ich ziehe vorbei (an) ANUBIS,
ich passiere die, die in TATENEN sind, ich durchwandle die geheime *Dat*,
um meinen Leichnam zu schauen, der in ihr ist,
um meine Gestalt und meine Abbilder zu erleuchten.

Vorbeigehen durch diesen großen Gott an der Höhle des ANUBIS,
Gelangen durch diesen großen Gott zur Höhle der Unterweltlichen.

RE sagt zu dieser Höhle:
O Unterweltliche, die in der *Dat* sind,
ihr von den Sarkophagen, die im Westen sind!
O seht, ich ziehe an euch vorbei –
jubelt über mich, ihr Herrinnen der Gestalt!

Wenn ihr mich empfangt, sind eure Höhlen erhellt,
(dann) seht ihr und atmet![46]
(93) O Falkin, die im Westen ist,
siehe, ich durcheile die *Dat*, ich betrete das Totenreich,
damit ich meinen Leichnam schaue, der in der Erde ist,
um meine Sonnenscheibe auf ihre (der Erde) Abbilder zu setzen!
O Kräftige, die im Westen ist,
siehe, ... (wie oben)
O du mit dunklem *Ba*, die im Westen ist,
siehe, ... (wie oben)
O Hurtige (?), die im Westen ist,
siehe, ... (wie oben)
O jene vier geheimen Göttinnen, die in der *Dat* sind,
Gestalten, die im Westen sind!
(94) Ihr seid bekleidet in euren Sarkophagen,
ihr bleibt in euren Höhlen!

(Sechste Litanei, «Ihr seid diese Göttinnen»:)
Ihr seid diese Göttinnen, mit denen OSIRIS zufrieden ist.
... Botinnen dessen mit verborgenem Namen.
... Gesandte der Herrscherin der *Dat*.
... mit mächtigem *Ba* im Reich des Westens.
(95) ... die Beseeltheit verleihen, mächtig im Kollegium.
... Herrinnen der Worte im Gefolge der Götterneunheit.
... mit verborgenen Leibern, in denen sie sind.
... die Geleiterinnen der *Schetit*.
(96) ... die Entstandenen, die in TATENEN sind.
... deren Haarlocken geheim sind.
... die zu ihren Schatten sprechen.
... welche die *Bau* sich nähern lassen und sie begrüßen.
Göttinnen, ihr Göttinnen – seht, ich ziehe vorbei (an) den Göttinnen,

ich erleuchte euch (97) mit dem Licht meiner Sonnenscheibe!
Ich passiere die, die in TATENEN sind, ich durchwandle die geheime *Dat*.
um meinen Leichnam zu schauen, der in der Erde ist,
um meine Gestalt und meine Abbilder zu erleuchten.

Vorbeigehen durch diesen großen Gott
an der Höhle der Göttinnen, die in der *Dat* sind.
Gelangen durch diesen großen Gott zu den Höhlen der Vernichtung.
Dieser große Gott eilt vorbei über ihnen,
dieser große Gott erteilt Weisungen über ihren Höhlen.
RE sagt zu der Höhle der beiden Pfähle:
O du mit geheimem Arm, mit schrecklichem Arm.
die über den beiden Pfählen ist und die OSIRISfeinde bewacht –
du hast die OSIRISfeinde verdammt und (sie) an die beiden Pfähle gefesselt!
O Uräusgestaltiger, der über seiner Flamme ist,
der Feuer speit in seinen Kessel,
welcher die Köpfe der OSIRISfeinde und die Herzen der Feinde des «Unterweltlichen» enthält!
Wirf deine Fackel in deinen Kessel, koche die Feinde des *Dat*-Vorstehers!
O ihr beiden *Uräen*, die «Flammende» und die «Verbrennende»,
mit großen Formen, Herrinnen der Pläne in der Vernichtungsstätte –
Speit eure Flammen, (98) entfacht euer Feuer
unter jenem Kessel, in dem die OSIRISfeinde sind!
O ihr an den Pfählen, ihr an den Pfählen, von den Pfählen gehütet!

Ihr seid diese Brennenden, gebunden wegen der Schmerzen,
die sie dem Geheimnis (Leichnam) des Größten Gottes zugefügt haben!
Seht, ich übergebe euch der Fesselung,
ich überweise euch der Bewachung!
Ihr werdet bewacht unter der Hand der «Geheimen»,
aus deren Bewachung es kein Entkommen gibt.
Ihr seid niedergemetzelt (in) der Vernichtungsstätte,
vernichtet sind eure *Bau* und eure Schatten!

(Siebente Litanei, «Vernichtet sind die Feinde des *Dat*-Vorstehers»:)
Vernichtet sind die Feinde des *Dat*-Vorstehers,
ihre Köpfe sind in ihre Kessel gefallen.
... ihre Herzen sind in die Flammen gestürzt.
(99) ... der «Uräusgestaltige» kocht sie.
... das Feuer ist mächtig in der *Dat*.
... die Arme des NUN sind unter ihren Kesseln.
... die Leichname stürzen kopfüber.
... ihre Köpfe sind von ihnen abgeschnitten.
(100) ... gebunden und gefesselt mit ihren *Bau*.
... die «Verbrennende» speit Flammen unter sie.
... die «Flammende» speit ihren Gluthauch unter sie.
... ihr Feuer hat die *Dat* geöffnet.
(101) ... die in die Vernichtungsstätte gesetzt sind.
... ich überantworte euch eurer Vernichtung.
Vernichtet sind die Feinde des *Dat*-Vorstehers,
die Finsteren und Lichtlosen,
diese Feinde des OSIRIS,
die unter den Flammen sind, mit verbrannten Leichnamen.
Ihr seid die OSIRISfeinde, diese, die mein Licht nicht schauen,

die ich in die Finsternis der Vernichtungsstätte gesetzt habe,
die ich bewachen lasse als die, die in Verdammnis sind (?).
Ich wandle zu der Höhle des OSIRIS,
ich lasse seinen *Ba* auf seinem Leichnam verweilen.

Vorbeigehen durch diesen großen Gott an der Vernichtungsstätte,
während er denen Schlimmes zufügt, die in ihr sind
als Feinde des Herrschers der *Dat*.
Verweilen durch diesen großen Gott in der Höhle des OSIRIS.
RE sagt zu der Höhle des Herrschers der *Dat*:
O Leichnam des Herrschers der *Dat*,
(102) mit großer Gestalt, Herr von Erscheinungsformen!
O jener ... (zerstört) im Westen –
beuge deinen Arm und mache deine Schulter schmal!
Siehe, ich ziehe an der Höhle vorbei,
meine große Sonnenscheibe verweilt hinter mir!
O OSIRIS, Größter Gott,
dessen Kopf in der Finsternis und dessen Hintern in der Finsternis ist,
während sein Leichnam die *Dat* durchfahren hat
und sein *Ba* stark ist auf seinen Abbildern –
beuge deinen Arm und mache deine Schulter schmal!
Ich lasse dich zufrieden sein (mit) meinem Licht.

(Achte Litanei, «O OSIRIS, Herr des Westens»:)
O OSIRIS, Herr des Westens,
zufrieden ist mein *Ba*, göttlich ist mein Leichnam.
... Herr des Gestankes, mit großer Verwesung.
... sein *Ba* verweilt auf seinem Leichnam.
(103) ... in dessen Höhle «Der mit schrecklichem Gesicht» ist.
... siehe, ich ziehe vorbei (an) deinem Geheimnis.

... siehe, ich eile vorüber, damit ich das Totenreich befriede.
... siehe, ich vertreibe die Finsternis, ich erleuchte dich.
(104) ... dein *Ba* wandelt hinter mir, und ich befehle denen in deinem Gefolge.
... dessen Leichnam durch meine Sonnenscheibe atmet.
... mit machtvollem Gesicht und lebenden *Achu*.
... Unterweltlicher, der zu seinem *Ba* spricht.
(105) ... mit großen Worten, Fürst seiner Höhle.
... du Herr des Sarkophages, König der Westbewohner.
O OSIRIS, o OSIRIS,
Größter Gott, dessen Leichnam verborgen ist,
du, mit dem «Der mit schrecklichem Gesicht» zusammen ist,
wenn er den Leichnam dessen mit verborgenem Namen hütet!
O siehe, du mit verborgenem Namen,
ich erleuchte die Finsternis mit meiner Sonnenscheibe!

(Neunte Litanei, «O erhebe dich, Du mit verborgenem Namen»:)
O erhebe dich, Du mit verborgenem Namen,
dein *Ba* verweilt über dir.
... ich durchziehe deine geheime Höhle.
(106) ... dein *Ba* ist auf deinem Leichnam, wenn ich sie begrüßt habe.
... ich lasse das Geheimnis (Leichnam) deiner Höhle zufrieden sein.
... ich ziehe (an) denen vorbei, die in deiner Höhle sind.
... ich ziehe dahin zur Geburt meiner Erscheinungsformen.
... ich habe veranlaßt, daß sein Same für mich entstand.
(107) ... Herr der großen Geheimnisse, in denen er ist.
... der die *Dat* geschaffen und HORUS gebildet hat.
... ANUBIS schützt sein Geheimnis.

... mit zusammengefügtem Herzen und vereinigtem Leichnam.
... du bist atmend, deine Glieder sind frisch.
O erhebe dich, Du mit verborgenem Namen, und atme,
(denn auch) OSIRIS atmet ja, erfrischt sind seine Glieder!
Ich ziehe vorbei, ich erleuchte (108) dich mit meiner Sonnenscheibe,
ich gebe Glanz in deine Höhle.
Ich passiere die, die in TATENEN sind, ich durchwandle die geheime *Dat*,
um meinen Leichnam zu schauen, der in der Erde ist,
um (meine) Gestalt und meine Abbilder zu erleuchten.

Vorbeigehen durch diesen großen Gott an der Höhle des OSIRIS,
Gelangen durch diesen Gott zur Höhle des Leibes.
Dieser große Gott redet zu denen, die ihn bewachen,
RE sagt zu dieser Höhle:
O ... (unklar), der über seinem Leib ist,
Einzigartiger, OSIRIS, der das Geheimnis hütet!
O seht, ich ziehe vorbei an euch, ich schütze den Leib, der in eurer Hand ist,
ich erleuchte eure (Finsternis?) und euer verborgenes Geheimnis!

(Zehnte Litanei, «Verborgen ist der Leib des OSIRIS»:)
Verborgen ist der Leib des OSIRIS,
meine Sonnenscheibe verweilt in seiner Höhle.
... machtvoll ist sein Leichnam im Westen.
... verhüllt ist der Ausfluß, der in der *Dat* ist.
(109) ... die Unterweltlichen erneuern (?) ihn.
... der Gottes-*Ba* verweilt auf seiner Verwesung (Var.: auf seinem Leichnam).
... der *Dat*-Vorsteher ruht in seinem Fleisch.

... der Gott schützt sein eigenes Fleisch.
... die Unterweltlichen trauern über ihn.
... meine große Sonnenscheibe strahlt über ihnen.
... die Arme der Westgöttin sind auf dem, was sie verbirgt.
... ANUBIS verbirgt den Schmutz des ... (zerstört).
... der Falkengestaltige streckt die Arme zum Geheimnis aus.
(110) ... Herr der Mumienbinden, in seiner wahren Gestalt.
... mit dem *Ba* versehen, wenn er zu mir eilt.
Verborgen ist der Leib des OSIRIS,
verborgen ist ja der Leib des OSIRIS!
Der Gott verweilt auf seiner Verwesung,
sein *Ba* ist geschützt, seine Abbilder sind entstanden.
Ich erhelle ja deinen Leib, OSIRIS-CHONTAMENTI,
mit meiner Sonnenscheibe, der großleuchtenden!
Der Leib ruht (in) seiner Höhle,
während ich vorüberziehe an ihren Höhlen.
Ich passiere die, die in TATENEN sind, ich durchwandle die geheime *Dat*,
um meinen Leichnam zu schauen, der darin ist,
um meine Gestalt und meine Abbilder zu erleuchten.

Vorbeigehen durch diesen großen Gott an der Höhle des OSIRIS-Leibes,
Gelangen durch diesen großen Gott
zur Höhle der NEPHTHYS, deren Kopf verborgen ist.
RE sagt zu dieser Höhle:
O NEPHTHYS, deren Kopf verborgen ist,
die (schützend) hinter OSIRIS steht –
reiche mir deine Hand, du mit verborgenem Kopf!
Siehe, ich ziehe vorbei an (111) deiner Höhle,
mein *Ba* ist hinter mir, (und) ich erleuchte die *Dat!*

(Elfte Litanei, «O du, deren Kopf verborgen ist, reich mir deine Hand»:)
O du, deren Kopf verborgen ist, reich mir deine Hand!
Dein *Ba* ist dieser (?), den meine Sonnenscheibe erhoben hat.
... Dein Leichnam ist verhüllt, in welchem du bist.
... Sie schützt sich durch ihre eigenen Zauberworte.
... Mit verborgenem Leichnam, hinter ihrem Bruder (OSIRIS).
(112) ... Mit großen Entschlüssen beim Richten.
... Mit lauter Stimme (im) Totenreich.
... Die ihren Leichnam geheimhält vor ihrer Schwester (?).
... Ich lasse deinen *Ba* atmen, ich füge deinen Leichnam zusammen.
... Ich lasse meine Sonnenscheibe in der Höhle verweilen. (113)
... Wenn ich eintrete, erleuchte ich die, die in der Finsternis sind.
... Ich übergebe die Feinde der Schlachtbank, (so daß sie?) vernichtet sind.
... Ich lasse dich stark sein, mit vollständigem Fleisch.
... Dein Geheimnis gehört dir, du Tragende (?).
(114) ... Du leitest mich zu den Wegen des Westens.
O NEPHTHYS, deren Kopf verborgen ist,
deren *Ba* durch (meine) Sonnenscheibe atmet,
(du), deren Leichnam hinter OSIRIS ist,
Göttin, die sich selber verbirgt!
Siehe, mein *Ba* eilt hinter mir,
ich erleuchte die finstere *Dat* (und) spreche mein Gefolge an,
während ich vorüberziehe an ihren Höhlen.
Sie preisen und sie jubeln über mich,
ihre *Bau* ruhen auf ihren Leichnamen.

Ich passiere die, die in TATENEN sind, ich durchwandle die geheime *Dat*,
um meinen Leichnam zu schauen, der in der Erde ist,
um meine Gestalt und meine Abbilder zu erleuchten.

Vorbeigehen durch diesen großen Gott an der Höhle der NEPHTHYS,
Eilen durch diesen großen Gott,
daß er sich niederlasse in der Höhle seines Kopfes.
Worte richten durch diesen großen Gott an die, die in seiner Höhle sind.
RE sagt zu dieser Höhle:
O ATUM, mein eigener Erbe,
(115) Größter Gott, dessen *Ba* den OSIRIS preist!
O seine Leichname, Feinde des OSIRIS!
O HORUS, Erbe des OSIRIS,
der seinen *Ba* schützt, der auf seiner Verwesung redet!
Seht, ich ziehe an euch vorbei,
damit ich verweile in der Höhle meiner Abbilder!
Ihr seid es, die aus meinem Leib entstanden sind –
reicht mir eure Hand und jubelt über mich!
Ich bin RE, mein Leichnam spricht!
Während der Leichnam in seiner Höhle ist,
ist mein *Ba* (stark?) auf seiner Verwesung.

(Zwölfte Litanei, «Der Leichnam meines Kopfes ist in seiner Höhle»[47]:)
Der Leichnam meines Kopfes ist in seiner Höhle,
ich empfange meinen Kopf, der geheim ist.
... mein Licht bleibt (auf) meinem Scheitel.
... das große Geheimnis empfängt das Licht.
... ich überprüfe meinen Leib, ich (vertreibe?) die Feinde.

(116) ... mein Herz ist froh, mein *Ba* ist stark.
... ich rufe dem *Dat*-Vorsteher zu.
... «Die in der Erde» (die Toten) jubeln hinter mir.
... ... (zerstört), die *Bau* der Unterweltlichen reden.
... ... (zerstört)
... Osiris überprüft die, unter denen er ist (die Toten).
... ich füge meinen Feinden Schlimmes zu.
Ich verweile auf meinem Leichnam (und?) meinem Kopf,
ich verweile ja auf meinem Leichnam (und?) meinem Kopf.
Ich rufe denen, die in der *Dat* sind, zu,
und sie hören, wenn ich ihnen zurufe.
Ich passiere die, die in Tatenen sind, ich durchwandle die geheime *Dat*,
um (117 meinen) Leichnam zu schauen,
um meine Gestalt und meine Abbilder zu erleuchten.

Vorbeigehen durch diesen großen Gott an der Höhle seines Kopfes,
Anlangen durch diesen großen Gott über der Vernichtungsstätte.
Er erteilt denen Weisungen, die dort sind, wenn er an ihnen vorbeizieht.
Re sagt zu dieser Höhle:
O *Bau* der Osirisfeinde, o Schatten der Osirisfeinde,
gegen welche die beiden Göttinnen Feuer speien!
Du «Dirne» (?) mit scharfer Flamme,
du «Blendende» mit starkem Feuer –
schleudert eure Flammen, euer Feuer in die Feinde dieses (Gottes) mit verborgenem Namen,
eure Feuerbrände sind in euren Kesseln!
Ihr leitet ihr Fleisch, ihr überweist ihren Leib,
ihr Götter, die ihr in der *Dat*, (in) der Vernichtungsstätte seid.

Ich lasse sie in ihre Strafgruben fallen,
damit sie verdammt sind in ihren Kesseln,
die Feinde (118) dieses (Gottes) mit verborgenem Namen (OSIRIS).

(Dreizehnte Litanei, «Ihr seid die Feinde des OSIRIS»:)
Ihr seid die Feinde des OSIRIS,
zerstückelt sind eure Leichname, abgetrennt sind eure Köpfe.
... vertrieben sind eure *Bau*, vergossen ist euer Blut.
... vertrieben sind eure Schatten, zunichte sind eure Formen.
... ihr seid vernichtet, bestraft sind eure Gestalten.
... ihr schneidet euch ab (?) von euren Knochen.
... ihr seid vernichtet in der Vernichtungsstätte.
... das Feuer ihrer Flammen verlischt nicht.
(119) ... welche nicht (zu) denen reden, unter denen ich bin.
... deren Höhlen nicht erleuchtet werden.
... die Finsteren, die nicht herausgehen.
... die «Dirne» (?) schleudert das Feuer.
... die «Blendende» heizt die Kessel.
... die Nichtvorhandenen, welche nicht sind.
(120) ... euch ist euer Schlimmes zugefügt.
... die in der Vernichtungsstätte sind.
... ... (zerstört) *Schetit*.
Ihr Feinde des OSIRIS, die in der Vernichtungsstätte sind,
welche das große Tribunal gerichtet hat, das in der *Schetit* ist!
Ihre Worte sind vor OSIRIS,
er weist ihnen ihre schlimmen Plätze zu in der Vernichtungsstätte,
wegen dieser Angelegenheiten, die sie getan haben im geheimen Raum [48].

Die Feinde sind in ihren schlimmen und üblen Plätzen,
sie existieren nicht, und ihre *Bau* existieren nicht, in Ewigkeit.

Vorbeiziehen durch diesen großen Gott über der Vernichtungsstätte,
während dieser Gott den OSIRISfeinden Schlimmes zufügt.
Gelangen durch diesen großen Gott zu seiner Höhle, die in der *Dat* ist.
Wenn er seinen Grabhügel passiert, kommen (122) die Erscheinungsformen hervor,
und die Unterweltlichen reichen (ihm) ihre Hände.

ERSTES REGISTER

Erste Szene. ANUBIS steht mit schützend ausgestreckten Händen zwischen zwei Ovalen, die jedes eine Mumie in Hocker-Stellung enthalten und über sich einen *Ba*-Vogel tragen. Die Mumien heißen «Der Unversehrte» und «Der Jubelnde». Über der Szene ist eine Sonnenscheibe dargestellt. Die Beischriften lauten:

RE sagt zu dieser Höhle:
O ANUBIS, stark ist der, der seinen Leib gebildet hat als Gott.
Herr des Westens, hüte die *Bau*,
so daß die *Dat* zufrieden ist über meine Pläne!
Siehe, ich trete ein in die *Schetit*,
ich bin verwandelt, ich selber bin geboren,
ich bin erschienen in den beiden Höhlen, den beiden Grabhügeln.

ANUBIS sagt zu RE:
Ich bin jener, dessen Bild verborgen ist,

der den Gott (in) seinen Sarkophag legt,
der die Leichname zufriedenstellt, die in der Erde sind,
der den Leib bekleidet und das Verweste verhüllt.
Erleuchte uns, RE, mit deinem Licht,
laß die Erde zufrieden sein durch den Anblick deiner Sonnenscheibe.

So sind diese beschaffen.
Ihre Leichname sind in ihren Sarkophagen in ihrer Höhle,
ihre Leichname wandeln, während ANUBIS (sie) hütet.
Dieser große Gott erleuchtet sie mit seiner großen Sonnenscheibe.
Jener ihr *Ba* (123) redet,
dann umschließt sie Finsternis, nachdem er an ihnen vorbeigezogen ist.

Zweite Szene. Eine zweite ANUBIS-Gestalt streckt ihre Hände schützend gegen drei Ovale aus. Im mittleren Oval, über dem die Sonnenscheibe dargestellt ist, befinden sich ein Widder («RE») und ein Falkenkopf («Kopf des RE»). In den beiden anderen Ovalen ist jeweils eine Göttin über vier «Fleisch»-Zeichen dargestellt; die eine Göttin scheint «Die vom Opferbrot» zu heißen, die andere «Fresserin». Die begleitenden Texte lauten:

RE sagt zu dieser Höhle:
O ihr beiden alten und großen Göttinnen, die den geheimen Sarkophag hüten,
während ANUBIS sie bewacht,
als die (?), die meinen Leichnam und den Kopf des RE tragen,
das Geheimnis dieses, des Herrn der Erscheinungsformen.
Seht, ich passiere eure Höhle,
ich erleuchte euch, vertrieben ist eure Finsternis.

Abbildung 80 6. Abschnitt

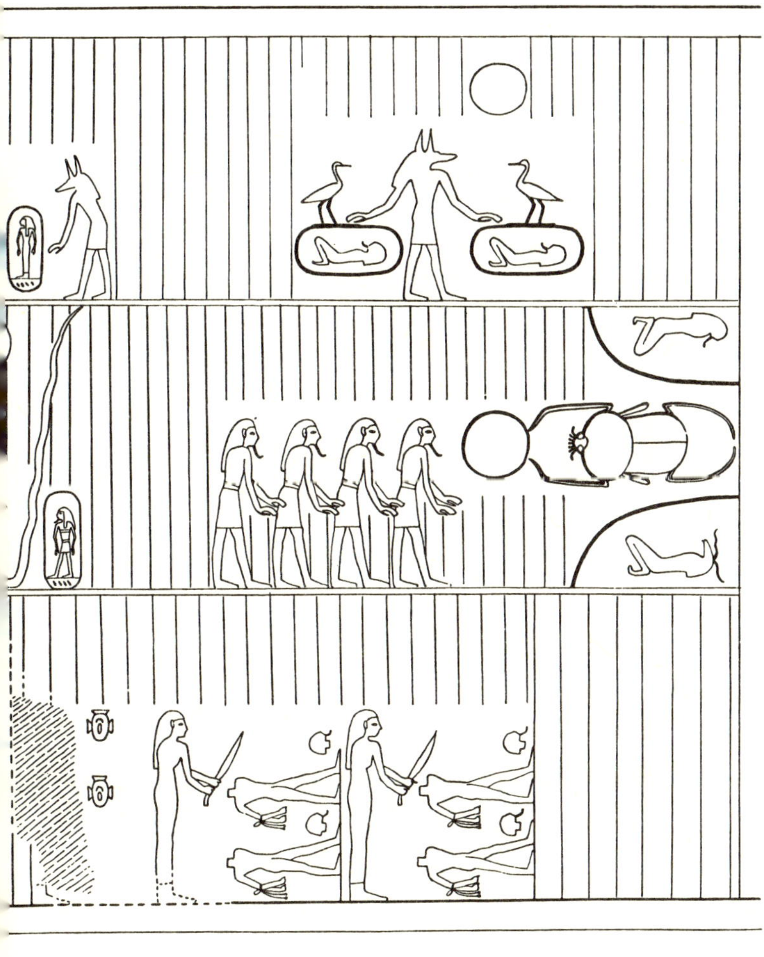

Die beiden Göttinnen sagen zu RE,
sie sprechen zu diesem (Gott), der sie entstehen ließ:
O du, der uns gebildet hat,
du, den sie (?) bewachen, so daß er keine Feinde hat –
siehe, wir hüten dein Geheimnis (Leichnam),
der du die Erde mit deiner großen Sonnenscheibe erleuchtest,
Herr der Erscheinungsformen, du, der die Geburten vollendet,
CHEPRI, der die Entstandenen entstehen läßt! (Wortspiel)

So sind diese Gottheiten beschaffen auf beiden Seiten seines (RES) Sarkophages.
RE – seine Gestalt ist erhöht (124) in seinem Geheimnis.
Er hat sich verwandelt in den, der entstanden war.
Dieser große Gott spricht zu ihnen, und sie sprechen zu ihm,
er erleuchtet sie mit seinem Licht.
Er verweilt eine Zeitlang in dieser Höhle, so daß (sie) ihn sehen.
Dann umhüllt sie Finsternis, nachdem er an ihnen vorbeigezogen ist.

Dritte Szene. Zwei Göttinnen, von denen die eine «Die Anbetende» heißt, strecken ihre Arme schützend nach zwei Ovalen aus. Im oberen Oval befindet sich eine liegende Göttergestalt («Der Unterweltliche»), das untere Oval enthält einen Widderkopf («Kopf des Widders») und einen *Skarabäus* («CHEPRI»). Die Sonnenscheibe ist im Osireion zwischen den beiden Ovalen, bei Ramses VI. schräg über dem oberen Oval dargestellt.

RE sagt zu dieser Höhle:
O ihr beiden Göttinnen, die ihr (über mich) jubelt,
die ihr mein eigener Schutz seid,

Abbildung 81 6. Abschnitt (Ausschnitt)

wenn sie Den mit verborgenem Geheimnis hüten, den Größten Gott, den *Dat*-Vorsteher (OSIRIS)[49];
die, welche schauen, wenn ich (neu) geboren bin in der *Dat*,
wenn ich mich verwandelt habe in die Form des CHEPRI,
wenn ich verjüngt bin im Schönen Westen.

Die beiden Göttinnen sagen zu RE:
Du Urzeitlicher, du Urzeitlicher!
Gestalt, die sich selber gestaltet!
Der sich vereinigt und seine Glieder zusammenfügt
durch das, was aus seinem Mund hervorgeht (das Zauberwort)!
Aus dessen Leib «Der Unterweltliche» entstanden ist,
Samenergießer, der ejakuliert, wenn er zeugt!
Siehe (125), wir (handeln?) nach dem, was du befohlen hast,
wenn sie deine Sonnenscheibe emporsteigen lassen, CHEPRI!

So sind diese beschaffen.
Sie hüten die Abbilder RES und den Leichnam des «Unterweltlichen».
RE spricht zu ihnen, und sie sprechen zu ihm.
Dieser große Gott erleuchtet sie mit seiner großen Sonnenscheibe,
wenn er in ihre Höhle eintritt.
Dann umhüllt sie Finsternis, nachdem er an ihnen vorbeigezogen ist.

Vierte Szene. Der Gott «OSIRIS-Orion» beugt sich über einen Hügel, in dem, unter seinen Füßen, ein gefesselter und enthaupteter «Feind» liegt. Es folgt ein anbetender Gott («Der Anbetende») vor einem als «HORUS» gekennzeichneten Falken, der auf einem Hügel mit fünf «Fleisch»-Zeichen hockt. Die Szene, die zusätzlich noch eine Sonnenscheibe enthält, ist bei Ramses VI. auseinandergerissen.

RE sagt zu dieser Höhle:
O OSIRIS, *Dat*-Vorsteher,
Einzigartiger Gott, Orion des Westens!

Schütze deinen Sohn und befestige sein Auge,
laß ihn zufrieden sein mit seinem Gottesauge!
Schütze den Gott und mache den «Räuber» zunichte,
du mit einzigartiger Macht,
dessen Gegner unter seinen Füßen liegt,
in deiner Gestalt des OSIRIS-Orion!
Ich leuchte für euch mit diesem meinem Licht,
ich schütze euch mit dem, was auf meinem Scheitel ist (der Sonnenscheibe).

OSIRIS-Orion sagt zu RE:
O siehe, RE, wir haben ausgeführt, was du gesagt hast!
Der aus mir entstanden ist schützt das, was (126) aus mir hervorging.
Dieses ist es (?), was du für uns getan hast,
daß du unseren Platz geheim machst und (meinen?) Thron verhüllst.
Mögest du unsere *Bau* über uns (räumlich!) sprechen lassen!
O erleuchte uns, RE, du mit großen Erscheinungsformen!

So sind diese Götter beschaffen in ihrer Höhle.
Sie sprechen zu diesem großen Gott, und er spricht zu ihnen.
Dieser «Anbetende», der im Totenreich ist,
er schützt HORUS wegen seines Gottesauges,
den großen Falken, der auf seinen Bildern verweilt.
Sie sehen das Licht, nachdem dieser große Gott an ihnen vorbeigezogen ist.
Dann umhüllt sie Finsternis.

HORUS sagt zu RE:
O RE, der den geformt hat, der mich formte,
du Einzigartiger, der (meinen?) Erzeuger entstehen ließ (?)!

Siehe, ich weile in diesem meinem finsteren Gottesauge, dem meinigen.
Komm und nähere dich mir, du mit großem Licht[50],
du bist ja mein Gottesauge!
Komm und nähere dich mir, du mit großer Sonnenscheibe,
du bist ja mein Glanzauge, mein *Udjat*auge!
Komm und nähere dich mir, du mit großen Strahlen,
du bist ja die «Macht» des Westens!
(127) Akklamation dir, (o) RE, wenn du uns leuchtest,
Herr der Sonnenscheibe, wenn du ihre (für «unsere») Finsternis vertreibst!

ZWEITES REGISTER

Erste Szene. Zwischen zwei «Höhlen» schiebt ein *Skarabäus* eine Sonnenscheibe vor sich her. Vier Götter strecken ihm ihre Arme entgegen; es sind «Der Stehende», «Der das Auge wäscht» und zwei Götter mit unklaren, nur kryptographisch geschriebenen Namen. In der oberen Höhle befindet sich OSIRIS, in der unteren «Der Widdergestaltige» (mit Widderkopf), beide mumiengestaltig. Der Text zu diesem Bild lautet:

Dieser Gott kommt heraus in dieser Weise
zwischen den beiden geheimen Höhlen des Westens,
wenn die, die im Westen sind, (neu) geboren werden.
So sind diese Götter beschaffen.
Sie strecken ihre Hände RE entgegen,
(bei der) Geburt dessen, der in der *Dat* ist, und seiner Formen, die im Westen sind,
wenn dieser Gott eine Weile verbracht hat (in) dieser Höhle.

Erleuchtet werden diese Götter, die in ihr sind,
sie sehen das Licht, nachdem dieser große Gott an ihr vorbeigezogen ist.
Dann umhüllt sie Finsternis, nachdem er an ihnen vorbeigezogen ist.
Eine Gestalt annehmen, die unbekannt ist –
dieses Bild der Geburt RES.
Die Gestalt (?) der Geburt RES schauen,
(zwischen) den beiden Hügeln, die in der *Dat* sind.

Zweite Szene. Um den *Skarabäus* mit der Sonnenscheibe windet sich «Die große Schlange» – hier offenbar nicht in schützender Funktion, sondern als der Sonnenfeind, der «bezaubert» werden muß. Davor und dahinter befindet sich je ein Oval mit einem Gott über vier «Fleisch»-Zeichen; es sind «Der Bringende» und «Der mit umgewendetem Gesicht».

(128) RE sagt zu dieser Höhle:
Seht, Götter, ich verwandle mich,
ich bin (neu) geboren, ich beherrsche meine Sonnenscheibe!
Die beiden alten und großen Götter in der *Dat* gesellen sich zu mir,
die große Schlange, die mich umschließt –
sie bezaubern sie, sie zerschneiden (ihren) *Ba*.
Hei! Ich habe mich verwandelt – viermal (zu sprechen)!

Die beiden alten und großen Götter sagen zu RE:
O siehe, wir bezaubern den «Bestraften»,
wir zerschneiden den *Ba* dessen, der dich umschließt!
Du durchläufst die Verwandlungen, RE,
du erleuchtest uns, und wir sind zufrieden mit der Sonnenscheibe,

denn du bist es ja, der uns geschaffen hat,
dieser Einzigartige, Größte, der die Finsternis erleuchtet!

So sind diese Götter beschaffen, sie bewachen die Schlange.
Dieser große Gott geht hervor,
er verweilt eine Zeitlang in dieser Weise.
Alles, was dieser Gott in dieser Weise tut –
die Götter und die Toten tun es (auch).
Ihr Gesicht ist in ihren Ländern;
ohne das Licht zu sehen, sehen sie das, was kommt.

Dritte Szene. Eine Schlange («Große Schlange») in einem Hügel, aus dem ein Widderkopf mit der Sonnenscheibe herausragt. In einem zweiten Hügel befindet sich, zum Teil in der Erde verborgen, der Gott TATENEN mit seiner Federkrone. Vor jedem Hügel steht ein anbetender Gott mit dem Namen «Der in der *Dat* ist».

(129) RE sagt zu dieser Höhle:
Ich erscheine, damit ich meine Feinde vertreibe!
Die Götter bestrafen «Übelgesicht», der in der *Dat* ist,
sie gesellen sich zu mir, wenn ich meinen Kopf zeige in meinen geheimen Orten,
Wenn er (der Feind) am (?) Verborgenen Platz ist,
vertreibt ihn aus der Umgebung TATENENS!

Die Götter sagen zu RE:
Du mit vollkommener Gestalt, der aus seinem Hügel hervorging,
Herr der Sonnenscheibe, mit großem Götterbart!
Akklamation dir, der hervorkam aus (der Schlange) «Der in der Erde ist»,
und eingedrungen ist in die *Dat*, damit du (auf) dem Hügel TATENENS verweilst!

Wir lassen dich machtvoll sein,
wenn du (in) deinen Ländern erscheinst.
Du erleuchtest uns, Re, du erleuchtest uns,
und wir machen dir Lobpreis und Akklamation!

(Beim Widderkopf:)

So ist dieser Gott beschaffen.
Wenn er sein Haupt zeigt, erleuchtet er seine Höhle
mit seiner Sonnenscheibe, die an seinem Gehörn ist.
«Ḏer in der *Dat*» gibt ihm Lobpreis,
während er seinen geheimen Hügel bewacht.
Dieser Gott kommt vollständig hervor[51],
wenn (130) dieser Gott diese Höhle passiert, in welcher «Übelgesicht» ist.

(Tatenen:)

So ist dieser Gott beschaffen
in seinem Grab, dem verborgenen Sarkophag,
während «Der Geheime» (?) ihn bewacht.
Dieser Gott kommt vollständig hervor,
nachdem dieser große Gott vorbeigezogen ist an seiner Höhle.
Dieser Gott sieht das Licht,
(und) dann umhüllt ihn Finsternis.

Vierte Szene. Zwei falkenköpfige Götter in Ovalen, darüber die Sonnenscheibe. Die Götter werden als «Götterbilder» bezeichnet.

Re sagt zu dieser Höhle:
O Trampler, o Trampler,
ihr von den Sarkophagen im Westen!

O seht, ich bin vollständig hervorgekommen,
(ich) durchwandle die *Dat* in meinen Erscheinungsformen!
Die HORUSgötter sind aus seinem Leib hervorgegangen,
meine Erscheinungsformen sind seine (des TATENEN?) erste Geburt.
Lobpreis sei euch, wenn ich euch erleuchte,
ich erleuchte euch, ihr Finsteren!

Die «Trampler» sagen zu RE:
O RE, welcher den geschaffen hat, der uns schuf,
der den entstehen ließ, aus dem wir entstanden sind!
Wenn zu uns gesprochen wird, sind wir zusammengefügt,
wenn wir erleuchtet sind, sind wir unserer Füße mächtig[52]!
Wir (?) sind es, die aus HORUS entstanden sind.
Wende uns (131) dein Gesicht zu, der du die *Dat* durchziehst,
damit wir mächtig sind und deine Strahlen sehen!

So sind diese Götter beschaffen in ihren geheimen Sarkophagen.
Dieser große Gott spricht zu ihnen,
und sie sprechen zu ihm, wenn sie das Licht der Sonnenscheibe gesehen haben.
Wenn dieser Gott an ihnen vorbeigegangen ist, dann umhüllt sie ihre Finsternis.

Fünfte Szene. Unter einer Sonnenscheibe sind vier Ovale dargestellt, von denen jedes einen Enthaupteten enthält. Die vier Gestalten heißen bei Petamenophis «Der mit dem Kopf» (!), «Der Vollständige», «Der Heile» und «Der Vollendete». Die Namen und die dargestellte Sonnenscheibe verbieten es, das Fehlen des Kopfes in diesem Fall als Strafe zu verstehen. Es ist die Unvollständigkeit des Leichnams gemeint, die das Schöpferwort des Sonnengottes in Vollständigkeit verwandelt[53].

RE sagt zu dieser Höhle:
O ihr von der Pupille (des Sonnenauges), die keine Köpfe haben,
die inmitten ihrer Sarkophage sind und mit ihren Adern (?) blicken[54]!
Un(bekannte?), da ihre Erscheinungsformen geheim sind,
Gefolgsleute des HORUS der *Dat*, deren Köpfe in sein Auge gesetzt sind!
O seht, ich ziehe an euch vorbei, ich erteile euch Weisungen,
ich erleuchte euch in den geheimen Höhlen!
Ihr seid die mit geheimen Erscheinungsformen,
die (ohne?) Gesicht, die in (meinem) Gefolge sind!

(132) So sind diese beschaffen in ihren Sarkophagen.
Dieser große Gott spricht zu ihnen, ohne daß sie zu ihm sprechen.
Seine große Sonnenscheibe leuchtet für sie.
Dann umhüllt sie Finsternis, nachdem er an ihnen vorbeigezogen ist.

DRITTES REGISTER

Erste Szene. Drei strafende, mit Messern bewaffnete Göttinnen (die Darstellung der dritten ist zum größten Teil zerstört); die beiden ersten Göttinnen heißen «Welche die Zerschnittenen vernichtet» (oder: «Mit vernichtendem Messer»?), die dritte «Die Vernichtende». Vor den beiden ersten Göttinnen liegen je zwei gefesselte und enthauptete Feinde, denen die Köpfe bildlich «vor die Füße» gesetzt sind. Die vier Gestalten heißen «Feinde», «APOPHIS», «Gestrafte» und «Der Gezauste». Die beiden Herzen vor der dritten Göttin werden als «Herzen der Feinde» und «Herzen der Gestraften» bezeichnet.

RE sagt zu dieser Höhle:
(O) Totenreich der Messer in der Vernichtungsstätte,
du Totenreich im Triumph,
mit scharfen Messern in der Vernichtungsstätte!
O Verweste, mit großer Verwesung,
(deren?) *Ba* im Blut der Gestraften ist,
welche die Köpfe meiner Feinde abschneidet!
O ihr, die ihr umgestürzt auf der Seite liegt,
mit zerstörten *Bau*, deren Schatten blutig sind!
O seht, ich ziehe an euch vorbei,
... (unklar), was ich gesagt habe!

So sind diese beschaffen
in der *Dat*, (in) der Vernichtungsstätte.
Diese Gottheiten bewachen (133) sie,
und dieser große Gott fügt ihnen Schlimmes zu,
nachdem er an ihnen vorbeigezogen ist.
Sie sind in Finsternis, ohne das Licht zu sehen.
Wenn dieser große Gott spricht, so hören sie,
ohne das Licht seiner Sonnenscheibe zu sehen.
Sie (aber) atmen – diese Gottheiten, die sie bewachen –,
nachdem sie die Rede dieses großen Gottes gehört haben,
nachdem er an ihnen vorbeigezogen ist.

Zweite Szene. Zwei schakalköpfige Göttinnen (TAIT und BENFIT) bewachen vier gefesselte weibliche Gestalten, die als «Wehklagende», «Verschlungene», «Schlimme» und «Blutige» bezeichnet sind.

RE sagt zu dieser Höhle:
O TAIT, o BENFIT,
o ihr beiden alten und großen Göttinnen in der Vernichtungsstätte,

welche bewachen, was unter dem Leib ist,
welche die Bilder des Herrn der *Dat* packen.
Bewacht diese! Packt die Leiber derer, die gebunden und gefesselt sind in ihrem Leib!

Sie sagen:
Ihre *Bau* sollen nicht hervorgehen, ihre Schatten sollen nicht machtvoll sein,
wegen jenes sehr großen (Verbrechens),
das sie getan haben am (abgeschirm)ten Platz,
dem geheimen Ort des *Dat*-Vorstehers.
O seht, ich ziehe an euch vorbei,
ich überantworte euch eurem Unheil,
(ich) verdamme euch zur Vernichtungsstätte, aus der es kein (134) Entkommen gibt!

So sind diese beschaffen.
Dieser große Gott fügt ihnen Schlimmes zu,
nachdem er an ihnen vorbeigezogen ist,
ohne daß sie seine Stimme hören, ohne daß sie seine Sonnenscheibe schauen.
Sie sind (in) der Finsternis,
die beiden Göttinnen bewachen sie.
Dann zieht dieser große Gott an ihnen vorbei.

Dritte Szene. Ein Gott und eine Göttin bewachen vier kniende, enthauptete und gefesselte Feinde; ihre abgetrennten Köpfe sind schräg über ihnen (im Osireion vor ihrer Brust) sichtbar. Weder den Feinden noch ihren Bewachern sind Namen beigeschrieben.

RE sagt zu dieser Höhle:
O Zausender, o Zausende, die in der Vernichtungsstätte sind,

in deren Bewachung die Bösen sind,
die nicht aus ihren Höhlen hervorkommen!
Seht, ich durcheile eure Höhlen, ich ziehe vorbei an der Schlachtbank!
Ich habe gegen euch verfügt, ich übergebe euch eurem Unheil,
ich überweise euch den Starken, die in der Vernichtungsstätte sind.
Ihr seid die Feinde, von schlimmer Art,
(135) deren *Bau* nicht aus der Erde hervorgehen, die mich nicht schauen!

So sind diese beschaffen,
ohne daß sie diesen großen Gott schauen,
ohne daß sie die Strahlen seiner Sonnenscheibe erblicken,
ohne daß ihre *Bau* hervorgehen aus der Erde,
ohne daß sie die Worte dieses großen Gottes hören,
wenn er vorbeizieht an ihren Höhlen.
Diese Gottheiten bewachen sie.
Wenn sie die Worte dieses Gottes hören, atmen ihre Kehlen[55],
nachdem dieser große Gott an ihnen vorbeigezogen ist.

Vierte Szene. Von der «Großen Schlange» umgeben, ragt OSIRIS, mit unsichtbaren Beinen, aus der Erde. Auf beiden Seiten der Schlange steckt die Figur eines Feindes («Der Blutige») in der Erde, mit unsichtbarem Kopf. In knappster Formensprache wird in dem Aufsteigen des OSIRIS und dem Hinabstürzen der Feinde das Schicksal der Verstorbenen sichtbar.

RE sagt zu dieser Höhle:
(O?) OSIRIS, welchen die «Große Schlange» umringt,
Ihr «Blutigen», mit umgestürztem Leichnam, das Gesicht nach unten,

mit dem Gesicht im Inneren seiner (des OSIRIS) Höhle!
O siehe, ich eile vorbei an deiner Höhle,
der du in der Schlangenwindung bist!
Ich gebe dir den Befehl, der in meinem Mund ist (Schöpferwort),
ich lasse dich atmen durch das, was aus mir hervorgeht (Lebensodem).
Lobpreis dir, OSIRIS, (denn) dein *Ba* lebt!
Deine Höhle ist erleuchtet durch meine Lichtstrahlen,
welche (die Schlange) «Übelgesicht» nicht sehen kann!

(136) So ist dieser Gott beschaffen.
(Sein) Oberkörper ist hervorgekommen aus der Vernichtungsstätte[56].
Dieser große Gott (RE) spricht zu ihm,
dieser Gott (OSIRIS) sieht das Licht, nachdem dieser Gott (RE) an ihm vorbeigezogen ist.
Dunkelheit wird dieser Schlange (zuteil),
nachdem (er?) vorbeigezogen ist.

RE sagt hinter diesen Höhlen:
Ich bin vorbeigezogen (an) der Höhle der Vernichteten,
ich habe sie ihrem Unheil überantwortet,
nachdem ich das Totenreich durchzogen und für es gesorgt habe.
Macht doch für mich Akklamation,
schafft doch für mich Jubel,
bahnt mir doch die Wege!
Seht, ich eile dahin,
indem ich verwandelt bin, auf der Straße dessen mit geheimer Gestalt!

SCHLUSSBILD

Einleitung

Herauskommen durch diesen großen Gott
aus seinen beiden Hügeln, die in der *Dat* sind.
Dieser Gott ist verwandelt in eine Form
von den Erscheinungsformen (137) des TATENEN.
Dieser große Gott sagt zu den Gottheiten,
die in seiner Höhle sind, in ihren Löchern:
O Götter, die in meiner Höhle sind, in ihren Löchern –
seht, ich komme heraus aus meinen beiden Hügeln!
Ich bin (neu) geboren, ich bin verwandelt,
meine Sonnenscheibe ist befestigt durch diese (göttlichen) Ratsherren, die im Gefolge des CHONTAMENTI sind.
Sie strecken mir ihre Arme entgegen,
wenn ich verwandelt bin und meine Gestalten geboren sind.
Ihr jubelt mir zu, wenn ich für euch gesorgt habe,
ihr Unterweltlichen mit geheimer Gestalt!
O jener mein Leichnam, der im Hügel ist,
mein Leib und meine Abbilder!
O jener Leichnam des ATUM,
jener sein Leib, seine Abbilder, sein *Ba!*

(Litanei, in der jeder Anruf auf «sein Leib, seine Abbilder, sein Leichnam» endet. Wir kürzen die Wiederholung durch Punkte ab.)

O jener *Ba* dessen vom Hügel,
sein Leib, seine Abbilder, sein Leichnam!
(138) O jener *Ba* des CHEPRI, ...
O jener *Ba* des SCHU, ...

O jener *Ba* des GEB, ...
O jener *Ba* des OSIRIS, ...
O jener *Ba* dessen mit erhöhter Gestalt, ...
O jener *Ba* des (Gottes) mit verborgenem Wesen, ...
O jener *Ba* des ANUBIS, ...
O jener *Ba* des Widderköpfigen (?), ...
O jener *Ba* des ACHTI, du erster (?), der aus RE entstanden ist, ...
(139) O jener *Ba* der (Göttin) mit geheimem Gesicht, ...
O jener *Ba* der (Göttin) mit verborgenem Platz, ...
O jener *Ba* des *Skarabäus*, ...
O jener *Ba* des RE-Hauptes, ...
(140) O jener *Ba* der ISIS, ...
O jener *Ba* der NEPHTHYS, ...
O jener *Ba* des OSIRIS, Leichnam des Orion, der das *Uas*-Szepter trägt,
sein Leib, seine Gestalt, seine Abbilder!
O jener *Ba* des (Gottes), der das Glanzauge befestigt,
sein Leib, seine Abbilder, sein Leichnam!
O jener *Ba* des HORUS, Sohnes des OSIRIS, ...
(141) O jener mein eigener *Ba*,
meine Erscheinungsformen, meine Gestalt, meine Abbilder!
O jener *Ba* der (Schlange) «Schreckgesicht»,
sein Leib, seine Abbilder, sein Leichnam!
O jener *Ba* des (Gottes), der in der Erde ist, ...
O jener *Ba* des (Gottes) vom Leichnam, ...
(142) O jener *Ba* dieses meines Hauptes, das aus dem Hügel der (Schlange), die im Hügel ist, hervorkommt, ...
O jener *Ba* des TATENEN, ...
O jener *Ba* des Sarkophag-Gottes, ...
O jener *Ba* des «Eilenden», ...
O jener *Ba* des «Wässrigen», ...
(143) O jener *Ba* dessen mit verletztem Gesicht, ...

Die Darstellungen des Schlußbildes[57] zeigen im oberen und unteren Register zunächst je einen Gott, der sich über einen Hügel mit der Sonnenscheibe beugt, und am Ende der beiden Register je sieben anbetende Götter. Die sieben Götter im oberen Register heißen: «Der mit geheimen Erscheinungsformen», «Der mit geheimer Gestalt», «Der mit großer Nachkommenschaft», «Der im Gebiet ist», «Der dem Gebiet vorsteht», «Der Gebende» (?) und «Der Leuchtende». Die sieben falkenköpfigen Götter im unteren Register sind alle Gestalten des HORUS: «HORUS mit großem Auge», «HORUS, welcher preist», «HORUS mit lebendigen Erscheinungsformen», «HORUS-Gestalt», «HORUS mit großer Erscheinung», «HORUS, der den Kesseln vorsteht» und «HORUS, der den Plätzen vorsteht».

In der Mitte wird die Sonnenbarke von zwölf Göttern gezogen. Die vordersten vier sind falkenköpfig («Der den Strick trägt», «Der Eilende», «Der Ziehende» und «HORUS», die folgenden vier widderköpfig («Der mit großem Gehörn», «Der Gehörnte», «Der Widdergestaltige» und «Der mit der Perücke?»), die letzten vier menschenköpfig, mit dem Götterbart («Der Zupackende», «Der Erwachte», «Der das Gesicht wendet» und ein Gott ohne Namen). Am Bug der Sonnenbarke steht auf einem ovalen Gebilde ein Vogel, auf den sich die Beischrift «OSIRIS» zu beziehen scheint; hinter ihm folgen der *Skarabäus* als Gestalt des CHEPRI und die widderköpfige Nachtgestalt des Sonnengottes. Es handelt sich offenbar um drei verschiedene Gestalten des Sonnengottes (darunter den *Ba* des OSIRIS = RE), die aus der Unterwelt herausgezogen werden. Das Heck der Barke ist unsichtbar, da es noch in der Unterwelt «verborgen» ist.

Von jedem der beiden Hügel läuft, durch Wasser- und Finsternis-Gebiete hindurch, eine rote Spur zu der großen Sonnenscheibe, die am Ende der Darstellung den Rand der Unterwelt durchbricht. Zwischen ihr und den ziehenden Göttern sind das Sonnenkind und der widderköpfige *Skarabäus* dargestellt.

Eine Anzahl von kurzen Beischriften erläutert die Darstellungen.

(Beim Gott über dem Hügel im oberen Register:)

OSIRIS sagt zu RE:
O komme, komme, (o) RE!
Der Herr des Lebens ruft: Komme zu meinem *Ba*,
damit er mit dir zusammen wandert, (144) (o) RE!
(Er?) sagt zu RE:
O RE, mit ... (zerstört) Gesicht an seiner Seite –
komm, indem mein *Ba* in deinem Gefolge ist!
Du erhebst den Kasten (?), den NUT geformt hat,
und sie öffnet dir ihre Arme.

So ist dieser Gott beschaffen.
Er beugt sich über den geheimen Hügel,
in dessen Innerem das große Geheimnis ist.
Dieser große Gott spricht vor diesem Gott,
wenn er vorbeizieht (in) der Barke.
Sein Leichnam und seine Gestalt sind zufrieden mit seinem Thron.

(Beim Gott über dem Hügel im unteren Register:)

(145) RE sagt zu dieser Höhle,
wenn er das Wort richtet an diesen göttlichen Hügel.
So ist dieser Gott beschaffen.
Er beugt sich über den geheimen Hügel,
in dessen Innerem das Geheimnis ist.
Dieser große Gott zieht an ihm vorbei,

dieser Gott richtet das Wort an ihn.
Der *Ba* dieses Gottes zieht dahin (in) der Barke.
Sein Leichnam und seine Gestalt sind zufrieden mit seinem Thron.

(Bei den anbetenden Göttern im oberen Register:)

So sind diese Götter beschaffen.
Sie geben Akklamation dem RE-HARACHTE,
wenn er eintritt in den Leib der NUT.

(Bei den anbetenden Göttern im unteren Register: gleicher Text)

(Über den ziehenden Göttern:)

So sind diese Götter beschaffen.
Sie ziehen RE, den Herrn des Horizontes,
sie lassen ihn Platz nehmen im Ostberg.
Sie sagen zu ihm: ... (unklar)

(Text zwischen den Ziehenden und dem widderköpfigen *Skarabäus:*)

Wir ziehen RE, wir folgen diesem Alleinherrn,
CHEPRI, mit angefügtem Kopf.
Lobpreis dir, du mit großer Zaubermacht!
Euch gehört der *Ba* mit lebendigen Erscheinungsformen!
Es verweilt, der verweilt im Inneren seiner Sonnenscheibe!
RE verweilt im Inneren seiner Sonnenscheibe!
Dieser große Gott tritt ein in seinen Ostberg,
das Oberhaupt der Götter, das die Menschen sieht und die Untertanen erleuchtet,
und das Gesicht derer, die auf Erden sind, hell macht(?)!
(So) sagen sie, die Götter vom Ufer des RE-HARACHTE.

DAS BUCH VON DER ERDE

TEIL A

ERSTES REGISTER

Erste Szene. Vier Göttinnen und zwei Götter in einem Hügel, über den ein weiterer Gott emporragt, über sich die Sonnenscheibe. Alle Gottheiten sind mumiengestaltig. Der herausragende Gott heißt «Der mit leuchtendem Kopf, der die Leichname hütet» und hat die Beischrift «So ist dieser Gott beschaffen als Leichnam, der die hütet, unter denen er ist». Bei jeder Göttin steht: «So ist diese Göttin beschaffen in diesem Hügel der Finsternis»; die gleiche Beischrift (entsprechend «dieser Gott») findet sich auch bei den beiden Göttern im Hügel, mit einer Variante «... in diesem Hügel der Finsternis (und?) Verborgenheit». Im übrigen bleiben die Gottheiten anonym. Die Texte zu diesem Bild lauten:

So sind diese Gottheiten beschaffen in einem einzigen Hügel.
Wenn «Der die Leichname hütet» seinen Kopf der Sonnenscheibe zugewendet hat, zeigt er seinen Leichnam.
Dieser Gott erleuchtet die, unter denen er ist,
mit den Strahlen einer Rippe (?) seines Fleisches.
Dieser große Gott ruft diese Gottheiten ⸢an⸣,
ohne daß sie ihn sehen.
Sie atmen dadurch, daß sie seine Stimme hören,
sie leuchten, (solange) sie ihn hüten,
außer diesen Gottheiten in der Finsternis.
RE wandelt im Westen, und der Gottesleichnam fährt dahin,
um die zu erhellen, unter denen er ist.

Die *Bau* dieser (Gottheiten) wandeln hinter ihm,
(aber) ihre Leichname bleiben in ihrem Hügel.
Passieren der Leichname der (Götter) «Mit streitbarem Gesicht»
durch diesen großen Gott,
wenn er die Leichname der Erscheinungsformen passiert.

Abbildung 82 Teil A, 1. Szene

(Re spricht:)

O Leichname der (Götter) «Mit streitbarem Gesicht»,
mit großen Besitz im Westen!

O Leichname der (Götter) «Mit streitbarem Gesicht»,
auf denen keine *Achu* sind!
O Leichname der (Götter) «Mit streitbarem Gesicht»,
welche über mich jubeln!
Lobpreis sei euch, ihr «Mit streitbarem Gesicht»,
und dem (?), der als Gestalt hinter ihnen wandelt!
O Leichname der (Götter) «Mit streitbarem Gesicht»,
welche Feuer in ihren Augen haben
und Flammen in ihren Leichnamen, wenn sie die *Bau* in Flammen setzen!
Wenn diese *Bau* die beiden Ufer passiert haben, über dieser Höhle,
umhüllt sie Finsternis.
Er aber (der Wächter?) wird erhellt, nachdem der Gott vorbeigezogen ist.
Der *Ba* des Gottes verweilt auf seinem Hügel,
wenn er die beiden geheimen Gottesaugen empfängt.

Zweite Szene. Der alte Erdgott AKER trägt als Doppelsphinx die Sonnenbarke, in der sich am Bug «Der Leiter» befindet, in der Mitte der widderköpfige Sonnengott zwischen anbetenden Gestalten des ATUM und des CHEPRI (mit Skarabäus als Kopf); am Rudergestänge macht sich HORUS als göttlicher Steuermann zu schaffen. Die beiden Götter auf den Pranken AKERS, die ihre Arme zur Sonnenbarke emporstrecken, heißen «Vollkommener Eingang» und «Vollkommener Ausgang»[1], der letztere mit einem *Skarabäus* als Kopf. Damit wird klar, daß hier die nächtliche Fahrt des Sonnengottes durch die unterweltlichen Erdregionen, sein Eintritt als ATUM und sein Austritt als CHEPRI (in verkehrter Richtung, das Heck voran!), in einem einzigen Bild zusammengefaßt sind.

Darunter liegt eine Mumie («Der Leichnam, in welchem RE ist», mit der Variante «Der Größte Gott, der in seiner Höhle

Abbildung 83 Teil A, 2. Szene

ist») unter einer großen Sonnenscheibe (mit Falkenkopf) und einem Halbkreis, der von abwechselnden Sternen und kleinen Sonnenscheiben gebildet wird. Die Szene wird auf beiden Seiten von je zwei OSIRIS-Gestalten eingefaßt.

(Über der AKER-Szene:)

So ist dieser Gott beschaffen auf dem Rücken des geheimnisvollen AKER,
  indem er in seiner Barke verweilt, die in der *Dat* ist.
Er ruft den geheimen Leichnam, das große Geheimnis unter AKER[2],
  (zur?) Stunde «Sie durchwandelt die Finsternis».
Er erleuchtet den Leichnam des ACHTI,
  wenn er als Sonnenscheibe eintritt,
er erhellt den geheimen Leichnam.

Die beiden alten und großen Götter, die in AKER sind (ATUM und CHEPRI)
sind geheimnisvoll, wenn sie (in) der Barke fahren,
wenn sie auf dem Land des ACHTI dahineilen.
Ihre Füße sind in der Erde,
wenn sie über den *Ba* des ACHTI wachen.
«Der Leiter», der die Götter ruft,
er leitet RE auf den geheimen Wegen.
Die Stunden(göttinnen) RES geleiten (ihn).

(Doppelte Beischrift zu den OSIRIS-Paaren:)

So sind diese Götter beschaffen.
Sie hüten den Leichnam dieses Gottes.
Wenn RE ihnen zuruft,
wandeln ihre *Bau* hinter ihm.

(Beischrift zum Sonnen-Leichnam:)

So ist dieser Gott beschaffen;
«Der von der Stunde» und die Stunden(göttinnen) sind (?) geheimnisvoll.
Das Licht tritt ein in seinen Leichnam,
als Ausspruch, der aus der Sonnenscheibe hervorging,
zur Stunde «Sie durchwandelt die Finsternis».
Die *Bau* wandeln, wenn ACHTI spricht,
sechs zu seinem Kopf, sechs zu seinen Füßen [3].
Rufen zu den Bildern (?), welche wandeln, durch diesen großen Gott.

Dritte Szene. Die zwölf Stundengöttinnen, jede mit einer Scheibe auf dem Kopf, sowie einem Stern und dem «Schatten»-Zeichen unter den ausgestreckten Händen. Ihre Beschreibung lautet:

So sind diese Stundengöttinnen beschaffen.
Ihre Gestalten sind in ihren Fingern,
ihre Schatten sind unter ihren Zeiten (?).
Sie leiten diesen großen Gott im geheimen Westen,
die Gestalt des RE zu ihren Stunden.
Sie tun ihre Pflicht, das Dahinwandeln und Eintreten in die Erde
bei der Höhle dessen, der seine Stunden verbirgt[4],
während ihre Schatten unter ihren Strahlen sind,
und ihre Strahlen in dem Fleisch dessen, der sie verbirgt.
Wenn dieser Gott das Ufer passiert hat, kehren die *Bau* um,
die Geleiter ihrer Leichname, indem sie ihre Finsternis betreten.

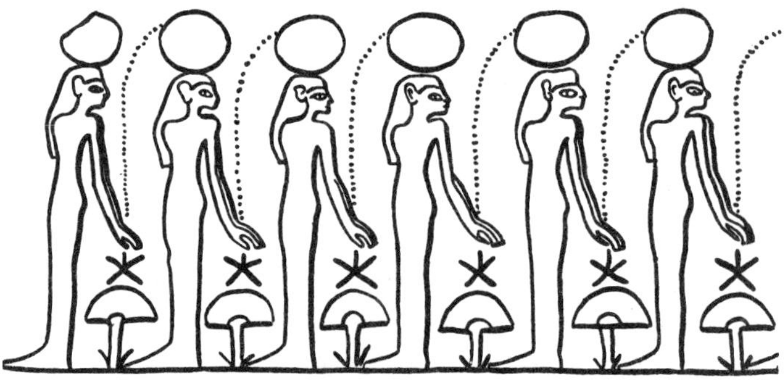

Abbildung 84 Teil A, 3. Szene (Ausschnitt)

(Schlußtext des Registers:)

Was RE zum «Westlichen» (AKER) sagt,
wenn er den «Der die Leichname hütet» passiert, mit geheimem Arm,
der über seinem Geheimnis ist, der geheimnisvolle AKER:

O du «Westlicher», der die Leichname zeugt,
mit lebendiger Gestalt, der die Leichname des Westens zufriedenstellt,
Hüter der Zeugung, mit großen Erscheinungsformen!
Wie zufrieden ist der Leichnam der Westlichen,
wenn ihre Geheimnisse eingetreten sind in seinen Leichnam!
Wie zufrieden ist der Leichnam dieses Westlichen,
wenn die feindliche Schlange unter seinen Sohlen liegt!
Wie zufrieden ist der Leichnam des Westlichen,
wenn er diese hütet, unter denen der «Westliche» ist!
Wie zufrieden ist der Leichnam des Westlichen,
wenn die «Geheimen» ihre Köpfe zeigen!
O Jubel sei dir, «Westlicher»,
der seiner Höhle vorsteht, die in der *Dat* ist!
O Jubel sei dir, «Westlicher»,
wenn ich die Leichname rufe, unter denen (du) bist!
Sie wandeln ja hinter mir,
sie machen sich geheim durch ihre Arme.
Sie geleiten mich zu ihren Wegen,
sie führen dieses aus, was ich angeordnet habe.
Ich habe diesen «Westlichen» geschützt,
diesen, dessen Platz vor denen ist, unter denen er sich befindet.
Ich rufe den Leichnam derer, unter denen er ist,
ohne daß diese Gottheiten das Licht Res sehen.
Sie werden gehütet in seiner Finsternis,
(aber) sie atmen, wenn sie seine Stimme hören.
Seine *Bau* wandeln hinter ihm.

So ist dieser Gott (Re) beschaffen.
Er beginnt seine Fahrt in der *Dat*,
während (ihn) die, unter denen er ist, ziehen,

und sein Gefolge zufrieden ist mit seinem Licht.
Dieser große Gott verweilt eine Zeitlang
bei der Höhle dessen, der seine Stunden verbirgt.
Er erteilt denen Weisungen, unter denen er ist,
und sie hören die Stimme dieses Gottes, ohne daß er sie sieht,
wegen der Geheimnisse der (Leichname), in denen sie sind.

ZWEITES REGISTER

Vierte Szene. Zwischen vier Kreisen steht ein mumiengestaltiger Gott, bekrönt von einem Widdergehörn und einem Federpaar. Zwei kleinere Mumiengestalten verbinden jeweils zwei Kreise. In den Kreisen befinden sich jeweils drei Göttergestalten: im Kreis rechts oben drei Gottheiten mit dem Kopf einer Spitzmaus[5], rechts unten ein spitzmausköpfiger Gott zwischen zwei Mumien, links oben eine falkenköpfige Mumie zwischen zwei anbetenden Gottheiten, links unten eine widderköpfige Mumie zwischen zwei anbetenden Göttern. Die beigeschriebenen Namen der Gottheiten sind nur zum Teil verständlich, so daß wir hier auf eine Wiedergabe verzichten. Die mittlere, große Göttergestalt bleibt anonym, hat aber die Beischrift: «So ist dieser Gott beschaffen, der Hüter der Leichname im (?) Westen». Dahinter steht noch der Vermerk: «Diese Geheimnisvollen – ihre *Bau* wandeln hinter ihnen», und hinter dem linken Gott: «So ist dieser Gott beschaffen. Sein Kopf ist oben, seine beiden Füße (sind) unten ... (Rest unklar)». Längere Texte zu dieser Szene fehlen.

Fünfte Szene. Ein mumiengestaltiger, anonymer Gott, mit der Sonnenscheibe über sich, steht zwischen vier kleineren Mumiengestalten, die als SCHU, TEFNUT, CHEPRI (mit

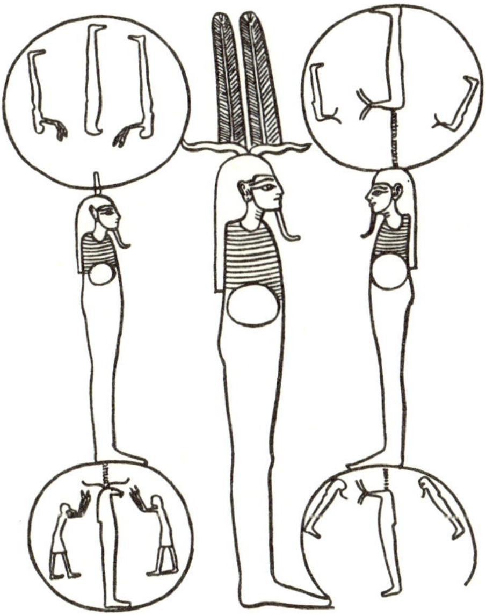

Abbildung 85 Teil A, 4. Szene

einem *Skarabäus* als Kopf) und NUN bezeichnet werden (von rechts nach links). Vor jeder dieser vier Gottheiten steht die kurze Beischrift: «So ist dieser Gott beschaffen. Der Leichnam ist in der Erde, der *Ba* (aber) durchwandelt die Finsternis». Die Szene wird auf beiden Seiten von einem kurzen Text eingerahmt:

So sind diese Gottheiten beschaffen.
RE zieht an ihren Leichnamen vorbei,
damit er sie rufe und (ihnen) Weisungen erteile (?).
Die Strahlen dieses großen Gottes treten ein in die Leiber.
Er ruft und erteilt Weisungen euren Leichnamen –
(o) TEFNUT, die in ATUM ist!
Er ruft und erteilt Weisungen den Leichnamen –

(o) NUT, die in ATUM ist!
Er ruft und (erteilt) Weisungen.

Sechste Szene. Ein Kopf und zwei emporgestreckte Arme ragen aus der Erde. Auf dem Kopf steht eine Göttin, «Die Vernichtende», mit der Sonnenscheibe zwischen ihren emporgestreckten Händen. Auf die Handflächen sind zwei anbetende Götter gestellt – rechts «Der Westen», links «Der Osten». Bei der Göttin steht die Beischrift: «So ist (diese) Göttin beschaffen. Sie kommt hervor aus der Finsternis, (sie) schaut diesen ganzen Gott, wenn die Arme hervorgekommen sind»[6]. Vor der mittleren Gruppe steht der mumiengestaltige Gott «Der den Leichnam zusammenfügt», mit der Beischrift: «So ist dieser Gott beschaffen. Er hütet die Finsternis». Hinter der Gruppe stehen zwei weitere Mumiengestalten, die beide «Der

Abbildung 86 Teil A, 5. Szene

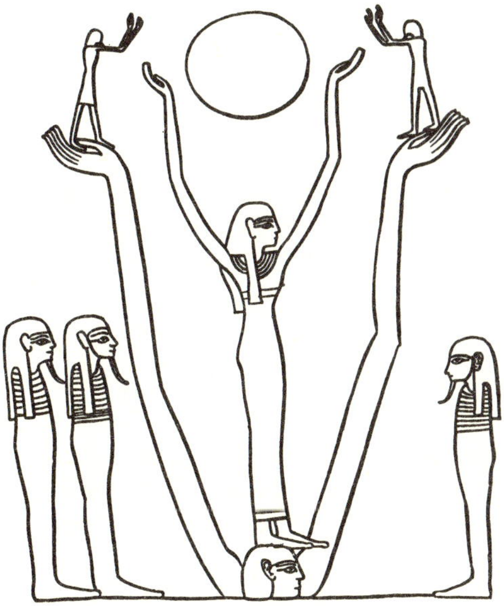

Abbildung 87 Teil A, 6. Szene

Entstandene» heißen und eine offenbar verstümmelte Beischrift haben. Weitere Texte fehlen.

Siebente Szene. Die Sonnenbarke zeigt eine etwas veränderte Besatzung. Über dem Gott am Steuerruder steht «HORUS. *Ba* des HORUS». Der widderköpfige Sonnengott in der Mitte hat keinen Namen beigeschrieben; vor ihm stehen der «*Ba* des RE» als Vogel und, mit preisend erhobenen Armen, der Gott CHEPRI. Die *Uräus*-Schlange am Bug ist «Die Leiterin», über der Barke steht der Vermerk «Anpflocken». Vor der Barke ziehen vierzehn widderköpfige Götter dahin, alle das Gesicht zur Barke zurückgewandt und von ihrem anbetenden *Ba* als Vogel begleitet. Direkt vor der Barke wenden sich ein weiterer Gott und sein *Ba*-Vogel mit ausgestreckten Armen dem Sonnengott zu.

Abbildung 88 Teil A, 7. Szene (Ausschnitt)

Unter dieser Gruppe steht der ithyphallische Gott «Der die Stunden verbirgt.» Er ist umgeben von Sternen, Sonnenscheiben und gepunkteten Linien, die zu den Scheiben führen, die ihm die zwölf Stundengöttinnen entgegenstrecken. Zwei weitere Linien verbinden ihn mit dem Gott «Der Blutige» und mit der Kind-Gestalt unter seinem Phallus. Um diese Darstellung ringelt sich, zum Teil in der Erde verschwindend, «Die große Schlange, die Ringelschlange». Unter ihr stehen auf jeder Seite drei mumiengestaltige Gottheiten, jeweils mit der (zum Teil unvollständigen) Beischrift: «So ist dieser Gott beschaffen. ‹Die große Schlange, die Ringelschlange› ist über ihm». Vor ihnen ist auf jeder Seite ein aus der Erde ragender Gott dargestellt, der seine Arme preisend erhebt; die Beischrift lautet hier: «So ist dieser Gott beschaffen. Er preist die, unter denen er ist».

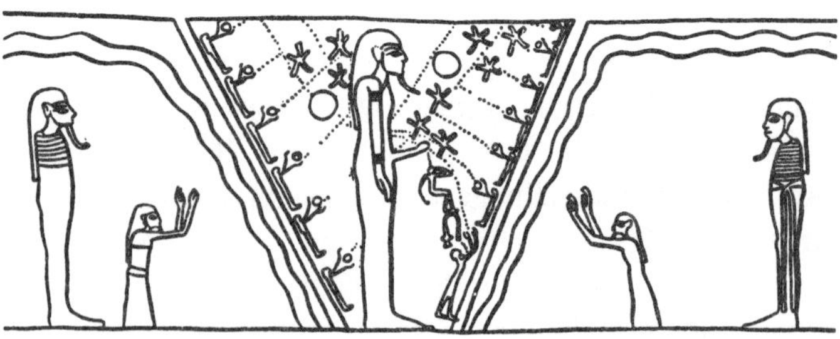

Abbildung 89 Teil A, 7. Szene (Ausschnitt)

Die folgenden erläuternden Texte begleiten dieses komplexe Bild:

(Zur Sonnenbarke:)

So ist dieser Gott beschaffen.
Wenn er die Fahrt begonnen hat in der *Dat*,
ziehen (ihn) die, unter denen er ist,
und sein Gefolge verweilt in seinem Licht.
Dieser große Gott macht Halt in der Höhle des (Gottes) «Der die Stunden verbirgt»,
er erteilt seine Weisungen an die, unter denen er ist.
Sie hören die Stimme dieses Gottes, ohne daß er sie sieht,
wegen der Geheimnisse, in denen sie sind.

(Zu den widderköpfigen Göttern und ihren *Bau:*)

So sind diese Götter beschaffen.
Sie empfangen das Licht Res, wenn sie den «Großen» ziehen, der unter ihnen ist.
Die *Bau* dieser (Götter) sind herausgekommen aus ihrer Finsternis,
(damit) sie das Licht dessen empfangen, der unter ihnen ist.
Die *Bau* dieser geheimnisvollen (Götter) ziehen ihn.
So sind diese Götter beschaffen.
Sie preisen den Größten Gott.
Wenn er vorbeizieht, ... (unklar),
empfangen sie die Sonnenscheibe.

(Am Ende der Darstellungen, vielleicht schon zum folgenden Bild gehörig:)

Nicht sehen diese das Licht Res,
(da) sie gehütet werden in der Finsternis.

Sie atmen (aber), wenn sie seine Worte hören.

Wenn er vorbeizieht, sind ihre *Bau* in seinem Gefolge.

Achte Szene. Zwei Grabhügel, jeder mit einer liegenden Göttin. Aus jedem der Hügel ragt ein Kopf mit preisenden Armen. Beide Hügel sind mit der Beischrift «Der Springende, der in seinem Hügel ist» versehen, während die beiden Göttinnen als «Mumie» bezeichnet werden. Sonstige Beischriften fehlen. Teile dieses Bildes sind auch auf die beiden folgenden Register verteilt.

DRITTES REGISTER

Neunte Szene. Zwei stehende Mumien. Die vordere trägt eine große Sonnenscheibe, aus welcher der Kopf eines Käfers («Der zur Geburt gehört») mit preisenden Armen hervorschaut. Die Beischrift lautet: «So ist dieser Gott beschaffen. Er erhebt den, ‹Der zur Geburt gehört›.»

Abbildung 90 Teil A, 9. Szene

Auf dem Kopf der hinteren Mumie steht eine anbetende Göttin; vor ihr sind drei kleine Sonnenscheiben dargestellt. Der Text, der diesem Bild vorausgeht, lautet:

Passieren des TATENEN-Leichnams durch diesen großen Gott,
indem er vorübereilt am Leichnam des NUN.
(RE spricht:)
Du bist ja der Leichnam, in welchem er ist!
O Leichnam, aus welchem ich entstanden bin,
den ich geboren habe als einen, der danach selber für mich gebiert(?)!
O Leichnam, aus welchem ich entstanden bin,
du, der zufrieden ist mit dem, was er tut!
O Leichnam, aus welchem ich entstanden bin,
Einzigartiger, dessen eigenen Platz ich geschaffen habe!
O Leichnam, aus welchem ich entstanden bin!

Zehnte Szene. Die Mitte dieses streng symmetrischen Bildes nimmt eine Mumiengestalt mit der Sonnenscheibe ein («Der die Stunden vernichtet»). Von innen nach außen folgen auf beiden Seiten eine *Uräus*-Schlange (rechts «Mit vollkommener Gestalt», links «Mit mächtiger Gestalt»), ein Kopf und ein Arm, die beide aus der Erde ragen; auf den Handflächen steht jeweils ein Gott, der eine kleine Sonnenscheibe in den vorgestreckten Händen hält. Eine stehende Mumie mit der Sonnenscheibe und dem Namen «Mit streitbarem Gesicht» bildet auf beiden Seiten die Begrenzung der Szene. Außer einer einzelnen, wohl unvollständigen Zeile «Die Stunden, welche die Finsternis unter den Sohlen durchwandern» gehört der folgende kurze Text zu dieser Szene:

So sind diese Götter beschaffen.

Sie hüten die beiden vernichtenden Arme, die in der Vernichtungsstätte sind.

Sie sind es, welche ihre Sonnenscheibe hochheben,
ihre beiden Arme sind es, die Re hochheben.

Ihre beiden Arme vereinigen sich mit den Leichnamen der Unterweltlichen
... (unklar)

Abbildung 91 Teil A, 10. Szene

Elfte Szene. Von der oberen und unteren Begrenzung des Registers ragen je zehn Köpfe heraus, die oberen mit dem «Schatten»-Zeichen, die unteren mit preisenden Armen; nach der Beischrift ist das «Gefolge (des Sonnengottes)» gemeint. Hinter den Köpfen strecken zwei Göttinnen ihre Arme anbetend zur Sonnenscheibe hin. Der begleitende Text lautet:

So sind diese Götter beschaffen.

Sie preisen den Größten Gott, wenn er zwischen ihnen dahinzieht.

Sie empfangen seine Sonnenscheibe, mit großem Schatten,
  (und) sie empfangen ihre Leichname.
Die Göttinnen, welche die Leichname verbergen,
  sie preisen (ihn), indem sie ihren Kopf zeigen.
TENSET, welche ihre Götter hütet,
  streckt ihren Arm zur Sonnenscheibe des ACHTI.
Die *Bau* wandeln hinter ihm (RE),
  während ihre Leichname (an) ihrem Platz bleiben.

Die drei Grabhügel hinter dieser Szene sind wie die Grabhügel der achten Szene gestaltet und gehören vermutlich zur gleichen Szene. Allerdings werden die liegenden Göttinnen hier in ovalen Sarkophagen dargestellt, und die erste von ihnen heißt entsprechend «Mumie, die zum Sarkophag gehört», während die beiden anderen als «Mumie, die im Hügel ist» bezeichnet werden. Bei den Hügeln steht, wie in der achten Szene, die Beischrift «Der Springende, der in seinem Hügel ist», und dazu der Text[7]:

So sind diese Gottheiten beschaffen in ihrem Hügel.
Sie strecken ihren Kopf aus dem Inneren ihres «Geheimnisses» hervor,
  (damit) sie das Licht RES empfangen.
Sie atmen durch seine Strahlen in ihrem Hügel,
  als Weisung des RE, wenn er (ihnen) zuruft (?).

VIERTES REGISTER

Abgesehen von den beiden Grabhügeln am Ende des Registers, die noch zur achten Szene gehören, enthält dieses Register Darstellungen und Texte aus einer Komposition, die man als AKER-Buch bezeichnet. Im Mittelpunkt steht die Darstellung des Erdgottes AKER als Doppellöwe, mit einer Göttergestalt im Oval auf seiner Brust. Die in die unterweltliche Erdregion eintretende Sonnenbarke wird vom Gott TATENEN mit emporgestreckten Armen empfangen und, nach ihrer nächtlichen Fahrt, wieder entlassen. Hinter TATENEN stehen auf jeder Seite drei Mumiengestalten «Die im NUN sind», und in der Mitte heben «Die Arme des NUN» eine rote Sonnenscheibe aus der Tiefe des Urgewässers empor (vgl. S. 307). In der ein- und austretenden Sonnenbarke wird ein widderköpfiger *Skarabäus* vom vogelgestaltigen «*Ba* des ATUM» und «*Ba* des CHEPRI» angebetet.

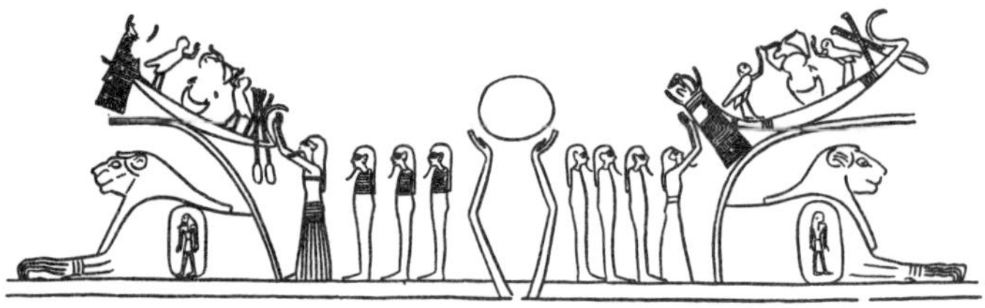

Abbildung 92 Teil A, 4. Register (Ausschnitt)

Von rechts her ziehen sieben *Ba*-Vögel die Sonnenbarke heran. Über ihnen steht die Beischrift:

Einschlagen eines schönen Weges durch diesen großen Gott.
Die, unter denen er ist, verweilen in der Barke.
Die *Bau* der Ufer[8] (sagen) zu RE:
Dahinziehen in der Barke durch diesen großen Gott,
wenn er die Höhle des NUN durcheilt.

Links packen vierzehn *Uräen* mit menschlichen Köpfen und Armen das Zugseil der Sonnenbarke. Die erste Hälfte sind die «Leitenden», die andere Hälfte «Die vom Ufer», mit der Beischrift:

Abbildung 93 Teil A, 4. Register (Ausschnitt)

Ziehen dieses großen Gottes durch die Göttinnen, welche leiten,
die in den Ufern (?) sind, damit (er) erstrahle im Ostberg.
Was die Göttinnen, die in den Ufern (?) sind, zu RE-HARACHTE sagen:
Siehe, RE ist vortrefflich gezogen, vortrefflich gezogen!
Er zieht dahin zur Höhle des NUN!

(Bei AKER:)

So ist AKER beschaffen.
Der Leichnam des SCHU ist in seiner Brust.
Was RE zu den geheimnisvollen Göttinnen im Westen sagt:
(Der Rest fehlt.)

(Auf der anderen Seite:)

Was RE zur Vernichtungsstätte sagt,
wenn er den «Hüter des Westens» passiert:
O NUN und die, die in (ihm) sind!
Er passiert TATENEN.

Unter den ziehenden Wesen sind noch einige Nebenfiguren dargestellt. Rechts umfassen «Die Arme des GEB» eine Mumie («Der Beweinte») auf einem Grabhügel, in welchem

Abbildung 94 Teil A, 4. Register (Ausschnitt)

sich ein «weinendes» Auge und vier «Fleisch»-Zeichen befinden. Ein «klagendes» Götterpaar steht neben dem Hügel; hinter ihm folgen noch weitere Gottheiten, darunter die *Uräus*-Schlangen «Flammende» und «Verbrennende». Links von AKER sind zwei Götter («Der mit verborgenem Arm» und «Der mit geheimem Arm») in ovalen Sarkophagen dargestellt, zwischen den mumiengestaltigen Wächtern «*Ba* des Verborgenen Landes» und «HORUS der *Dat*» (mit Falkenkopf). Dazu gehören einige kurze Beischriften:

So sind diese Götter beschaffen in ihren Sarkophagen.
  Ihre Geheimnisse sind in ihren Fingern.
Ihr Gesicht ist in der Erde,
  unzugänglich für die, welche vor ihnen sind.
Was RE sagt, wenn er das Ufer passiert:
  O Geheimnisvoller ... (Rest fehlt)

(Über den beiden Grabhügeln am Ende des Registers:)

(Der Gott in) jedem Hügel ist hervorgekommen,
  nachdem er (RE) die passiert hat, die unzugänglich im Inneren ihrer Sarkophage sind.
Dieser große Gott ruft ... (Rest fehlt)

TEIL B

Erste Szene. Acht ovale Sarkophage, von einer Schlange bewacht. In den oberen vier Ovalen befinden sich «normale» Mumien, in den vier unteren sphinxartig auf dem Bauch liegende Mumien (vgl. S. 36). Über den Ovalen einige kurze Beischriften:

So sind diese Götter beschaffen.
Ihre Leichname sind auf ihrem Hügel,
während sie ihren Kopf aus dem Inneren ihrer «Geheimnisse» hervorstrecken.
Sie empfangen das Licht RES,
sie atmen durch seine Strahlen.
Ihre Hügel werden erleuchtet durch die Stimme RES, wenn er ihnen zuruft.
Wenn er aber an ihnen vorbeigezogen ist,
dann verbergen sie sich in ihrem Hügel, der in[9]
So sind diese Götter beschaffen.
Ihre Leichname stehen, und sie sehen ... (Rest fehlt)
So sind diese Götter beschaffen in ihrem Hügel,
indem sie dastehen in ihrem Sarkophag,
(obgleich) sie verwest sind durch ihre Fäulnis.
Dieser große Gott ruft ihre *Bau*, ohne daß er sie sieht,
wegen der Größe ihres Gestankes und ihrer Fäulnis.

(In jedem der unteren Ovale:)
So ist dieser Gott beschaffen.
Der Wächter, der in ihm ist, ist erwacht und steht.

(In jedem der oberen Ovale steht: «So ist dieser Gott beschaffen in seinem Hügel als Stehender».)

Abbildung 95 Teil B

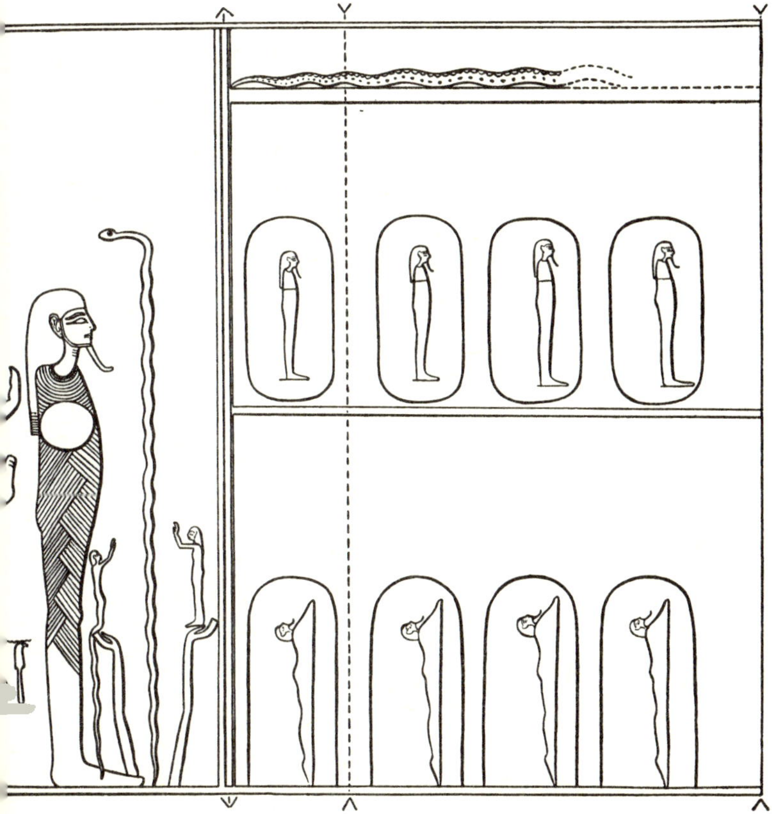

Zweite Szene. Zwischen zwei aus der Tiefe ragenden Armen, die ein Götterpaar tragen, steht eine Schlange auf ihrem Schwanz. Es folgt eine große stehende Göttermumie mit der Sonnenscheibe auf ihrer Brust, dann nochmals zwei «Arme der Finsternis», die ein widderköpfiges («Kopf des RE») und ein schakalköpfiges Szepter («Nacken des ATUM») auf ihren Handflächen halten; über ihnen ein großes, auf dem Schwanz stehendes Krokodil. Die Beischrift lautet:

So ist die Schlange beschaffen.
Sie hüten den Gottes-Leichnam,
  der herausgekommen ist und steht bei dem Leichnam,
  während «Der vom Kopf» und «Die vom Kopf» ihnen ihren Lobpreis darbringen.
So ist dieser Gott beschaffen.
  Er hütet den Westen und die beiden Schwestern (?).
So ist (das Krokodil) PENWENTI beschaffen als euer Wächter,
  der Gottes-Leichnam, der hervorgeht aus den «Armen der Finsternis»,
  mit verborgenem Leichnam, der Kopf des RE und der Nakken des ATUM.
Die Arme der Finsternis erheben (das Krokodil) PENWENTI.

Dritte Szene. Eine Reihe von Darstellungen (ovale Sarkophage mit Mumien, *Ba*-Vögel mit Schatten, Barken mit Mumien, u.a.), die in den Zusammenhang des Aker-Buches (vgl. S. 443 f.) gehören. In den Ovalen befinden sich «Die beiden *Ba*», «Der Leichnam» und die beiden Göttinnen TEFNUT und NUT. Die erste Barke enthält die Mumie des OSIRIS mit der klagenden ISIS, die zweite Barke die falkenköpfige Mumie des «Unterweltlichen HORUS» mit NEPHTHYS. Sonstige nennenswerte Beischriften fehlen.

Vierte Szene. Ein Hügel, der eine Sonnenscheibe und einen anbetenden Gott enthält. Vor dem Gott steht eine unvollständige Beischrift: «... das Licht schauen. Wenn dieser große Gott ihnen zuruft, atmen sie. Wenn er spricht, betet (ihn) der an, der sie hütet. Dann umhüllt sie (Finsternis). So ist dieser große Gott (beschaffen) ...» Zwischen zwei anbetenden Göttinnen («Die Den in der Erde anbeten») und zwei Köpfen mit anbetenden Armen ist hinter dem Hügel ein großes Oval dargestellt. Es enthält zwei Götter («Mit verborgenem Leib») und unter jedem drei «Fleisch»-Zeichen. Der Text über dieser Szene lautet:

So sind diese Götter beschaffen in ihrem Sarkophag.
  Sie ... (Auslassung) unter ihnen.
Das Auge RES geht hervor unter ihnen,
  und sie wehren das Feuer ab, das im Auge RES ist.
Die beiden Göttinnen preisen sie,
  die Göttinnen hüten sie.

Fünfte Szene. Unter der Sonnenscheibe sind vier anbetende Götter dargestellt; sie heißen «Der Erhebende», «Der mit machtvollem Arm», «Der mit strahlendem Arm» und «Der mit anbetendem Arm». Neben jedem Gott steht ein *Ba*-Vogel und ein «Schatten»-Zeichen, das sich anbetend verneigt. Über der Darstellung steht ein Text, der am Schluß unvollständig ist:

Vorbeiziehen durch diesen großen Gott in seiner Sonnenscheibe,
  nachdem er zu den geheimnisvollen Kanälen (?) gelangt ist.
Hochheben dieses großen Gottes durch die, die in den Kanälen sind, auf ihren Armen.
  Die Abendbarke und die Morgenbarke durchziehen die NUT hinter ihm.

Der Gott kommt heraus mit dem *Ba* (und) dem Schatten,
(und) die *Bau* und Schatten empfangen ihn (den RE).
Der Himmel nähert sich der *Dat*,
die alten und großen Götter (empfangen ... [10])

TEIL C

Erste Szene. Der widderköpfige Sonnengott und die Sonnenscheibe vor ihm werden von einem *Ba*-Vogel («Der Mächtigste des Westens») auf einer Stangen-Konstruktion angebetet. Dahinter ist APOPHIS als Schlange dargestellt, aus deren Windung der *Skarabäus* CHEPRI und ein weiterer anbetender *Ba*-Vogel hervorkommen. Vor der Schlange stehen die beiden Götter ATUM und SCHU. Der begleitende Text steht darunter und ist am Ende unvollständig:

So sind diese Gottheiten beschaffen.
RE zieht vorbei an ihrer Höhle
und erteilt Weisungen an ihre beiden *Ba*-Vögel
(und an?) das geheimnisvolle Macht-Zeichen, das in der *Dat* ist.
Wenn (er) ruft, sind ihre Arme (ausgestreckt) zum Gesicht des APOPHIS, der in seiner Höhle ist,
und CHEPRI kommt hervor aus seiner Windung.
Die *Bau* der beiden Götter verweilen auf ihnen,
ATUM und SCHU vereinigen sich mit ihm (CHEPRI?).
Ihre *Bau* wandeln im Gefolge RES,
(während) ihre Leichname an ihrem Platz bleiben.
Dann umhüllt sie Finsternis,
nachdem dieser Gott an ihnen vorbeigezogen ist.
Was RE zu diesem Gott sagt,

der seine beiden Arme ausstreckt, damit er ihn empfängt:
O jener Gott, Herr des Himmels ...

Zweite Szene. Der widderköpfige Sonnengott wird von einem anbetenden Gott begrüßt. Hinter diesem strecken zwei widderköpfige und zwei schlangenköpfige Götter ihre Arme schützend gegen eine Sonnenscheibe, aus der ein Falkenkopf herausragt (im Text als «Unterweltlicher HORUS» bezeichnet). Beigeschriebene Namen fehlen, und der Text, der zu dieser Szene gehört, ist mit dem Text der ersten Szene vertauscht worden; er lautet:

So sind diese Götter beschaffen.
ATUM preist den Re, wenn er (RE) die ruft, unter denen er ist,
und sie empfangen den Unterweltlichen HORUS, wenn er hervorkommt aus seinem Geheimnis, das in der *Dat* ist.
Dieser große Gott ruft ihm zu,
und er ruft diese Gottheiten, die ihn hüten.
Sie wandeln hinter ihm, während ihre Leichname an ihrem Platz bleiben.
Nachdem dieser große Gott aber an ihnen vorbeigezogen ist,
umhüllt sie Finsternis.
Was RE zu den *Bau* der Wächter sagt, die auf ihrem Ufer sind:
O *Bau* der Wächter ... (unvollständig)

Dritte Szene. Hinter einem anbetenden Götterpaar stehen vier Götter mit menschenköpfigen Pfählen. Die beigeschriebenen Namen fehlen auch hier, der Text lautet:

So sind diese Gottheiten beschaffen.
Ihre Leichname hüten ihre Pfähle.
Dieser große Gott spricht zu ihnen, ohne daß sie zu ihm sprechen.

Abbildung 96 Teil C

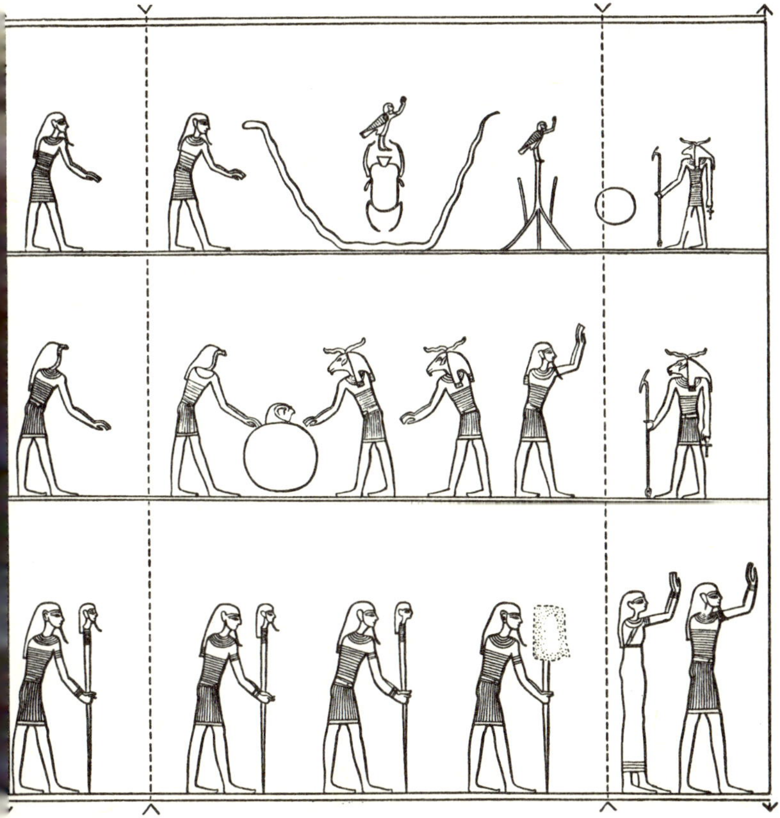

Er ruft die Pfähle in der *Schetit* (und?) die, welche die *Bau* der Toten hüten.
Ihre *Bau* wandeln hinter ihm,
während ihre Leichname an ihrem Platz bleiben.
Dann umhüllt sie Finsternis.
Was RE zu den Göttern sagt, die im Gefolge des OSIRIS-Orion sind:
Götter, ihr Götter im Gefolge des OSIRIS-Orion!
O du, den AKER hochgehoben hat,
groß ist dein *Ba* und dein Leichnam, den ich geschützt habe!

Vierte Szene. Zwischen zwei Hügeln, von denen jeder eine Sonnenscheibe enthält, beugt sich ein Gott (mit Szepter) über einen anbetenden *Ba*-Vogel. Aus jedem Hügel ragt eine anbetende Göttin. Es folgen vier OSIRIS-Gestalten, jede mit einer Sonnenscheibe hinter sich, zu der sich Arme emporstrecken. Wieder bleiben alle dargestellten Wesen anonym, doch gibt die Beischrift einige Erläuterungen:

So sind diese Gottheiten beschaffen.
Der Leichnam des AKER ergreift das Szepter,
wenn die beiden Göttinnen hervorgekommen sind aus ihrem Hügel.
Das große Geheimnis, das aus AKER hervorkommt, wandelt vor den beiden Göttinnen (?),
und der *Ba* des großen AKER preist es.
Der Gott sieht, was in ihnen ist, die Arme der *Dat* auf dem Geheimnis.
Er sieht, was seinen Leib verbirgt, wenn er hervorkommt aus ihren Armen.
Die, die in ihnen sind, heben die Vernichteten hoch,
ohne daß sie sehen, wenn sie das Geheimnis hochheben.

Die Götter sehen ... (zerstört),
ohne daß dieser große Gott an ihrer Höhle vorbeizieht.
... (Der Rest ist unvollständig und unklar)

Fünfte Szene. Drei Götter fesseln drei knieenden «Feinden» die Arme auf dem Rücken zusammen. Sie heißen «Die über den Stricken», jeder der Feinde ist ein «Umstürzler». Dahinter drei ovale Sarkophage, auf jedem eine sphinxartig auf dem Bauch liegende Mumie (vgl. S. 36); hinter jedem Oval steht eine Göttin, die ihre Arme schützend ausstreckt. Der Text über den Darstellungen lautet:

So sind diese Götter beschaffen.
Sie bewachen ihre «Umstürzler».
Der Größte Gott fügt ihnen ihr Unheil zu,
nachdem er über ihnen vorbeigezogen ist.
Diese «Umstürzler» sind nicht, wenn sie (die Wächter) ihre Nichtseienden niedergemetzelt haben,
ohne daß dieser Gott an dieser Höhle vorbeizieht und zu ihnen spricht.
Sie sind in der Finsternis.
Was (Re) sagt ... (zerstört)
Eure (*Bau*) wandeln hinter (mir),
während eure Leichname an eurem Platz bleiben.

So sind diese Gottheiten beschaffen.
Sie liegen auf ihren Gesichtern (und) ihren Bahren,
ihr Leib und ihre Glieder sind unter ihnen,
Die mit geheimnisvollem Arm hüten sie.
Dieser große Gott ruft ihnen zu, er ruft ihre *Bau* herbei,
und sie wandeln hinter ihm, ihre Leichname (aber) bleiben an ihrem Platz.
Wenn der Größte Gott an ihnen vorbeigezogen ist,
dann umhüllt sie Finsternis.

TEIL D

ERSTES REGISTER

Erste Szene. Im Zentrum befindet sich ein von Schlangen bewachtes Grab mit zwei Registern. Das obere Register zeigt OSIRIS zwischen zwei Grabhügeln; auf dem einen steht ein anbetender *Ba*-Vogel («Der *Ba* des OSIRIS im Westen»), aus dem anderen ragt eine anbetende Göttin («Der Leichnam des GEB»). Im unteren Register strecken ANUBIS und ein anderer Gott («Der Geheimnisvolle») ihre Arme schützend über einen Kasten, («Der geheimnisvolle Kasten»), in welchem man den Leichnam des OSIRIS vermuten darf. Links und rechts knieen, außerhalb des Schreines, je drei geköpfte und gefesselte Feinde. Über ihnen hält ein Gott einen Kessel mit Bestandteilen der Feinde hoch. Rechts heißt der Gott mit dem Kessel «Der von der Strafgrube», umgeben von den beiden Mumien «Der die Leiber verschlingt» und «Der die Leichname verschlingt»; der linke Gott ist «Der vom Kessel», zwischen «Der die Leichname verschlingt» und «Der die *Bau* verschlingt». Über der Szene hält ein Gott zwei «Feuer»-Zeichen in Händen, sowie zwei geköpfte Feinde, deren Blut in die beiden Kessel läuft.

Die erläuternden Texte lauten[11]:

Eintreten (in) den Leichnam dessen «Mit geheimem Wesen» (OSIRIS), der im Verborgenen Raum ist,
durch diesen großen Gott, wenn er eintritt, verborgen und geheim.
(RE sagt:)
O du Leichnam dessen «Mit geheimem Wesen», der im Verborgenen Raum ist,

Abbildung 97 Teil D, 1. Szene

Leichnam dieses Großen, des «Dunkelherzigen» (OSIRIS),
dessen Schrein die, die in der Erde sind, hüten!

O siehe, ich durcheile deinen Schrein,
ich füge Schlimmes zu deinen Feinden!

Du atmest, wenn du meine Stimme hörst,
und mein *Ba* zieht dahin, um dich zu hüten.
Ich rufe die Leichname an, unter denen du bist,
und ihre *Bau* wandeln hinter (mir).
Hei, ich durcheile deinen Schrein,
meine (Neu-)Geburten, sie treten in Erscheinung!
Hei, ich durcheile deinen Schrein,
... (unvollständig)
So sind diese Götter beschaffen,
außerhalb des Verborgenen Raumes,
in welchem der Leichnam des Gottes ist,
(des) OSIRIS-CHONTAMENTI, der in der Erde ist.

(Der Gott mit den Feuerbränden über dem Schrein:)

So ist dieser Gott beschaffen.
Sein Feuer ist in denen, die zwischen seinen Armen sind,
damit er die Köpfe bestraft und die Schatten verbrennt,
(sowie) die Leichname, *Bau* und Körper, die in ihnen (den Armen) sind.
Sie (die Arme) verbrennen sie, während dieser große Gott ihnen ihr Unheil zufügt.
Wenn er an ihnen vorbeigezogen ist, ... (unvollständig)

(Im Grab über OSIRIS:)

So ist dieser Gott beschaffen.
Das Licht seiner «Geheimen» (Sonnenscheibe) tritt ein in das «Geheimnis» (Leichnam),
und fällt herab auf seinen *Ba*.
Sie treten ein in die Erde und leuchten.

(Beim «Kasten» darunter:)

So sind diese Götter beschaffen.
Ihre Arme sind auf dem geheimnisvollen Kasten.

(Bei den «Feinden» auf der rechten Seite:)

So sind diese Feinde beschaffen.
(Sie) werden gestraft außerhalb des Verborgenen Raumes,
sie sind in ihrer Finsternis, ohne Licht.

(Bei den «Feinden» auf der linken Seite:)

So sind diese Widersacher beschaffen,
außerhalb des Verborgenen Raumes.
Der Größte Gott fügt ihnen ihr Unheil zu.

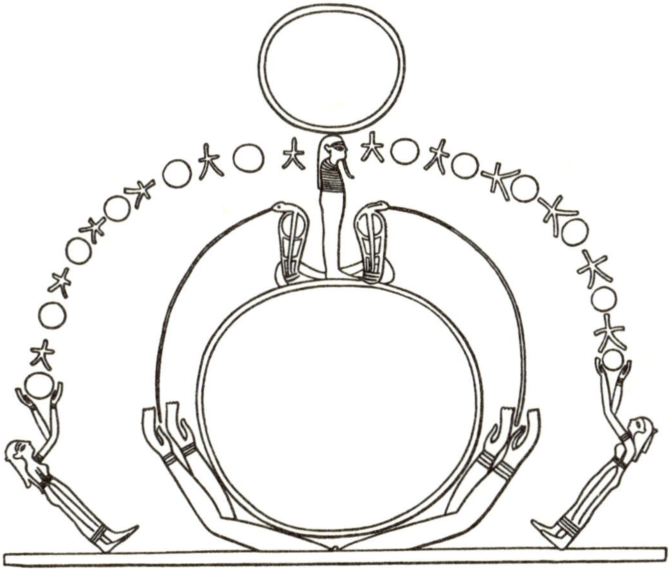

Abbildung 98 Teil D, 2. Szene

Zweite Szene. Ein doppeltes Armpaar, das aus der Tiefe des Urgewässers NUN emporgreift, umfaßt eine große Sonnenscheibe, auf der ein Gott zwischen zwei feuerspeienden *Uräus*-Schlangen steht. Über dem Gott ist eine zweite, etwas kleinere Sonnenscheibe dargestellt und ein Halbkreis aus noch kleineren Sonnenscheiben und Sternen (je zwölf), der die mittlere Scheibe umgibt, ruht auf den ausgestreckten Händen zweier Göttinnen auf. Dazu die Beischriften:

Eintreten (in) den Leichnam, der im NUN ist, hinter den beiden Göttinnen,
durch diesen großen Gott, wenn er den Leichnam passiert
des «Dunkelherzigen», der im Verborgenen Raum ist.
(RE sagt:)
O Leichname des NUN, die in der Erde sind,
die *Bau* atmen, unter denen ihr seid!
O Leichname der beiden Göttinnen, welche die Leichname des NUN hüten,
welche die (Befehle) seines Mundes empfangen, daß die *Bau* der Unterweltlichen atmen!
Hei, reicht mir eure Hand,
ich bin's, der euch Anweisungen gibt!
Hei, reicht mir eure Hand,
seht, ich rufe eure *Bau* an!
Hei, reicht mir eure Hand!

(Über dem Gott, der auf der Sonnenscheibe steht:)

So ist dieser Gott beschaffen.
Er steht über seinem Horizont,
er hütet die Stunden, die hinter seinem *Ba* sind (?).
Wenn er ihnen zuruft, wandeln sie hinter ihm.
Sein Licht gehört ihnen, wenn sie aus dem Leichnam mit

verborgenem Geheimnis hervorkommen.
Dann wandelt dieser große Gott hinter seinen Stunden,
und sie kehren um, damit sie ihre Pflicht tun.
Wenn aber dieser große Gott an ihnen vorbeigezogen ist,
dann verschlingen diese *Uräen* das Feuer, das in ihrem Maul ist.
Nicht können Götter, *Achu* und Tote vorübergehen
an dem Leichnam dieses großen Gottes
wegen der Flammen seiner beiden *Uräus*-Schlangen.

(Bei jeder Hälfte der zwölf Scheiben und Sterne:)
Sechs, die hinter RE wandeln.
Die «Verbergende» streckt die Hand aus gegen die, die sie verbirgt.

(Bei den *Uräen*:)

Die Flammen dieser *Uräus*-Schlange kommen hervor aus dem Feuer dieses großen Horizontes.
Die beiden Arme der «Geheimen» empfangen ihn (RE?).
Die Flammen der *Uräus*-Schlange kommen hervor aus dem Feuer dieses geheimen Horizontes.
Die beiden Arme der «Verborgenen» empfangen ihn.

Dritte Szene. Eine Göttin («Die Geheimnisvolle»), die im wesentlichen dem NUT-Bild im 5. Abschnitt des Höhlenbuches entspricht (vgl. S. 373 ff.). Auf ihren Handflächen hält sie eine Sonnenscheibe und einen widderköpfigen *Ba*-Vogel. Die beiden menschenköpfigen Schlangen, die sie umgeben, haben anbetend erhobene Arme; zwischen ihnen und dem Leib der Göttin sind ein Krokodil und eine Schlange («Der mit schrecklichem Gesicht») dargestellt. Dazu die folgenden Beischriften:

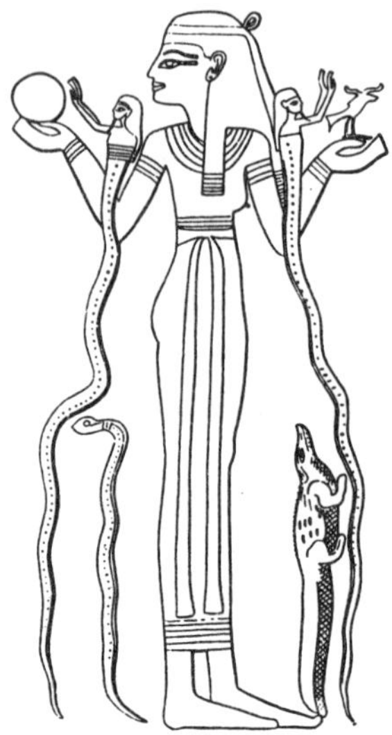

Abbildung 99 Teil D, 3. Szene

So ist diese Göttin beschaffen.
Dieser große Gott wandelt dahin auf ihren beiden Händen,
und (die Schlange) «Der mit dem Kopf» zur Rechten der «Geheimnisvollen» preist den Größten Gott.
Der Kopf der «Geheimnisvollen» ist in der oberen *Dat*,
ihre beiden Füße (aber) in der unteren *Dat*,
und der «Doppelba» [12] passiert ihren Leichnam.
Der Leichnam dieser Göttin, mit verborgenem Platz.
Dieser Gott passiert den Leichnam der «Geheimnisvollen».
Sie ist über (der Schlange) «Mit schrecklichem Gesicht»,
die in der Erde ist, geheimnisvoll, verborgen und finster (?).

(Beim Krokodil:)
Sie (gehen nicht heraus?) aus ihrem Platz,
wegen der Größe des Feuers und der Hitze, die in der Göttin sind.

(Bei der Schlange «Mit schrecklichem Gesicht»:)
So ist dieser «Mit schrecklichem Gesicht» beschaffen,
er schlängelt sich unter den Füßen der «Geheimnisvollen».

Vierte Szene. Die schon bekannte (vgl. S. 429 f.) Darstellung der Sonnenbarke auf dem Rücken des Erdgottes AKER, dem hier zwei *Uräus*-Schlangen beim Tragen helfen. In der Barke wird der widderköpfige Sonnengott vom affenköpfigen THOT und skarabäusköpfigen CHEPRI angebetet. Unter dieser Darstel-

Abbildung 100 Teil D, 4. Szene

lung heben Isis, Nephthys und zwei Königs-Figuren den geflügelten Sonnen-*Skarabäus* empor. Beischriften fehlen, der Text vor diesem Bild scheint zur Osiris-Darstellung im folgenden Register zu gehören.

ZWEITES REGISTER

Fünfte Szene. Der Gott Atum streckt seine Hände schützend über eine liegende Göttergestalt («Der Westliche»), aus welcher der Gott Horus emporsteigt. Hinter dieser Darstellung folgen sieben Schreine mit Göttern, die ihr Gesicht frontal dem Betrachter zukehren und so die Mächtigkeit, die ihnen innewohnt, besonders zur Geltung bringen (vgl. S. 279). Sie haben keine Namen beigeschrieben, sind aber wahrscheinlich «Die mit geheimer Gestalt», die in dem folgenden Text[13] erwähnt werden:

Abbildung 101 Teil D, 5. Szene (Ausschnitt)

Passieren der Leichname der (Götter) «Mit geheimer Gestalt»,

durch diesen großen Gott, wenn er den Leichnam des Osiris passiert
und zu denen spricht, die in seinem Gefolge sind.
Was Re zu Osiris sagt,
(zum) Gottes-Leichnam, der in der *Dat* ist:
O Osiris, Geheimnisvoller,
(du) mit erhöhter Gestalt, mit redendem Leichnam!
O siehe, ich ziehe vorbei an deiner Höhle,
einzig Vollkommener, den der «Westliche» hütet,
(du), um welchen die, die in der *Dat* sind, trauern,
dessen Herz durch meine Stimme atmet!
(O) *Bau*, denen ich befohlen habe, (ihn) zu hüten ... (unvollständig?)

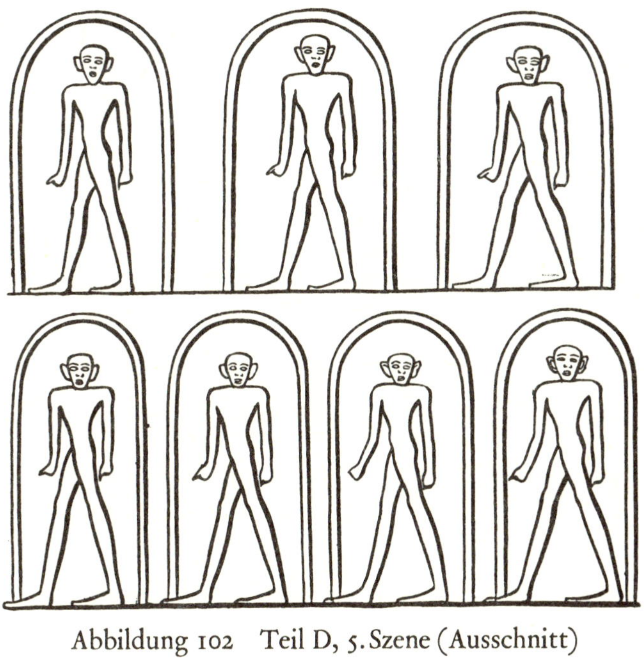

Abbildung 102 Teil D, 5. Szene (Ausschnitt)

Sechste Szene. In einem großen Oval liegt gekrümmt der «Leichnam des OSIRIS», aus dem der falkenköpfige «Leichnam des HORUS» emporsteigt, mit anbetend erhobenen Händen und eine Sonnenscheibe hinter sich. Der «Leichnam der ISIS» und der «Leichnam der NEPHTHYS» strecken ihre Arme schützend zum Oval aus. Nach dem Anruf des OSIRIS im voranstehenden Text wendet sich der Sonnengott jetzt an die beiden Göttinnen:

Was RE zu den Göttinnen sagt, die den Gottes-Leichnam hüten:
(Litanei «O erhebe dich, du von der *Dat*»:)
O erhebe dich, du von der *Dat*,
vertrieben ist die Finsternis, in der du bist!
... dein *Ba* kann verweilen auf deinem Leichnam!
... ich habe veranlaßt, daß du dich mit deinem Gefolge vereinst!
... du bist zufrieden mit dem, was an meinem Haupt ist (der Sonnenscheibe)!
... RE ... (unvollständig)

(Über dem Oval:)

Abbildung 103 Teil D, 6. Szene

So ist dieser große Gott beschaffen
in seinem Oval[14], das in der *Dat* ist.
HORUS kommt hervor aus dem Leichnam seines Vaters,
er preist diesen, der ihn erzeugt hat,
und seine beiden Schwestern vereinen sich mit seinem Leichnam.
Dieser große Gott spricht zu ihm,
wenn er das Licht seiner Sonnenscheibe sieht.

Siebente Szene. Zwischen zwei Hügeln, in denen jeweils eine widderköpfige Mumie liegt, heben zwei Götter den vogelgestaltigen, mit der oberägyptischen Krone versehenen *Ba* des OSIRIS hoch. Davor steht der Text:

Was RE zu den Göttern sagt, die den *Ba* des OSIRIS hochheben:
(O) Götter, ihr Götter, die ihr den *Ba* des OSIRIS hochhebt –
seht, ich ziehe an euch vorbei,
(ich) habe euch eure Gestalten zugewiesen!
Ihr hebt den *Ba* des OSIRIS hoch für ihn,
und die, die in der *Dat* sind, bejubeln den *Ba* des OSIRIS –
du bist ja CHONTAMENTI!

(Über der Darstellung:)

So sind diese Götter beschaffen.
Sie heben den *Ba* des OSIRIS hoch für ihn,
sie preisen (ihn), die zwischen den beiden Hügeln sind,
welche die Leichname der Gefolgsleute des RE enthalten.
Dieser große Gott spricht zu diesen Göttern,
er erleuchtet sie mit dem, was an seinem Haupt ist (der Sonnenscheibe).
Wenn er die Leichname anruft, unter denen er ist,

Abbildung 104 Teil D, 8. Szene

wandeln ihre *Bau* hinter ihm.
Dann umhüllt sie (Finsternis), nachdem er an ihnen vorbeigezogen ist.

Achte Szene. Noch einmal heben «Die Arme des NUN» die Sonnenscheibe empor. Dahinter schreitet der widderköpfige Sonnengott mit dem *Uas*-Szepter in der Hand und einer kleinen Sonnenscheibe vor sich. Es folgen der Gott ATUM und eine *Uräus*-Schlange («Die Flammende») vor einer großen Sonnenscheibe, aus der ein HATHOR-Kopf und eine Schlange hervorkommen (beide anonym). Hinter der Scheibe folgen eine weitere *Uräus*-Schlange («Die Verzehrende») und zwei Götter («Der Packende» und «Der Furchteinflößende»), von denen

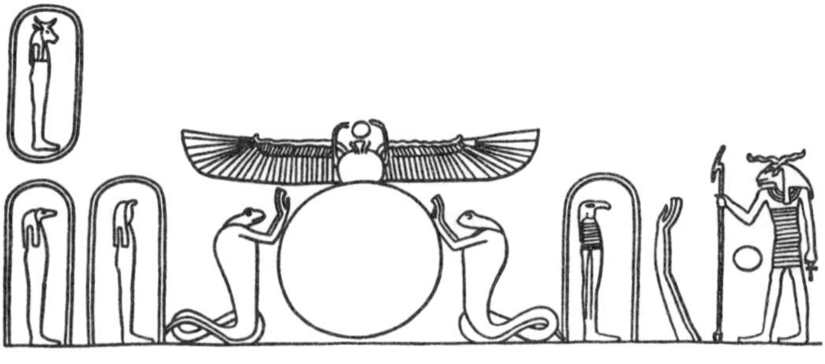

Abbildung 105 Teil D, 9. Szene

der erste die Schlange packt, der zweite seine Arme anbetend erhebt. Dieses Bild hat keinen erläuternden Text.

Neunte Szene. Hinter dem widderköpfigen Sonnengott und seiner Scheibe strecken sich zwei Arme aus der Erde, gegen einen Schrein mit einer vogelköpfigen Mumie («Der mit dem *Ba*»). Es folgt eine große Sonnenscheibe, die auf beiden Seiten von einer *Uräus*-Schlange angebetet wird; aus der Scheibe kommt der geflügelte Sonnen-*Skarabäus* hervor. Zuletzt folgen drei weitere Schreine mit Götter-Mumien; der obere enthält den stierköpfigen «Stier des Westens» (OSIRIS). Ein Text, der dem Bild vorangeht, erläutert die Darstellung:

So sind diese Gottheiten beschaffen.
  Ihre Leichname sind in ihrem Hügel.
Sie befinden sich auf beiden Seiten der Sonnenscheibe,
  wenn sie ihr «Geheimnis» (den *Skarabäus*) gebiert.
Der *Ba* des RE spricht auf seiner Sonnenscheibe,
  er erteilt denen Weisungen, unter denen er ist,
  wegen des Geheimnisses des (Sonnengottes), der im Himmel ist.
Er kommt hervor, verwandelt in diesen Leuchtenden (?),
  seine beiden Arme verwandelt in die beiden Kinder des CHEPRI[15],
  so daß er zufrieden ist mit seinen beiden Flügeln.
Dieser große Gott zieht vorbei an diesen Gottheiten in dieser Weise.
Sie preisen seine Feuersglut,
  und ihre *Bau* wandeln hinter ihm.
Der Größte Gott verwandelt sich,
  er ruft die *Bau* an, unter denen er ist.
Dann umhüllt sie Finsternis.

(Über der Darstellung:)

So sind diese Gottheiten beschaffen.
Sie vereinen sich mit diesem CHEPRI und (mit) seinen Kindern, die in der *Dat* sind.
Die beiden *Uräen* empfangen seine beiden Flügel, die Arme des (Gottes) «Der zur Erde gehört».
«Der mit dem *Ba*» vereint sich mit dem *Ba* des RE,
mit seinen Ältesten, den großen Göttern, seinen Erscheinungsformen.
Wenn er hervorkommt, dann leuchtet er.
Dieser Gott zieht vorbei in dieser Weise an der Höhle des Hügels.

Zehnte Szene. Vor dem widderköpfigen Sonnengott mit der Sonnenscheibe umrahmen vier Ovale mit Gottheiten (darunter der Gott THOT) einen Hügel, der einen nach vorn gebeugten Gott enthält. Dahinter folgen vier widderköpfige Götter, jeder mit einem Verdammten vor sich, der anstelle des Kopfes das «Feuer»-Zeichen trägt. Der Text darüber bezieht sich auf beide Darstellungen:

So sind diese Gottheiten beschaffen.
Sie hüten das Innere des Himmels
und die verborgene *Schetit*, die in der *Dat* ist.
RE spricht auf ihrem Oval,
und der Leichnam atmet, während sie (ihn?) hüten.
RE ruft diese Gottheiten an, während sie hüten.
Ihre *Bau* wandeln hinter ihm,
während ihre Leichname an ihren Plätzen bleiben.
Nachdem er an ihnen vorbeigezogen ist, (umhüllt sie) Finsternis.

Abbildung 106 Teil D, 10. Szene (Ausschnitt)

Was Re (zu) den Göttern sagt, welche die «Brennenden» hüten:

O Götterneunheit, welche die «Brennenden» hütet,
Bau hinter den Leichnamen der *Schetit*,
Wächter der (Feinde), deren Kopf in Finsternis und deren Füße (in Finsternis) sind!
Ihr, die ihr die *Schetit* hütet und leitet,
deren Licht Feuer ist, wenn sie den Westen hüten ... (unklar)!
Ich passiere euch, ihr «Brennenden», die ihr Fackeln tragt!

So sind diese Götter beschaffen.
Sie bewachen die «Brennenden».
Re spricht zu ihnen, er weist ihnen (ihre) Funktionen zu (?),
und sie verschlingen ihre Fackeln (wieder),
nachdem Re an ihnen vorbeigezogen ist.
Ihr Licht ist hinter den *Bau* dieser Götter,
die hinter diesem Gott wandeln, wenn er an der *Schetit* vorbeizieht.

Was Re sagt, wenn er sein «Geheimnis» (Leichnam) passiert,
wenn er vorbeizieht (am) Leichnam des Westens:

O Westen, Westen, der seine Leichname hütet,
(o) Westen, ... (unklar) –
ich passiere euch, ich eile vorbei (an) euch, ihr mit vernichtetem *Ba!*
Heil dir! Ich ziehe (an) dir vorbei!
Du bist es, die das verhüllt, was in ihr ist,
deren Leichnam groß ist, die *Schetit!*

DRITTES REGISTER

Elfte Szene. Eine Darstellung, die der fünften Szene im Register darüber verwandt ist. Auch hier kommt, im Angesicht des widderköpfigen Sonnengottes, ein geflügelter *Skarabäus* aus einer großen Sonnenscheibe hervor, vor sich eine Sonnenscheibe schiebend. Dazu kommt eine Anzahl von Schreinen mit verschiedengestaltigen Göttermumien. Die ersten vier Mumien[16] tragen keine Namen, die nächsten vier, zwischen dem widderköpfigen Gott und der Sonnenscheibe, sind die Leichname des OSIRIS, des GEB, des SCHU und dessen, «Der zum Sarkophag gehört». In den sieben Schreinen hinter der Sonnenscheibe befinden sich die Leichname des CHEPRI (*Skarabäus* als Kopf), der TEFNUT, der NUT, der ISIS (als männliche Gottheit!), des HORUS der *Dat* (falkenköpfig), des HORUS-CHENTI (storchenköpfig) und des ANU[BIS]. Eine einzige kurze Beischrift steht auf der Sonnenscheibe:

So ist dieser Gott beschaffen, auf ihr (der Scheibe),
indem er hervorkommt aus den beiden Flügeln dieses CHEPRI unter ihnen (den Göttern).
Er ist hervorgekommen auf dem «Geheimnisvollen» (*Skarabäus*) aus der «Verborgenen» (Scheibe?).
Dieser RE hat sich in den großen CHEPRI verwandelt im Westen.

Abbildung 107 Teil D, 12. Szene

Zwölfte Szene. Vier Götter halten jeweils einen geköpften, umgedrehten und rot bemalten (blutigen!) «Feind». Die vier strafenden Götter heißen «Der vom Gemetzel», «Der Kopfabschneider», «Groß im Enthaupten» und «Der über dem Enthaupten ist». Die vier Feinde sind alle als «Der Geköpfte» bezeichnet. Die Beschreibung lautet:

So sind diese Götter beschaffen.
Sie bewachen die Leichname ihrer «Geköpften»,
deren Leiber sie umgestürzt haben.
Dieser Gott fügt (ihnen) ihr Unheil zu, ohne daß sie zu ihm sprechen.
Die *Bau* dieser (Götter), die sie bewachen, treten ein hinter diesem Gott.
Dann verbirgt sie Finsternis, nachdem er an ihnen (vorbeigezogen ist).
Ihre Leichname bleiben an ihrem Platz immerdar.

(Der Text über der Darstellung bezieht sich bereits auf die folgende Szene:)

Was RE (zu) den Gottheiten sagt, welche die Flamme hüten:
O Göttinnen, Göttinnen, die ihr die Flamme hütet!
O seht, ich ziehe an euch vorbei,
(ich) rufe euch an in euren Höhlen,
ich weise euch eure Funktionen[17] zu!
Ihr seid ja die mit großem Feuer und brennenden Flammen,
die unter den Feinden im Westen sind!

13. Szene. Vier Göttinnen sind damit beschäftigt, vier als «Feind» bezeichnete knieende, blutigrote Gestalten zu fesseln; jeder der Knieenden trägt ein «Feuer»-Zeichen auf dem Kopf. Dahinter ein weiterer, stehender Feind zwischen zwei strafenden Göttinnen, von denen die eine «Einschlürfende» heißt, die andere einen unklaren Namen trägt. Die vier ersten Göttinnen tragen, ihrer Funktion entsprechend, verschiedene Feuer-Namen. Über der Darstellung steht eine ausführliche Beschreibung:

So sind diese Gottheiten beschaffen.
Sie fesseln die Leichname der Feinde und setzen sie in Flammen.
Dieser große Gott fügt (ihnen) ihr Unheil zu,
nachdem er an ihnen vorbeigezogen ist.
Sie sind in der Finsternis, ohne das Licht zu sehen,
(aber) die Stimme RES ist es, die diese Göttinnen hören,
und sie atmen durch sie.
Diese Göttinnen werfen Feuer unter die Feinde RES,
nachdem er an ihnen vorbeigezogen ist.
Er weist ihnen ihre Funktionen[17] zu.

Was RE sagt, wenn er an dieser geheimen Höhle mit großem Feuer vorbeizieht:
O Geheimnisvolle, (o) ihr mit brennendem Leichnam (im?) Totenreich,

die ihr (in der?) Finsternis bewacht werdet –
o seht, ich ziehe an euch vorbei, Geheimnisvolle,
ich gelange zu der «Mit großem Feuer»!
O ihr, die ihr mich leitet, mich leitet,
o ihr, die ihr mich empfangt, mit großen Geheimnissen –
ihr verschlingt die Flammen, die in (euch) sind,
und (eure) *Bau* wandeln in meinem Gefolge!
Lobpreis euch, wenn ich (an) euch vorbeieile!
Die, unter denen ich bin, jubeln ... (unklar)

VIERTES REGISTER

14. Szene. Zwei Armpaare halten Kessel empor, die Köpfe und Fleisch-Stücke der Feinde enthalten; unter jedem Kessel facht ein feuerspeiender Kopf die Flammen an. Das erste Armpaar sind «Die Arme des Ofens» und «Die Arme der Schlachtstätte», das zweite «Die Arme des Feuers» (dazu eine unklare Bezeichnung). Neben jedem Kessel steht ein Strafdämon mit einem Messer, rechts «Der Schneidende», links «Der Schlächter». In der Mitte des Bildes halten die beiden Göttinnen «Die vom Bart» (?) und «Die vom Herz» ihre Hände schützend über ein großes Herz-Zeichen. Ein beschreibender Text steht hinter dem Bild:

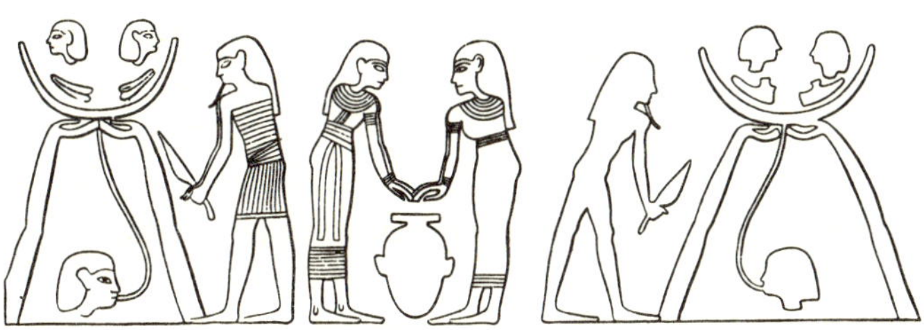

Abbildung 108 Teil D, 14. Szene

So sind diese Gottheiten beschaffen (und?) die Kessel.
Sie werfen die Köpfe in ihre Kessel,
die Leiber und Herzen in ihre Öfen.
Die Schlächter empfangen ihre Messer,
die Göttinnen hüten das ... (unklar).
Jene vier Arme, ihre Götter (nämlich), heben die Kessel hoch,
der Größte Gott entfacht seine Flammen,
und die Göttinnen entfachen ihre Flammen.
Ihre Leichname sind verborgen, wenn sie ihr Feuer auf ihre Öfen schleudern,
die Widersacher ... (unvollständig)

Abbildung 109 Teil D, 15. Szene

15. Szene. Ein Sarg mit einer liegenden Frauen-Gestalt, dem «Leichnam der Vernichtenden»[18]. Über ihm sind sechs Schreine dargestellt, in denen drei Götter und drei Göttinnen anbetend ihre Arme erheben, darunter eine doppelte Personifikation der *Schetit*. Der erläuternde Text steht am Ende des 3. Registers:

Was RE zu dem großen Bild sagt,
das unter den Füßen der *Schetit* ist:
O dieses Bild mit geheimen Erscheinungsformen,
das unter den Füßen der *Schetit* ist –
beuge deinen Arm und mache deine Schulter schmal!

Siehe, ich ziehe vorbei am Leichnam der *Schetit*,
mein *Ba* eilt vorbei an denen, unter welchen du bist!
Die ihr mich selber geboren habt (?) – ich ziehe (an) euch vorbei!
Eure Größe gehört euch, eure Fackeln gehören euch,
möget ihr euer Feuer (wieder) auslöschen!
Wenn ich vorbeiziehe (an) eurer *Schetit*,
seid ihr zufrieden mit dem (Schöpferwort), das in meinem Mund ist.
Ich befehle euch, daß eure Leichname atmen,
ihr jubelt über mich, (und ich) juble über euch.
Ihr seid es, die (Unheil) zufügen ... (unvollständig)

Abbildung 110 Teil D, 16. Szene

16. Szene. Zwei widderköpfige Götter, «Der seinen *Ba* vernichtet» und «Der APOPHIS ausgestreckt hat», packen die APOPHIS-Schlange; ein weiterer widderköpfiger Gott (nochmals «Der seinen *Ba* vernichtet») eröffnet die Darstellung. Unter der Schlange, die Füße in der Erde «verborgen», steht OSIRIS-CHONTAMENTI in einem Schrein, umgeben vom «Leichnam des GEB» und «Leichnam des TATENEN» (mit Federkrone). Zwei Beischriften umrahmen dieses letzte Bild:

So sind diese Götter beschaffen.
Sie hüten diesen, «Der in seinem Erdreich ist» und «Der (in) seiner Ringelschlange ist»,
  die geheimnisvollen Götter, die den CHEPRI verbergen.
RE ruft sie an und erteilt ihren *Bau* Weisungen.
Sie (die *Bau*) wandeln hinter ihm,
  ihre Leichname (aber) bleiben an ihrem Platz.
Dieser große Gott zieht vorbei an der Höhle,
  indem er geheim ist für die, die in (ihr) sind.

Was RE zu den Göttern des Hügels sagt, welche seine Sonnenscheibe hüten:
Es verweilt, es verweilt die Sonnenscheibe in der *Dat*,
  es verweilt ja die Sonnenscheibe im Westen!
Die Arme der (Göttin?) «Mit geheimem Gesicht» erheben (sie).

PROBEN AUS VERWANDTEN TEXTEN

DIE SONNENLITANEI

Auszug aus der *Ersten Litanei*, die 75 Anrufungen an den Sonnengott enthält und mit 74 Erscheinungsformen des Gottes illustriert ist. Text und vollständige Übersetzung bei A. Piankoff: The Litany of Re (Bollingen Series XL 4, New York 1964); zu unserem Auszug vgl. dort Taf. 5 und 6. Die Anrufungen beginnen alle mit dem Vers «Lobpreis sei dir, RE, der du hoch an Macht bist».

(39) Lobpreis sei dir, RE, der du hoch an Macht bist,
dessen Leichnam denen verborgen ist, unter denen er ist –
du bist ja der Leichnam des (Gottes) «Mit verborgenem Leichnam»!
(40) Lobpreis ...
mit machtvollerem Herzen als sein Gefolge,
der die Hitze in der Vernichtungsstätte anordnet –
du bist ja der Leichnam des «Heißen»[1]!
(41) Lobpreis ...
der Vernichtung anordnet und Atmung entstehen läßt
durch seine Erscheinungsform, die in der *Dat* ist –
du bist ja der Leichnam des «Unterweltlichen»!
(42) Lobpreis ...
der mit erhobenem Haupt vor seinem Oval[2],
Leuchtender in der *Schetit* –
du bist ja der Leichnam des «Leuchtenden»!
(43) Lobpreis ...
der mit vereinigten Gliedern, der Leib, der in der Erde ist – du bist ja der Leichnam des (Gottes) «Mit vereinigten Gliedern»[3]!

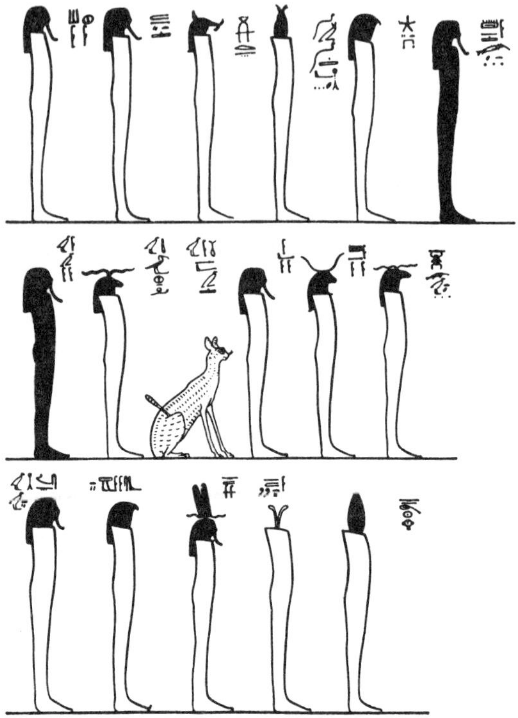

Abbildung 111 Sonnenlitanei, 58. bis 74. Figur

(44) Lobpreis ...
der die Geheimnisse erschafft und die Leichname erzeugt – du bist ja der Leichnam des «Geheimnisvollen»[4]!

DAS NUT-BILD

Die Beischriften zum Bild der Himmelsgöttin NUT im Osireion von Abydos finden sich zum Teil auch im Grab Ramses' IV. und in zwei demotischen Papyri (Carlsberg I und Ia) des 2. Jahrhunderts n. Chr., die einen gelehrten Kommentar zu den kurzen Beschreibungen des fast 1500 Jahre älteren Himmelsbildes geben. Veröffentlicht und übersetzt sind die Texte jetzt, mit allen Varianten, bei O. Neugebauer und R. A. Parker: Egyptian Astronomical Texts, Bd. I, Providence und London 1960, Taf. 44ff. (die hier übersetzten Proben auf Taf. 46 und 48–50).

(L) Die fernen (oder: oberen) Gegenden des Himmels sind in der Urfinsternis. Ihre Grenzen sind unbekannt gegen Süden, Norden, Westen und Osten. Diese (Himmelsrichtungen) sind im Urgewässer befestigt als «Müde»[5]. Dort gibt es kein Leuchten des *Ba*[6], und sein Reich ist den Göttern und *Achu* unbekannt gegen Süden, Norden, Westen und Osten. Nicht gibt es irgendein Licht dort ...

(Aa) Die Majestät dieses Gottes tritt ein (Var.: in ihren Mund) in ihrer ersten Abendstunde[7]. Er ist verklärt, er ist schön in den Armen seines Vaters OSIRIS. Er wird dort gereinigt[8]. Die Majestät dieses Gottes geht lebendig zur Ruhe in der *Dat* in ihrer zweiten Stunde, in der frühen Nacht. Die Majestät dieses Gottes erteilt den Westlichen Weisungen und sorgt (für sie) in der *Dat*[9].

Die Majestät dieses Gottes geht wieder hervor auf Erden, indem er in Oberägypten in Erscheinung tritt[10]. Seine Kraft ist wieder groß, wie bei seiner urzeitlichen Schöpfung. Er ist verwandelt in den Größten Gott in Edfu. Die Majestät dieses

Gottes fährt dahin bis zum Ende des Himmels-Erzes, (nämlich bis zu) ihren beiden Armen[11]. Er betritt ihren ... (unklar) in der Nacht, in der Mitternachts-Stunde, und er fährt dahin in der Dunkelheit, während diese Sterne hinter ihm sind.

(Bb) Die Majestät dieses Gottes tritt ein in ihren Mund im Inneren der *Dat*[12]. Er schließt (sie) danach auf, und er fährt dahin in ihrem Inneren. Diese Sterne[13] treten hinter ihm ein und gehen hinter ihm heraus. Sie eilen zu ihren «Plätzen» (Kulminationspunkten?).

(Dd) Die Urfinsternis, das Himmelswasser der Götter[14], der Ort, aus dem die Vögel kommen[15]. Diese befinden sich an ihrer (der NUT) Nordwestseite bis zu ihrer Nordostseite, die offen ist zur *Dat*, welche auf ihrer Nordseite ist[16]. Ihr (der NUT) Hinterteil ist im Osten, ihr Kopf im Westen[17].

(Ee) Diese Vögel haben Menschengesichter und Vogelgestalt[18]. Einer spricht zum anderen in menschlicher Sprache. Sobald sie gekommen sind, um Kräuter zu fressen und sich in Ägypten zu ernähren, schweben sie herab unter den Strahlen des Himmels und nehmen ihre Vogelgestalt an.

DAS BUCH VOM TAGE

Die Beschreibung des Tageslaufs der Sonne, von J. Assmann als «kosmographischer Begleittext» eines Rituals gedeutet[19], berührt sich in vielen Einzelheiten mit den Unterweltsbüchern, etwa in der Schilderung des Sonnenaufgangs, der APOPHIS-Vertreibung und des Binsengefildes. Das Buch besteht jedoch zum größten Teil aus einer Aufreihung von Gottheiten und ihren Namen, längere Texte sind selten. Wir beschränken uns hier auf zwei Beischriften, die zur Darstellung des Sonnenaufgangs gehören (A. Piankoff: Le livre du jour et de la nuit, Kairo 1942, S. 2–4). Das Bild zeigt unter der Vulva der großen

Abbildung 112 Buch vom Tage: Sonnengeburt

NUT-Darstellung die Sonnenscheibe, gefolgt vom geflügelten Sonnen-*Skarabäus* und einem weiteren Bild der Himmelsgöttin; sie wird, zwischen zwei helfenden Göttinnen, in ungewöhnlicher Vorderansicht gezeigt, ihr schwangerer Leib umschließt die Scheibe mit dem Sonnenkind. Der Gott SCHU, der auch sonst den Himmel über die Erde hochhebt, ist darunter mit erhobenen Armen dargestellt; er steht inmitten einer großen Barke, unter der in kleinerem Maßstab die beiden Sonnenbarken (des Tages und der Nacht) abgebildet sind. Die erläuternden Texte lauten:

Die Majestät dieses Gottes geht heraus
(zur) Stunde, deren Name «Die die Vollkommenheit RES erscheinen läßt» lautet.
Es ist die Stunde «Die sich Harmonie schafft»[20],
(wenn) RE im Land der «Horizontischen» aufgeht.
Schöne Fahrt, um die Menschen (aufs neue) leben zu lassen,
alles Vieh und alles Gewürm, das er (RE) geschaffen hat.
Sie (die Stunde) erhebt sich für die MAAT.
Der König ... N.N. – er betet RE an:
«Geh doch auf, RE, geh doch auf,
damit du (deine) Verwandlungen durchläufst[21]!»
...
RE anbeten und ihn erscheinen lassen
durch die östlichen *Bau*.
Die östlichen *Bau* – das sind vier Götter, welche RE anbeten.
Sie sind es, die RE erscheinen lassen
und die Flügel der vier Tore öffnen
des östlichen Horizontes des Himmels,
damit er (RE) beiderseits erstrahle.
Sie ziehen vor RE dahin,
wenn RE aufgeht, Tag für Tag[22].

DAS BUCH VON DER NACHT

In diesem ausführlichsten Himmelsbuch werden die Phasen der Sonnenfahrt zwischen dem abendlichen «Verschlucken» durch die Himmelsgöttin und der morgendlichen Neugeburt gezeigt und beschrieben. Wie in den Unterweltsbüchern stoßen wir auf Nachtstunden-Bereiche, die durch Pforten gegeneinander abgegrenzt sind. Die Landschaft der Toten mit all ihren vertrauten Motiven leuchtet noch einmal auf, aber dieses Mal in den Leib der Himmelsgöttin verlegt, auch wenn die Darstellung sie unter den langgestreckten, sternbedeckten Leib und unter die Szenenfolge des *Buches vom Tage* verlegen muß. Mumien erheben sich in verschiedenen Stadien der «Auferstehung», Verdammte werden mit Feuer und Schwert gestraft, HORUS begrüßt (wie im *Pfortenbuch*) die verschiedenen Völkergruppen, SIA wendet sich an die Ertrunkenen, und am Ende des Buches heben ISIS und NEPHTHYS die verjüngte Sonnenscheibe empor. Die ausgewählten Proben folgen dem von A. Piankoff veröffentlichten Text (Le livre du jour et de la nuit, Kairo 1942) und setzen die Seitenzahlen dieser Edition in Klammern.

Der *Text zur ersten Nachtstunde* steht über der Darstellung der Sonnenbarke neben den Ellbogen der Göttin[23]:

(35) Lebendig untergehen durch die Majestät dieses Gottes,
  Licht verbreiten und Leuchten in der Finsternis.
Das Himmelstor öffnen im Westen,
  die Fackel lösen im Reich der Verdammten[24].
Das Leitseil des Gottesschiffes empfangen durch die Mannschaft.
  Ovationen darbringen durch die Götter der *Dat*.
Gelangen zur ersten Pforte «Herrin des Taus (?)»,

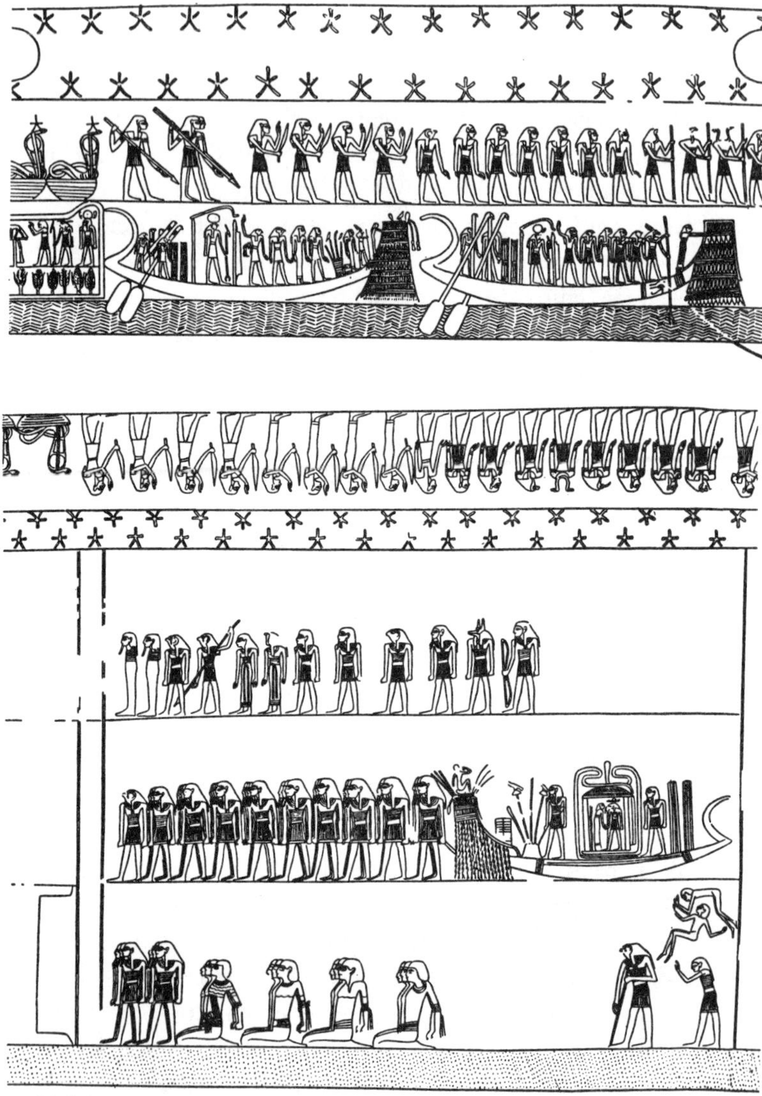

Abbildung 113 Buch von der Nacht: 6. Nachtstunde

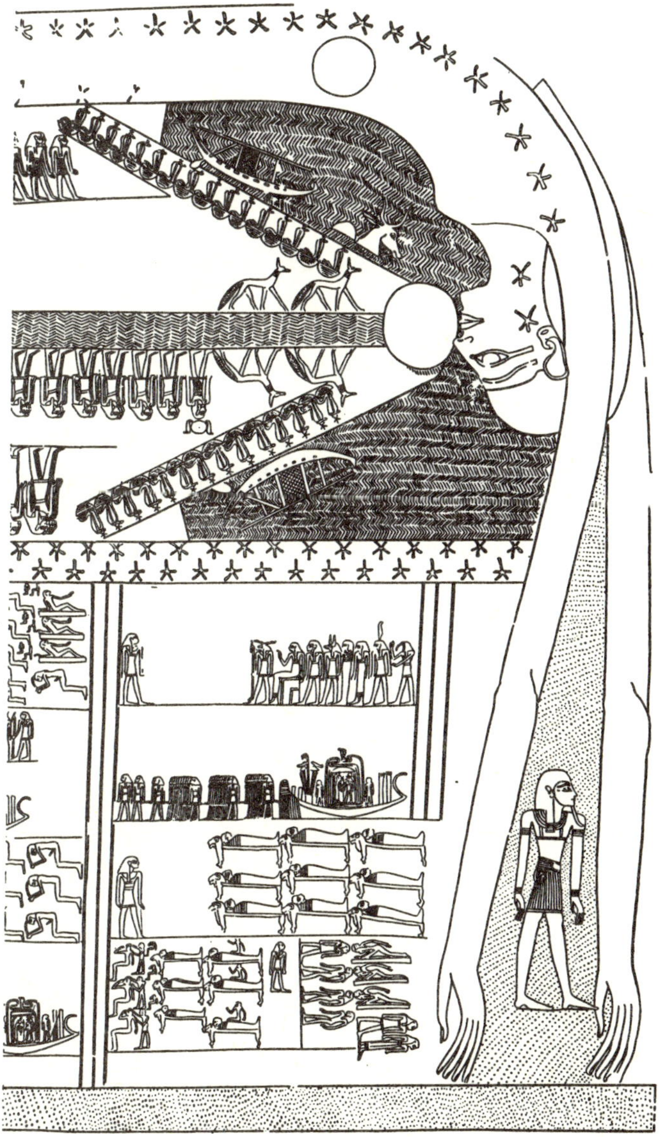

Abbildung 114 Buch von der Nacht: Anfang

und zur zweiten Stunde «Kluge, die ihren Herrn schützt».
Ihr Gott, der in dieser Stunde ist,
als Geleiter dieses Gottes, ist der «Stier der Dämmerung».
Die erste Pforte: «Herrin des Zitterns, mit hohen Mauern,
Oberhaupt und Herrin der Zerstörung,
welche die Angelegenheiten voraussagt und das Wüten fernhält,
welche den Beraubten vor dem schützt, der von ferne kommt,
Herrin des Taus (?)».

Die Darstellungen zur *sechsten Nachtstunde* zeigen im unteren Register, unter der Sonnenbarke, die verschiedenen Völkergruppen im Jenseits; dieses Mal erscheinen sie, im Gegensatz zum *Pfortenbuch* (vgl. S. 233 f.), als gefesselte «Feinde». Nur die beiden ersten Gruppen stehen aufrecht da; es sind die «Menschen» (also die Ägypter selbst) und die «Menschen der Wüste» (Oasenbewohner?). Dahinter folgen, knieend und gefesselt, die Neger, die Nubier (*Medjai*), die Libyer und die Asiaten. HORUS, auf einen Stab gelehnt, wendet sich an sie (vor einer symbolischen Darstellung der Neubelebung):

(52) Was HORUS für seinen Vater OSIRIS getan hat:
«Eintreten» lassen (bestatten), den Gott verklären, die Binde ersetzen[25].
(HORUS spricht:)
Ihr seid die Widersacher,
die Einschnürung (Var.: Tod) verursacht haben gegen meinen Vater OSIRIS ...[26]

Der *Text zum Sonnenaufgang*, mit dem das Buch schließt, lautet:

(80) Herauskommen aus der *Dat*,
sich niederlassen in der Morgenbarke.
Den *Nun* befahren zur Stunde des RE
«Die die Vollkommenheit ihres Herrn schaut»[27].
Sich verwandeln in CHEPRI,
aufsteigen zum Horizont.
Eintreten in den Mund,
herauskommen aus der Scheide.
Aufleuchten in der Türöffnung des Horizontes
zur Stunde «Die die Vollkommenheit RES erscheinen läßt»[28],
um den Lebensunterhalt der Menschen zu schaffen,
des Viehs und allen Gewürms, das er (RE) geschaffen hat.

ANMERKUNGEN

ZUR EINLEITUNG

[1] Zur Verbindung zwischen Wirtschaft und Totenkult siehe S. Morenz, Prestige-Wirtschaft im alten Ägypten, Sitzungsberichte der Bayerischen Akademie der Wissenschaften, Philos.-hist. Klasse, 1969, Heft 4.

[2] Dazu H. Kees, Totenglauben und Jenseitsvorstellungen der alten Ägypter, 2. Aufl. Berlin 1956, und H. Bonnet, Reallexikon der ägyptischen Religionsgeschichte, Berlin 1952, s. v. Jenseitsglaube.

[3] Beispiele und Belege geben die in der vorigen Anmerkung genannten Darstellungen von Kees und Bonnet. Die Pyramidentexte werden nach der Ausgabe von Kurt Sethe, Die altägyptischen Pyramidentexte (4 Bände, 1908–1922, Nachdruck 1960) zitiert; die neueste vollständige Übersetzung gibt R. O. Faulkner, The Ancient Egyptian Pyramid Texts, 2 Bände, Oxford 1969.

[4] Siehe Kees a. O. (Anm. 2), S. 21 ff., und J. Vandier, Manuel d'archéologie égyptienne, Bd. I, Paris 1952, S. 680 f. Zur Bedeutung des «Westens» in den Pyramidentexten Kees a. O., S. 60 ff.

[5] Vgl. den Artikel «Amentet» im Lexikon der Ägyptologie, Wiesbaden 1972 ff.

[6] E. Hornung, Das Grab des Haremhab im Tal der Könige, Bern 1971, S. 26.

[7] Der historische Abschnitt der Lehre für König Merikarê, Sitzungsberichte der Bayerischen Akademie der Wissenschaften, Philos.-hist. Klasse, 1936, Heft 8, S. 14.

[8] RdE 6, 1951, S. 34 Anm. 1.

[9] Zitiert nach der Ausgabe von Adriaan de Buck, The Egyptian Coffin Texts, 7 Bände, Chicago 1935–1961. Eine Übersetzung des gesamten Corpus fehlt.

[10] Eine genauere Erläuterung der Zusammenhänge wird mein Beitrag zur Gedenkschrift für S. Morenz (ZÄS 99/100) bringen.

[11] Der Text des Buches findet sich im 6. und 7. Band der Edition von de Buck (Anm. 9). Eine Übersicht des Inhalts gibt Kees a. O. (Anm. 2),

S. 287–302, eine Bearbeitung ist von L. H. Lesko zu erwarten, vgl. seinen Aufsatz über den Aufbau des Buches im Journal of the American Oriental Society 91, 1971, S. 30–43.

12 H. Altenmüller unterscheidet daher zwischen Jenseits*führern* und Jenseits*büchern*, siehe seinen Überblick im Handbuch der Orientalistik, 1. Abt., 1. Band, 2. Abschnitt (Ägyptologie/Literatur), 2. Aufl., Leiden 1970, S. 69–81.

13 So Kees a.O. (Anm. 2), S. 302.

14 Bonnet a.O. (Anm. 2), S. 350. Die ältere Forschungsgeschichte habe ich am Beispiel des *Amduat* nachgezeichnet in: Das Amduat. Die Schrift des Verborgenen Raumes, Teil I, Wiesbaden 1963, S. VIIf.

15 E. Thomas, The Royal Necropoleis of Thebes, Princeton 1966. Für einen Überblick vgl. E. Hornung, Das Tal der Könige, Bild der Wissenschaft 5, 1968, S. 774–783.

16 Für eine Frühdatierung, eventuell bis in das Alte Reich hinauf, tritt H. Altenmüller in seinem Anm. 12 genannten Überblick ein; vgl. auch: ders., Zur Überlieferung des Amduat, Jaarbericht Ex Oriente Lux 20, 1968, S. 27–42.

17 Dazu A. Piankoff, BIFAO 62, 1964, S. 147–149.

18 E. Hornung, Die Grabkammer des Vezirs User, NAWG 1961, Nr. 5.

19 Mit einem ursprünglichen Ritual, das sekundär umgearbeitet wurde, rechnet J. Assmann, Der König als Sonnenpriester, Abhandlungen des Deutschen Archäol. Inst. Kairo, Ägyptologische Reihe 7, 1970, vor allem S. 57 mit Anm. 3.

20 Vgl. die Anm. 6 genannte farbige Veröffentlichung des Grabes.

21 A. Piankoff, BIFAO 56, 1957, S. 189–200.

22 A. Piankoff, The Shrines of Tut-Ankh-Amon, New York 1955 (auch als Harper Torchbook, 1962), Fig. 41 und 42.

23 B. H. Stricker, De grote zeeslang, Leiden 1953; L. Kákosy, Oriens Antiquus 3, 1964, S. 15–25.

24 Vgl. S. 54. Die danebenstehenden Totenbuch-Sprüche werden dagegen in der gewöhnlichen Hieroglyphenschrift gegeben.

25 Die «Kosmographie», die sich in beiden Gruppen ausprägt, findet ihren Niederschlag auch in den Sonnenhymnen, vgl. dazu J. Assmann, Liturgische Lieder an den Sonnengott, Berlin 1969, und ders., Der König als Sonnenpriester (oben Anm. 19). Zu der weiteren Vorstellung, wonach die Sonne den Leib eines Krokodils (als Verkörperung des Urgewässers) durchfährt, siehe zuletzt E. Brunner-Traut in: Festschrift für Siegfried Schott, Wiesbaden 1968, S. 32ff. Die isolierte, mit dem Buch von der Erde verwandte Szene ist hier nicht behandelt.

26 O. Neugebauer und R. A. Parker, Egyptian Astronomical Texts, 3 Bände, Providence und London 1960–1969. Das Nut-Bild ist im ersten Band bearbeitet.

27 H. O. Lange und O. Neugebauer, Papyrus Carlsberg No. I. Ein hieratisch-demotischer kosmologischer Text, Kopenhagen 1940; bei Neugebauer und Parker a.O. (Anm. 26) im ersten Band neu übersetzt und kommentiert.

28 Beide veröffentlicht: A. Piankoff, Le livre du jour et de la nuit, Kairo 1942.

29 Ch. Maystre, Le livre de la vache du ciel, BIFAO 40, 1941, S. 53–115, und A. Piankoff, The Shrines of Tut-Ankh-Amon (vgl. Anm. 22), S. 26–37.

30 A. Piankoff, The Litany of Re (Bollingen Series XL 4), New York 1964.

31 E. Bergmann, Das Buch vom Durchwandeln der Ewigkeit, Wien 1877; W. Wreszinski, ZÄS 45, 1908, S. 111–122.

32 Elfenbein-Kamm des Königs Djet, veröffentlicht von R. Engelbach, ZÄS 65, 1930, S. 115f., und seitdem oft abgebildet.

33 Zu den Kategorien ägyptischen Denkens vgl. E. Hornung, Der Eine und die Vielen. Ägyptische Gottesvorstellungen, Darmstadt 1971, vor allem S. 233ff.

34 Übersetzung von M. Krause in: Die Gnosis, Band II: Koptische und mandäische Quellen (Die Bibliothek der Alten Welt, Reihe Antike und Christentum), Zürich und Stuttgart 1971, S. 108 (§ 67).

35 Lehre für Merikarê, Zeile 55: A. Volten, Zwei altägyptische politische Schriften, 1945, S. 26.

36 Eine knapper gestaltete Parallele gibt die 76. Szene.

37 Dazu und zum folgenden E. Hornung, Der Eine und die Vielen (Anm. 33), S. 166ff. («Die ontologischen Grundlagen»).

38 Im oberen Register der 7. Stunde, vgl. auch Pfortenbuch, 56. Szene. In der Schreibung wird die Vogel-Gestalt schon seit frühester Zeit verwendet. Zum *Ba*-Begriff liegen jetzt zwei Untersuchungen vor: E. M. Wolf-Brinkmann, Versuch einer Deutung des Begriffes ‹*b3*› anhand der Überlieferung der Frühzeit und des Alten Reiches, Freiburg i. Br. 1968, und L. V. Žabkar, A Study of the Ba Concept in Ancient Egyptian Texts, Chicago 1968.

39 Die Belege bei B. George, Zu den altägyptischen Vorstellungen vom Schatten als Seele, Bonn 1970, wo dieser Unterschied zum *Ba* jedoch nicht herausgearbeitet wird.

40 Vgl. E. Hornung, Die Bedeutung des Tieres im alten Ägypten, Studium Generale 20, 1967, S. 69ff., vor allem S. 80.

41 Dazu ausführlich J. Zandee, Death as an Enemy, Leiden 1960, und E. Hornung, Altägyptische Höllenvorstellungen, Abhandlungen der Sächsischen Akademie der Wissenschaften zu Leipzig, Philol.-hist. Klasse, Band 59, Heft 3, Berlin 1968.

42 Vielleicht in der Grundbedeutung «Der mit zerfurchtem, rauhem Gesicht» (siehe W. Westendorf, MDIK 15, 1957, S. 297), wobei «Gesicht» wieder soviel wie «Aussehen» bedeutet.

43 Dazu E. Hornung, Der Eine und die Vielen (Anm. 33), S. 143ff.

44 Am gleichen Ort, S. 85–87, mit weiterer Literatur und Abgrenzung gegen den Synkretismus.

45 In diesem Phänomen zeigt sich allerdings mehr eine «Spezialisierung», denn die himmlische Jenseitshoffnung ist im gleichen Grab Ramses' VI. im Buch vom Tag und von der Nacht gestaltet!

46 Dazu E. Hornung a.O. (Anm. 33), S. 223ff. («Der Ort der Götter»).

47 G. Fecht, Literarische Zeugnisse zur «Persönlichen Frömmigkeit» in Ägypten, Abhandlungen der Heidelberger Akademie der Wissenschaften, Philos.-hist. Klasse, 1965, Heft 1; eine Liste der metrischen Regeln dort S. 28–38.

ZUM «AMDUAT»

1 Hier werden die Grenzen der Unterwelt genannt; «Horn des Westens» ist ein singulärer Ausdruck, während «Urfinsternis» die chaotisch-finstere Welttiefe meint, die schon vor der Schöpfung da war.

2 Bezeichnung für Selige und Verdammte. Die Verse davor spielen auf den Dialog zwischen dem Sonnengott und den Toten an.

3 Zur Begründung dieser Übersetzung vgl. K. Sethe, Übersetzung und Kommentar zu den altägyptischen Pyramidentexten V 18f.

4 Als Erscheinungsform der Hathor, die sonst im *Amduat* nicht erscheint. Zur Barken-Besatzung vgl. auch S. 26f.

5 Diesen Beinamen führt vor allem Thot, siehe J. Assmann, Liturgische Lieder an den Sonnengott, Berlin 1969, S. 154 (8).

6 Anspielung auf die widderköpfige Gestalt, in welcher der Sonnengott im *Amduat* erscheint. Die folgenden «Toten» sind feindliche, verworfene Wesen, welche das Jenseitstor nicht passieren dürfen (vgl. S. 43).

7 Das Wort bezeichnet eigentlich die sichtbar-gegenwärtige, körperliche Erscheinung des Königs oder eines Gottes.

[8] Die folgenden Verse zählen noch einmal die einzelnen Wesen (oder Gruppen von Wesen) dieser Stunde mit ihren Funktionen auf. Die «beiden Töchter» sind die beiden Maat-Göttinnen.

[9] Es folgt ein unklares Wort.

[10] Gemeint sind die «Aufenthalte» des Sonnengottes in den einzelnen Nachtstunden.

[11] Sinn: Er wird Macht haben über die vier Windgötter.

[12] Mit *Wâdi* (Wüstental) kann die ganze Unterwelt bezeichnet werden (etwa CT I 64b oder Lehre des Anii IV 14) – hier zeigt sich das Jenseits als weltumringende Wüstenregion.

[13] Im Gegensatz zum Wüsten-Aspekt der vorigen Anmerkung ist hier das Jenseits als fruchtbares Baumland verstanden, vgl. zu entsprechenden Anspielungen in den Sargtexten und im Totenbuch H. Grapow, ZÄS 77, 1942, S. 70f.

[14] Anspielung auf das Herabsteigen des Sonnengottes vom Himmel in die Unterwelt als nicht mumifizierter, seiner Funktionen mächtiger Leib («Fleisch»).

[15] Gemeint ist die Überwindung des Apophis (S. 45ff.). Der folgende Vers spielt auf die Vereinigung des Gottes mit seinem Leichnam an.

[16] Die *Uräus*-Schlange, die als lebende Fackel die unterweltliche Finsternis erhellt.

[17] Die Vereinigung von *Ba* und Körper als Ziel der Jenseitsfahrt.

[18] Durch seine beiden leuchtenden «Augen» (siehe die folgenden Verse) bringt Re den Tag in die Unterwelt hinab.

[19] E. Edel, ZÄS 96, 1969, S. 14.

[20] Anspielung auf die Osiris-Figuren im unteren Register, zudem befinden wir uns hier im «Gewässer des Osiris».

[21] H. W. Fairman, ASAE 43, 1943, S. 259f.

[22] Zur Übersetzung «Ichneumon» siehe E. Brunner-Traut, NAWG 1965, S. 152.

[23] Gemeint sind wohl die Schakale, welche in späteren Darstellungen die Sonnenbarke ziehen; in den Unterweltsbüchern werden sie nicht abgebildet.

[24] Vgl. S. Schott, NAWG 1964, S. 29.

[25] Osiris (als Chontamenti der «Erste der Westlichen») erhält die Schöpferkräfte zugewiesen, die den Sonnengott begleiten (vgl. S. 27).

[26] Anspielung auf die seligen Verstorbenen, die durch ihren Tod zu «Osiris» werden?

[27] Diese Verse scheinen eine schematische Dreiteilung der Person vor-

zunehmen: der *Ba* gehört zu Re (im Himmel), die bildhafte Gestalt ist auf Erden, der *Ach* in der nächtlichen Unterwelt.

28 Der abweichende Anfang weist auf den besonderen Charakter dieser Stunde hin, die sich durch besondere Finsternis auszeichnet und mit ihrer Sandregion die Fahrt der Sonnenbarke hindert.

29 Anubis als der Gott, der für den einbalsamierten Leichnam Sorge trägt, vgl. S. 49f.

30 In der dichten Finsternis können der Sonnengott und die Wesen dieser Sandregion einander nicht sehen, sondern nur akustisch wahrnehmen.

31 Zur Deutung siehe C. J. Bleeker, Egyptian Festivals, Leiden 1967, S. 66. Sokar vertritt hier Horus.

32 Nach den Beischriften zum Nut-Bild im Osireion von Abydos (oben S. 485) verwandelt sich der Sonnengott morgens in die Gestalt des Horus von Edfu, das heißt in den geflügelten *Skarabäus*.

33 Anspielung auf das Sokar-Oval im unteren Register.

34 Die Göttin am Ende des oberen Registers.

35 Die Übersetzung «Aufgabe» folgt J. Assmann, Liturgische Lieder (Anm. 5), S. 212.

36 «An Land bringen» kann übertragen auch «bestatten» heißen – die im Wasser treibenden und verwesenden Leichname werden nachträglich bestattet.

37 Zur Bedeutung des «Kastens» siehe zuletzt J. C. Goyon, Kêmi 18, 1968, S. 40ff., und M. Heerma van Voss, Een mysteriekist ontsluierd, Leiden 1969.

38 Die Schlange soll den Sonnengott passieren lassen.

39 Anspielung auf den *Skarabäus*-Käfer in der Mitte des Registers.

40 So nach J. Assmann, Liturgische Lieder (Anm. 5), S. 138 (4).

41 Zu dieser Verbindung jetzt M. Münster, Untersuchungen zur Göttin Isis, Berlin 1968, S. 104.

42 Eine ausführliche Deutung gibt S. Schott, Zum Weltbild der Jenseitsführer des neuen Reiches, NAWG 1965, Nr. 11.

43 Der Affenkopf könnte auf Thot als Mittler hinweisen. Die Schlange selbst wird seit den Pyramidentexten oft im Schlangenzauber genannt.

44 Vgl. Anm. 42.

45 So wohl richtiger, als «Herrin der Unterweltlichen», vgl. J. Vercoutter, BIFAO 46, 1947, S. 154f.

46 Hier werden die Kronen und Uräen als *Bau* bezeichnet. Das als «unteres Ende» übersetzte Wort im folgenden Vers meint sonst die «Kralle» oder «Klaue» von Tieren.

47 Vielleicht Isis, siehe J. Vandier, Le Papyrus Jumilhac, Paris 1961, S. 76–78.

48 Bezeichnung und Darstellung weisen bereits auf die *Uroboros*-Schlange, die in ihrer vereinfachten, endgültigen Gestalt erst unter Tutanchamun dargestellt wird (siehe S. 23). Das Motiv der Mumie, die von einer Schlange umringelt wird, bleibt bis zu den magischen Gemmen in Gebrauch: D. Wortmann, Bonner Jahrbücher 166, 1966, S. 91f.

49 Zum Krokodil als Verkörperung des *Nun*, also des Urgewässers, in dem sich der Tote verjüngt, siehe L. Kákosy, MDIK 20, 1965, S. 116–120.

50 Sie sollen die Vereinigung des Körpers mit *Ba* und Schatten (S. 36ff.) ermöglichen, nach dem Vorbild, das der Sonnengott gibt.

51 Die Schlangenstäbe dieser «männlichen» Neunheit, zu der keine Göttinnen gehören, speien Feuer.

52 Nun und Tatenen erscheinen auch im *Buch von der Erde* nebeneinander (S. 444) – das in der Erdtiefe lokalisierte Urgewässer wird unter den Schutz des «Erdgottes» gestellt.

53 In der neuen Gestalt, welche die Sonnenbarke von nun an zeigt, wird der Schrein des Gottes von der Schlange Mehen schützend umringelt.

54 Die Sonnenbarke ist von Apophis zum Stillstand gebracht und kann nur durch Zauberkraft weiterfahren; ihr Fahrwasser hat der schlangengestaltige Feind eingeschlürft (vgl. S. 45f.).

55 So nach Wb V 447, 3. Gemeint ist das stabähnliche Gebilde in seinem Schoß.

56 Das «Zählen» meint, wie auch sonst in den Unterweltsbüchern, ein Überprüfen des Körpers auf Vollständigkeit und Unversehrtheit.

57 Anspielung auf eine «Vernichtung» des Apophis im irdischen Ritual, wie sie aus dem Apophisbuch des *Papyrus Bremner-Rhind* bekannt ist.

58 Die Sonnenbarke muß ihre Fahrtrichtung ändern, um die gefährliche Sandbank des Apophis (vgl. *Pfortenbuch*, 89. Szene, und das Buch vom Tage, 6.–9. Stunde) zu umgehen.

59 Re verbirgt sein besonders gefährdetes «Auge», die Sonnenscheibe, damit der Feind es nicht beschädigen kann. Von einem «Verschlingen» des Sonnenauges durch eine Schlange spricht bereits ein Text des Mittleren Reiches (J. Vandier in: Festschrift für Siegfried Schott, Wiesbaden 1968, S. 124).

60 Wenn Apophis die Fahrbahn der Sonnenbarke austrinkt, beraubt er auch den Toten des lebensnotwendigen Wassers.

61 Hinweis von A. Rupp (in seiner noch ungedruckten Habilitationsschrift «Vergehen und Bleiben», die sich im 2. Teil auch mit Inhalt und Form der Unterweltsbücher auseinandersetzt).

62 Ein Krokodil über einem Hügel oder Schrein und einem menschlichen Kopf wird auch sonst dargestellt, etwa in der Fayence-Plastik Berlin 22 729 (Hinweis Christine Seeber) oder auf Horus-Stelen (K. C. Seele, JNES 6, 1947, S. 45 mit Tafel I).

63 Vgl. zu diesen beiden komplementären Formen des Sonnengottes E. Brunner-Traut, Spitzmaus und Ichneumon als Tiere des Sonnengottes, NAWG 1965, Nr. 7 (unsere Stelle dort S. 151).

64 Dargestellt sind also nicht die unsichtbar im Sand der Höhlen verborgenen Leichname, sondern die «Bilder» der Gottheiten. Zu der sehr differenzierten Bild-Vorstellung der Ägypter vgl. O. Loretz, Die Gottebenbildlichkeit des Menschen, München 1967, S. 123–156.

65 Nämlich zu den «Bildern», die Erscheinungsformen des Sonnengottes sind.

66 Darauf weisen die menschlichen Köpfe, mit denen die Zeichen oben versehen sind. Auch sonst deutet der Ägypter bei unbelebten Gegenständen die Personifizierung durch einen Menschenkopf an.

67 Die vier Sonnenwidder begegnen auch in der einen Gestalt des vierköpfigen Widders (seit Medinet Habu: B. van de Walle, Bibliotheca Orientalis 22, 1965, S. 156).

68 Anspielung auf die Ruderer im Mittelregister, die hier exemplarisch während einer Fahrtpause gezeigt sind. Das «Verweilen» geschieht ja in jeder Nachtstunde aufs neue!

69 Den im Totengericht verworfenen Toten, wie dem reichen Mann im demotischen *Setna-Roman*, nützt die ordnungsgemäße Bestattung als Mumie nichts.

70 Die voranstehenden Verse beschreiben die Haltung der einzelnen Gruppen.

71 Anspielung auf das Schicksal des Osiris, der nach seinem gewaltsamen Tod im Nil dahintreibt.

72 Vgl. die 2. und 3. Szene des oberen Registers.

73 Zur Deutung vgl. S. Schott, NAWG 1965, S. 193f.

74 Übersetzung nach Wb IV 77,8–9.

75 Sais, schon seit dem Alten Reich Ziel einer rituellen Bootsfahrt des Toten (J. Settgast, Untersuchungen zu altägyptischen Bestattungsdarstellungen, 1963, S. 65ff. und 99ff.), ist hier als jenseitiger Ort verstanden, wie es im Jenseits auch ein Heliopolis und andere irdische Orte gibt.

76 S. Schott, Göttingische Gelehrte Anzeigen 218, 1966, S. 278.

77 Zwei von den vier Urgötter-Paaren, die bei der Weltschöpfung eine wichtige Rolle spielen (dazu K. Sethe, Amun und die acht Urgötter von Hermopolis, Berlin 1929). Die beiden gleichen Paare sind auch im *Buch von der Nacht* zugegen, wo sich die Weltschöpfung, wie hier im *Amduat*, beim morgendlichen Sonnenaufgang wiederholt.

78 Gemeint ist wohl, daß sie mit den lebenden Fackeln ihrer Schlangen weiter Licht spenden, auch wenn die Sonne zum Himmel emporgestiegen ist (vgl. die folgenden Verse).

79 Isis und Nephthys, welche die Sonne (als *Ba* ihres Bruders Osiris!) am Morgen emporheben. Im *Pfortenbuch* sind beide als Schlangen am letzten Tor der Unterwelt dargestellt.

80 Zur Verbindung von Türkis und Sonnenaufgang (schon in den Sargtexten) siehe J. Assmann, Liturgische Lieder (Anm. 5) S. 127 (5).

81 H. Carter, The Tomb of Tut Ankh Amen, Bd. III, London 1933, S. 53 mit Taf. LIX B.

82 Der «eigentliche Leib» ist im Unterschied zum «Leichnam» der nicht mumifizierte, aller Lebensfunktionen mächtige.

83 Vgl. das «Bild» des Osiris am Ende des Registers. Die Übersetzung ist nach J. Assmann, Liturgische Lieder (Anm. 5), S. 48 (11) verbessert.

84 Der Sonnenaufgang wird als Wiederholung der Schöpfung gedeutet (vgl. S. 34).

ZUM «PFORTENBUCH»

1 Die Entstehung der Menschen aus dem Auge des Sonnengottes ist seit den Sargtexten belegt, vgl. zu dieser Vorstellung E. Hornung, Der Eine und die Vielen, Darmstadt 1971, S. 141f. Der Ägypter benutzt dabei ein Wortspiel zwischen den Wörtern für «Mensch» und «Träne».

2 Alles Geschaffene ist sterblich und muß zum «Verborgenen Platz» der Unterwelt hinab. Das Schlüsselwort, das mit «entrückt» übersetzt ist, heißt eigentlich «auswählen», muß hier aber negative Bedeutung haben.

3 Gemeint ist die Fürsorge für die Unterwelt, in die das «Auge» des Gottes, die Sonnenscheibe, hinabsteigt.

4 Die beiden Pfähle (als Anzeichen für die Gegenwart des Sonnengottes?) haben eine Parallele in den noch nicht eingeordneten Szenen der Tutanchamun-Schreine (S. 23).

5 Das Ende des Verses ist unklar.

[6] Das strafende, feuersprühende Sonnenauge wendet sich gegen die, welche die Ordnung gestört haben, wie es ausführlich im *Buch von der Himmelskuh* (oben S. 25) geschildert wird.

[7] Das Beiwort meint die «spezifisch nächtliche Erscheinungsform des Sonnengottes»: J. Assmann, Liturgische Lieder an den Sonnengott, Berlin 1969, S. 146 (8). Darstellungen der Königsgräber bilden den Sonnengott öfter in seiner Sonnenscheibe ab.

[8] Anspielung auf die Versorgung der seligen Toten in der Unterwelt, wie sie der Opfer-Vermerk am Ende der meisten Szenen betont.

[9] Damit könnte der (stets männliche) Schlangenwächter gemeint sein, oder Osiris als «Der mit verborgenem Namen».

[10] Oder «vertreiben»; die Schreibung scheint verderbt.

[11] Um dort ihre Opferspeisen in Empfang zu nehmen, die sich nach dem Text der vorangehenden Szene im Tor befinden.

[12] Anspielung auf die Ambivalenz des «Feuersees» (S. 44).

[13] Wie im *Amduat* (12. Stunde, 1. Szene) «löst» das Licht die in der Finsternis der Unterwelt gefesselten Toten.

[14] Durch diese Formulierung wird die Einheit von Vater und Sohn betont. Als «Sohn» tritt Atum in die Rolle des Osiris-Sohnes Horus ein.

[15] «Die keinen Untergang kennen» sind sonst die Zirkumpolarsterne. Zur folgenden Formulierung vgl. J. Assmann a.O. (Anm. 7), S. 136.

[16] Wortspiel mit dem Namen der Schlange, welche die Mumien-Schreine bewacht.

[17] Das Wort für «See» kann auch einen «Bezirk» bedeuten, der neben Wasser noch fruchtbare Felder umfaßt. Zum «Feuersee» vgl. S. 44.

[18] Das Sonnenauge kann sein Feuer, mit dem es leuchtet, auch gegen feindliche Wesen «schießen».

[19] Möglich ist auch die Übersetzung «Der Gott ist zufrieden mit dem, was er geschaffen hat», vielleicht liegt ein bewußter Doppelsinn vor. Die voranstehenden Verse spielen auf die Begleiterscheinungen der Theophanie an, die stets vom «Beben» der Erde begleitet ist.

[20] Die «Erdbarke» der 11. Szene.

[21] Sie ist in der folgenden Szene dargestellt.

[22] Ob die Sonnenbarke gemeint ist, in der die *Bau* der Toten «gefangen» sind?

[23] Vgl. Wb V 516. Gemeint ist wohl, daß sie über das verfügen, was von den Opfern übrigbleibt. Ein «See der Schakale», in welchem sich Re reinigt, begegnet bereits in den *Pyramidentexten* (§ 457).

[24] Mit ihrer drohenden Stimme verscheuchen sie die Toten, die trinken wollen – ein Motiv, das an die Hades-Schilderung der *Odyssee* erinnert.

[25] Vgl. das «Tor, das den «Müden» (Osiris) verhüllt» im *Papyrus Westcar* 7,26.

[26] Die Stundengöttinnen als Personifikationen von Zeitabschnitten. Die folgenden Verse ordnen jede Göttin einer Pforte der Unterwelt zu und weisen wohl darauf hin, daß die Stundengöttin vor dem Sonnengott dahinzieht.

[27] Der ungewöhnliche Ausdruck bezeichnet das Wiederaufleben des Osiris.

[28] Sie teilen die Mahlzeiten des Osiris in seinem Schrein.

[29] Das Ackermaß?

[30] Zu diesem alten Topos (die Menschen als «Vieh» Gottes) vgl. F. Hintze, ZÄS 78, 1942, S. 55f., und H. Goedicke, ZÄS 94, 1967, S. 69 Anm. 15.

[31] Die Namen der Völkergruppen werden durch Wortspiele «erklärt». «Wasser» wird auch sonst auf den Norden (von Ägypten aus Vorderasien) bezogen, siehe G. Posener, NAWG 1965, S. 75 Anm. 10.

[32] Also für die beiden Kategorien von Toten (Selige und Verdammte), die auch als «Seiende» und «Nichtseiende» unterschieden werden.

[33] Zum Jenseits als Baumland vgl. S. 74 mit Anm. 13.

[34] Am Horizontberg, aus dem der Sonnenaufgang stattfindet, endet das unterweltliche Ziehen der Barke.

[35] Sie haben an allem Anteil, was Re besitzt, wie es der letzte Vers dieser Szene nochmals zusammenfaßt. Zum folgenden Vers vgl. J. Assmann, Liturgische Lieder (Anm. 7), S. 85.

[36] Wortspiel mit dem Namen der Schlangenbahre und zugleich wohl Anspielung auf die Erschütterung der Natur, die sich bei der «Auferstehung» des Toten (wie bei jeder Theophanie!) ereignet.

[37] Dieses Beiwort ist trotz dem Gebrauch durch Echnaton offenbar nicht verfemt. Hier ist wohl Osiris gemeint, und das folgende Verspaar bezieht sich auf das Totengericht.

[38] Ob Re als Schöpfer des Welteneis gemeint ist? Denkbar ist auch ein Mißverständnis der häufigeren Formel «Der sich geschaffen hat».

[39] «Gesicht» bedeutet auch soviel wie «Aussehen, äußere Gestalt».

[40] Zur Vorstellung vom Gericht im Tor, die über den ganzen Orient verbreitet ist, siehe H. Wehr, Der Islam 39, 1964, S. 247–260.

[41] Zur «Flammeninsel», die hier als Ort der Seligen erscheint, vgl. H. Kees, ZÄS 78, 1943, S. 41–53, und zuletzt J. Assmann, Liturgische Lieder (Anm. 7), S. 242, Anm. 75 und S. 272.

[42] Auch hier kann ein Doppelsinn «zufrieden mit/ruhen in» vorliegen (vgl. Anm. 19). Dem Sonnengott werden in parallelen Versen die beiden Jenseitsbereiche Himmel und Unterwelt zugewiesen.

43 Ihre Körper werden vor der Verwesung bewahrt, und ihre *Bau* haben die freie Beweglichkeit der seligen *Bau*, so daß sie «auf Erden», im Diesseits weilen können.

44 A. Piankoff und N. Rambova, Mythological Papyri (Bollingen Series XL 3), New York 1957, No. 28.

45 Das Feuer, das die Schlange speit, wird als das feurige «Auge» des Sonnengottes erklärt, das sich gegen seine Feinde wendet.

46 Hier stehen wieder die beiden Vorstellungen von der Fahrt durch die Unterwelt und der nächtlichen Fahrt durch den Leib der Himmelsgöttin Nut direkt nebeneinander.

47 Das bedeutet wohl: vor dem Sonnengott in seiner «eigentlichen» Gestalt ziehen die vielen wandelbaren Erscheinungsformen, die er in der Unterwelt annimmt.

48 Wieder die Parallele von Nut und Dat, vgl. Anm. 46.

49 Die morgens aufgehende Sonne «verbindet» Unterwelt und Himmel. Vgl. zum Wortgebrauch Wb III 446, 8.

50 Die Verjüngung des Sonnengottes vom «Greis» zum «Kind» schildert das *Amduat* im Mittelregister der 12. Stunde, im Schlußbild des *Höhlenbuches* wird er als Kind dargestellt. Vgl. auch hier die «Ammen» der Sonne im unteren Register.

51 Anspielung auf das Schlußbild, in welchem die Sonnenbarke von den Armen des Nun aus der «Urfinsternis» der Unterwelt zum Himmel emporgehoben wird.

52 Während die Arme des Nun (vgl. Anm. 51) Re hochheben, muß sein Feind Apophis noch einmal vertrieben werden. Das «Zählen» der Glieder bestätigt die Unversehrtheit des Sonnengottes am Ende seiner nächtlichen Fahrt.

53 Wie im unteren Register der 12. Stunde des *Amduat* (S. 192), wird um Osiris, dessen Leib beim Sonnenaufgang in der Unterwelt zurückbleiben muß, die Totenklage angestimmt.

54 Den Seligen steht in Gestalt ihrer *Bau* der Himmel offen, die Verdammten aber bleiben in der Unterwelt eingesperrt, um ihre ständige Bestrafung zu erleiden.

ZUM «HÖHLENBUCH»

1 Diese mehrfach im *Höhlenbuch* begegnende Aufforderung meint offenbar eine Geste der Devotion, die es dem Sonnengott erlaubt, ungehindert vorbeizuziehen.

[2] Das Wort kann «Huf» und «Kralle», auch «unteres Ende» (eines Stabes: Amduat II 113 [8]) bezeichnen. Osiris ist hier deutlich wieder als Erscheinungsform des Sonnengottes gesehen. Zur Übersetzung «Scheibe» vgl. Wb IV 280,1.

[3] Die «Geheimnisse» meinen, wie immer wieder im *Höhlenbuch*, die Leichname der Götter und Verstorbenen.

[4] Das Ende dieser Anrufung ist in allen Versionen teilweise zerstört, zur Ergänzung vgl. die Spuren bei A. Piankoff, Ramesses VI, Fig. 146, 3. Zeile von rechts.

[5] Die tiefste Tiefe der *Dat* ist für die «Feinde» und ihre Straforte reserviert!

[6] Das «Vernichtet-Sein» ist hier der Daseinsmodus der Verdammten.

[7] *tpt* wohl eher Schlangenbezeichnung (vgl. Wb V 293,8), nicht Ordinalzahl.

[8] Oder: «die aus Osiris entstanden sind».

[9] Die Klage gilt also nicht nur Osiris, sondern auch dem Sonnengott! Wieder verwischen sich die Grenzen, und «Der Unterweltliche» ist Re und Osiris in einem.

[10] Der Refrain dieser Litanei ließe sich auch übersetzen: «Bekleideter, den Osiris gemacht hat».

[11] Die Übersetzung ist geraten, das Wort sonst unbekannt.

[12] Der «Hütende» ist der widderköpfige Gott am Ende des Registers.

[13] Die «Köpfe» sind die widderköpfigen, die «Nacken» die schakalköpfigen Pfähle. Wahrscheinlich ist zu ergänzen: «der Geheimnisse (des Osiris)», gemeint ist der Leichnam des Gottes.

[14] Das «Beugen» ist hier als Geste des Schutzes zu verstehen, mehrfach dargestellt im *Buch von der Erde*.

[15] Gemeint ist der Leichnam des Osiris unter der Aker-Darstellung im dritten Abschnitt.

[16] Zum Verstorbenen als Fisch siehe I. Gamer-Wallert, Fische und Fischkulte im alten Ägypten, 1970, S. 120ff.

[17] Beide Hügel befinden sich in *einer* Höhle!

[18] Anspielung auf die stehenden (nicht liegenden!) Ovale dieser Gottheiten. Offenbar bedürfen sie nicht des schöpferkräftigen Wortes des Sonnengottes, sondern können sich aus eigener Kraft erheben.

[19] Der Sonnengott spricht von sich im Plural, vgl. dazu Assmann, Liturgische Lieder an den Sonnengott, Berlin 1969, S. 99.

[20] Aker kann ihn also mit seinen Löwenpranken nicht festhalten!

[21] Anspielung auf den Osiris-Leichnam unter dem Bild des Aker. Vgl. zur Deutung des ganzen Bildes auch S. Schott, NAWG 1965, S. 195–197.

22 Irrtum für «Der Preisende»?

23 Die Stelle ist mehrdeutig: es kann vordergründig die Zweiheit von *Ba* und Leichnam gemeint sein, hintergründig auch die Zweiheit von Re und Osiris als Aspekte der gleichen Gottheit.

24 Als Text ist die Version Ramses' IX. zugrunde gelegt.

25 So im Osireion, während Ramses VI (Abb. 78) den Text aus Raumgründen über die Darstellungen stellt.

26 Oder: «du mit großem Wesen, mit machtvollen Zauberworten».

27 Also die Pläne, die der Sonnengott bei der Schöpfung, als er «allein» war, ersonnen hat.

28 Anspielung auf die verschiedenen Formen des Sonnengottes?

29 Zur Vorstellung, daß Osiris die *Dat* «umringt», vgl. das Schlußbild des *Pfortenbuches* (S. 307f.).

30 Osiris als «Herz» der Unterwelt ist vielleicht auch mit der Herz-Darstellung im Buch von der Erde, Teil D, 14. Szene gemeint (S. 477 mit Abb. 108).

31 Zu Sand und Finsternis als Kennzeichen der Unterwelt vgl. S. 39f.

32 Bei Ramses VI. (Abb. 78) ist er aus Platzmangel über Osiris dargestellt.

33 Das «Horusauge» steht hier für alle positiven Werte, die den Verdammten nicht zuteil werden. Statt «Kopftuch» kann auch die «Gesichtsmaske», welche die Mumie schützt, gemeint sein. Tentait ist sonst unbekannt.

34 Hier wird offenbar zwischen Bewachern und Bewachten differenziert: die bewachten Verdammten bleiben in ihrer Verwesung, während die «vernichtenden» Wächter und Strafdämonen aus ihr herausgehen können. Mit dem «Vernichtenden Leichnam» ist die liegende Gestalt gemeint.

35 Die letzten Verse beschreiben die 3. Szene des 4. Abschnitts (S. 363).

36 Bei Petamenophis folgt noch ein weiteres Verspaar.

37 Ramses VI. hat hier und in den beiden folgenden Versen einen anderen Text. Wir folgen der Version im Osireion.

38 Dieser Vers, der wohl die körperliche Unversehrtheit meint, fehlt im Osireion.

39 Der Vermerk «zweimal (zu sprechen)», der hinter jedem der folgenden Anrufe steht, ist in der Übersetzung fortgelassen.

40 Die Einleitung findet sich nur im Osireion. Der Anfang ist zerstört, meine Ergänzungen sind nur ein Versuch zur Wiederherstellung.

41 Der gleiche Text steht im Osireion auch bei der zweiten Schlange, so daß man ihn auch auf die beiden Schlangen beziehen könnte, obgleich

der Name (vgl. Wb II 247, 13ff.) besser für ein Krokodil als Wasserbewohner paßt.

42 Gegen Assmann, Liturgische Lieder, S. 86, glaube ich eher, daß das Szepter Objekt des Schaffens ist, nicht Schöpfer der *Dat*. Doch läßt der ägyptische Text beide Deutungen zu, und die Übersetzung versucht, dieser Ambivalenz gerecht zu werden.

43 Wegen dieses Vogels und der Parallelität zum Nut-Bild ist diese Szene früher (noch in der Edition von A. Piankoff) als «Geb-Bild» bezeichnet worden.

44 Gemeint ist der Leichnam des Osiris – Tait spielt hier die Rolle der Isis. Bei Ramses IX. stehen diese vier Verse noch beim Osiris-Bild (pl. 71 der Edition von A. Piankoff).

45 Nach Ramses VI. vielleicht eher «ich gehe zur Ruhe in meiner Sonnenscheibe».

46 Bei Ramses VI. folgt eine Wiederholung.

47 Im Osireion hat nur der erste Anruf die Form, die Petamenophis durchgehend hat: «Mein Leichnam (und?) mein Kopf sind in seiner Höhle»; das Possessivsuffix hinter «Höhle» ist jedoch stets im Singular!

48 Es folgt noch ein unklares Wort. Die beiden nächsten Verse fehlen im Osireion und sind hier nach Ramses VI. wiedergegeben.

49 Betonung der Identität von Re und Osiris – die Göttinnen hüten beide zugleich, und der «Unterweltliche» ist Re und Osiris in einem Aspekt!

50 Eine andere Auffassung und Übersetzung dieser Strophe bei Assmann, Liturgische Lieder, S. 96 («Dringe nicht zu mir ...»), doch scheint es mir wahrscheinlicher, daß Horus das Herbeikommen der Sonnenscheibe erstrebt.

51 Gemeint ist die Gestalt des Tatenen, die zum Teil in der Erde «verborgen» ist.

52 Wort und Licht des Sonnengottes bewirken, daß die Wesen des Jenseits wiederaufleben.

53 Eine Behinderung zeigt sich nur darin, daß sie als einzige selige Verstorbene dieses Abschnitts den Sonnengott nicht anrufen.

54 Da diese Wesen keine Köpfe haben, müssen andere Körperteile die Funktion der Augen übernehmen! Die Bedeutung «Adern» ist jedoch nicht sicher.

55 Zwischen Bewachern und Bewachten wird differenziert: die ersteren hören die belebende Stimme des Sonnengottes, die letzteren können sie nicht hören.

[56] Anspielung auf die Darstellung, in welcher nur der Rumpf des Osiris sichtbar ist, während die Beine in der Erde «verborgen» sind.

[57] Eine Variante dazu ist in den Gräbern von Merenptah, Tausret und Ramses III. als Einzelbild dargestellt (vgl. S. 23). Dort (nach Merenptah) enthalten die Hügel das «Gesicht» der Sonne, die Götter des oberen Registers sind widderköpfig, die Wasser- und Finsternis-Regionen sind als Dreiecke stilisiert. Hinzugetreten ist eine Neunzahl von Leib, *Ba* und Schatten; alle beten, sich verneigend, den Sonnengott (als Kind, widderköpfiger Skarabäus und Scheibe) an.

ZUM «BUCH VON DER ERDE»

[1] So bei Ramses IV., bei Ramses VI. dagegen mißverstanden.

[2] Gemeint ist der Sonnen-Leichnam unter der Aker-Darstellung. Der Aufbau dieses Bildes entspricht weitgehend der Mitte des 3. Abschnitts im Höhlenbuch (S. 346ff. und 352f. mit Abb. 77), doch ist dort der Leichnam des Osiris unter Aker dargestellt. So wird wiederum deutlich, daß Osiris und Re in der Unterwelt die gleiche Gottheit meinen.

[3] Gemeint sind die je sechs Sterne in beiden Hälften des Halbkreises über dem Sonnen-Leichnam. Dahinter steht die alte Vorstellung vom *Ba* des Verstorbenen als Stern.

[4] Anspielung auf den ithyphallischen Gott in der 7. Szene (S. 438).

[5] Siehe E. Brunner-Traut, NAWG 1965, S. 148.

[6] Das heißt wohl: sie sieht den Gott, von dem nur Kopf und Arme gezeigt werden, vollständig. Der Leichnam dieser (gleichen?) Göttin ist auf der gegenüberliegenden Wand dargestellt (S. 478 mit Abb. 109).

[7] Eine teilweise Wiederholung der Beischrift zur 11. Szene ist hier fortgelassen.

[8] Die *Bau* der Verstorbenen, die sich auf beiden Ufern des Unterweltsstromes befinden, auf welchem die Sonnenbarke dahingleitet oder gezogen wird.

[9] Hier bricht dieser Text ab, der wohl noch zu den «Hügeln» der 8. Szene von Teil A gehört.

[10] Ein Paralleltext der Spätzeit (bei A. Piankoff, La création du disque solaire, S. 32 Anm. 2) fügt hier noch einen konkreten Bezug auf den Verstorbenen an: er gehört zu beiden Sphären, zum Himmel und zur *Dat*!

[11] Eine Dublette dazu steht zwischen der 2. und 3. Szene.

[12] Anspielung auf den «vereinigten» *Ba* des Osiris und des Re?

13 Er steht im Register darüber, zwischen der 3. und 4. Szene.

14 Das Wort *(nnwt)* kann auch die Mistkugel des *Skarabäus* bezeichnen.

15 Anspielung auf die beiden Flügel des Sonnen-*Skarabäus*, im Vers davor auf die kleine Sonnenscheibe, die er vor sich herschiebt.

16 Zwei davon tragen den Kopf einer Spitzmaus, vgl. E. Brunner-Traut, NAWG 1965, S. 148.

17 Geschrieben ist *jrw*, als hieße es «Gestalt», doch wird man eher an *jrw* «Pflichten, Aufgaben» denken; meine Übersetzung versucht, J. Assmann folgend, beiden Bedeutungsfeldern gerecht zu werden.

18 Vielleicht eine Personifikation der «Vernichtungsstätte», von der in der vorangehenden Szene die Rede war, und die man auch sonst tief drunten in der Unterwelt (hier «unter den Füßen der *Schetit*» und im untersten Teil der Wand!) lokalisiert.

ZU DEN PROBEN AUS VERWANDTEN TEXTEN

1 Das «heiße», feurige Sonnenauge, das die Feinde vernichtet. Zur Vernichtungsstätte als Strafort vgl. S. 43.

2 Das «Oval» ist, wie in der fünften Stunde des *Amduat*, vielleicht als Bild der ganzen Unterwelt zu verstehen; das «erhobene Haupt» spielt auf das Aufrichten des Leichnams an.

3 Gemeint ist die Ganzheit des Leibes als Vorbedingung seiner «Auferstehung» (siehe S. 36).

4 Eine deutliche Gleichsetzung von «Geheimnis» und Leichnam, wie sie in den Unterweltsbüchern immer wieder begegnet.

5 Sie sind damit aufgehoben, wie es die achte Szene des *Pfortenbuches* für die Unterwelt zeigt. Vgl. zu den Richtungen und ihrer Reihenfolge G. Posener, Sur l'orientation et l'ordre des points cardinaux chez les Égyptiens, NAWG 1965, Nr. 2.

6 Re erscheint im *Amduat* als «Großer (oder: Größter) *Ba*», als *Ba* schlechthin. Selbst ihm sind diese fernsten Regionen des Himmels unzugänglich, wie auch die letzten Tiefen der Unterwelt.

7 Wie der Anfang des *Buches vom Tag*, bezeichnet die Papyrus-Variante die Stunde des Eintritts als «Die sich Harmonie schafft». Dieses Verschlucken der Gestirne sieht der «Dramatische Text» des *Nut*-Bildes im Bild der Himmelsgöttin als Muttersau, die ihre Kinder verschlingt und vom Erdgott Geb zur Rede gestellt wird.

8 Die Unsichtbarkeit der Gestirne wird als «Reinigung» verstanden; auch die Dekane halten sich 70 Tage (die Dauer der Einbalsamie-

rung!) im «Haus des Geb» auf, um «ihr Schlechtes zur Erde abzulösen» und sich zu «reinigen» (Pap. Carlsberg I).

9 Der ganze Abschnitt bezieht sich, obgleich Teil eines Himmelsbuches, auf den unterweltlichen Aufenthalt des Sonnengottes und seine Fürsorge für die Toten. Die Differenz zwischen der ersten und zweiten Nachtstunde erklärt sich aus der Annahme einer Art «Zwischenreich» vor der eigentlichen *Dat*, wie es auch im *Amduat* vorausgesetzt ist.

10 Wie die folgenden Sätze zeigen, ist damit die morgendliche Verwandlung in die geflügelte Sonnenscheibe (Horus von Edfu) gemeint, unter deren Gestalt er zum Himmel emporfliegt und die anfängliche Schöpfung der Welt erneuert.

11 Die Arme der Nut, die sich auf die Erde stützen und das Himmels-Bild begrenzen. Hier stehen zwei verschiedene Vorstellungen vom Himmel nebeneinander.

12 Wieder stehen die komplementären Bilder der Himmels- und der Unterweltsfahrt in einem Satz nebeneinander!

13 Die Dekane, die unter dem *Nut-Bild* listenförmig aufgeführt sind und dem Toten die Nachtstunden anzeigen sollen.

14 Der Ägypter denkt sich auch am Himmel eine Wasser-Fahrbahn für die Barken des Sonnengottes und der Gestirne. Dieses Gewässer wird in den Darstellungen der Himmelsbücher häufig angedeutet, es umspült zum Beispiel Kopf und Brust der Himmelsgöttin (Abb. 114).

15 Der hohe Norden, dem die «Finsternis» zugeordnet ist, als Heimat der Zugvögel. E. Edel, NAWG 1963, 105ff. hat die ägyptische Beobachtung und Deutung der Zugvögel herausgearbeitet und das Textzeugnis des *Nut-Bildes* ausführlich kommentiert.

16 Ein direkter Zusammenhang («Offenstehen») zwischen der unterweltlichen *Dat* und dem Himmel, der auch in den Unterweltsbüchern gelegentlich angedeutet ist.

17 Im Osten werden die Gestirne «geboren», im Westen vom Mund der Himmelsgöttin «verschluckt».

18 Anspielung auf die Darstellung des *Ba* als Vogel mit Menschenkopf, wie sie seit dem *Amduat* (Siebente Stunde) üblich ist. Die Zugvögel sind zugleich die *Bau* der Verstorbenen, die sich über und unter der Erde frei bewegen können.

19 Der König als Sonnenpriester, Glückstadt 1970. Dort wird ein weiterer «kosmographischer Begleittext» veröffentlicht und besprochen, der viele Beziehungen zu Himmels- und Unterweltsbüchern aufweist.

[20] Vgl. oben Anm. 7. «Vollkommenheit» und «Harmonie» weisen auf den Sonnenaufgang als ersehnte Vollendung der nächtlich-regenerierenden Fahrt.

[21] Die beiden letzten Verse (der zweite als «entstehe doch, Chepri!») bilden den Anfang des Hymnus zur ersten Tagesstunde; siehe J. Assmann: Liturgische Lieder an den Sonnengott, Berlin 1969, S. 150.

[22] Die Paviane, die dem Sonnengott das Himmelstor aufstoßen und ihn in der Welt verkünden, erscheinen auch im *Pfortenbuch* (90. Szene).

[23] Eine weitere Parallele hat A. Piankoff, ASAE 42, 1943, 352 aus Medinet Habu veröffentlicht.

[24] Die Variante aus Medinet Habu hat nur «in der Erde (Unterwelt)», was einen besseren Sinn gibt, da man sonst für «lösen» eine negative Bedeutung annehmen muß – vielleicht «stechen» (E. Edel, NAWG 1963, 162 Anm. 21), während Assmann «anzünden» übersetzt (Liturgische Lieder, S. 72).

[25] Um die «Binde» (Diadem?) des Osiris geht es auch in der 21. Szene des *Pfortenbuches*.

[26] Es folgen einige unklare Verse, in denen sich Horus mit Mechentienirti identifiziert.

[27] Die zwölfte Nachtstunde (wie im *Amduat*).

[28] Die erste Tagesstunde.

LITERATURVERZEICHNIS

Es sind nur die eigentlichen Unterweltsbücher berücksichtigt, auch die älteren Editionen einzelner Gräber sind nicht aufgeführt. Einen Überblick, der auch die Himmelsbücher und die Jenseitsführer einschließt, gibt H. ALTENMÜLLER im Handbuch der Orientalistik, hrsg. von B. SPULER, 1. Abt., 1. Bd., 2. Abschnitt (Ägyptologie, Literatur), Leiden 1970, S. 69–81.

Editionen der Texte und einzelner Gräber:

P. BUCHER, Les textes à la fin des première, deuxième et troisième heures du livre «de ce qu'il y a dans la Douat», BIFAO 30, 1931, 229–247 *(Amduat)*

P. BUCHER, Les textes des tombes de Thoutmosis III et d'Aménophis II (MIFAO 60), Kairo 1932 *(Amduat)*

E. A. WALLIS BUDGE, The Egyptian Heaven and Hell, 3 Bde, London 1906

H. FRANKFORT, The Cenotaph of Seti I at Abydos (Egypt Exploration Society Memoirs), 2 Bde, London 1933 *(Pfortenbuch* und *Höhlenbuch)*

E. HORNUNG, Das Amduat. Die Schrift des Verborgenen Raumes (Ägyptologische Abhandlungen 7 und 13), 3 Bde, Wiesbaden 1963–1967

E. HORNUNG, Das Grab des Haremhab im Tal der Könige, Bern 1971 *(Pfortenbuch)*

G. JÉQUIER, Le livre de ce qu'il y a dans l'Hadès. Version abrégée, Paris 1894 *(Amduat)*

C. MAYSTRE und A. PIANKOFF, Le Livre des Portes (MIFAO 74, 75, 90), 3 Bde, Kairo 1939–1962 *(Pfortenbuch)*

A. PIANKOFF, Le Livre des Quererts, Kairo 1946 (Nachdruck aus BIFAO 41–45) *(Höhlenbuch)*

A. PIANKOFF, Les chapelles de Tout-Ankh-Amon (MIFAO 72), Kairo 1951/52 (*Amduat* und nicht eingeordnete Szenen)

A. Piankoff, La création du disque solaire (Bibliothèque d'étude 19), Kairo 1953 *(Buch von der Erde)*

A. Piankoff, The Shrines of Tut-Ankh-Amon (Bollingen Series XL, 2), New York 1955 (auch als Harper Torchbook 1962) (*Amduat* und nicht eingeordnete Szenen)

A. Piankoff und N. Rambova, The Tomb of Ramesses VI (Bollingen Series XL, 1), 2 Bde, New York 1954 (alle Unterweltsbücher)

B. de Rachewiltz, Il libro egizio degli inferi, Roma 1959 *(Amduat)*

Untersuchungen:

H. Altenmüller, Zur Überlieferung des Amduat, Jaarbericht van het Vooraziatisch-egyptisch genootschap Ex Oriente Lux 20, 1968, 27–42

J. Assmann, Liturgische Lieder an den Sonnengott. Untersuchungen zur altägyptischen Hymnik I (Münchner Ägyptologische Studien 19), Berlin 1969

J. Assmann, Der König als Sonnenpriester (Abhandlungen des Deutschen Archäolog. Instituts Kairo, Ägyptologische Reihe 7), Glückstadt 1970

W. Barta, Zur Verteilung der 12 Nachtstunden des Amduat im Grabe Tuthmosis' III., Jaarbericht van het Vooraziatisch-egyptisch genootschap Ex Oriente Lux 21, 1970, 164–168

É. Drioton, La Cryptographie de la chapelle de Toutânkhamon, JEA 35, 1949, 117–122

H. Grapow, Studien zu den thebanischen Königsgräbern, ZÄS 72, 1936, 12–39

E. Hornung, Die Grabkammer des Vezirs User, NAWG 1961, Nr. 5

G. Maspero, Études de mythologie et d'archéologie Bd. II, Paris 1893

S. Morenz, Ägyptischer Totenglaube im Rahmen der Struktur ägyptischer Religion, Eranos-Jahrbuch 34, 1965, Zürich 1967, 399–446

A. Piankoff, Les grandes compositions religieuses dans la tombe de Pédéménope, BIFAO 46, 1947, 73–92

A. Piankoff, Une Représentation rare sur l'une des chapelles de Toutânkhamon, JEA 35, 1949, 113–116

A. Piankoff, Le Livre de l'Am-Duat et les variantes tardives, in: Ägyptologische Studien (Festschrift H. Grapow), Berlin 1955, 244–247

A. Piankoff, The Theology of the New Kingdom in Ancient Egypt, Antiquity and Survival 1, 1955, 488–500

A. Piankoff, Les compositions théologiques du nouvel empire égyptien, BIFAO 62, 1964, 121–128 (vgl. auch 147–149)

A. Piankoff, Les grandes compositions religieuses du nouvel empire et la réforme d'Amarna, BIFAO 62, 1964, 207–218

S. Schott, Die Schrift der verborgenen Kammer in Königsgräbern der 18. Dynastie, NAWG 1958, Nr. 4

S. Schott, Zum Weltbild der Jenseitsführer des Neuen Reiches, NAWG 1965, Nr. 11

B. H. Stricker, De geboorte van Horus, 2 Bde, Leiden 1963–1968

J. Zandee, The Book of Gates, in: Liber Amicorum. Studies in honour of C. J. Bleeker, Leiden 1969, 282–324 (Übersetzung)

ABKÜRZUNGSVERZEICHNIS

ASAE	Annales du Service des Antiquités de l'Égypte
BIFAO	Bulletin de l'Institut français d'archéologie orientale
CT	A. de Buck, The Egyptian Coffin Texts, 7 Bände, Chicago 1935/61
JNES	Journal of Near Eastern Studies
MDIK	Mitteilungen des Deutschen Archäologischen Instituts, Abteilung Kairo
NAWG	Nachrichten der Akademie der Wissenschaften in Göttingen, Philologisch-historische Klasse
RdE	Revue d'Égyptologie
Wb	Wörterbuch der ägyptischen Sprache, herausgegeben von A. Erman und H. Grapow, Leipzig und Berlin 1926/63
ZÄS	Zeitschrift für ägyptische Sprache und Altertumskunde

NICHT ÜBERSETZTE BEGRIFFE

Ach (Plural *Achu*), allgemeine Bezeichnung der seligen Verstorbenen, die bereits von ihrer Mumiengestalt befreit sind und einen neuen, «verklärten» und funktionsfähigen Leib angenommen haben.

Ba (Plural *Bau*), das frei bewegliche, aktive Element des Verstorbenen, auch als selbständige Manifestation von Göttern oder Toten. Obgleich dem ortsgebundenen Körper oder «Leichnam» gegenübergestellt, hat der *Ba* auch materielle Bedürfnisse und Funktionen, ist also keine «Seele» in unserem Sinne. Dargestellt wird der *Ba* gern in Vogelgestalt.

Dat, die alte Bezeichnung des Jenseits, im Alten Reich noch in der Sternenwelt des Himmels lokalisiert, im Neuen Reich aber zu einer Umschreibung für die Unterwelt geworden.

Djeseret, ein noch nicht identifiziertes Getränk.

Imhet, wohl «Die (immer wieder) Gefüllte», eine weitere Bezeichnung des unterweltlichen Totenreiches, im *Amduat* allerdings nur in der vierten und fünften Stunde verwendet.

Ka (Plural *Kau*), ein unkörperliches Element des Menschen, insbesondere Spender von Nahrung und Lebenskraft.

Maat, die bei der Schöpfung gesetzte Ordnung der Welt, das «Rechte» in jeglicher Beziehung, vom Sonnengott auch im Jenseits verwirklicht. Personifiziert als die Göttin Maat.

Menit, das Gegengewicht des Halskragens, mit noch nicht ganz klarer kultischer Bedeutung, auch als Klangwerkzeug verwendet.

Nun, das «träge» Urgewässer, aus dem die Welt kommt, in den Unterweltsbüchern als Gott personifiziert.

Rosetau, vielleicht der «Ort des Ziehens» (der Totenbarke), ursprünglich die memphitische Nekropole, dann allgemeine Bezeichnung für Nekropole und Totenreich.

Schetit, «Die Geheimnisvolle», neben *Dat* die häufigste Bezeichnung des Totenreiches in den Unterweltsbüchern.

Skarabäus, der heilige Mistkäfer (*Ateuchus sacer*), für den Ägypter Erscheinungsform des morgendlichen, verjüngten Sonnengottes.

Uas, ein komplexes Wort, das unsere Begriffe «Heil, Glück, Macht, Erfolg» umgreift und als sichtbares Szepter von den Göttern getragen wird, um diese Wohltat Lebenden wie Verstorbenen zu spenden.

Uräus, die lateinische Wiedergabe der ägyptischen Schlangenbezeichnung «Die sich Aufbäumende» für die Kobra, vor allem für die «feuerspeiende» Stirnschlange des Königs und der Götter gebräuchlich.

Uroboros, «Der Schwanzbeißer», die griechische Bezeichnung der in sich zurückgekrümmten Schlange, die ägyptisch «Schwanz-im-Maul» heißt, als Bild der äußersten Weltgrenze oder des weltumspannenden Nichtseins.

Wernes, der erste Bezirk, den der Sonnengott in der eigentlichen Unterwelt erreicht, ein fruchtbares, von Wasser und Äckern erfülltes Gefilde der Seligen.

INDEX

Berücksichtigt ist nur die Übersetzung, nicht aber die Einführung und die Anmerkungen. Besonders häufig vorkommende Namen und Begriffe sind als *passim* aufgeführt.

INHALT